基于标准的
教师教育新教材

教育哲学 _{第二版}

刘良华◎著

华东师范大学出版社

·上海·

图书在版编目(CIP)数据

教育哲学/刘良华著.—2版.—上海:华东师范大学出
版社,2019
基于标准的教师教育新教材
ISBN 978 - 7 - 5675 - 9130 - 1

Ⅰ.①教… Ⅱ.①刘… Ⅲ.①教育哲学-高等学校-
教材 Ⅳ.①G40 - 02

中国版本图书馆 CIP 数据核字(2019)第 128914 号

教育哲学 第二版

著　　者　刘良华
项目编辑　李恒平
责任校对　张　筝
装帧设计　卢晓红

出版发行　**华东师范大学出版社**
社　　址　上海市中山北路 3663 号　邮编 200062
网　　址　www.ecnupress.com.cn
电　　话　021 - 60821666　行政传真 021 - 62572105
客服电话　021 - 62865537　门市(邮购)电话 021 - 62869887
地　　址　上海市中山北路 3663 号华东师范大学校内先锋路口
网　　店　http://hdsdcbs.tmall.com

印 刷 者　上海展强印刷有限公司
开　　本　787 毫米×1092 毫米　1/16
印　　张　18.75
字　　数　407 千字
版　　次　2019 年 7 月第 2 版
印　　次　2024 年 7 月第 4 次
书　　号　ISBN 978 - 7 - 5675 - 9130 - 1/G · 12042
定　　价　49.00 元

出 版 人　王　焰

第 1 部分　教育哲学的基本问题

目录

第2部分　中国教育哲学

本书提倡"新六艺教育",在第二版中对有关"体育改革"、"德育改革"和"智育改革"的解释做了结构上的调整。

关于体育改革,本书明确提出:如果说德智体美劳五育并进是民族强大的基本途径,那么,劳动和体育乃是五育并进的前提与基始。为了阻止或延缓身体与精神的衰败,人类要么重返劳动,要么增加运动。本书关注的问题是:教育在发展智力、推进文明的同时,如何防止因过度文雅而走向文弱?科学或艺术与人的身体之间呈现为倒 U 形关系:最初,科学或艺术的发展给人的身体带来好处;但是,当科学或艺术的发展到达一定的极限之后,科学或艺术越发达,人的身体越衰弱、腐朽。解题的基本策略是动静结合:既要学会运动,又要学会静修。

关于德育改革,本书主要讨论情感教育、理性教育和信仰教育。情感教育的重点在于处理亲情、友情和爱情的三个情感问题;理性教育(或政治教育)的重点在于处理权力、权利与权变的关系;信仰教育的重点在于发挥文、史、哲三个学科的育人价值。在情感、理性和信仰三者之间,本书重点关注理性教育(或政治教育)。而在讨论理性教育(或政治教育)时,本书重点关注权力教育以及权力与能力的内在关联(选贤任能)。

关于智育改革,本书对兴发教学提供了新的解释框架,确定了兴发教学的三个基本方向:一是知情互动,以真诚赏识、发展特长和信任委托等情感教学的方式促进学生的自信心和意志力;二是学思结合,以整体讲授、整体操作和整体自学的方式促进学生有效学习;三是知行合一,以知识验证行动、生活行动、自食其力的职业行动以及相关的生涯教育促进学生的知识学习。知情互动、学思结合、知行合一的简要说法是自信、自学和自食其力。

一

整个哲学史,就是一部寻找人类社会发展的定理以及与之相关的教育定理的历史。中国哲学如此,西方哲学同样如此。

康德曾感叹,在前人看到一片混乱的自然界,牛顿破天荒地觉察出其中的秩序和定律。而在前人看到一片混乱的人类社会,卢梭第一次发现了其中运作的法则。① 卢梭的发现是:人生而自由,却无往不在枷锁之中。自以为是其他一切的主人的人,反而比其他一切更是奴隶。② 为何自以为是主人的人,反而更是奴隶? 黑格尔后来提供的解释是:主人虽然享受不劳而获的快乐,但也因其不劳动而导致身体与精神的衰败并由此失去对世界的掌控感与存在感。奴隶虽然承受劳役之苦,却也因其劳动而逐渐身强体壮,耳聪目明。主人与奴隶的力量对比走向悬殊之日,便是奴隶起义、主奴易位之时。③ 在此之前,《周易》早以忧患哲学闻世。《易传·系辞下》曰:"作《易》者,其有忧患乎。"《孟子·告子下》则曰:"然后知生于忧患而死于安乐也。"中国哲学之"生于忧患而死于安乐"与西方哲学之"主奴辩证法",话语方式貌似不同,其所述规律却惊人一致。

作为一种特别领域的哲学,教育哲学的核心目标也正在于发现教育的本原之理。所谓教育哲学,实乃教育原理。

西方教育哲学对教育原理的讨论,集中于康德-胡塞尔主体主义哲学(由笛卡尔开创而由康德、胡塞尔完成的现象学)与柏拉图-黑格尔实体主义哲学之争。而中国教育哲学对教育原理的发现,汇聚于陆王心学与程朱理学之争。本书重点关注陆王心学和康德-胡塞尔主体主义哲学,但是,重点关注陆王心学和康德-胡塞尔主体主义哲学并不意味着完全否弃程朱理学或柏拉图-黑格尔实体主义哲学。相反,本书的基本思路是:既不讳言对陆王心学与康德-胡塞尔主体主义哲学的偏爱并由此提出相应的教育原理,又从康德-胡塞尔主体主义哲学与柏拉图-黑格尔实体主义哲学的张力中,从陆王哲学与程朱理学的争议中,汲取整合与转化的理论资源,以便在对立的双方之间寻找超越的第三条道路。

---

① 详见:[德]卡西尔.卢梭·康德·歌德[M].刘东,译.北京:三联书店,2002:23.
② [法]卢梭.社会契约论[M].何兆武,译.北京:商务印书馆,2003:4.引用时对译文略有调整.
③ 详见:[法]科耶夫.黑格尔导读[M].姜志辉,译.南京:译林出版社,2005:591.

二

从陆王心学与康德-胡塞尔主体主义哲学的理论视角出发,本书重点阐发五个教育原理。这五个教育原理构成本书的灵魂。

第一,社会转型必导致教育在刚性教育与柔性教育之间重新作出选择。乱世必重视"奖励耕战"之刚性教育。太平世必重视"休养生息"之柔性教育。处于乱世与太平世之间的小康社会则不得不重视刚柔相济的"新六艺"教育(文武双全、劳逸结合、通情达理)。与之相关的教育问题是:为何秦国能够统一六国? 奖励耕战的教育政策在秦国统一六国的过程中究竟起了多大的作用? 为何秦国崛起之后却又速亡? 在秦国速亡的过程中,当时的教育政策究竟给当时的秦国带来了哪些决定性的影响? 由此亦可以追问,文明礼仪之邦为何总被野蛮的国家征服或灭亡? 文明的古希腊城邦为何被野蛮的古罗马征服? 文明的唐代、宋代以及晚明为何败北? 难道文明教育反不如野蛮教育? 文明与野蛮究竟存在何种关系? 当小康社会过于追求游戏、审美、情感生活时,国家应采取何种政策以便将教育改革提高到国防的高度? 为何乱世必须重视体育、劳动教育和法治教育等刚性教育? 为何太平世必须重视博雅教育、美育和情感教育等柔性教育? 为何小康社会必须重视文武双全、劳逸结合、通情达理等刚柔相济的"新六艺教育"?

第二,强健的身体(体育改革)要么依赖于劳动要么依赖于运动。劳动是平民的运动,运动是贵族的劳动。科技与艺术的进步并不总是有助于强身健体,相反,科技与艺术的进步往往导致身体的衰弱。也因此,人类在追求"文明其精神"的同时,必须强化"野蛮其身体"。与之相关的问题是:现代人身体的衰落在多大程度上被黑格尔的"主奴辩证法"不幸而言中? 在强身健体的过程中,劳动曾经起了多大的作用? 而现代社会尤其是城市生活借助科技和艺术的进步而减少体力劳动之后,为何运动以及相关的体育活动成为生命攸关的紧要事件? 为何既要强调"生命在于运动"同时又要重视"生命在于静止"? 如何通过动静结合的方式提升国民身体素质?

第三,美好的性格(德育改革)总是立足于情理冲突并由此走向合情合理或通情达理。人既追求情感欲望的快乐,也需要理性稳定的安全。乱世之非常时刻也许可以采用法不容情甚至严刑峻法之理性主义,但过度的理性主义必导致伪善矫情或官逼民反。太平盛世也许可以允许暂时的狂欢或放纵,但过度的情感主义或纵欲主义必导致国破家亡。有效的德育总是既符合人性并由此关注人的情感欲望同时又需要以理制欲、以礼改情。与之相关的问题是:为何私德教育的重点在于亲情、爱情和友情而且友情优先于亲情和爱情? 为何在友情教育之外必须强调同情教育和柔情教育? 为何公德教育的重点在于权力教育、权利教育(民主教育)与权变教育? 在何种意义上,经权智慧或实践智慧可以作为超越理性主义与情感主义的第三条道路? 在以美育代宗教、以哲学代宗教和以历史代宗教等种种方案之中,为何说,以美育代宗教的方案仅仅适合大众教育,以哲学代宗教的方案仅仅适合精英教育,而对中间层次的知识分子而言比较可行的方案是以历史代宗教?

　　第四,有效的知识学习(智育改革)的关键在于如何处理心物冲突并由此走向学思结合、知行统一、"尊德性而道问学"的兴发教学。与之相关的问题是,在何种意义上可以认为,心物二元论以及由此派生的先验论与经验论之争(也可称为主体主义与客体主义之争、建构主义与实体主义之争)构成了历来的课堂教学改革或学习方式变革的基本分歧? 为何说,有效教学的关键在于知情互动(尊德性与道问学的互动)、学思结合、知行合一? 在什么意义上,三者可统称为兴发教学?

　　第五,有效的写作是义理、考据、辞章的三位一体。义理、考据、辞章大体对应三个学科:哲学、历史、文学。三者之中,义理高居首位,统帅考据和辞章。有考据无义理则盲,有义理无考据则空;有辞章无义理不免夸夸其谈,有义理无辞章难免生硬艰涩。与之相关的问题是:何以分类以及与之相关的作比较、找关系是哲学思维的基本品质? 为何说,除了演绎和归纳,类比也是哲学论证的基本形式而且是现代学术的解毒剂? 为何说,规范哲学同样可以呈现为价值中立的研究? 或者说,一种既有价值中立又有价值关怀的哲学研究何以是可能的? 在何种意义上,哲学研究可以迫近"零修辞写作"?

　　上述五个教育原理构成了本书第一部分的核心内容。其中,第一个教育原理构成第一章,中间三个教育原理构成第二章的三个主题,最后一个有关教育研究的写作原理以及哲学研究方法论的解释,构成本书第三章。

三

　　本书的另外一个追求在于,不仅为教育和教育学的基本问题提供哲学视角的解说并提示相应的教育原理,而且为相关的解说提供中外教育哲学的历史根据。

　　也因此,不同的读者可以从本书中获得不同的支持。对教育改革及其教育原理感兴趣的读者,可以重点阅读第一部分"教育哲学的基本问题";愿意查找教育改革的中国智慧和西方智慧的读者,可以继续阅读第二部分"中国教育哲学"和第三部分"西方教育哲学"。

　　有关"西方教育哲学"的详细解说,可参考拙著《西方哲学》(华东师范大学出版社2015年版)。限于篇幅,本书第二部分"中国教育哲学"只呈现粗略的大纲,更深入的研究将扩展为"中国教育哲学"的系列研究。

　　教育哲学历来有两种写法。一是哲学创作;二是述而不作。由于两者各有优势,本书兼顾哲学创作与述而不作。本书尤其重视将教育哲学的基本问题及其解释扎根于中外教育哲学史,以此为读者打开历史的视野并催促读者以教育哲学的眼光去思考眼前的教育现象。当年黑格尔在其《哲学史讲演录》中说,哲学史本身就是哲学。[①] 这个说法虽有歧义并引发争议,但是,通过哲学史的叙述来实现"托古言志"、"以古讽今"的哲学思考,至今依然成为中外哲学研究普遍认可的写作方式。

---

① [德]黑格尔.哲学史讲演录(第一卷)[M].贺麟,王太庆,译.北京:商务印书馆,1959:12.

四

　　有关"教育哲学史"的讨论在本书中呈现为中国教育哲学与西方教育哲学两个单元。两者貌似独立呈现,实际上相互照应,彼此以对方为参照。总体而言,中西教育哲学提出了几乎相同的教育问题以及观看这些教育问题的理论视角。

　　中国人比较中外文化和中外教育观念,往往有三种倾向:一是文化自负和自闭,认为中国文化高于或优于西方文化,或曰,中国教育哲学高于或优于西方教育哲学。二是文化自卑和自我矮化,认为西方文化高于或优于中国文化。或曰,西方教育哲学高于或优于中国教育哲学。三是相对主义,认为中国文化和西方文化各有优劣,中外教育哲学各有优劣。

　　第一种倾向显得温情脉脉、爱家爱国、义正辞严,但容易盲目排外。貌似文化自信,其实源于文化自卑。即便躲藏在"三十年河东,三十年河西"的幌子下讨论中国文化或中国教育将引领未来,也很难说不是自说自话、自言自语、自作多情。

　　第二种倾向的初衷往往源于知耻而后勇,哀其不幸,怒其不争。但中国传统观念原本强调"儿不嫌母丑,狗不嫌家穷"。因此,文化自卑者往往吃力不讨好,甚至被视为"文化汉奸"。

　　第三种倾向似乎显得比较开明,但其实质却接近第一种倾向,随时走向"文化自负和自闭"的老路。文化相对论的后果是:容易挟持相对主义、多元主义的文化标准任性地夸大中外教育哲学的差异并由此而盲目自信、自闭、排外。

　　比较可取的态度是,既留意中外传统文化及其教育哲学的话语体系所呈现出来的细节上的差异,同时又理解中外传统文化整体上所呈现出来的基本主题及其思维方式的不约而同。中外传统文化之所以不约而同,是因为人同此心、心同此理。"东海有圣人出焉,此心同也,此理同也。西海有圣人出焉,此心同也,此理同也。南海北海有圣人出焉,此心同也,此理同也。千百世之上至千百世之下,有圣人出焉,此心此理,亦莫不同也。"[1]

　　比如,中国历史上曾有"何不食肉糜"之蒙。《晋书·惠帝纪》云:天下荒乱,百姓饿死。帝曰:"何不食肉糜?"与之类似,西方亦有"何不吃蛋糕"之问。18世纪,法国玛丽王后曾问挨饿的民众:"若无面包可吃,何不吃蛋糕?"事到如今,中国与西方在食肉糜与吃蛋糕的问题上,再度演绎类似的故事:中国百姓开始吃肉糜,精英阶层却以素食或减肥为时尚。在西方,住在美国比弗利山庄的富人吃生菜沙拉,而住在贫民窟的穷人则大口吞食各种零食和蛋糕。[2]

　　又如,中外传统文化都有关于"中庸"或"度"的实践智慧的讨论。表面看来,中国传统文化似乎强调适度、适时和经权关系等"中庸"哲学,而西方传统文化尤其是康德学派

---

① 陆九渊.卷三十六年谱[A].陆九渊.陆九渊集[C].北京:中华书局,1980:483.
② 有关法国王后"何不吃蛋糕"之问,详见:[以色列]赫拉利.未来简史[M].林俊宏,译.北京:中信出版社,2017:5.

向来重视不妥协的、一意孤行的纯粹理性。事实上，西方传统文化内部中除了康德式的哲人推崇纯粹的不妥协的善良意志，还有亚里士多德那样的哲人强调"中庸"、"妥协"与"转化"的实践智慧。从亚里士多德的实践智慧的视角来看，康德所坚持的纯粹理性及其"一意孤行"的自由意志，简直就是实践智慧的弱小、软弱、无能、贫困。

中外传统文化都有有关情感与理性的讨论。表面看来，中国传统文化尤其是儒家哲学更倾向于"情本体"，而西方传统文化更倾向于"理本体"。① 但是，如果扩大视野，中国传统文化内部除了温情脉脉的儒家学派，还有推崇严刑峻法而坚持法不容情的法家学派。同样，西方传统文化虽然存在柏拉图式的唯理论哲学和斯多葛学派式的"不动心"、"反激情"倾向。同时，西方传统文化亦有休谟式的情感主义。休谟甚至断言："理性是，并且也应该是情感的奴隶。"② 即便如此，中外传统文化及其教育观念都不会完全抛弃理性而呈现为彻底的"非理性主义"。重视理性（reason），重视现象背后的本质（essence）或法则（law），这是中外传统文化共同的基本要素。不讲理性，不讲本质的说话方式虽然显得可爱，但丢失了基本的可信。无论古今、中外，任何国家和民族的文化都重视理性、本质。所谓情感主义，只是在坚持理性的大前提下对情感的不离不弃与不忍而已。

也就是说，中外传统文化及其教育哲学虽在细节上呈现差异，却在整体上没有实质上的不同。既需要从中国传统文化的视角来理解西方文化，也需要从西方传统文化的视角来理解中国文化。有意义的比较是心平气和地呈现中外文化及其教育哲学的特点，然后彼此关照与会通，以此增进中国人和西方人的相互理解，让中国思维和西方思维相互补充。如果说，过去的中国人惯于采用西方文化、西方教育哲学视角来研究中国文化、中国教育哲学，那么，当下中国需要有人从中国文化、中国教育哲学的视角来研究西方文化、西方教育哲学。只是，在会通中外文化及其教育哲学时，既不必认为西方文化及其教育哲学高于或优于中国文化及其教育哲学，亦不必认为中国文化、中国教育哲学高于或优于西方文化、西方教育哲学。

五

本书的写作过程也是我个人的教学过程。在教学过程中，曾将书稿分为细小的章节，借助微信网页，分发给各种类型的学员。这些材料先后作为本科生、硕士研究生、博士研究生或中小学校长、教师、教研员的参考教材。

第一部分所讨论的课程改革与教学改革，已经以"新六艺教育"或"兴发教学"实验研究等课题研究的方式在中小学实践领域发生影响。在此书尚未出版之前，各地实验学校已将书稿的部分章节打印出来，分发给相关教师，作为实验研究的指导纲要。

---

① 有关"情本体"的说法，详见：李泽厚.李泽厚对话集[M].北京：中华书局，2014：83—89.
② ［英］休谟.人性论（下册）[M].关文运，译.北京：商务印书馆，1980：453.

第 1 部分

教育哲学的
基本问题

　　教育哲学的基本问题主要包括三个方面：
一是社会变迁与教育目的以及课程改革的内在
关联。二是教育改革的理论争议及体育、德育
和课堂教学改革的基本途径。三是教育哲学研
究的方法论反思。

第 1 章

社会变迁
与教育目的

教育虽有相对的独立性,但社会变迁迟早会引发相应的课程变革。若课程变革顺应社会变迁的潮流并引领和促进社会的改造,就有可能发生"教育救国"的效应。[①] 相反,若课程变革违背社会变迁的潮流或严重滞后于社会发展,教育就会成为文人误国、清谈误国的阻碍因素。

按照《春秋公羊传》提供的"三世说",社会总体上呈现为三个状态:一是据乱世(可简称乱世或不发达社会)。二是升平世(可称为小康社会)。三是太平世(可称为发达社会或大同社会)。[②] 三种社会状态虽然总体显示为时间上的先后递进或螺旋循环,但更多地呈现为空间上不同地域的分布。在同一时期,有些国家、地区、家族或家庭已经进入太平世;有些国家、地区、家族或家庭尚处于乱世;另外一些国家、地区、家族或家庭则处于升平世。三世说虽然出自《公羊春秋传》,但《论语》和《孟子》频繁出现有关治世和乱世的思路,可视为"三世说"的原型。《论语》已提出"邦有道"和"邦无道"的系列劝诫[③];《孟子》亦有类似的说法,比如,"禹稷当平世,……颜子当乱世"[④]、"天下有道,以道殉身;天下无道,以身殉道"[⑤]。

乱世往往推行"奖励耕战"的刚性教育政策,重视防身的体育(含军事教育)、谋生的劳动教育与安身的法治教育。太平世往往推行"休养生息"的柔性教育政策,由尚武(体育)转向崇文(智育),由劳工神圣(劳动教育)转向娱乐至上(美育),由存天理(法治教育)转向存人欲(情感教育)。也就是说,与重视体育、劳动教育与法治教育的乱世相反,太平世更重视智育、美育和情感教育。升平世介于乱世和太平世之间,因此不得不既重视体育、劳动教育与法治教育等刚性教育,又强调智育、美育和情感教育等柔性教育。德育、智育、体育、美育、劳动教育和情感教育一起构成刚柔相济、阴阳当位的"新六艺"教育。

第 1 节　乱世与现实主义教育

乱世(或不发达社会、贫困家庭)的基本特征是贫穷或战乱,长期处于谋生状态或战乱状态。危难之际,"励精图治"、"变法图强"往往成为主要选项。穷则变,变则通。身处乱世,社会动荡不安,武教流行,文教废弛,信奉专制主义(严刑峻法)、民族主义、种族主义、国家主义甚至军国主义。

乱世重视军事教育(体育)、劳动教育和法治教育(甚至是专制教育)。身处太平世而有忧患意识者,也往往强调军事教育(体育)、劳动教育和法治教育。三者一起构成法家教育学派所推崇的功利主义与现实主义的刚性教育。刚性教育及其意志主义与男子汉气概的发达程度直接影响乱世走向太平世的进程。一旦社会转危为安,刚性教育及

---

① 提倡教育顺应社会变迁的潮流并非鼓励教育成为国家政治或经济的附庸。

② 孙中山设计的军政、训政和宪政或许受儒家三世说的启发。

③ 《论语·泰伯》曰:"危邦不入,乱邦不居。天下有道则见,无道则隐。邦有道,贫且贱焉,耻也;邦无道,富且贵焉,耻也。"《论语·宪问》曰:"邦有道,谷;邦无道,谷,耻也。"又曰:"邦有道,危言危行;邦无道,危行言孙。"《论语·卫灵公》则曰:"君子哉蘧伯玉! 邦有道则仕;邦无道则可卷而怀之。"

④ 详见:《孟子·离娄下》。

⑤ 详见:《孟子·尽心上》。

其意志主义与男子汉气概将无可挽回地衰退。所谓"清平之奸贼,乱世之英雄"①或"治世之能臣,乱世之奸雄"②,既是对类似曹操这样的人能力的评价,同时也暗示:不同的时代需要不同的人才。

一、乱世的课程改革:体育、劳动与法治教育

乱世崇尚"男子汉气概"而鄙视"女性化气质"。③ 与之相应,乱世往往推行"奖励耕战"的刚性教育。④ "奖励耕战"有三个关键词:一是"战";二是"耕";三是"奖励"。与"战"相关的是军事教育;与"耕"相关的是劳动教育,宣扬"劳工神圣";与"奖励"相关的是法治教育甚至可能显示为专制教育。

也就是说,乱世往往强调体(体育或军事教育)、劳(劳动教育)、法(法治教育)。三者一起构成乱世特有的刚性教育。刚性教育的重要途径是"奖励耕战"。善战者被称为英雄;善耕者被称为劳模;理性执法者被称为清官。

(一) 耕作与劳动教育

乱世的第一个关键词是"耕"。"奖励耕战"之"耕"主要有两个目的:一是解决民众温饱问题;二是满足军需。为了满足军需,乱世在"奖励耕战"的同时也会强化徭役和兵役。

乱世必重视畜牧业、农业或工业生产劳动等经济生产。"奖励耕战"之"耕",在农业社会显示为农耕,在游牧民族显示为畜牧业,在工业社会则显示为手工业生产或机器大工业生产以及信息技术生产,在商业社会则显示为贸易经商。在农工商之间,商业虽然也可能带来经济效益,但商业本身不生产实物且可能有"囤积居奇"的投机行为,因此,乱世往往实行"重农抑商"政策。商业在战争年代往往成为限制或打击的对象。

乱世推崇"劳工神圣"的劳动教育,相对忽视甚至鄙视以审美游戏为目的的闲暇主义与消费主义。太平世可以随遇而安,怡然自得,但乱世必重视忧患意识。身处太平世,安于现状便有快乐,知足常乐。但是,生逢乱世,安于现状就是苟且,贪生怕死。身处太平世,既无近忧,亦无须远虑。于是,教育学往往倾向于"教育即生长","教育无目的"。学生无须为未来生活做准备。但是,乱世催生忧患意识。身处乱世,教育即训练,教育有目的。"人无远虑,必有近忧"。乱世教育必须为"未来生活做准备",重视志向教育或立志教育。指向未来职业的志向教育可称为职业生涯规划教育。

(二) 军事与体育

乱世的第二个关键词是"战"。乱世必重视身体强健以及作战能力与尚武精神的训练。战争年代强调全民皆兵,甚至推行"军国民主义教育"。所谓"国之大事,在祀与戎"⑤或《春秋》无义战",皆以乱世为背景。⑥ 古希腊教育的重点在于体育和军事教育,

---

① 详见:《后汉书·许劭传》。
② 详见:《三国志.武帝纪》。
③ 休谟推崇女性化气质,推测休谟教育哲学主要针对太平世有感而发。
④ 奖励耕战最初称为"奖励农战"。《商君书·农战》曰:"凡人主之所以劝民者,官爵也;国之所以兴者,农战也。"
⑤ 详见:王学军,贺威丽."国之大事,在祀与戎"的原始语境及其意义变迁[J].古代文明,2012(4):92—98.
⑥ 董仲舒认为当时仅有两次的正义的复仇之战,其余都是非正义之战。相关讨论详见:蒋庆.公羊学引论[M].福州:福建教育出版社,2014:265.

重视体力甚于智力。教育的主要地方是角斗场和体育场,"公民必须舞刀弄枪"。[①] 斯巴达甚至取消父母对子女的教育资格而将七岁左右的孩子送交公共学校接受专门训练。

身处乱世,野性、勇武、刚毅、大无畏、嗜血、好战、纪律、冒险精神、爱国主义、英雄主义成为当世认可的政治正确以及主流意识形态。超人哲学、精英主义、唯意志主义或法家学派往往成为乱世的第一哲学。乱世尚武而轻文,因而常有类似班超的"投笔从戎"现象。或曰:"百无一用是书生";"宁为百夫长,胜作一书生"[②];"纵使文章惊海内,纸上苍生而已"[③]。

乱世不仅轻视文人,也警惕文艺靡靡之音。乱世即便偶尔举办音乐、美术、诗歌等文艺或学术活动,也只是借用文艺或学术的工具来宣扬尚武、爱国、劳工神圣等"时代精神"。乱世不一定会完全废弃审美教育或学术研究,但一定反对"为知识而知识"、"为艺术而艺术"、"为学术而学术"。身处乱世而追求文艺生活或学术生活,要么被斥为"商女不知亡国恨,隔江犹唱后庭花",要么被提醒"奥斯维辛之后写诗是野蛮的"[④]。

乱世宣扬"实干兴邦"而警惕"空谈误国"。章太炎与王国维同为学术界、文艺界大师,但因其选择的道路不同而命运迥异。章太炎一度由学问家转向改革家(或称为革命家),成为引领潮流的学界领袖。而王国维坚守学者的书斋生活,即便学富五车,在多个研究领域开辟新方向和新方法,终因其"生不逢时"而蒙羞。"在革命时代治考据之学本身就可能被视为反革命心态的表现:王国维捡起了革命家章太炎所抛弃的本行,最终结局众所周知。"[⑤]

(三) 奖惩与法治教育

乱世的第三个关键词是"奖励"。奖励耕战以"耕战"为目标,而以"奖励"为手段。奖励既是对耕者和战者的赏识和勉励,也是对不耕者和不战者的惩罚甚至严厉惩罚。一般而言,法制追求刚柔相济、宽猛相济。《左传·昭公二十年》曰:"政宽则民慢,慢则纠之以猛;猛则民残,残则施之以宽。宽以济猛,猛以济宽,政是以和。"在"宽猛"之间,有一个"度"或"时机"的问题。治世则宽,乱世则猛。《论语·为政》曰:"道之以政,齐之以刑,民免且无耻;道之以德,齐之以礼,有耻且格。"孔子之说,更适合治世而不是乱世。乱世必用重典,实行"重赏重刑"的法治教育,尤其重视专制教育。乱世往往礼崩乐坏(或礼坏乐崩)。虽然也有可能有人在礼崩乐坏的乱世呼吁道德重建,但总体而言,礼崩乐坏在乱世并不见得是坏事。相反,在乱世过于强调礼乐,反而显得不合时宜。乱世往往警惕过度礼乐。身处乱世,"礼"可能被视为抵制法律的障碍;"乐"则可能被视为消磨

---

① [英]芬利.希腊的遗产[M].张强,等,译.上海:上海人民出版社,2015:249—251.
② 详见:唐代诗人杨炯的《从军行》。
③ 详见龚自珍的《金缕曲·癸酉秋出都述怀有赋》。
④ T. Adorno, Cultural Criticism and Society [A]. Prisms [C], Samuel & S. Weber , MIT Press, 1981: 34. 德文版详见:T. Adorno, Prismen: Kulturkritik und Gesellschaft [M]. Deutscher Taschenbuch Verlag GmbH & Co. KG, 1963: 26.
⑤ 详见:刘小枫.共和与经纶[M].北京:生活·读书·新知三联书店,2012:9.有关王国维自杀的原因有多重猜想,主流的说法是"殉主":君主受辱,臣子自尽以报君恩.详见:周言.王国维与民国政治[M].北京:九州出版社,2013:116.

意志的靡靡之音。虽然礼乐也强调等级秩序,但毕竟不同于法家所关注的法治。

乱世往往重视"变法图强",强调法律的威严,通过严刑峻法的方式实现令行禁止的目的。也因此,身处乱世,以严刑峻法为核心的法治教育高于和优先于儿女情长之情感教育。乱世往往警惕"儒以文乱法,侠以武犯禁"。

乱世总体上倾向于军事独裁,以便集中资源,统一政令。奉行军国主义或军人执政的国家必推行独裁专制。即便民主国家,一旦遇到大型战争,也可能在"非常时期"采用独裁专制的"紧急状态"。民主国家甚至可能在"非常时期"出现军事政变而改换为军人执政。军事政变成功之后可能迅速"还政于民",但也可能呈现为类似"军政、训政、宪政"的漫长过程。

按说,奖励耕战或法治教育在乱世具有普遍性却并不适合治世。但是,即便身处治世,奖励耕战或法治教育依然适合特殊人群。比如,即便生逢太平盛世,理性尚不发达的儿童或以服从命令为天职的军人依然需要某种监管或统一行动。按照洛克的思路,儿童必须接受一段时期的"父权制"(专制)的教育。儿童必须在接受"父权制"的监护过程中逐步走向自由、平等与自主。①　与儿童不同,军人是已经具有理性的成人。但是,军人的理性恰恰就在于甘愿接受上级统帅的指挥而不是自己做主。军人以服从命令为天职。虽然偶尔允许"将在外,君命有所不受",但"君命有所不受"的结果是:即便成功获胜,也须受军法处置。处置的结果既可能是"功过相抵",也可能是"严惩不贷"。

总之,乱世往往推崇劳动教育、体育和法治教育。这种乱世的教育政策不仅适用于非常时期的特殊社会,而且在任何时代都有可能成为一个特别的选项。原因之一在于,即便生逢太平盛世,儿童和军人亦需要接受类似乱世的监管。原因之二在于,即便某个社会已经整体进入太平盛世,其局部地区依然可能处于穷困或武力争斗的乱世之中。

二、乱世与法家教育学派

乱世往往推行法家教育学派。强调严刑峻法与奖励耕战的法家在乱世生逢其时,成为彰显时代精神之显学。当年秦国贫弱,秦孝公用商鞅而国强民富。秦孝公死后,商鞅遭公子虔等贵族陷害而车裂。商鞅虽死,"商鞅变法"所强调的以法治国、奖励农战的国策却在秦国长期延续。秦人对于商鞅爱恨交加,按《韩非子·说难》的说法,"阴用其言,显弃其身",人亡而政不息。

法家教育学派主要强调三个特点:一是以法为教,以吏为师;二是法势术结合;三是专制集权,精英治国。

(一) 以法为教,以吏为师

首先是立法,确立"奖励耕战"的奖惩标准。《商君书·农战》提出"农战兴国"。"国之所以兴者,农战也。"《商君书·境内》则提出在战争期间,以斩获敌人首级数量作为晋升的依据。

立法之后,接下来的重点是执法和普法。儒家执法强调身份等级,避免有辱斯文。《礼记·曲礼上》云:"礼不下庶人,刑不上大夫。刑人不在君侧。"法家执法不分等级贵

---

① 详见:[英]洛克.政府论(下篇)[M].叶启芳,瞿菊农,译.北京:商务印书馆,1996:35.

贱,法律面前一律平等。《管子·法法》强调令出必行,不姑息养奸,不宽赦。《商君书·赏刑》则提出"壹刑"。"所谓壹刑者,刑无等级,自卿相、将军以至大夫、庶人,有不从王令、犯国禁、乱上制者,罪死不赦。有功于前,有败于后,不为损刑。有善于前,有过于后,不为亏法。"《韩非子·有度》直接提出"法不阿贵",有过者罚,即便大夫亦不宽恕。有功者赏,即便匹夫也不忽略。《韩非子·外储说左下》称之为"平法":"吏者,平法者也。治国者,不可失平也。"

不仅立法、执法,而且以法为教,以吏为师,《商君书·定分》强调以法律正"名分",重点讨论三个方面:一是设置法官;二是"为法令置官也,置吏也,为天下师"。《韩非子·五蠹》明确提出"无书简之文,以法为教;无先王之语,以吏为师。"与此相应,《韩非子·诡使》与《韩非子·心度》提出禁止"私学"。

(二) 法术势结合的权术教育

法家虽以"法制"为第一要务,但同时也鼓励统治者以"智谋"和"权术"来巩固自己的权位和势力。权即势,有权则有势,无权则失势。因此,"权术"在法家那里也称"势术"。法、势、术三者一起构成法家三宝。

《管子》、《商君书》和《韩非子》皆重视权术。《管子》有《形势》篇,《韩非子》则有《难势》篇。不仅篇名接近,其内容亦有共鸣。前者强调"以道摄势"、"任贤摄势",而后者侧重"以势摄道"、"任势轻贤"。《管子·形势》云:"蛟龙得水,而神可立也;虎豹得幽,而威可载也。"《韩非子·难势》则云:"飞龙乘云,腾蛇游雾,云罢雾霁,而龙蛇与蚓蚁同矣,则失其所乘也。贤人而诎于不肖者,则权轻位卑也;不肖而能服于贤者,则权重位尊也。尧为匹夫,不能治三人;而桀为天子,能乱天下:吾以此知势位之足恃而贤智之不足慕也。"《韩非子·人主》甚至将势喻为虎豹之爪牙。虎豹失其爪牙则沦为平庸。《商君书·修权》将"法势术"称为"法信权"。"国之所以治者三:一曰法,二曰信,三曰权。法者,君臣之所共操也;信者,君臣之所共立也;权者,君之所独制也。人主失守则危,君臣释法任私必乱。"《商君书·禁使》则直接以"势"与"术"为主题。"凡知道者,势、数(术)也。故先王不恃其强,而恃其势;不恃其信,而恃其数(术)。今夫飞蓬遇飘风而行千里,乘风之势也;探渊者知千仞之深,县绳之数也。故托其势者,虽远必至;守其数(术)者,虽深必得。"

在《管子》、《商君书》和《韩非子》三者之中,《韩非子》之"术"最丰富、最完备,以至于有人认为韩非根本不是法家而是"法术家"。[①] 韩非之术,主要有三。一曰藏;二曰蓄;三曰告。(1)"藏"即深藏不露,神秘莫测。(2)"蓄"即蓄养,像驯养家畜一样对待臣子。除了《韩非子·八经》提出的"质"(比如厚待他们的亲人和妻子而严加看管)、"镇"、"固"三个办法以及暗杀(毒死某些不法的忠臣)之外,《韩非子·外储说右上》提出破坏其生存能力的办法来实现臣子对君主的依附关系。"驯乌者断其下翎,则必恃人而食,焉得不驯乎?夫明主畜臣亦然,令臣不得不利君之禄,不得无服上之名。夫利君之禄,服上之名,焉得不服?"(3)"告"即相互告密,并采用连坐制。按《韩非子·定法》的说法:"人主以一国目视,故视莫明焉;以一国耳听,故听莫聪焉。"

---

① 详见:郭沫若.十批判书[M].北京:东方出版社,1996:359—369.

儒家强调"位"的教育。《易传·象传·艮》曰："在其位，谋其政。"《论语·泰伯》则曰："不在其位，不谋其政。"而在法家看来，"在其位"是可以争取的，"不在其位"是可以避免的。不仅应该"在其位，谋其政"，而且应该"在其位，固其位"。如果缺少"固其位"这个关键环节，就随时会被他人篡位夺权。一旦被篡位夺权，就会虎落平阳，英雄无用武之地。无权术则无权势，无权势则无法推行法制。这正是法家强调权术教育的原因。

（三）等级制与精英教育

法家强调"顺应民心"同时又主张"慎用民智"。在法家那里，"圣人"与"众人"是有差别的。圣人有智，民众无智而有力。《管子·形势解》云："明主不用其智，而任圣人之智；不用其力，而任众人之力。故以圣人之智思虑者，无不知也。以众人之力起事者，无不成也。"《管子·法法》则云："故民未尝可与虑始，而可与乐成功。"在开始谋划大事时不要让民众知晓。成功之后再与民庆祝成功。《论语·泰伯》延续了《管子》的思路："民可使由之，不可使知之。"

为何如此？《管子·君臣上》给出的答案是："民别而听之则愚，合而听之则圣。"单个的小民是平庸而愚蠢的，但整体的民意却是智慧而神圣的。与《管子》一样，《韩非子·显学》认为"民智不可用"。民众的心智像婴儿的心智一样不可靠。婴儿不剃头就会腹痛，不开刀剖疮就会化脓；给婴儿剃头和剖疮时，即便慈母抱着他，他也会哭喊不止。婴儿不知道吃小苦会带来大好处。同样，民众总是很难理解奖励耕战、严刑峻法等"治安"措施。不用民智、不相信民智并非愚民，相反，明君治国，应该给民众带来好处。《商君书·更法》开篇就提出："圣人苟可以强国，不法其故；苟可以利民，不循其礼。"只要可以强国利民，则不必顾虑民众的非议。《韩非子·解老》则云："有道之君，外无怨仇于邻敌，而内有德泽于人民。"[①]

若不以三世说为研究视角而以"普世价值"来评判法家教育学派，则法家教育学派所推崇的严刑峻法、集权专制以及以法为教、以吏为师的教育制度必然遭受非议甚至唾骂。也因此，《商君书》《韩非子》等法家文献在治世往往被指责或批判。比如，《商君书》设计的教育制度往往被误解为"愚民术"和"弱民术"。《墨子》的"兼相爱"与"交相利"被视为笑料。《君主论》的作者因其鼓励君主像狐狸一样狡诈、像狮子一样凶狠的"virtue"（德行）而被视为教授邪恶的导师。

若以三世说为研究视角，则中西法家教育学派的教育追求及其"以法为教"、"以吏为师"的教育战略就变得可以理解。比如，《商君书》虽然强调"愚民"、"弱民"，但是，《商君书》所谓"愚民"，并非愚弄民众或使民众愚蠢，而主要指使民众服从法律、专心农战、不玩弄机巧；《商君书》所谓"弱民"、"贫民"，也并非让民众处于赤贫状态，而主要指使民众不犯上作乱。《商君书》不仅不主张让民众赤贫，反而强调让民众有足够的资产。至于《商君书》主张以法治国、重刑少赏，也并非因为商鞅"天资刻薄"而推崇独裁统治，亦不必为商鞅车裂而幸灾乐祸。《商君书·开塞》的说法是："上世亲亲而爱私，中世上贤

---

① 有人认为，《韩非子·解老》关心民智民心，这是青年韩非早期的不成熟的想法。而《韩非子·显学》视民智如婴儿之心，这是韩非思想走向成熟之后的思想。详见：杨义.韩非子还原[M].北京：中华书局，2011：24—25.但是，从《管子·君臣上》所提出的"民别而听之则愚，合而听之则圣"的视角来看，韩非思想一以贯之，前后并无冲突。

而说仁,下世贵贵而尊官……世事变而行道异也。"

这样看来,《商君书》之所以推行严刑峻法,奖励农战,乃因其生逢乱世,应时而生。识时务者为俊杰。治世重视以德治国,德主刑辅;而乱世必须以法治国,严刑峻法。

三、刚性教育的衰退及其后果

乱世的基本国策是"奖励耕战",与之相关的课程显示为军事教育、劳动教育和法治教育,其核心精神是刚性教育。

刚性教育的基本特征是意志主义。意志主义即"苦其心志,劳其筋骨"的磨练教育或挫折教育,其主要目标是培育勇猛果敢,刚毅坚卓,能吃苦不抱怨的男子汉气概。[①]刚性教育或意志教育的衰退必导致"男子汉"的消失。

意志既关乎人的身体力量,更崇尚"内心强大"的人格力量。无论尼采发动的"权力意志"还是陈独秀推崇的"抵抗力",都指向人的内心强大并以此克服身体与精神的苦痛。"有志者事竟成"既提醒志向的重要,更是对意志以及与之相关的勇气、冒险、刚毅等人格品质的呼喊与期待。在国与国之间的较量中,经济与军事实力固然重要,但更重要的是大勇毅与大决心。所谓"楚虽三户,亡秦必楚",并非因其经济或军事实力,而是因为楚国有大毅力或大心力。

按照乱世的人才标准,人和人的差异主要显示为意志力的强弱。一个民族与另一个民族的差异,亦复如是。强大的个人或强大的民族,并不见得其头脑有多么聪明,也不见得其四肢有多么发达。重要的是,这个人或这个民族是否有强大的意志力。虽然没有必要因为"意志优先"(will first)的观念而否定知识和情感的地位和价值,但就"乱世"与"救亡图存"的视角来看,意志训练比知识教学和情感教育显得更重要更紧迫。人在竞争中常以智慧或体力取胜,但在智慧与体力大致相当的前提下,狭路相逢,勇者胜。

培育人的"意志"简单地说就是训练人的"吃苦"精神和"坚持"品质。意志教育几乎可以转换为"生于忧患而死于安乐"的历史智慧。中国历史上曾有"宋氏三姐妹"(宋霭龄、宋庆龄和宋美龄)之说。宋氏家族不仅养育了"宋氏三姐妹",还培养了"宋氏三兄弟"(宋子文、宋子良、宋子安)。为了训练孩子的意志与勇毅,宋耀如和他的妻子制订了"斯巴达"式的教育模式。在孩子蹒跚学步时鼓励他们尽情玩耍。稍长,则进行"沐于大麓,烈风雷雨而不迷"的意志训练。[②]

与忽视意志力训练有关,文明尤其是科技文明以满足人的好逸恶劳的本性为目标。而好逸恶劳的欲望一旦获得比较完整的满足,人的身体与精神就会逐渐退化。这正是为什么文明的民族总是被野蛮的民族征服的原因。冷兵器时代如此,热兵器时代同样如此。

不仅如此,野蛮的民族获得统治权之后,也同样会因为贪图安逸、纵情享乐而走向衰落和衰败。如果说中国人在鸦片战争中失利的部分原因是"专制制度"压制了民众的活力,那么宋代与明代之所以被外族征服,几乎与制度无关,因为当时入侵的外族也没

---

① 西南联大的校训为"刚毅坚卓"。
② 参见:王东华. 发现母亲[M]. 北京:中国妇女出版社,2003:565.

有实行民主政制。外族之所以能够入主中原,主要的原因就在于他们的野性与意志力:"以战死为吉利,病终为不祥。耐寒苦同之禽兽。"①野蛮的民族对长途跋涉和风刀雪剑带来的肉体痛苦不以为意。

虽然趋乐避苦是人的本性,但是舒适的气候和安逸的生活容易消磨、腐蚀人的意志。尚武的民族对舒适的生活往往持警惕的态度。满族人入主中原后,迅速推行"汉化"教育并追求舒适的生活。但他们很快就发现,舒适的生活使他们身上的"勇武"精神出现消退的征兆。尽管他们制订了"清语骑射"政策:提倡国语、不废骑射,不改衣冠、严禁奢侈,但是其后继者还是被宫廷生活和过度淫逸所腐蚀。曾经耀武扬威的八旗军人变成了被人讥讽的"八旗子弟"。"八旗子弟"这个曾经让人闻风丧胆的词语,后来演变成了"好吃懒做"、"死要面子"、"穷讲究"的代名词,成为小说《二十年目睹之怪现状》里可怜兮兮的落魄者。在清朝最后的几十年,旗人学会了琴棋书画、吹拉弹唱、种花养鸟。② 博雅、闲暇、情感生活是需要的,但某个人或某个民族若以博雅、休闲、情感欲望的满足为唯一的生活,这个人或这个民族就会衰退败落、奄奄一息。

为何建国者或开国者总有大意志而其后继者却总是毫无悬念地走向堕落?因为意志教育原本属于乱世教育学范畴。一旦国泰民安,生逢太平盛世,整个社会无可挽回地走向纵欲与奢靡。饱暖之后,必思淫逸。淫逸纵欲,国破家亡。青山依旧在,几度夕阳红。

按照黑格尔的"主奴辩证法",人类历史总是在乱世与太平世之间循环。教育可以尝试"为天地立心,为生民立命,为往圣继绝学",但几乎做不到"为万世开太平"。不过,尽管教育无法彻底阻止历史的循环,但教育可以在两个方向上影响历史的循环:第一,教育可以加速从乱世到太平世的上升;第二,教育可以延缓从太平世到乱世的下降。

第 2 节　太平世与浪漫主义教育

太平世往往推崇智育、美育和情感教育三门核心课程。乱世的课程改革倾向于功利主义与现实主义的刚性教育,而太平世的新课程倾向于浪漫主义的柔性教育。虽然,浪漫是人类普遍的隐秘渴望,但是,过度浪漫与纵欲必导致盛极而衰。教育学的责任与使命是:在乱世强调励精图治,促进社会转危为安;在太平世提供盛世危言,强调忧患意识,尽可能维护社会长治久安。

一、太平世的新课程:智育、美育与情感教育

乱世的基本国策是奖励耕战,太平世的基本国策是休养生息。从乱世到太平世,教育将发生三个转向:(1)在文武双全之中,乱世偏重"武"并由此而推行体育(军事教育),而太平世偏重"文"并由此而强调智育(尤其是博雅教育);(2)在劳逸结合之中,乱世偏重"劳"并由此推行劳动教育,而太平世偏重"逸"并由此推行美育(闲暇教育与消费

---

① 张宏杰.中国人的性格历程[M].西安:陕西师范大学出版社,2008:150.
② 参见:张宏杰.中国人的性格历程[M].西安:陕西师范大学出版社,2008:198—201.

教育);(3)在通情达理之中,乱世偏重"理"并由此而偏重法治教育,以法制甚至专制带来暂时的秩序与安全感;而太平世偏重"情"并由此推行情感教育尤其是民主教育,以民主满足人的被承认的欲望。

也就是说,乱世偏重体育(含军事教育)、劳动教育和法治教育,而太平世偏重智育(尤其是智力游戏式的学术研究)、美育和情感教育。太平世的智育、美育和情感教育一起构成柔性的浪漫主义教育。乱世以富贵为耻。身处乱世,"富农"或"富商"往往被视为"为富不仁"的寄生虫。太平世以贫穷为耻。身处太平世,人们对穷人的态度是"哀其不幸,怒其不争"。《论语·泰伯》曰:"邦有道,贫且贱焉,耻也;邦无道,富且贵焉,耻也。"乱世强调救亡图存。骁勇善战的英雄、勤劳致富的劳模和铁面无情的清官成为乱世的大众偶像。太平世追求歌舞升平。博古通今的学者(文人)、能歌善舞(审美)的艺人(或大富大贵的贵族)、侠骨柔情的情人成为太平世的新宠。

(一) 崇文与智育

乱世建阅兵台,阅兵台在太平世则成为文人骚客登高望远吟诗作赋的观景楼(比如岳阳楼)。乱世崇尚武,重视军事教育;太平世崇文,重视博雅教育(liberal education,也译为自由教育)。博雅教育有三个特点:一是为知识而知识,为学术而学术,没有外在的功利目的,没有职业限制;二是广博多识,视野开阔,没有专业限制;三是精英教育,尤其是政治智慧教育。

第一,博雅教育是为知识而知识的非功利的学术研究而不是职业教育。有人将知识分为两类。一是普遍的、哲学的、观念的知识,二是特殊的、实用的、机械的知识。[①]后者是职业教育的重点,前者是博雅教育的重点。博雅教育为知识而知识,为学问而学问。它以自身为目的,具有"自成目的性"。博雅教育既不追求专业学位或学术名誉,也不指向一技之长的职业。正因为如此,当普洛瑟(A. Prosser,1871~1952)站在职业主义的立场提出"普职分离"(普通教育与职业教育分离)的教育体系时,杜威便站在通识教育或普通教育的立场对"普职分离"提出批评。"普杜之争"貌似源于"普职分离"与"普职融合"的分歧,其实源于杜威与普洛瑟对当时社会性质持不同的认识与不同的期待。杜威虽然明确反对古典的博雅教育而提倡普通教育与普职融合,实际上,杜威所提倡的普职融合称得上现代版的博雅教育。这是一份太平世的教育方案。

乱世轻视文人、学者而警惕"空谈误国"。在乱世或革命年代,文人学者往往被视为"反动文人"而遭受羞辱。但是,太平世恰恰尊重文人、学者,崇尚学术研究。即便学术研究不能带来立竿见影的社会效益,太平世仍然鼓励这种非功利化的学术研究,甚至推崇有关古玩艺术鉴赏的研究。这种非功利化的学术研究虽然属于广义上的智育范围,但它其实只是某种智力游戏,也因此接近美育精神。

学术研究原本属于太平世的生活方式之一。出色的学术研究要么诞生于太平盛世,要么出自贵族家庭。卓越的学者往往来自名门望族而很少来自穷困家庭。卓越的学者往往有良好的家学渊源,不仅受其父母的直接教诲,甚至受其祖父母或外祖父母的影响。只有身处太平盛世或者出身名门望族,才有可能沉醉于非功利的学术生活并由

---

① 详见:[英]纽曼.大学的理想[M].徐辉,顾建新,何曙荣,译.杭州:浙江教育出版社,2001:32—34.

此而创造大格局、大气象的学术作品。身处太平世的人原本只是为了满足自己的赏玩、探究本能而自娱自乐,倒并不在意自己是否能够创造大格局、大气象的学术作品。但是,正是这种"赏玩"的游戏精神,成就了学术的大格局和大气象。从事学术研究而俗事缠身的人,总会为学术与生活的关系纠缠困扰,甚至会因为学术待遇太低而抱怨社会不公。殊不知,学术研究以其过程为目的。学术研究原本不需要额外的待遇。抱怨学术研究待遇太低者,说明此人所从事的不是学术而是谋生术。

也有一种可能:虽然出身寒门,但接触学问之后迅速受学问的感召而成为超凡脱俗的精神贵族。精神贵族虽然并不富裕甚至清苦寂寞,但依然安贫乐道,内心丰盈。学术研究中的精神贵族要么从学问中感受到宗教信仰般的神秘力量,因信仰而"穷且益坚,不坠青云之志",要么从学问中兴起和引发"为天地立心,为生民立命,为往圣继绝学,为万世开太平"的使命感或由此激发出"孔颜乐处"。

第二,博雅教育是"通识教育"而不是专业教育。[①]　就此而言,将 liberal education 理解为自由教育比较合适。自由教育隐含了对各种实用教育的抵制。自由教育即便开设科学课程,也只是因其有满足人的好奇心和闲情雅致之游戏效果而非因其实用。作为通识教育的博雅教育同时也意味着超越谋生状态之后的"人的解放"。"人的解放"的消极意义是从受压迫的政治专制和受剥削的经济制度以及劳动分工制度(分工导致片面发展或畸形发展)中解放出来。"人的解放"的积极意义是博雅教育或自由教育。充分的博雅教育或自由教育意味着每个人的自由而全面的发展。博雅教育或自由教育的隐喻形式是:"任何人都没有特定的活动范围,每个人都可以在任何部门内发展,社会调节着整个生产,因而使我有可能随我自己的心愿今天干这事,明天干那事,上午打猎,下午捕鱼,傍晚从事畜牧,晚饭后从事批判,但并不因此就使我成为一个猎人、渔夫、牧人或批判者。"[②]

第三,博雅教育是精英教育。精英教育的主要课程是政治学或政治哲学以及与之相关的文学和历史。白璧德认为,当前教育的急迫任务就在于捍卫以文学为代表的人文科学不受自然科学的侵犯。[③]　有人甚至提出,可以不用学习科学与数学,但必须学习人文艺术。[④]　正因为如此,当杜威站在科学主义的立场建构其教育哲学体系时,白璧德站在新人文主义尤其是文学教育这边对杜威的实验主义(实用主义)教育哲学提出批评。"白杜之争"貌似民主教育与精英教育之争,其实是太平世教育方案与升平世(或乱世)教育方案之争。杜威认定当时的美国社会已经跻身于升平世且正在向太平世接近,因而不遗余力地提倡机会平等的民主主义教育和普职融合的普通教育。而白璧德立足于升平世(小康社会)或乱世的视角强调社会分层并因此而提倡精英教育。某个国家或地区尚未全面实现太平世之前,博雅教育(或自由教育)总是少部分人才有条件获取的

---

① general education 兼有普通教育和通识教育的含义。

② [德]马克思,[德]恩格斯.德意志意识形态[M].中央编译局,译.北京:人民出版社,1961:27.

③ [美]白璧德.文学与美国大学[M].北京:北京大学出版社,2011:21.

④ 详见:Greene, M. Toward Wide-Awakeness: An Argument for the Arts and Humanities [J]. Teachers College Record, 1977(1):119 - 125. 另参见:W. Pinar, The Passionate Mind of Maxine Greene [M]. UK Falmer Press, 1998:68.

贵族教育或精英教育。在柏拉图和亚里士多德等人看来,只有贵族才需要接受博雅教育而一般大众只需要从事劳动。亚里士多德甚至明确提出一般民众或年轻人不适合听政治学。① 哈钦斯(R. Hutchins, 1899～1977)则断言,有些理科生年纪轻轻就可能向国际杂志投稿,但是,文学、历史、哲学等伟大作品,不会向不成熟的人显露它们的秘密。②

(二) 闲暇与美育

太平世意味着既无战争,也不再贫困。安全与温饱问题皆得到解决之后,接下来的问题是:如何打发"餍足"与"无聊"。每个人都在快乐与痛苦之间钟摆:意欲得不到满足时人处于匮乏的痛苦之中;意欲得到满足的那一刹那虽然给人带来欢乐,但满足之后又陷入餍足、厌倦的痛苦之中。③

为了缓解和减少这种餍足与无聊,人类往往采用三个办法:一是刺激消费,可称之为消费主义;二是审美游戏,可称之为审美主义;三是回归自然无为的从容生活,可称之为自然主义。

第一,消费主义。打发无聊、摆脱平庸的日常办法是刺激消费,扩大欲望。如果说餍足与无聊来自人的欲望的暂时满足,那么,刺激消费的办法就是通过扩大欲望甚至纵欲的办法来消解餍足与无聊。欲望扩大意味着欲望很难被完全满足,也因此不可能轻易出现餍足与无聊。刺激消费的另一个好处是:扩大欲望与获取更多更大满足往往显示为奢侈品的消费。奢侈品消费水平越高,满足之后的成就感也更大。奢侈品消费意味着在消费水平上胜过周围的更多他人,也因此可能会让更多他人承认和羡慕,带来更大虚荣心与权势欲的满足。

第二,审美主义。打发无聊、摆脱平庸的第二个办法是审美游戏。刺激消费尤其是奢侈品消费貌似与审美游戏有关,其实不同,甚至相反。刺激消费是对物质的依赖。它是人自愿向物质投降,追求功利的满足。它使人受制于物,成为物的奴役。与之相反,审美游戏是对物质的摆脱,追求非功利的精神满足。审美游戏没有外在的功利目的。审美游戏本身就是它自己的目的。审美游戏的过程本身就能够给人带来满足感。这正是太平世与乱世的根本差异。乱世使人不得不从事军事、劳动、法制等功利化的生活。军事、劳动、法制皆有外在的功利目的。战争是为了获胜而攻城略地,劳动是为了收获以便养家糊口。法制是为了公正而平息纷争。但是,太平世的审美游戏没有任何外在的目的;审美游戏以其自身为目的;法制是为了安全稳定。太平世给人提供了足够的财富与安全并因此而并无强制的兵役、劳动或严刑峻法。太平世为人提供了解放的条件。太平世不仅可以使人摆脱"人对物的依附关系",而且可以使人摆脱"人对人的依附关系"。太平世原本让人超越谋生状态而进入审美游戏状态。身处太平世,某人若过于迷

---

① 此处主要采用刘小枫的翻译,兼采廖申白的翻译。刘小枫的译文中将此处的"政治学"译为"政治术"。见刘小枫.施特劳斯的路标[M].北京:华夏出版社 2011:304;[古希腊]亚里士多德.尼各马可伦理学[M].廖申白.译.北京:商务印书馆,2003:7—8.

② [美]哈钦斯.伟大的对话——一种博雅教育的本质[A].刘小枫.大学与博雅教育[C].北京:华夏出版社,2015:53.

③ 有关快乐与痛苦之间的钟摆现象的分析,详见:[德]叔本华.作为意志和表象的世界[M].石冲白,译.北京:商务印书馆,1986:273.

恋奢侈品消费,说明此人已经自愿退回到"人对物的依附关系"的自我奴役状态或谋生状态。与生产劳动有些相似,审美游戏也产生作品。但是,审美游戏所产生的作品的价值存在于审美创作与欣赏的过程之中。审美创作的目的不是为了待价而沽。待价而沽的作品只是一种谋生的生产劳动而不是审美游戏。

第三,自然主义。① 与审美主义一样,自然主义也坚持非功利主义的路向。乱世宣扬"劳动神圣"并由此而重视劳动教育或职业教育,而太平世强调自然无为、从容生活并由此重视自然教育或闲暇教育。自然教育或闲暇教育的基本信念是:人属于自然的一个部分。在人出生以前,自然已经为人类准备了足够的食物和藏身之处。飞鸟从不播种,但飞鸟也从不为食物担忧。只要人类不过于贪婪,地球能够满足人类所有的需要。

(三) 欲望与情感教育

乱世往往礼崩乐坏,并因此而强调法治教育尤其是专制教育,倾向于"变法图强"。太平世往往制礼作乐,强调休养生息,并由此强调博爱、自由恋爱与自由民主。

第一,公有制与博爱。乱世强调对家国之爱与对仇敌之恨。人之常情者三:亲情、友情和爱情。亲情之爱称为亲爱,追求天伦之乐。友情之爱称为友爱,崇尚侠肝义胆。爱情之爱称为恋爱,其美好状态是如胶似漆、柔情似水。三者之中,亲情的天伦之乐最温暖。不重视亲情或六亲不认者往往被视为"不孝"。友情的侠肝义胆最豪迈,不重视友情或卖主求荣、见色忘友者被视为"不忠"。爱情的柔情似水最激烈也因而最容易令人狂喜或忧伤。不重视爱情或三心二意、移情别恋者被视为"薄情"。在亲情、友情和爱情三者之间,太平世更推崇友情与爱情。《礼记·礼运》曰:"大道之行也,天下为公。选贤与能,讲信修睦。故人不独亲其亲,不独子其子。"博爱在乱世不可,在太平世则可。"不独亲其亲,不独子其子",既要爱你的亲人,也要爱你的邻居和陌生人,这是太平世情感教育的第一个特点。

第二,恋爱自由与婚姻自由。乱世奖励耕战,无暇顾及儿女情长。太平世自由浪漫,情感至上。虽有"乱世佳人"之说,乱世也有类似"待月西厢下,迎风户半开。拂墙花影动,疑是玉人来"②之情诗,但总体而言,浪漫主义情感生活属于太平世的普遍追求。当年,犬儒学派主张"不要政府、不要私有财产、不要婚姻"。③ 后来,尼采再次为精英设计的自由恋爱与自由婚姻的生活:鼓励"纯洁无邪的精神放荡",追求性爱和享乐,重视"身体的优先性",把婚姻视为"某种根本性的欺骗"。④ 貌似惊世骇俗,不过太平世之预言而已。

第三,平等与民主。身处太平世,每个人都享有自己做主的权利。民主的基本前提是平等。这意味着不考虑出身、身体、智力、种族、性别上的差异,每个人都享有平等的生存权、发展权和选举权。在生存权、发展权和选举权三者之间,选举权最重要。虽然不可能所有人都成为统治者,但每个人都有权利选举自己认可的统治者。

① 朱光潜将"回到自然"视为浪漫主义的三大特点之一。详见:朱光潜.西方美学史[M].北京:人民文学出版社,2002:711.
② 唐代诗人元稹《莺莺传》及元代剧作家王实甫《西厢记》。
③ [英]罗素.西方哲学史(上卷)[M].何兆武,李约瑟,译.北京:商务印书馆,1963:294.
④ [德]尼采.权力意志:重估一切价值的尝试(上卷)[M].孙周兴,译.北京:商务印书馆,2007:553—568.

民主其实是以平等的方式实现对虚荣心和权势欲的满足。当每个人一律平等了，内心深处胜过他人的欲望也就自动停歇。就此而言，民主的关键就在于抹平一切等级差异，包括出身、性别、资历、体力、智力、肤色的差异。将所有这些等级差异夷为平地虽然艰难，但也不是不可能。以体力而言，如果为每个人配备某种工具，就可望抹平差异，比如，一人一张选票可以抹平选民身份的差异；电脑的普及可以减小智力上的差异；化妆的普及可以减少相貌上的差异，等等。

民主与自由相关，但民主并不等同于自由。太平世的民主与自由完全一致，而升平世的民主可能恰恰导致不自由。比如，古希腊的城邦生活推崇民主，但它是"不自由的希腊民主"。古希腊最大的不自由，就是没有不参与政治的自由（1950 年代至 1970 年代，中国社会也曾一度如此）。国家不允许民众不热心公共事务。哲学家和研究者不能隐入山野，他们必须参与投票并随时准备担任公职，民主社会视之为公民的基本义务。在发生争执时，民众甚至不能持中立的态度。他们必须赞成一派而反对另一派（没有言论自由）。对于既不赞成也不反对的逍遥派，法律将予严惩。[①] 古典政治哲学将一切不参与政治生活的离群索居者视为"非神即兽"的怪物。[②] 过度的政治生活正是希腊化时期的伊壁鸠鲁学派、斯多葛学派和怀疑主义学派走向"自然"与"菜园"的原因。

与升平世不同，太平世既推行民主，也允诺自由。只要不干扰他人的自由，每个人都有自己决定做任何事的权利。凡是法律没有禁止的行为，都属于自由的范围。太平世意味着任何人可以自由选择自己喜欢的生活方式。既可群居，亦可独处。太平世不会鼓励离群索居，因为太平世的自由选择让所有人可以通过"大隐隐于市"的方式实现离群索居的自由效果。

二、太平世与浪漫主义教育学派

如果说据乱世的典型思想个案是法家学派，那么，太平世的典型思想个案是文艺家。并非所有文艺家都是浪漫主义者，追求浪漫主义的文艺家往往有宗教倾向。在中国如此，在西方亦如此。在中国，有道家或佛家倾向的李白、苏轼、曹植、陶渊明等人倾向于浪漫主义。在西方，有基督教以及种种神秘主义倾向的费希特（J. Fichte，1762～1814）、谢林（F. Schelling，1775～1854）等人倾向于浪漫主义。

就西方浪漫主义教育学派而言，它貌似对德国古典哲学所强调的理性的反叛，其实却是对德国古典哲学的延续。原因就在于，以康德主体主义哲学为代表的德国古典哲学既鼓励人勇敢地使用自己的理性，同时这种主体主义哲学却又因其高扬人的意志而走向非理性主义。浪漫主义是对其非理性主义因素的延续，后来的现象学运动可视为浪漫主义的余波。"德国古典哲学本身就是哲学领域里的浪漫运动，它成为文艺领域里的浪漫运动的基础。"[③]弗里德里希·施莱格尔（F. Schlegel，1772～1829）与其兄奥古斯特·施莱格尔（A. Schlegel，1767～1845）被普遍视为浪漫主义的"奠基人"。两个一

① ［法］库朗热.古代城邦：古希腊罗马祭祀、权利和政制研究[M].上海：华东师范大学出版社，2005：212.阮炜.不自由的希腊民主[M].上海：三联书店，2009：265—275.
② 详见：［古希腊］亚里士多德.政治学[M].吴寿彭，译.北京：商务印书馆，1965：9.
③ 朱光潜.西方美学史[M].北京：人民文学出版社，2002：706.

起并称"施莱格尔兄弟"。①

　　费希特和谢林一起推动当时的浪漫主义运动。但是,谢林后来与费希特出现分歧。② 具有"花岗岩"气质③的谢林与当时的浪漫主义哲学更接近。谢林本人直接参与了施莱格尔等人的聚会。谢林的"同一哲学"更符合浪漫主义的"主观"与"客观"同一的审美追求。④ 费希特哲学也影响了谢林的妻子卡洛琳(Caroline,1763～1809)。卡洛琳一度成为整个浪漫派团体的中心人物。当费希特与谢林的关系出现紧张时,卡洛琳坚定地站在谢林这边。她虽然承认费希特是一个重要的竞争对手,但她认为费希特身上只有光而没有热,也没有诗,而谢林身上不仅有光,而且有热,有诗。她热情地参与浪漫派的多种活动,她主办沙龙、写稿、改稿、发表匿名评论。⑤

　　费希特与谢林领导的德国浪漫哲学很快蔓延到法国、英美以及其他一些国家。在浪漫哲学的蔓延过程中,出生于瑞士的斯塔尔夫人(Germaine de Stael,1766～1817)发挥了重要作用。她与费希特、谢林、歌德、席勒、大施莱格尔等人素有交往。⑥ 卡莱尔(T. Carlyle,1795～1881)等人借助斯塔尔夫人的介绍,将德国形而上学引入英国诗歌。英国的布莱克(W. Blake,1757～1827)、华兹华斯(W. Wordsworth,1770～1850)、柯勒律治(S. Coleridge,1772～1834)、拜伦(G. Byron,1788～1824)、雪莱(P. Shelley,1792～1822)、济慈(J. Keats,1795～1821)等浪漫主义诗人与德国浪漫哲学遥相呼应并后来居上。

　　浪漫主义哲学或文学虽然没有公认的共同纲领,但还是分享了比较一致的精神要素(这些精神要素后来成为白璧德攻击的靶子)。

　　一是情感主义或非理性主义。有人认为,浪漫主义是对理性主义的反动,强调情感高于理性,重视个性、自由、主观性、激情。⑦ "浪漫主义作家早于尼采,已经触摸到了希腊文化这种狄奥尼索斯的潜流。"⑧在现实生活中,情感主义首先显示为对婚姻模式的调整。谢林、施莱尔马赫、雪莱、拜伦等人的婚姻与施莱格尔兄弟的婚姻模式大体类似,都对传统婚姻制度和婚姻道德构成激烈的冲击。大施莱格尔和小施莱格尔都追求卡洛琳,卡洛琳后来嫁给了大施莱格尔。七年后卡洛琳和大施莱格尔解除婚约,成为谢林的妻子。大施莱格尔则成为斯塔尔夫人的秘书、参谋和旅行伴侣。小施莱格尔的妻子多

① 马克思在波恩求学时,是大施莱格尔的学生,选修了他的两门课。详见:[美]维塞尔.普罗米修斯的束缚——马克思科学思想中的神话结构[M].李昀,万益,译.上海:华东师范大学出版社,2014:125.
② 后来两人发展到相互攻击的程度。[德]费希特.行动的哲学[M].洪汉鼎,倪梁康,译.南京:译林出版社,2013:261—264.
③ 详见:[苏联]古留加.谢林传[M].贾泽林,苏国勋,周国平,王炳文,译.北京:商务印书馆,1990:89.
④ 正是在"同一哲学"的问题上,谢林认为黑格尔"剽窃了他的思想"。浪漫哲学与黑格尔哲学其实都分享了谢林的"同一哲学"。黑格尔之所以攻击施莱格尔等人的浪漫哲学,主要因为黑格尔认为浪漫哲学过于强调"主观性"。详见:[德]海涅.浪漫派[M].薛华,译.上海:上海人民出版社,2003:147.
⑤ 详见:[丹麦]勃兰兑斯.十九世纪文学主流(第二分册):德国的浪漫派[M].刘半九,译.北京:人民文学出版社,1988:79—88.详见:[苏联]古留加.谢林传[M].贾泽林,苏国勋,周国平,王炳文,译.北京:商务印书馆,1990:114.
⑥ [美]韦勒克.近代文学批评史(第二卷):浪漫主义时代[M].杨自伍,译.上海:上海译文出版社,1989:265.
⑦ 丁宁.西方美术史十五讲[M].北京:北京大学出版社,2003:332.
⑧ [德]萨福兰斯基.荣耀与丑闻:反思德国浪漫主义[M].卫茂平,译.上海:上海人民出版社,2014:177.

罗西亚(Dorothea，1764～1839)先嫁给一位银行家，后来改嫁比自己小八岁的小施莱格尔。施莱尔马赫本人一度为男女关系问题所困扰，追求有夫之妇①，曾极力促成小施莱格尔和多罗西亚的婚姻。他厌恶传统的婚姻制度。② 在古希腊智者那里，"人是万物的尺度"，而在浪漫主义这里，"女人是万物的尺度"，③女性在浪漫主义运动中具有特殊的地位。拉吉(Rahel Vamhagen，1771～1833)、亨丽埃特(Henriette Herz，1764～1847)④、玛丽·雪莱(Mary W. Godwin，1797～1851，雪莱的第二任妻子)、斯塔尔夫人、卡洛琳和多罗西亚等人直接参与了浪漫主义运动。⑤ 若放宽视野，也可将此前的罗兰夫人(Madame Roland，1754～1793)和此后的穆勒夫人哈丽雅特(Harriet，1807～1858)视为浪漫派中的重要人物。

二是自然主义。浪漫主义提倡"返回自然"，亲近自然村庄，亲近农村和农民，同情苦难者并由此而反抗强权政治。他们从社会的最上层阶级转向了最下层阶级，从贵族转向了农民。据说，诺瓦利斯愿意扎根于地下，与植物一起生活。惠特曼则愿意与动物共处。卢梭被认为有"嗜动物癖"，他将自己的五个孩子送给孤儿院，而"他对自己的狗却有无法言喻的爱"。⑥ 浪漫主义式的典型诗句是："我爱人，但我更爱自然。"或者，"每天的教师就是树林和溪流。"⑦正因为浪漫主义以自然主义为其核心精神，白璧德将浪漫主义和自然主义视为人文主义的死敌。

三是审美主义。浪漫主义追求以创造和改变、迷醉等方式反抗过度的习俗主义或理性主义并由此反抗机械的时间观念。在浪漫派看来，屈服于理性必导致庸人的诞生。庸人是缺少超验的人。⑧ 浪漫派反其道而行之，赞赏迷醉和神秘主义。酒之所以重要，也因为酒能激发人的神秘才能。一切神秘之物皆被浪漫主义视为重要的审美元素，比如，可怕的悬崖、无路的森林、大雷雨、海上风暴、凶猛爆裂的东西、幽灵鬼怪、凋零的古堡、异术法师、残忍的海盗、没落的暴君等。由于推崇审美游戏，浪漫主义特别重视诗化哲学或反讽艺术，尤其重视文学式的反讽。他们都反对体系而重视辩论的"机智"。⑨

就情感主义、自然主义和审美主义三个关键特征而言，卢梭在18世纪早期已经预示了18世纪末和19世纪初的浪漫主义运动。卢梭被视为浪漫主义运动中的首要人物。⑩ 也正因为如此，后来白璧德批评浪漫主义时，卢梭成为首当其冲的攻击对象。⑪

---

① 详见：张会永.施莱尔马赫至善学说研究[M].北京：中国社会科学出版社，2013：4—5.
② 详见：[丹麦]勃兰兑斯.十九世纪文学主流(第二分册)：德国的浪漫派[M].刘半九，译.北京：人民文学出版社，1988：79—88.
③ [美]白璧德.卢梭与浪漫主义[M].孙宜学，译.北京：商务印书馆，2016：156.
④ 有关拉吉和亨丽埃特的介绍，详见：[德]萨福兰斯基.荣耀与丑闻：反思德国浪漫主义[M].卫茂平，译.上海：上海人民出版社，2014：153.
⑤ 详见：[苏联]古留加.谢林传[M].贾泽林，苏国勋，周国平，王炳文，译.北京：商务印书馆，1990：79.
⑥ 详见：[美]白璧德.卢梭与浪漫主义[M].孙宜学，译.北京：商务印书馆，2016：143—161.有关"重返自然"的讨论，详见：朱光潜.西方美学史[M].北京：人民文学出版社，2002：711.
⑦ 详见：[美]白璧德.卢梭与浪漫主义[M].孙宜学，译.北京：商务印书馆，2016：255—258.
⑧ [德]萨福兰斯基.荣耀与丑闻：反思德国浪漫主义[M].卫茂平，译.上海：上海人民出版社，2014：218.
⑨ 详见：[德]施勒格尔.浪漫派风格[M].李伯杰，译.上海：华东师范大学出版社，2005：50.
⑩ 详见：[英]罗素.西方哲学史(下卷)[M].马元德，译.北京：商务印书馆，1976：213.据说，浪漫这个词第一次作为有影响的法语，出现于卢梭的《一个孤独漫步者的遐想》之中.详见：[美]白璧德.卢梭与浪漫主义[M].孙宜学，译.北京：商务印书馆，2016：24.
⑪ 详见：[美]白璧德.卢梭与浪漫主义[M].孙宜学，译.北京：商务印书馆，2016.

三、柔性教育与忧患意识

不发达社会或乱世往往以奖励耕战为基本政策。但是,奖励耕战只适合乱世而不适合治世。战乱结束之后,若依然推行奖励耕战的强硬政策,必导致民怨涌动,官逼民反。太平世与乱世是两个极端。乱世必推行类似奖励耕战之铁血政策,甚至推崇军国主义。虽然乱世出英雄,但以战乱为特征的乱世往往因为民不聊生而不得民心。《老子》第三十章云:"师之所处,荆棘生焉。大军之后,必有凶年。"紧接着又说:"兵者不祥之器,非君子之器,不得已而用之。"好逸恶劳的本性使人类总体上趋向国富民强的安逸生活。"宁为太平犬,不作离乱人。"①

太平世意味着摆脱了谋生状态而进入休养生息的审美游戏状态。军事教育、劳动教育和法治教育在乱世是重要的,但是,人并不为军事、劳动、法制而活着。人的本性是好逸恶劳、随心所欲。好逸恶劳、随心所欲没什么不好。只要有基本的安全保障,人就可以随心所欲地享受太平生活。

人类已经经历种种乱世和升平世,似乎尚未进入太平世。人们一般将太平世称为想象的乌托邦。全人类整体进入太平世在将来是否可能,尚不得而知。不过,这并不意味着到目前为止人类没有任何太平世的蛛丝马迹。虽然历史上从未出现全人类整体进入太平世的绚烂时刻,但总会有某个或某些国家、地区、家族或家庭不同程度地呈现相对发达、繁盛、富裕、自由的太平世状态。按照康有为的解释,偏远山区为乱世;中等发达城市为升平世;发达大都市为太平世。②就个人而言,青少年可能呈现为乱世;青壮年阶段可能呈现为升平世,而自得其乐、初生牛犊不畏虎的婴幼儿阶段或与世无争、从心所欲不逾矩的老年阶段则可能呈现为太平世。另外,若将太平世理解为"主人"的生活状态,任何时代的精英或贵族(含类似颜渊之精神贵族)所展开的生活世界,皆可视为太平世。

以审美主义、自然主义和情感主义为核心的浪漫生活是人性的普遍渴求,但是过度的浪漫主义必导致个人的堕落、社会的颓废与国家的衰败。正因为太平世内在地隐含了浪漫与纵欲的元素,乱世才会接踵而至,乃盛极而衰。乱世出现之后,教育必改弦更张,原来过于纵欲的浪漫主义教育必走向有理想、有道德、有文化、有纪律的现实主义教育。

为何人类不能长久地保持"太平盛世"? 原因在于,某个国家或地区由贫困状态进入发达状态之后,就会因为好逸恶劳而放弃身体的训练、劳动的习惯和法律的约束而逐渐衰退。与之类似,某个家庭或家族、城市、学校即便呈现为发达状态,若不"居安思危",发达的家庭、家族、城市或学校迟早会衰退为不太发达的状态甚至贫困的状态。于是,文明的国家或民族文明到一定的程度,总会被周边野蛮的国家或民族征服。"富不过三代"既是家庭或家族的宿命,也是整个国家或民族的普遍命运。古希腊是西方文化

---

① 详见:元代小说《幽闺记》第十九章。
② 详见:康有为.春秋笔削大义微言考[A].康有为全集(第六集)[C].北京:中国人民大学出版社,2007:310.

的源头，但文明的古希腊先后被北方野蛮的马其顿和古罗马征服。中国是文明古国，但文明古国也屡次遭受野蛮外族的侵袭。过度文雅必导致文弱。

太平世只是显示为某个社会某个人生阶段的昙花一现。如果太平世长期推行智育、美育与情感教育的"休养生息"制度而完全废弃军事、劳动与法制的"奖励耕战"制度，则必导致国家或社会由盛而衰、危机四伏。唐朝之所以出现"开元盛世"，乃因为唐初"贞观之治"推行文武双全的教育战略。唐朝中期之所以出现"安史之乱"并由此导致国运衰败，元气大伤，正因为中唐过度追求情感欲望与审美游戏（后世有关"脏唐臭汉"之说与此有关）。同样，宋朝与明朝之所以衰败而被外族入侵，恰恰因为宋明两代盛极一时而过度纵欲。宋徽宗本人不爱江山爱美学，晚明士人如张岱将纨绔子弟式的审美游戏推向极致。① 汤显祖虽不必负"文人误国"之责，但汤显祖从理性主义到情感主义的转向，恰好顺应了以情感主义、纵欲主义为特色的晚明风气。

乱世宜用法家，而治世往往重视儒家。乱世中的秦国因重用法家教育学派而追求刚性教育并最终统一六国。但法家的奖励耕战也仅仅适合乱世而不适合治世。秦国因重视法家教育政策而统一六国，也因其在治世继续推行奖励耕战的刚性教育而速亡。太平世往往重视文艺家，立足于文艺的浪漫主义及其柔性教育要么在太平世的"理想国"应运而生，要么在乱世或升平世中提前预演未来理想的生活方式。太平世的文化、文明及其柔性教育是人类的永远的追求，但是，过度享受太平世的闲暇教育或柔性教育，将导致国破家亡。过早地推行浪漫主义教育而完全放弃谋生的现实主义教育，个人、家族或国家就会因其"玩物丧志"、"纵欲主义"而面临灭顶之灾。这正是中国古典哲学《周易》之所以那么看重忧患意识的原因。《周易》有坎离两对卦，又有泰否两对卦，还有既济与未济两对卦。《易经》六十四卦反复强调"居安思危"、"否极泰来"、"泰极否来"之忧患意识。于是，《易传·系辞下》曰："作《易》者，其有忧患乎。"《孟子·告子下》亦曰："生于忧患而死于安乐。"范仲淹则曰："先天下之忧而忧，后天下之乐而乐。"所谓"生于忧患而死于安乐"，并非教人完全违反任性地追求自虐式的生活或完全拒绝安乐。忧患意识的重点在于：虽然好逸恶劳是人的本性，人可以适度满足安逸的生活，但是，在安逸生活的当下，需要有基本的刚性生活和刚性教育。

如果说孟子的"生于忧患而死于安乐"为整个人类提供了总体方案，那么，范仲淹的"先天下之忧而忧，后天下之乐而乐"则为精英人群提供了特别的要求。对于一个民族或国家的整体发展而言，部分民众或许可以追求好逸恶劳的安乐生活，但是，对于统治者或精英人群而言，他们需要承担表率、垂范的责任。顾炎武在《日知录·正始》中提出："保国者，其君其臣、肉食者谋之；保天下者，匹夫之贱，与有责焉耳矣。"就是说，虽然任何百姓对于天下兴亡皆有责任，但是，国家兴亡主要是"其君其臣"等肉食者、统治者、精英者的谋划和使命。民众可以适度追求安逸的生活，可以适度满足人的贪图安逸的本性，但是，精英人群、统治者因其被民众给养，养兵千日，用兵一时，精英必须承担保家

---

① 一个国家的衰败（或亡国）有政治、经济、军事和文化等多种原因。仅仅从文化的纵欲主义来指证国家的衰败未免失之简单。不过，若将国家的衰败仅仅归结为政治、经济、军事的原因而不追究文化的隐患，也同样失之简单。

卫国的责任。而保家卫国的重要责任之一就在于强化"忧患意识",精英人群和统治者不可贪图安逸的生活,任何时候都不可放弃刚性生活和刚性教育。

这正是小康社会或升平世推行"新六艺"教育的原因,也是"新六艺"教育偏重身体好、学习好和性格好"新三好生"培养的原因。

第 3 节　小康社会:走向刚柔相济的"新六艺"教育

乱世往往推行"奖励耕战",重视谋生的体育(主要是军事教育)、劳动教育与法治教育(法治作为德育的核心)。太平世往往强调"休养生息",重视享乐的智育、美育和情感教育。介于乱世和太平世之间的升平世(或小康社会)既有奖励耕战的民生压力,又有休养生息的民情需要,因而不得不推行德育(主要是法治教育)、智育、体育(含军事教育)、美育、劳动教育和情感教育。德、智、体、美、劳、情可称为"新六艺"教育。[①] "新六艺"教育聚拢为三个板块或三个模块:(1)文武双全,含智育和体育;(2)劳逸结合,含劳动教育和美育;(3)通情达理,含情感教育和法治教育。乱世与太平世只是社会的"非常状态",社会的常态长期呈现为升平世(或小康状态),因此,"新六艺"教育具有长期有效的现实意义。

"新六艺"由三类刚性教育与三类柔性教育构成,但并非刚性教育与柔性教育的简单并列。从"生于忧患而死于安乐"或"主奴辩证法"的视角来看,在刚柔之间,升平世虽然需要保持必要的柔性教育,但更需要强化刚性教育。在"新六艺"之中,现代教育普遍重视文武双全之文,而容易忽视体育、美育、劳动教育、德育和情感教育。因此,教育改革的紧迫任务是在强调学习好(智育)的同时,重视学生的身体好和性格好。

一、文武双全

文武双全指向智育和体育。文武双全也可称为允文允武、文武兼备、智勇双全、有勇有谋或文治武功。文武双全的基本策略是:既发展智育,又重视体育,让学生在文武之间保持必要的张力。在孔子那里,文武双全意味着"文质彬彬",具"智仁勇"三达德。现代人的说法则是:"文明其精神,野蛮其体魄。"[②]

(一) 文明其精神

文武双全之"文"在升平世主要有三个含义:一是与病急乱投医相对的心理医学智慧。二是与武力解决相对而言的谈判智慧与政治智慧。三是与体力劳动相对的智力劳动或脑力劳动。三者一起构成智育的三个目标。

智育的第一个目标是通过对物理、生理与心理的研究而善于理解身体与自然的关系,拥有"知者不惑"的心理学智慧或哲学智慧。有强大的心理学智慧或哲学智慧的人总是能够保持头脑清明,不为某种天灾人祸而感到迷惑或恐惧。智慧的人既不会因为心理恐惧而导致迷信,也不会因为缺乏基本的生理常识而迷信药物或医生。智慧的人

---

① 中国古典教育的核心课程是"六艺":礼、乐、射、御、书、数。后来又出现"新六艺":诗、书、礼、乐、易、春秋。
② 详见:毛泽东.体育之研究[J].新青年,1917(2):52—62.

不会乱用药物,不会"病急乱投医"。人很难做到不生病,但智慧的人总是能够做到少生病。即便偶尔生病,也能自我调节而不会心慌意乱、六神无主。

智育的第二个目标是用政治谈判的方式而不是用军事战争的方式解决争端。虽然"不战而屈人之兵"在任何时代都是值得追求的境界,但是,在道德规范和法制契约被严重破坏的乱世,比较有效的方式是直接动用武力,以军事战争解决问题。而在道德规范和法制契约被普遍认可的升平世或太平世,比较有效的途径是胡萝卜加大棒的政治谈判。政治与军事的差别就在于:军事解决意味着以武力解决争端。而政治解决意味着以谈判或军事演习的方式解决争端。"不战而屈人之兵"主要是政治智慧而不是军事智慧。若身处太平世而轻易动用武力解决问题,往往会被视为"四肢发达,头脑简单"的缺乏政治智慧、没有政治头脑的鲁莽行为。就此而言,智育与体育是相反相成的两个概念。智育与体育一起构成文武双全。体育(尤其是军事教育)属于"尚武"教育,可统称为武教。智育属于"崇文"教育,可统称为文教。

智育的第三个目标是用科学技术提高作战能力和生产能力。前者被称为军事科学,后者被称为生产技术。以火药、炸药等火器为特征的军事科学的介入导致战争由冷兵器时代进入热兵器时代。冷兵器时代的作战实力主要取决于武力和武术,热兵器时代的作战实力主要取决于兵器的科技含量。一个国家所拥有的航空母舰、战斗机、导弹、核武器的数量和质量将成为制胜的关键因素。与现代战争类似,现代生产也主要取决于科技含量而不取决于劳动者的体力。[①] 科学技术成为生产力的一个关键因素,甚至会被视为"第一生产力"。智育的主要任务就在于:让学生学会掌握必要的科学技术,不仅让自己拥有一技之长,以便自食其力,而且让自己参与科学技术的发明创造,为社会求进步,为人类谋福利。

(二) 野蛮其身体

野蛮其身体的首要目的是增进个人的幸福生活[②],其次是随时准备参战而保家卫国。文武双全之"武"在乱世呈现为军事教育而在升平世转变为体育。军事教育是战乱年代的体育;体育是和平年代的军事教育。体育虽然不是教育的全部,却是教育的根本。健康不是教育的唯一目标,但健康是教育的基本前提。野蛮其身体的首要内容是自然生活,其次是体育运动与军事教育。

野蛮其身体之野蛮,首先在于尽可能让身体接受自然的考验。文明的进步为人类提供了精神享受的科技与艺术的力量,但是,人类在倚仗科技与艺术而追求保暖与淫逸的同时,人类也会因过度倚靠人为的工具(主要是科技与艺术)而导致身体的衰败。精神需要养护,但身体更适合放养。人为的养护也许可以使身体免于风雨的冲击、烈日的暴晒或饥寒的威胁而变得白嫩、细腻、滋润,但是,人为的养护同时也使身体变得脆弱、娇柔、无力与无能。身体需要足够的能力以维持其活动的机能,但身体同时也需要亲自挣扎、劳其筋骨、饿其体肤而发展出更加强健的肌肉与强大的力量。温室也许可以培养

---

① 生产技术虽然有独立的研发途径,但是,现代生产技术也大量由军事科技转化而来。高科技往往首先应用于军事,然后才逐步应用于工农业的生产。
② 西谚云:"健康的乞丐比有病的国王更幸福。"

娇艳的花朵,但沁人心脾的花香与挺拔苗壮的大树必诞生于户外的荒野。尽管人的身体不可能完全像动物和植物那样暴露在自然之中,但是,人的身体依然需要尽可能减少人为的保暖与养护,尽可能增加自然的生长与挣扎。

中国传统文化一度崇尚文化和文雅而导致身体羸弱,也因此,中国教育界近代特别重视"尚武"精神并发起"军国民教育"运动。梁启超在有关"新民说"的系列文章中专门"论尚武",对国民素质提出批评:"手无缚鸡之力,心无一夫之雄,白面纤腰,妩媚若处子,畏寒怯热,柔弱若病夫。"①蔡元培则直接提出:"军国民教育者,诚今日所不能不采者也。"②军国民教育由此而成为当时新教育的重要方向。和平年代或小康社会貌似放弃了军国民教育的概念,其实是将军国民教育或军事教育的内容转化为体育。体育课原本应该以"尚武"为方向,发动学生奔跑、追逐、跳跃、翻腾、对抗、冒险。体育课原本是让学生周身流汗、气喘吁吁、狂野不羁的发展野蛮精神的时刻。学校与家长应建立契约,以便体育老师敢于让学生参与必要的危险动作,不因为学生的身体受到意外的伤害而让学校成为被告。

(三) 文质彬彬或刚柔相济

按孔子的思路,升平世宜以"文质彬彬"为教育目标。《论语·雍也》曰:"质胜文则野,文胜质则史。文质彬彬,然后君子。"文质彬彬首先意味着外柔内刚,其次是先礼后兵;再次是和平共处。

刚柔相济既可以显示为外刚内柔(比如刀子嘴豆腐心),也可呈现为外柔内刚。相比之下,外柔内刚更能够给自己和他人带来安全感。外柔内刚的形象也可以称为文明的野蛮人或高贵的野蛮人、有野性的文明人。

在太平世,在标榜文明的城市文化中,男子汉气概不仅不受尊重,反而被人鄙视。威利斯(P. Willis,1945~)的调查研究结果显示,在城市文化中,男子汉气概不仅仅不能帮助工人或农民的孩子提升个人实力,反而导致寒门难出贵子,导致工人阶级的孩子只能"子承父业"。③ 但是,身处小康社会,教育的核心任务既在于文明其精神,以文明的非暴力的方式解决问题,同时也要野蛮其身体,强化体育,培养"文明的野蛮人"或"有野性的文明人"。升平世的教育鼓励国民学会用语言商谈的政治途径而不是单纯凭借武力的军事途径去解决冲突。但是,会说话、会商谈的政治途径是否有效,依然取决于军事实力。有效的商谈总是类似"胡萝卜加大棒"的办法。如果没有强大的武力或军事在背后起作用,政治商谈就会失去发言权。

也就是说,让人成为能言善辩的文明人固然重要,但它也只是教育任务的一个方面。教育任务的另一项任务是强身健体。就普遍重视知识而轻视身体的现代教育而言,教育改革的一个重要方向就是重视身体教育,恢复"文武双全"、"文质彬彬"、"耕读传家"的传统,让文化课与体育课成为学校教育中并驾齐驱的两类重要课程。文化课与体育课虽然不必在时间上平均分配,至少应该让学生每天有足够的锻炼时间。"每天锻

---

① 梁启超.新民说[M].郑州:中州古籍出版社,1998:191.
② 黄金麟.历史、身体、国家[M].北京:新星出版社,2006:52.
③ 有关工人阶级的子弟子承父业的讨论,详见:威利斯.学做工:工人阶级子弟为何继承父业[M].秘舒,凌旻华,译.南京:译林出版社,2013:13—25.

炼一小时,健康工作五十年,幸福生活一辈子。"①

从忧患意识的视角来看,文武双全的重点在于"尚武"与体育精神。无论在乱世还是太平世、小康社会,身体一直是教育变革的中心。乱世"尚武",强调"奖励耕战",身体当然成为教育的中心。太平世虽然"崇文",强调审美游戏的闲暇教育,但是身体游戏(包括球类运动)成为教育的重要内容。小康社会强调文武双全,身体再次担当教育的大责。

二、劳逸结合

劳逸结合指向劳动教育和美育的相互补充与交替。乱世或贫困社会之所以推崇劳动,主要有两个目的:一是解决个人或家庭的温饱问题。二是上缴赋税以满足政府开支尤其是军事开支。乱世或贫困社会以劳动为荣,以不劳动为耻,宣扬"劳动神圣"。但是,解决了温饱问题和安全问题之后,太平世或发达社会的主流意识形态将由"劳工神圣"转向"学会享受"。升平世或小康社会介于乱世和太平世之间。升平世或小康社会的基本国策是劳逸结合。

劳逸结合也可称为有张有弛。《礼记·杂记下》云:"一张一弛,文武之道也。"忙里偷闲是唯一合法的幸福生活。幸福生活意味着既有生产劳动,又有消费休闲。既有一技之长,自食其力,勤劳致富,又有闲情逸致、业余爱好、生活情趣。对于学生来说,美好生活意味着既会学又会玩,既信奉"业精于勤而荒于嬉,行成于思而毁于随",又因业余爱好而有张有弛。

在劳与逸之间,乱世重视"劳"并由此而"奖励耕战"。太平世重视"逸"并由此而推行休养生息。小康社会或升平世既看重"劳"以及劳动教育,也重视"逸"以及相关的审美教育。劳逸结合之"逸"至少包括适度的消费、审美游戏与自然无为的从容生活。劳动虽然重要,但人并不为劳动而活着。温饱问题解决之后,人不可避免地追求安乐的享受。

自然人原本只过着满足求生欲、爱欲和自由欲的自然生活。在基本的温饱问题和生命安全没有被满足的乱世,求生欲(或谋生欲)高于爱欲,爱欲高于自由欲。诗人裴多菲云:生命诚可贵,爱情价更高,若为自由故,二者皆可抛。诗人或精神贵族固然可以如此浪漫,而对于处于谋生状态的芸芸众生而言,自由诚可贵,爱情价更高,若为生命故,两者皆可抛。

但是,在温饱问题或在精神层面上超越了谋生状态之后,爱欲高于求生欲,自由欲高于爱欲。正是在这个意义上,英国学者斯宾塞(H. Spencer,1820～1903)的课程理论才可以被理解。什么知识最有价值?斯宾塞坚定地说:"一致的答案就是科学。"②斯宾塞的答案一度被视为教育学界的笑料。其实,斯宾塞并非不懂得审美课程以及"有趣"的力量。在其《教育论》的开篇,斯宾塞就以"实用不如美观"的标题反复告诉读者:"有

---

① 焦新.教育部印发规定,切实保证中小学生每天锻炼一小时[J].中国教育学刊,2011(9):33.
② [英]斯宾塞.教育论:智育、德育和体育[M].王占魁,译.北京:中国轻工业出版社,2016:57.引用时对译文略有改动。

一项惊人的发现：从时间的先后顺序上讲，人们先有对身体的装饰，然后才有穿在身上的衣服。一些人为了获得漂亮的文身，甘愿忍受文身过程中那种由极度高温带来的身体上无法缓解的灼痛感。"但是，作为一个清醒的社会学家，斯宾塞依然将自我保护和谋生的课程放在首位。不管审美游戏能够给人带来多么快乐的享受，它依然处于从属的位置，必须为自我保护和谋生课程让路。①

身处乱世，只追求有趣的审美游戏而拒绝有用的劳作，会被视为不知死活、不知廉耻的不务正业之徒。身处太平世，只热衷于功名利禄而拒绝有趣的审美游戏，将被视为利欲熏心、不解风情的平庸乏味之徒。身处小康社会，既要过有用的生活，以满足求生或谋生的需要；又要过有趣的生活，以满足审美游戏和自由的需要。满足了基本的食欲之后依然过度劳动（挣钱），反而会因为过度劳累而对自身生命构成损伤或对他人生活构成侵扰。劳动原本只是满足食欲的手段。在自然人那里，食欲一旦满足便立刻停止劳动。但是，现代人可能因为对贫困的忧虑和恐惧而宣扬"劳动神圣"，并以工作太忙为由而取消一切娱乐休闲或审美游戏。

重视劳动而提倡自食其力是必要的，但不必宣扬劳工神圣，劳动本身不是目的。不必以"业精于勤而荒于嬉"为理由而长期兢兢业业，不必视审美游戏或业余爱好为洪水猛兽。相反，一个国家的进步，不仅有赖于其国民的劳动精神，亦有赖于其国民的休闲态度与娱乐精神或游戏精神。胡适曾提出文明的三个标准："你要看一个国家的文明，只消考察三件事：第一，看他们怎样待小孩子；第二，看他们怎样待女人；第三，看他们怎样利用闲暇的时间。"②这样看来，如何利用闲暇的时间不仅是个人的教养问题，而且事关一个国家或一个家庭的整体发展状态。

更值得警惕的是，若身处小康社会（升平世）或小康家庭而过早过度地享受太平世的大同生活，倾心于审美游戏而完全放弃劳作或学业，必导致家道中落甚至国破家亡。正因为如此，中外教育学者对太平世的政治理想以及浪漫主义教育方案皆存有戒心。康有为当年提出警告，大同虽美，但不可冒进，否则，"其害且足以死人"。③哲人之音，言犹在耳。④"殷鉴不远，在夏后之世。"⑤

三、通情达理

通情达理指向德育和情感教育。乱世推崇禁欲与法治教育，太平世偏重爱欲与情感教育。小康社会（或升平世）既重视爱欲与情感教育，同时又警惕纵欲而不敢放松理性与法治教育，重视以礼改情、以理制欲。通情达理也可称为合情合理、有情有义。既情感丰富，又理智冷静；既自信又有礼貌；既重视亲情、友情和爱情，又敬畏道德与法律，避免儒以文乱法，侠以武犯禁。

乱世往往礼崩乐坏，并因此而强调法治教育尤其是专制教育，倾向于"变法图强"。

① 详见：[英]斯宾塞.教育论：智育、德育和体育[M].王占魁，译.北京：中国轻工业出版社，2016：38—39.
② 胡适.慈幼的问题[A].胡适文存（三集卷9）[C].合肥：黄山书社，1996：584.
③ 详见：康有为.礼运注·叙[A].康有为全集（第五集）[C].北京：中国人民大学出版社，2007：553.
④《左传·文公七年》曰："今君虽终，言犹在耳。"
⑤ 详见：《诗经·大雅·荡》。

太平世往往制礼作乐,并因此关注晓之以理,动之以情,尤其重视民情民意,推行民主教育。

(一) 情感教育

情感教育主要指向亲情、友情和爱情三种基本情感。三者之间,中国传统文化侧重亲情,西方传统文化侧重友情和爱情。

与太平世一样,小康社会(或升平世)也重视人的基本情感与欲望的满足。但是,两者的不同之处在于:太平世重视友情和爱情,而小康社会更重视亲情与婚约。太平世重视民主,而小康社会更重视共和。

乱世重法制而抵制儿女情长,在特殊时刻甚至宣扬"法不容情"、"大义灭亲"。太平世淡化法制而推崇情感,且在亲情、友情和爱情三者之间,太平世崇尚友情和爱情而淡化亲情,"不独亲其亲,不独子其子"。升平世既不像乱世那样宣扬法不容情、大义灭亲,也暂时无法做到太平世"不独亲其亲,不独子其子"的博爱与兼爱。在亲情、友情和爱情三者之间,升平世特别重视亲情及其"孝道"、"孝爱"。升平世或小康社会的情感教育的路径是:从孝敬父母和友爱兄弟开始,然后推己及人,"老吾老以及人之老,幼吾幼以及人之幼。"①自幼孝敬父母,长大则尊敬师长,"移孝作忠"。"其为人也孝弟,而好犯上者,鲜矣;不好犯上,而好作乱者,未之有也。君子务本,本立而道生。孝弟也者,其为仁之本与。"②

乱世强调子女对父母的孝爱以及下级对上级的绝对忠诚。小康社会(或升平世)既重视孝爱或下属对领导以及婚姻双方的忠诚品质,同时也强调人与人之间的友爱。友爱可以是平等之爱,也可能是不平等之爱,比如父母对孩子的爱、老年人对青年人的爱、统治者对被统治者的爱,等等。

小康社会(或升平世)虽然也鼓励恋爱自由与婚姻自由,但更重视婚约与忠诚。为了强化婚约与对婚姻的忠诚,升平世特别重视"婚礼"(古人称之为"昏礼")。古之娶妻,必有六礼:纳采、问名、纳吉、纳征、请期、亲迎。③ "婚礼"的仪式感既是对新婚伴侣的祝福,更是对缔结婚约男女双方的约束。《史记·外戚世家》云:"礼之用,唯婚姻为兢兢。"④《礼记·昏义》则曰:"昏礼者,礼之本也。"

(二) 理性教育

理性教育主要包含三个部分:权力教育、权利教育与权变教育。

休谟曾断言:"理性是并且也应该是情感的奴隶。"⑤其实,这个说法仅仅适用于太平世。与此相反,乱世往往强调情感是并且也应该是理性的奴隶。升平世既不压制民众的情感欲望,同时又强调以礼改情,以理制欲。

乱世忙于"耕战"而强调"以法为教,以吏为师"。太平世以民众自觉守法为前提,

---

① 详见:《孟子·梁惠王上》。
② 详见:《论语·学而》。
③ 详见:《仪礼·士昏礼》、《礼记·昏义》。
④ 详见:《史记·外戚世家》。
⑤ [英]休谟.人性论(下册)[M].关文运,译.北京:商务印书馆,1980:453.

"从心所欲不逾矩",不需要强化道德与法治教育。① 小康社会(升平世)既重视情感教育,又不得不重视理性教育。

如果说情感教育的核心主题是爱,那么,理性教育的核心主题是意志。意志貌似情感,也关涉理性。按照柏拉图的三成四德的分析框架,意志就是激情。激情介于欲望(情感)与理性之间,但激情往往倾向于理性。而在斯多葛学派那里,意志或激情纯属情感泛滥,它是理性抵制的对象并由此进入"不动心"的克制状态。而在康德这里,意志与情感、知性(理智)正式成为鼎立的三足。康德将意志视为理性的基本特性。在康德看来,有意志力的人就是有理性的人,意志就是理性本身。因此,康德的理性主义哲学几乎就是意志哲学。在康德的三大批判中,意志哲学不仅是康德的《实践理性批判》的主题,也是《纯粹理性批判》和《判断力批判》的基本主题。康德哲学就是意志哲学或意志主义哲学。

不过,意志教育虽然是小康社会的基本需要,却也容易因其超强的意志而导致人际关系的紧张。升平世或太平世既需要意志教育,也需要爱的教育。如果说意志教育更适合乱世,那么,爱的教育更适合太平世。小康世原本同时追求爱与意志。但是,出于忧患意识的考虑,小康社会虽然需要爱的教育,却更需要意志教育。

(三) 信仰教育

信仰教育主要包括三个部分:一是政治信仰(含政治经济制度);二是文化信仰(文化习俗);三是宗教信仰。公民信仰虽然可以通过政治灌输的方式获得暂时的效应,但有效的信仰主要通过文学、历史和哲学等人文学科实现其育人价值。

乱世可能由于意识形态统治的失控而导致百家争鸣,并由此而可能出现信仰的乱象甚至出现宗教战争。太平世貌似与乱世一样可能出现百家争鸣和信仰自由,但是,太平世的百家争鸣呈现为思想自由与信仰自由而不会发生政治挂帅式的口诛笔伐或类似宗教战争那样的乱象。小康世总体上追求思想与信仰的自由,但在具体的实施过程中却往往强调意识形态的统一与核心价值观的推广。小康世即便推行宗教信仰自由,也必须规定政教分离,宗教自由以宗教不干涉政治为基本前提。

总之,太平世和乱世均属"非常时期"。乱世的基本特征是奖励耕战与严刑峻法的刚性教育,而太平世的基本特征是推行休养生息与审美游戏的柔性教育。乱世的奖励耕战与严刑峻法的刚性教育虽然有助于富国强兵,却不合人好逸恶劳的本性。太平世的休养生息与审美游戏虽然符合人的好逸恶劳的本性,却容易导致精神与身体的腐败与衰败。当年,白璧德与杜威之争貌似学术争议,其实隐含了太平世与升平世之间的定位分歧。杜威和卢梭所强调的民主、科学、儿童中心、同情心,属于太平世(大同社会)的范畴。而白璧德所追求的理性、精英、节制、中庸,走的是"居安思危"、"生于忧患而死于安乐"的升平世路线。

如何既防止个人或家国滑入乱世的艰难谋生状态,同时又防止个人或家国不因过早过度地享受太平世的纵欲而沦为一代不如一代的颓废的"病夫"? 这正是升平世所强调的"新六艺"教育(文武双全、劳逸结合、通情达理)的基本思路。升平世的教育变革不

---

① 孔子诛少正卯,或与此有关。

得不重视理性、欲望和激情的相互平衡。对于理性、欲望和激情的不同侧重,分化出不同的教育哲学流派。法家、道家与佛家强调理性,文艺家强调欲望,而儒家以及以苏格拉底学派为代表的西方古典教育哲人一致地强调以理制欲:以激情和理性结成联盟,一起克制欲望。由于升平世是社会的常态,因而法家、道家、佛家或文艺家虽然在思想上显示出绚烂的深刻,但中西教育哲学向来以儒家教育哲学或"新人文主义"为其主流。

　　中国儒家教育学派貌似存在前后矛盾的地方,比如,儒家经典既强调"三纲五常"的等级制,但是,细心的研究者总是能够从中国儒家经典如《易经》、《春秋经》、《礼经》(尤其是《周礼》)中看出科学与民主的微言大义。[1]"《春秋》贬天子,退诸侯,讨大夫以达王事。"[2]儒家教育学派之所以出现貌似前后矛盾的观念,原因就在于,儒家教育学派所面对的升平世介于乱世和太平世之间。升平世既有乱世的元素,因而不得不强调等级秩序并由此而重视正名份,如"亲亲尊尊"与"三纲五常",同时又追求太平世的自由发展和民主大同。同样,西方教育哲学也一直存在"君权"与"民权"两股不同势力的较量。洛克虽倡导天赋人权,但同时也强调家长对子女有一个从权威到放手的过程并暗示:统治者在创立某个新的政制时也应该有一个从威权的"军政"逐步过渡到自由的"宪政"。

---

① 详见:刘小枫.共和与经纶[M].北京:生活·读书·新知三联书店,2012:62—63.
② 详见:熊十力.韩非子评论·与友人论张江陵[M].上海:上海书店出版社,2007:8.

第 2 章

自然法与
教育改革

历来的教育改革总是显示为人文主义(可称为人文法)与自然主义(可称为自然法)之间的钟摆运动。当教育实践或教育理论过于强调人文法时,教育改革就会倾向于自然法的道路。在这条道路上,老子、卢梭①、尼采②、杜威、沛西·能等人一致地从生物尤其是动物那里寻找教育改革的灵感和方向。在卢梭看来,人与动物不过是程度之差。人和人之间的差别甚至比人和动物之间的差别还要大。③沛西·能则认为人和动物之间差别"好像一间乡村教堂和大教堂之间的差别一样",人与动物并没有根本的不同。④杜威显得稍微缓和一些。在《民主主义与教育》中,人的生物特性(主动性)成为杜威教育学的逻辑起点。杜威意识到人与动物的关键差异在于人有文字。即便如此,杜威对教育过于依赖文字也保持警惕。

立足于自然法的教育哲学与其说是一种自然教育学,不如说是一种立足于自然法的新人文主义教育哲学。这种新人文主义教育哲学的基本精神是道法自然。道法自然的教育是从动物和植物的自然生长过程及其节奏中寻找教育改革的秘密。"自然法是自然教给所有生灵的法则。自然法不限于人类。它对于所有动物都是一样的。不仅对于那些生在地上和生在海里的都是一样的,而且对鸟儿也是一样的。"⑤道法自然意味着以自然为榜样,从自然法中汲取改进人文法的灵感。道法自然强调在人文与自然之间保持必要的平衡,而并不指望彻底回归自然。彻底回归自然既不可能,也无必要。

立足于自然法的新人文主义教育哲学并不否认人与一般生物的差异以及人的特殊性,但也不会忽视人与一般动物的共性与普遍性。传统教育学往往强调人与动物的差别以及人的特殊性。虽然总是言之凿凿,却未必可信,尽付笑谈中。

第1节　自然法与体育改革

身体以及体育属于身体教育学或身体哲学讨论的主题。⑥ 身体教育学或身体哲学对身体的理解既不同于人体解剖学,也不同于建基于生物化学的现代医学。身体教育学或身体哲学关注身体的兴衰史并揭示何种因素影响了身体的兴衰。从身体的兴衰史来看,科学与艺术促成了劳动形式的转型,也由此满足人的追求安逸享乐的本性。但是,过于追求科学与艺术却导致了身体的衰落。现代教育面临比较紧迫的问题是:教育在发展智力,推进文明的同时,如何防止因过度文雅而走向文弱? 或者说,在推进中华民族伟大复兴的过程中,中国教育在重视科学与艺术发展的同时,如何保卫和提升国民的身体素质? 如果说德智体美劳五育并进是民族强大的基本途径,那么,劳动和体育

① 卢梭以动物为原型想象自然人的自然生活。详见:约瑟夫.作为想象动物的自然人[A].肖涧,译.刘小枫,陈少明.卢梭的苏格拉底主义[C].北京:华夏出版社,2005:123—151.
② 尼采以骆驼、狮子和婴儿比喻"超人"的三次变形。详见:[德]尼采.查拉图斯特拉如是说[M].孙周兴,译.上海:上海人民出版社,2009:23—24.
③ [法]卢梭.论人类不平等的起源和基础[M].李常山,译.北京:商务印书馆,1962:83.
④ 详见:[英]沛西·能.教育原理[M].王承绪,译.北京:人民教育出版社,1992:21.
⑤ 这里采用古罗马法学家乌尔比安(Ulpianus,约170~228)对自然法的解释。详见:[美]沃格林.希腊化、罗马和早期基督教[M].谢华育,译.上海:华东师范大学出版社,2007:121.引用时对译文略有调整。
⑥ 刘良华."身体教育学"的沦陷与复兴[J].西北师大学报(社会科学版),2006(3):43—47.

乃是五育并进的前提与基始。强大的民族不仅强化文明其精神,同时也重视野蛮其身体。野蛮其身体的基本形式是道法自然,动静结合。而在静止有余而运动不足的当下,尤其需要强化运动,让运动成为时尚生活。

一、科学与艺术对身体的影响

1749 年,卢梭以自己独特的方式回应"科学与艺术的复兴是否有助于敦风化俗"的问题。其实,若论科学与艺术给人类带来的影响,更合适的提问乃是:科学与艺术的进步是否有助于强身健体?

(一) 科技对身体的影响

科学的进步可以将人从繁重的体力劳动中解放出来,人可以由此而腾出手来从事更高级的精神活动。也因此,科技向来是教育的重要主题,教育的目的之一就是让儿童知道学会开发和利用科技资料,以便轻松地从自然中获取必要的生活资源。不过,教育在教会儿童学习和掌握科技的同时,也需要教会儿童知道科技的极限。科技在给人提供方便的同时,也导致人身体的衰退。

"傻瓜相机"是所有高科技的一个隐喻:"傻瓜相机"并不意味着照相机是傻的,相反,"傻瓜相机"的使用者才是"傻瓜"。几乎所有的科学技术的产生都是为了满足人偷懒的欲望。好逸恶劳是人的本性。洗衣机被发明是为了满足人不想洗衣服的欲望,汽车被发明是为了满足人不想走路的欲望,教室里的投影机被发明是为了满足教师不想用粉笔在黑板上辛苦写字的欲望。

问题就在于,科技在满足人的偷懒的本性的同时,也让人的身体逐步萎缩。人的身体总是遵循"用进废退"的原理:农民或工人虽然不得不承受田间或车间辛勤劳作,甚至不得不承受忍饥挨饿、风餐露宿,但农民或工人在挥动镰刀或大锤的过程中,在风雨无阻地穿行中,既锻炼了他们的身体,也磨练了他们的意志。他们的四肢与筋骨在体力劳动的过程中逐渐强壮。相反,读书人或白领阶层虽然可以享受室内的阴凉或温暖,可以不必承受风吹雨淋之艰苦,但是,读书人或白领阶层也因其远离或放弃体力劳动而逐渐变得文静、文弱。

更大的问题在于,自从人类享受了科技的好处,人类再也不愿意放弃对科技的依赖。随着偷懒的欲望不断获得满足,人类最后必期待生活全面自动化,由智能化的机器人全面接管人类的劳动,劳动将随着科技的发展而发生重大的转型。科技的发展以及劳动的转型之后,人类将如何保卫自己的身体,这正是现代教育必须面对的比较紧迫的问题。

科技的进步与科技的极限早被写进"普罗米修斯的寓言"。1750 年出版的卢梭的《论科学与艺术》卷首有一幅插图:普罗米修斯手握火把,从天而降。中间的赤裸少年伸出手,准备接受火把。萨提尔匆忙赶来,伸出一只臂膀。按照卢梭的解读,卷首插图的主题就是普罗米修斯向萨提尔喊话:"萨提尔,你要为你脸上的胡须而哭泣的,因为谁碰到了它,它就会烧谁。"①普罗米修斯手握的火把象征科学,萨提尔象征常人。卢梭提

---

① [美]迈尔.卢梭论哲学生活[A].刘小枫,陈少明.回想托克维尔[C].北京:华夏出版社,2006:189—192.

醒：常人不可过度接近科学（包括自然科学和政治科学）。科技是有用的，但常人要警惕科学，否则就会引火烧身。现代科技给身体造成的灾难，被卢梭不幸而言中。

（二）艺术对身体的影响

普罗米修斯手握的火把不仅象征科学，也象征艺术。在从野蛮人到文明人转变的过程中，艺术起了重要作用。但是，人类也因此付出了代价，甚至付出了沉重的代价。

艺术是文明发展的高级状态。个人或全体国民过度追求以艺术为核心的高级文明，会导致个人或全体国民的身体衰败以及精神软弱甚至精神残疾。

总体而言，艺术对身体会造成两个后果。一是依赖成瘾，因上瘾而失去生活的多样性与丰富性；二是为了装饰而伤害身体。

首先，对于真正痴迷于艺术的各类艺术家而言，艺术具有自成目的性。艺术是非功利性的，艺术欣赏或艺术创作本身就是目的。也正因为如此，艺术或审美游戏往往使人上瘾或依赖。艺术上瘾性或艺术依赖性与药物上瘾性或药物依赖性具有某种隐秘的相似性，痴迷于艺术的人总能从艺术中获得麻醉的效果。无论药物上瘾性，还是艺术上瘾性，都会导致身体的衰败。

其次，因追求装饰效果而不惜伤害身体。对于那些附庸风雅的人来说，艺术只是一种满足个人虚荣心的装饰。此类人为了满足自己的虚荣心往往会不惜以牺牲身体的健康为代价去追求装饰的效果。有人发现，为了让自己获得别人的赞赏。男人与女人原本都重视装扮自己以便获得他人的赞赏。后来男人逐渐追求舒适，而女人一如既往甚至变本加厉地追求审美艺术的装饰效果并由此而宁愿戴耳环、戴戒指、戴手镯，使用精致的头饰。为了追赶时髦而不惜忍受身体的极大不适。[①] 女人为了获得审美艺术的效果甚至宁愿忍受生不如死的痛苦甚至冒着生命危险去做各种整容手术。为了炫耀其财富和艺术水准，贵族总是习惯于使用金属餐具并因此而时常发生被重金属毒死的事件。比如，商代晚期贵族阶层存在严重的铅中毒，王室成员尤为严重。[②]

（三）科学艺术与身体的倒 U 形关系

在其发展的最初阶段，科学或艺术对人的身体是有积极影响的。最初，科学或艺术越发达，人越能够借助科学或艺术而保养自己的身体。科学或艺术不仅为人提供了保养身体的知识和技能，而且为人提供了身体所需要的基本食物、营养和精神享受。但是，科学或艺术并非总是对人的身体有积极的影响。科学或艺术的出现与发展虽然称得上人类文明的进步现象，但这种进步是有极限的。一旦科学或艺术越过了这个极限，科学或艺术越发达，人的身体不仅不会随着科学或艺术的发展而更加强健，相反，人的身体将随着科学或艺术的发展而逐渐衰退或衰败。

也就是说，科学或艺术与人的身体之间呈现为倒 U 形关系：最初，科学或艺术的发展将给人的身体带来好处。但是，当科学或艺术的发展到达一定的极限之后，科学或艺术越发达，人的身体越衰败、腐朽。或者说，科学与艺术本身虽不会导致身体的衰弱，但科学与艺术直接导致了劳动和生活方式的转型，并由此间接地使身体处于温柔的危险

① ［英］斯宾塞.教育论：智育、德育和体育[M].王占魁，译.北京：中国轻工业出版社，2016：1—3.
② 孙明.再论商王朝的衰亡与铅[J].华夏考古，2016(1)：75—81.

之中。适度利用科技与艺术将会带来精神的愉悦与身体的安康。但是,若过度依赖科技与艺术,人的身体反而会受到科技与艺术的伤害。

如何既发展儿童的科技与艺术素养,同时又让儿童保持必要的野性并以此保卫身体的活力? 这是教育的基本使命,也是教育学的难题。

二、劳动和运动对科学艺术的超越

人类并非一直沿着进化的方向前进。爱默生(R. Emerson,1803～1882)的说法是:"有所得,必有所失。社会获得了新技艺,却失去了旧本能。……文明人造出了马车,却丧失了对双足的利用。他用拐杖支撑身体,却失去了肌肉的不少支持。他有一块高级的日内瓦表,却丧失了依据太阳定时的本领。"[1]理性的扩张虽然带来了科技的进步,但表面的进步导致了人类智力和精神的萎缩。避免身体衰败的唯一途径是重新返回劳动和运动。

劳动与运动在教育学上分属劳动教育和体育两个不同的领域,但是,运动和劳动却有内在的关联。劳动者原本不需要运动,因为劳动本身就有运动的效果,劳动者(体力劳动者)挥动手臂、扬起铁锤或肩挑手提等劳动方式本身就包含了运动的基本形式。

(一)劳动的原始形态

劳动教育虽然位列"五育"(德、智、体、美、劳)的最后,但也最重要。劳动的首要价值是自食其力,其附带价值是让人体验和积累"责任意识":凡是自己能够处理的事情就应该亲自担当。即便遭遇挫折或失败,也不抱怨,不绝望,不轻易接受他人的救助或救济。有劳动习惯的孩子会逐步掌握独立生存的技能,遇事镇定自若而不会六神无主或心慌意乱。遇到危险时,他会使出浑身的力量去抵抗、挣扎而不会坐以待毙或推卸责任。除了培养责任感,劳动的还有一个重要作用是阻止或延缓身体与精神的衰败。虽然学生来自不同的家庭,各个家庭贫富程度不同,但是,整体而言,现代学生普遍享受不劳而获的贵族生活或准贵族生活。按照黑格尔的主奴辩证法,任何形式的贵族生活都将导致身体和精神的腐败。

劳动有多种形式。广义上的劳动包括体力劳动和脑力劳动。前者称为劳力,后者称为劳心。[2] 对学生而言,劳动主要包含三种:一是家务劳动;二是脑力劳动尤其是课业的学习;三是生产劳动与社区服务。

第一,家务劳动。劳动是人的本性。婴儿从出生的那一刻开始,很快就学会了寻找并吮吸母乳。一个两三岁的幼儿,整天处于不知疲倦地翻箱倒柜的主动探寻之中。如果家长或教师不阻止和压制孩子的主动性,孩子会一直保持主动活动的冲动与习惯。家长或教师所要做的事情只是引导孩子主动做事的方向和方法。好的家长或教师总是充当守望者的角色:放手让孩子自己去主动尝试错误,在主动尝试错误中了解和理解他周围的世界。凡属于孩子自己的事情,就让其亲自去承担。每个孩子都必须自己呼吸、自己饮食,自己负责。陶行知的说法是:"滴自己的汗,吃自己的饭,自己的事自己

---

① [美]爱默生. 自立[M]. 蒲隆,译. 北京:法律出版社,2009:44—46.
② 《孟子·滕文公上》曰:"劳心者治人,劳力者治于人。"

干,靠天,靠地,靠祖上,不算是好汉!"①有家务劳动习惯的孩子往往就在家务劳动的过程中学会珍惜父母的劳动,并因此而对所有帮助过自己的人心怀感恩。智慧的父母会把培养孩子的劳动习惯当做教育孩子的头等大事。富裕的家庭如果不能为孩子提供高级的教育方法,倒不如让孩子过节制的、低调的、比较贫穷的生活。

第二,脑力劳动尤其是课业学习。对学生来说,劳逸结合之"劳"既指手工劳动或体力劳动,也指文化知识的学习活动。就此而言,劳逸结合就是既要会学,也要会玩。学的时候要疯,玩的时候要野。劳动的总体特征是自食其力。自食其力在家庭主要显示为家务劳动,在学习上主要显示为自学和自我管理。

对学生来说,课业既是一种负担,也是一种任务和职责。好的课业所呈现的知识体系不仅有用,而且有趣。这种有用而且有趣的课业总是能够让学生愿意主动投入学习。但是,学生也会遇到不那么感兴趣的课业。无论学生对所学的课业是否感兴趣,都可能存在课业负担过重的问题。当学生遭遇不那么感兴趣的课业时,"课业负担过重"的问题就会更加严重。也正因为如此,对学生来说,课业及其学习就是一种劳作。成年人的劳动主要是谋生的工作或职业。而学生的劳动主要是课业及其学习。逃避学习就是逃避劳动。

第三,生产劳动与社区服务。学生虽然不必以创造产品或以盈利为目的的生产劳动为直接目的,但是,学生仍然可以从事力所能及的职业见习或职业实习。小学高年级和中学生可从事必要的社区服务并在社区服务中既学会帮助他人又学会必要的生存技能。让孩子参与生产劳动或社区服务的主要目的不是让孩子学会谋生,而是让孩子在劳动的过程中体验和积累自食其力的生存技能与职业经历。

(二) 运动与劳动的相互补充

劳动除了解决谋生问题,还有阻止身体衰败的附带功能。阻止身体和精神的衰败历来有三个办法:一是肉搏战争;二是手工劳动;三是自然运动。

三者之中,肉搏战争首先被放弃。即便有战争,也是非身体的科技战争。而且,战争被视为非政治、反政治的因素。文化、科技与政治皆以"君子动口不动手"的政治谈判或哈贝马斯式的商谈伦理为骄傲。其次是手工劳动的消失。手工劳动最初在城市中被取消,后来在普及机械化的农村中也逐步被取消。随着手工劳动和冷兵器战争的消退,现代法律逐渐由"奖励耕战"转向奖励科技创新。科学技术被视为"第一生产力"。随着科技的进步以及各种使用说明书的普及,普通民众只需要阅读使用说明书就能解决问题而不需要亲自劳动和思考。越来越多的人成为专家开发出来的使用说明书的阅读者和服从者,逐渐失去亲自操作和生产的机会。专家占有并垄断了智育的机会,普通民众甘愿做专家及其使用说明书的奴隶。于是,现代人不仅身体衰败,精神也随之衰败。

在肉搏战争、手工劳动消退之后,运动成为现代人阻止身体和精神衰退的唯一希望。运动是劳动和战争的替代方案。劳动是平民的运动,运动是贵族的劳动。军事教育是战争年代的体育,体育是和平年代的军事教育。为了推动那些不劳动的人保持运动的习惯,人类发明了运动会的竞赛游戏。运动健将享受劳模和英雄的待遇。

---

① 陶行知.自立歌[A].方明.陶行知全集(第7卷)[C].成都:四川教育出版社,2005:51.

　　将运动或手工劳动作为一种时尚或风尚虽然可以发挥某种道德教育或意识形态的宣传效果,但是这种道德效果终究有限。与其依靠道德,不如建立制度。为了延缓人类的整体衰败,现代政治通过"选举制"(代替世袭制)和"遗产税"以及鼓励"公益捐款"的方式部分实现了对"私有制"的废除。这些制度也许可以延缓"官二代"或"富二代"的堕落,让部分太平世的"贵族"子弟不得不返回"升平世"的常态并由此自愿参与"教育与生产劳动相结合"以及"不劳者不得食"的新生活,以便在文明与野蛮之间保持适度的平衡。相反,如果不从政治经济制度上让更多的"文明人"自愿参与"教育与生产劳动相结合",那么某个国家或地区迟早会爆发破坏性的"政治革命"或"文化革命"。无论"政治革命"还是"文化革命",以书籍和科学技术为标志的"文明"以及以读书为标志的"文化人"皆被列入改造的对象。文明以及文化人不仅不是一种骄傲,反而成为嘲笑和改造的对象。

　　就此而言,"教育与生产劳动相结合"不仅是教育变革的总体方向,而且是政治变革和人的解放的终极目标:通过"教育与生产劳动相结合"来缓解(尽管只能缓解而不能彻底地阻止)被压迫者获得了解放之后再次陷入黑格尔式的"主奴之争"的历史循环。

(三) 劳动的转型与运动的崛起

　　劳动将人分为两类:一是不劳而获的人,这是所谓的"主人"。二是不得不劳动奔波的人,这是所谓的"奴隶"。历史的诡异却在于,貌似高贵的主人必走向堕落,而貌似低贱的奴隶必获得拯救。而在堕落或拯救的过程中,劳动起着关键的作用。这正是黑格尔的"主奴辩证法"所提示的"历史的狡计"。[①]成为主人最大的好处是:主人可以不劳而获,并由此可以享受安逸与纵欲的生活。成为奴隶最大的痛苦就在于:奴隶不得不为主人劳动,且劳而无功。奴隶不断忙碌却无法占有自己的劳动成果。主奴辩证法提示,从主人成为主人的那一天开始,主人就因其不劳而获的生活方式而导致其身体与智力每况愈下。不劳而获虽然给人带来舒适、安逸,但也带来身体的慵懒与腐败。与之相反,从成为奴隶的那一天开始,奴隶就因其勤奋劳动的生活方式而赢得身体与智力的日益强壮。劳动令人感到辛苦或心酸,但也促进了劳动者身体与智力的发达。于是,曾经发生的主奴之争经过暂时的停歇之后,将再次发生类似的主奴之争并往往出现主奴易位。主人必败,奴隶必胜。[②]

　　主奴之争既显示为个人与个人之间的争斗,也常常显示为家族与家族、民族与民族、国家与国家之间的各种形式的战争与威胁。每个民族都渴望享受文明的生活,并以文明、富强、民主作为民族的骄傲。但是,历史总是以反讽的形式向前延伸:当文明的民族兴旺发达、繁荣昌盛、歌舞升平时,这个文明的民族却可能突然遭受野蛮民族的攻击和征服并由此遭受盛极而衰的灭顶之灾。正因为如此,任何国家或朝代在建国之初,建国者或开国元勋总是将"艰苦朴素"、"勤俭节约"视为优良传统,尽量避免因骄奢淫逸而重蹈覆辙。不少建国者或开国元勋甚至提倡国民保持尚武传统而抵制过度崇文。古罗马人征服希腊之后,在很长一段时期内依然强调"从事征战建立功勋"的尚武精神而

① [德]黑格尔. 精神现象学(上卷)[M].贺麟,王玖兴,译.北京:商务印书馆,1983:126.
② [法]科耶夫.黑格尔导读[M].姜志辉,译.南京:译林出版社,2005:591.

对来自希腊的教师和医生保持警惕。① 罗马人对医生也不看好,有人提议将医生逐出他们的共和国。② 在罗马人看来,学者(包括教师)和医生使人变得文明,过于文明则导致文弱。③

也许有人会心存侥幸地认为,在冷兵器时代,文明民族总是被野蛮民族征服。而在热兵器时代,野蛮民族将被文明民族征服?也未必。无论冷兵器时代还是热兵器时代,制胜的关键因素并不在于高科技,而在于人的身体以及意志力。两兵相遇,强者胜,而两强相遇,勇者胜。

这正是中国古典哲学《周易》之所以那么看重忧患意识的原因。《周易》有坎离两对卦,又有泰否两对卦,还有既济与未济两对卦。《易经》六十四卦反复强调"居安思危"、"否极泰来"、"泰极否来"之忧患意识。于是,《易传·系辞下》曰:"作《易》者,其有忧患乎"。《孟子·告子下》亦曰:"生于忧患而死于安乐。"范仲淹则曰:"先天下之忧而忧,后天下之乐而乐"。

所谓"生于忧患而死于安乐",并非教人完全违反任性地追求自虐生活或完全拒绝安乐。忧患意识的重点在于:虽然好逸恶劳是人的本性,人可以适度满足安逸的生活,但是,在安逸生活的当下,需要有基本的劳动。长期过不劳而获的生活不仅是可耻的(寄生虫),而且将对自身的身体和心智带来危险。如果抛开道德上的追究,仅仅就身体健康而言,不劳而获或从事脑力劳动者,需要补充必要的体力劳动或增加运动。也就是说,为了阻止或延缓身体的衰败,人类的要么重返劳动,要么增加运动。劳动是平民的运动,运动是贵族的劳动。

如果说孟子的"生于忧患而死于安乐"为整个人类提供了总体方案,那么,范仲淹的"先天下之忧而忧,后天下之乐而乐"则为精英人群提供了特别的要求。对于一个民族或国家的整体发展而言,部分民众或许可以追求好逸恶劳的安乐生活,但是,对于统治者或精英人群而言,他们需要承担表率、垂范的责任。顾炎武在《日知录·正始》中提出:"保国者,其君其臣、肉食者谋之;保天下者,匹夫之贱,与有责焉耳矣。"就是说,虽然任何百姓对于天下兴亡皆有责任,但是,国家兴亡主要是"其君其臣"等肉食者、统治者、精英者的谋划和使命。民众可以适度追求安逸的生活,可以适度满足人的贪图安逸的本性,但是,精英人群、统治者因其被民众给养,必须承担保家卫国的责任(养兵千日,用兵一时)。而保家卫国的重要责任之一就在于强化"忧患意识",精英人群和统治者不可贪图安逸的生活,任何时候都不可放弃身体以及意志力的锤炼。

三、动静结合:体育改革的途径

体育的基本途径是动静结合。既要学会运动,又要学会静修。表面看来,西方教育的传统强调"动",而中国教育的传统重视"静"。事实上,现代中国教育既缺乏西方教育所倚重的运动,也缺乏中国传统文化中所倡导的静修。

---

① [古罗马]普鲁塔克.希腊罗马名人传(上册)[M].陆永庭,吴彭鹏,译.北京:商务印书馆,1990:369.
② [法]卢梭.论科学与艺术[M].何兆武,译.上海:上海人民出版社,2007:30.
③ 李弘祺.学以为己:传统中国教育[M](上).上海:华东师范大学出版社,2017:151.

（一）动静结合与道法自然

动静结合主要有三个含义。一是有些运动本身就有静修的效果，而有些静修同时也有运动的元素。瑜伽静中有动，貌似安静，实则运动。太极拳动中有静，貌似运动，实则安静。瑜伽和太极拳属于修静与运动的整合。二是保持"日出而作，日落而息"从容不迫的生活情态。所谓"担水砍柴，莫非妙道"或"青青翠竹，皆是法身；郁郁黄花，无非般若"，既是修道的功夫，也是健身的途径。三是动静适度。动生阳，动极生阴。静生阴，静极生阳。"动之始则阳生，动之极则阴生。静之始则柔生，静之极则刚生。"[①]日常生活既要有足够的饮食、运动，又要有足够的睡眠、休闲。吃饭、运动产生阳气；睡眠、休闲滋养阴气。身体强大的基本方法是动静结合、阴阳相济。

动的重点是训练力量，追求孔武有力。静的重点是灵修而灵巧。体育要使学生的身体变得孔武有力而且心灵手巧，让学生既有足够的活力，又有必要的野性。对于长期枯坐在教室里"读书"的现代学生而言，体育的重点是让学生有足够的运动量并因此而增进健康，增长力量。

动静结合虽然可以成为体育的大方向，但是，真正能够让身体雄健的办法是"野蛮其身体"。野蛮其身体虽然也需要动静结合，但更需要道法自然。按照洛克的提议，最好不要轻易使用药物，最好是少用或者不用，尽量让身体的免疫系统发挥作用。[②] 人体是一架精致的机器，具有强大的免疫系统和自愈功能（或自我修复功能）。最好的治疗是"自然疗法"。身体的免疫系统可以解决绝大部分所谓的疾病。如果人为地使用化学药物来杀死病毒，那么，化学药物在杀死病毒的同时，也会伤害甚至严重伤害免疫系统。

抵制疾病的关键在于自己内心强大。内心强大的人懂得如何保卫身体却不会精细地爱惜身体。与其爱惜其身体，不如野蛮其身体。最好的医学不是"治已病"而是"治未病"。最好的药物不在药店，而在劳作的农田或奔跑的运动场。从劳作的田间或运动场归来的人总是周身流汗、神清气爽。

（二）静修为何是重要的

静修主要途径是睡眠和静坐。尽管已有各种研究在探索人为什么需要睡眠以及睡眠有什么用途[③]，但有关此问题的研究到目前为止仍然只是提出了一些简单的猜测。比如，睡眠的主要功能包括修复（恢复人的体力或精神的疲劳）、新陈代谢、增强免疫力、促进身体发育、巩固记忆等。此类猜测虽然也有意义，但睡眠的功能和用途依然处于不可知的神秘状态。睡眠之所以具有修复、新陈代谢、增强免疫力、促进身体发育或巩固记忆等功能，是因为睡眠可以采天地之灵气，汲日月之精华。人体运动或思维运动消耗元气。白天的意识行为尤其是"聚精会神"的意识行为一直在耗神、费神，心神或灵魂处于被驱使的劳役状态。只有闭目才可以养神，只有进入睡眠之后，人体才可以"钟灵毓秀"。按时睡觉，按时"御神"，人之精神才得到静养、滋养。"不时御神"则容易导致精疲力竭、神志不清、神魂颠倒、六神无主。

---

① ［明］张介宾.类经图翼［M］.北京：人民卫生出版社，1982：4.
② ［英］洛克.教育漫话［M］.傅任敢，译.北京：教育科学出版社，1999：6—19.
③ Goel，N.，Rao，H.，Durmer，J. S.，& Dinges，D. F. Neurocognitive Consequences of Sleep Deprivation. Seminars in Neurology，2009（4）：320 - 339.

静修的充分状态是深度睡眠。《黄帝内经》把睡觉当作头等大事。《黄帝内经·四气调神大论》论春夏秋冬四季与四气,皆以睡眠为首要事件。《黄帝内经·五脏生成论》云:"故人卧血归于肝,肝受血而能视,足受血而能步,掌受血而能握,指受血而能摄。"睡眠之所以重要,正因为"人卧血归于肝"。中医有"血粒归仓"之说,睡眠则血液归入肝仓,不睡则血液周身奔突(尤其供血于心脑)。《黄帝内经》由此认为"肝藏魂"而"心藏神"。《黄帝内经·宣明五气》云:"心藏神,肺藏魄,肝藏魂,脾藏意,肾藏志。是谓五脏所藏。"五藏之中,"心藏神"与"肝藏魂"相互生发。

如果说静修的最好方式是睡眠,那么,打坐是在人无法睡眠或不想睡眠时人为订制的"第二睡眠"。孟子的方法是"养气",通过"养吾浩然之气"来"求其放心"。以至于宋明新儒家流行"半日静坐,半日读书"的静修方法。

静修的最佳状态是"灵修":通过养神而实现养心和养身的效果。教育界惯常的说法是"促进儿童身心健康发展"。其实,完整的说法乃是"促进儿童身心灵健康发展"。灵与身心有关,并通过身的运动或心的思考显示出人的灵感、灵气或灵性。人一旦处于运动或思考状态,灵就被消耗、受纷扰。灵是一团元气,由元气产生精神。因此灵气也称"精气神"。灵是"精气神"的聚集与散发。

灵非身非心,却寄居于身心之中并主宰身心运作。人的灵性(精气神)越充沛,人的身体和思维就越灵活、越灵巧。为了保持灵的充沛与强大,需要保持"内心无纷扰,身体无痛苦"的灵修状态。若内心受困扰,身体有疾病,人的灵魂就会失去滋养甚至失去了居所,处于"魂不守舍"的状态。

人是否强大,主要指人的灵或精气神是否强大。精气神强大的人往往能够从容不迫、意气风发、神清气爽地解决问题。即便遭遇危难,亦能举重若轻、临危不乱、坚韧不拔。也因此,人与人的差异,主要不在于人的身体的高大或矮小,也不在于人的智力发达程度,而是主要体现在人的灵性或精气神是否充沛。问题是,如何保卫和滋养人的灵性或精气神?

常用的方式是身体运动与思维训练。身体运动确实有益于人的身体,人的肌肉因运动而发达。运动有助于打通气脉,促进元气流通,使周身畅快并由此激发元气的增值。但是,无论身体运动还是思维活动,都属于"动的方法"。身体运动或思维活动在激发人的元气和灵性的同时,也消耗、损耗元气。人之精神有限,殚精竭虑,过则劳神。

重视身体运动和思维训练是现代西方教育的特色(却并非古典西方教育的特色)。不过,当现代西方人发现身体运动和思维训练无法解决人生的大问题时,便开始调转方向,期望从东方古典哲学或宗教(比如印度佛学或中国道家)汲取新的元素。

(三) 运动为何成为一种时尚

体育其实是军事教育在和平年代的延续与变换。在战乱年代,军事教育的重点是让学生学会打仗和打架,包括格斗、摔跤、拳击、击剑、射击,等等。在和平年代,体育需要将打仗和打架等军事活动转化为打球、跑步等体育活动,以此激发和保存学生的"尚武"精神。具体而言,体育运动可呈现为三种形式:一是军训或童子军活动;二是对抗性球类运动;三是非对抗性田径运动。

第一,军训或童子军活动。军事训练可能显示为学校组织的短期"军训",也可能显示为类似军队建制的"童子军"。相比之下,童子军或类似的组织更有利于激发青少年的"尚武"精神。童子军的基本特点是户外活动,让儿童在户外了解自然和保护自然,学习户外生存技能。[①]

第二,对抗性的运动。对抗性的运动之所以重要,原因就在于,对抗性的运动原本是一种和平年代的军事演习。大量的运动术语以及场地,都是对战争或军事的借用、模仿或模拟。球类运动中的前锋、后卫、进攻、防守、射击等,皆为军事术语。射击、击剑更直接来自军事训练。乱世用军事培养精英,小康社会用体育培养精英。运动分为两类:一是力量型运动;二是灵巧型运动。前者一般为足球、篮球和排球等"大球"运动以及拳击、摔跤、举重、铅球、标枪、跳远、跳高、跳绳,等等;后者一般为乒乓球、羽毛球、网球、棒球等"小球"运动以及跑步、击剑、体操,等等。力量型和灵巧型两类运动都是重要的。力量型运动可促进学生身体强健而且强壮;灵巧型运动便于训练学生身体的灵巧和灵性。相比之下,力量型的"大球"竞赛尤其是强调速度的"大球"运动更接近战争和军事,也因此,"大球"更有"战略意义"。在所有运动中,跑步具有独特的体育意义。跑步不仅可以训练人持久的耐力与坚韧性,而且整合了人体的力量与灵巧,在战争中随时派得上用场。更重要的是,跑步是可以一个人独立完成的自由运动。

除了体育课,"运动会"或各种体育比赛应该成为现代教育和整个现代社会的基本主题,让运动成为现代人的时尚生活。让运动健将成为"时代骄子"、"青年偶像"、"民间英雄"。现代社会发展的基本趋向是由农村走向城市。而城市发展的基本趋向是由体力劳动走向脑力劳动。由体力劳动走向脑力劳动貌似进步,却容易导致城市人普遍染上"头脑发达,四肢简单"的病灶。现代性的"末人"(the last man,也可称之为"末等人")由此大规模产生。未来的社会将出现两类城市人:第一类是"城市末人",其基本特征是纵欲而慵懒。第二类是"城市健美"或"城市精英"。此类人以持续的体育运动之激情保持对好逸恶劳的欲望之节制。体育运动乃是一种关乎勇气与激情的事业。城市精英自觉地将体育运动作为拯救身体的唯一方向,勇敢地将体育运动作为自己事业的一个基本项目。未来的城市精英,就是那些有运动勇气的人。

总之,现代社会因其过于追求知识而不得不"用体育培养精英"。体育的大方向是文武双全、动静结合。动的重点是训练力量,追求孔武有力。静的重点是灵修而灵巧。体育既要使学生的身体变得孔武有力而且心灵手巧,让学生既有足够的活力,又有必要的野性。对于长期枯坐在教室里"读书"的现代学生而言,体育的重点是让学生有足够的运动量并由此而显示出文武双全、文质彬彬的身体力量与精神长相。强大的民族,除了欣赏柔美、秀美,亦需追求壮美与崇高美。如果说,儒家乃中国传统思想文化之主流,那么,作为主流的儒家精神也绝非阴柔有余,阳刚不足之腐儒。相反,儒家精神之核心恰恰在于与体育精神相关的刚毅坚卓、文武双全。

---

① Boy Scouts of America. The Boy Scout Handbook [M]. Irving: BSA, 2009: 22.

第 2 节 自然法与德育改革

狭义的德育指道德教育,而广义的德育主要包括情感教育、理性教育(主要是法治教育)和信仰教育。情感、政治和信仰的起点是人性。符合人性的情感、政治和信仰虽不见得一定就是好情感、好政治、好信仰,但至少可以认为,没人性或反人性的情感、政治和信仰一定是坏情感、坏政治、坏信仰。

以往有关人性的谈论常以"人与动物的本质差别"作为基本思路,但是,有关人的天性的思考却可能既关注人与动物的不同,也重视人与动物的相同之处。德育改革宜顺应人的天性,"无以人灭天"(《庄子·秋水》),同时又需拿出勇气,以理性节制人的自然欲望。有关人性的基本争议显示为人性善与人性恶的对立。其实,人的本性只是追求生理欲望、情感欲望和权力欲望的满足而并无绝对的善恶。适度则善,过度则恶。

有人认为,中国哲学的基本立场是"情本体",而西方哲学的主流是"理本体"。[①]孔子强调"以直报怨",而西方文化强调"以德报怨"。[②]"以直报怨"是情感的直接回应,而"以德报怨"显示出更多的理性克制。事实上,无论中国哲学还是西方哲学,都存在情感主义与理性主义的冲突。情感主义主要包括快乐主义和利己主义伦理学;理性主义伦理学主要包括义务论伦理学(动机论)和功利主义伦理学(结果论)两个主要派别。自由主义伦理学则介于两者之间。

一、情感主义与理性主义伦理学之争

理性主义虽然一直是伦理学的主流,但是,当道德舆论与政治制度过于强调理性而忽视感情时,情感主义伦理学就会以各种形式浮出水面。情感主义不仅是伦理学的暗流和支流,而且是伦理学以及德育的起点和始基。在休谟看来,"理性是并且也应该是情感的奴隶,除了服务和服从情感之外,再不能有任何其他的职务"。[③]从情理之争的视角来看伦理学,情感主义与理性主义各占伦理学的半壁江山。情感主义伦理学有多种类型[④],这里讨论的情感主义伦理学主要指快乐主义与利己主义伦理学。理性主义伦理学亦有多种类型,这里讨论的理性主义伦理学主要关注功利主义与义务论伦理学。

(一)快乐主义伦理学

伦理学意义上的快乐主义也可称为自然主义。伊壁鸠鲁学派所追求的快乐主义的核心就是回归自然的"身体无痛苦"、"灵魂无纷扰"的生活。伊壁鸠鲁强调,"我们一定

---

① 日常生活与哲学理论并不见得一致。在日常生活中,东方人推崇理性而西方人追求个人情感欲望的满足。有人认为,东方文化之弊在于"灭人欲"甚至以理杀人,而西方文化之弊在于只知有个体而不知有群体。详见:李泽厚. 历史本体论·乙卯五说[M]. 北京:生活·读书·新知三联书店,2008:76—77.
② 详见:李泽厚. 哲学纲要[M]. 北京:中华书局,2015:61—68. 其实,"旧约"强调"以眼还眼,以牙还牙"的原始正义,"新约"转变为"有人打你的右脸,连左脸也转过来由他打"的博爱或宽容理念。
③ [英]休谟. 人性论(下册)[M]. 关文运,译. 北京:商务印书馆,1980:453.
④ 详见:万俊人. 现代西方伦理学史(上卷)[M]. 北京:北京大学出版社,1990:342—471.

不要冒犯自然,而要顺从她"。① 为了实现"灵魂无纷扰",伊壁鸠鲁除了鼓励人们"不为人知地活着",过简单的自然生活,还强调对事物的原因进行哲学研究或接受"哲学治疗",必要时甚至可以辞职而接受哲学治疗②,以此避免因无知或迷信而带来恐惧。伊壁鸠鲁学派在文艺复兴之后复活,"并且被边沁及其后学传到英国来"。③ 伊壁鸠鲁的学说也因此在后来的英国快乐主义伦理学(比如西季威克伦理学)中不断被重新引用和重新评估。

从快乐主义的视角来看,人的快乐源自三种生活并由此获得三种自然欲望的满足:一是好吃好喝好睡的生活,借用柏拉图的说法,可称之为"猪的生活"④;二是爱的生活⑤;三是玩的生活。

猪的生活(憨吃酣睡的生活)主要追求身体欲望的满足。身体欲望主要包括求生欲、贪吃贪睡的欲望和性欲。求生欲(也称自我保存的欲望)是首要的生理欲望。生命安全问题得到保证之后,继之而来的是食欲(好吃)⑥和性欲(好色)。几乎所有的自然人和动物都食欲发达,都有尼采所期待的"一口好牙,和一个强健的胃"。⑦ 在食欲和性欲之间,食欲优先于性欲(饱暖思淫欲)。古今中外有关身体欲望的分类往往显得出大同小异。中国古典的欲望分类是:"食色,性也"(《孟子·告子上》)、"饮食男女,人之大欲存焉"(《礼记·礼运》)。康德也提出过类似的说法:"大自然所用以保全每一个个体的,乃是饮食的本能;其次是最为重要的,便是男女的本能,大自然就靠它来顾全每一个种族。"⑧人的求生欲、食欲和性欲派生出财产欲。所谓"人为财死,鸟为食亡",说明爱财与生理欲望尤其与食欲有关。在等级社会,富有者总是能够占有更多的食物和性伙伴。"从本质上看,经济主要与获取食物有关。"⑨食欲与性欲的追求不仅派生财产欲,而且进一步派生了劳动和暴力争斗(打架)⑩以及非暴力的才艺展示。人类最初采用暴力的方式赢得性伙伴,后来从暴力争斗发展为非暴力的才艺展示(审美游戏),并由此发展出相关的体育与审美教育。

爱的生活主要追求情感欲望的满足。人的情感欲望主要包括三类情感:亲情、爱情和友情,分别对应人的三种爱(亲爱、恋爱和友爱)和三种人(亲人、爱人和友人)。三者之中,亲爱最持久,恋爱最激烈,而友爱最重要。⑪

---

① [美]瓦尔德特.伊壁鸠鲁式的正义[A].罗晓颖,译.罗晓颖.菜园哲人伊壁鸠鲁[C].北京:华夏出版社,2010:115.

② 有关伊壁鸠鲁鼓励信徒辞职而接受哲学治疗的个案,详见:[美]努斯鲍姆.伊壁鸠鲁的诊疗[A].吴小锋,译.罗晓颖.菜园哲人伊壁鸠鲁[C].北京:华夏出版社,2010:65.

③ 详见:[英]罗素.西方哲学史(上)[M].何兆武,李约瑟,译.北京:商务印书馆,2006:318—319.

④ 柏拉图的说法是"猪的城邦".详见:[古希腊]柏拉图.理想国[M].郭斌和,张竹明,译.北京:商务印书馆,1986:63.

⑤ 有人为,情感不同于欲望.动物有欲,而人多情.详见:李泽厚.哲学纲要[M].北京:中华书局,2015:61—68.但是,动物是否只有欲而无情? 一言难尽。

⑥ 如果将睡眠理解为补充能力,积累元气,那么,贪睡的欲望也可纳入食欲的范畴。

⑦ 详见:F. Nietzsche. The Gay Science [M]. Cambridge University Press. 2001:21。

⑧ [德]康德.历史理性批判文集[M].何兆武,译.北京:商务印书馆,1990:63.

⑨ [英]罗素.婚姻与道德[M].谢显宁,译.贵阳:贵州人民出版社,1988:1.

⑩ 从这个角度来看,现代社会中的男性体育明星婚姻模式部分延续了动物界的游戏。

⑪ 为何友爱(友谊)比亲爱和恋爱更重要,后文在讨论"德育改革的途径"时,再提供详细的解释。

玩的生活主要追求游戏欲望的满足。人的游戏欲望主要包括三种：智力游戏(爱智慧)、审美游戏(爱美)和权力游戏(爱权)。三者之中，权力游戏的欲望最强烈。权力欲与财产欲源自人的虚荣心。人的基本需求得到满足之后，接下来开始为虚荣心张罗。按照霍布斯的说法，人性有两个关键要素：一是怕死，尤其是对暴死的恐惧；二是永不停歇的虚荣心及由此派生出权力欲。① 权力欲具体显示为好斗，爱出风头，爱荣誉，爱面子，等等。霍布斯的人性论在黑格尔那里得到延续。在黑格尔看来，人总是为承认而斗争(动物界亦如此)。人的生理欲望获得满足之后，虚荣心以及被承认的欲望就会暗中疯长。罗素认为："在人类无限的欲望中，居首要的是权力欲和荣誉欲。"②尼采则将权力意志视为生命的本能。"生命本身就是权力意志。"③广义的权力意志包含了财产欲。财产欲与权力欲都源于人的虚荣心。斯密亦认为，只需要较少的物质就能满足人的基本的身体需要。人们之所以追求财富，激烈竞争，主要动力"是虚荣而不是舒适或快乐"。④

也就是说，从自然人性来看，人至少追求三种生活及相应的教育。一是有用的生活与实用教育，二是有爱的生活与爱的教育，三是有趣的生活与游戏教育。三者之间，好吃好喝好睡的欲望主要属于人的生理需要，爱欲与游戏欲属于人的精神需要。理性主义者往往看重精神生活而贬低人的生理欲望，但是，快乐主义伦理学认可和保护人的一切自然欲望，并不刻意厚此薄彼。欲望不是人性之恶，伪善才是。

(二) 利己主义伦理学

与快乐主义一样，利己主义伦理学也强调个人的自然情感与本能欲望。唯一不同的是，快乐主义主要着眼于心理分析，而利己主义侧重政治经济学的论证。

利己主义在伦理学上名声不佳，但在经济学领域却向来名正言顺。所谓"在商言商"，不过是说，经济活动以"经济人"为基本前提。而"经济人"的基本假设就是：人是自私的。趋利避害是人的本性。⑤

利己不同于自私。尚有人愿意为"利己"正名，很少有人明确为"自私"辩护。⑥ 有关自私主义的极端说法是："拔一毛而利天下，不为也。"(《孟子·尽心上》)类似的说法是：人宁愿毁灭全世界也不肯伤害自己一个指头。⑦

在种种有关利己或自私的议论之中，"斯密问题"堪称典范。斯密以两部著作闻世：一是《道德情操论》，二是《国民财富的性质和原因的研究》(简称《国富论》)。《国富论》长期引领经济学的研究，也因此为后人重视。但斯密本人更重视《道德情操论》(36 岁

---

① 详见：[英]霍布斯.利维坦[M].黎思复，黎廷弼，译.北京：商务印书馆，1985：62—71，92—93.

② 罗素在《权力论》一书中把"权力欲和荣誉欲"视为人的最大的欲望。"总的说来，这两种动机可以视为同一的东西。"参见：[英]罗素.权力论[M].靳建国，译.北京：东方出版社，1988：3.

③ [德]尼采.权力意志[M].孙周兴，译.北京：商务印书馆，2007：189.

④ [英]斯密.道德情操论[M].蒋自强，钦北愚，朱钟棣，沈凯璋，译.北京：商务印书馆，1997：61.

⑤ 如果说经济学的人性假设是"趋利避害"或自私，那么，教育学的人性假设是"长善救失"或"为善去恶"、改过迁善。相关讨论详见：叶澜."生命·实践"教育的信条[N].光明日报，20170221(13).

⑥ 兰德(Ayn Rand，1905～1982)是一个著名的例外和意外。兰德宁愿称颂"自私的美德"而不愿为利他主义说半句好话。在她看来，利他主义不仅不是美德反而容易导致文明的崩溃和对生命的辜负。详见：[美]兰德.自私的德性[M].焦晓菊，译.北京：华夏出版社，2007：21—25.

⑦ 详见：[英]休谟.人性论(下册)[M].关文运，译.北京：商务印书馆，1980：454.

就发表而在去世前几个月还在修改第六版)。德国历史学派甚至认为,斯密的《道德情操论》强调同情和利他,而《国富论》从利他转向利己。两者存在不可调和的矛盾。①

事实上,无论在《道德情操论》还是《国富论》中,斯密始终坚持的是"自爱"(self-love)与"利己"。在斯密那里,利己与利他之所以能够自由转换,主要有两个原因。

一是因为人有"同情心"。这种同情心不仅显示为对他人的不幸的怜悯,而且还显示为对他人处境的感同身受、设身处地的理解与共鸣。同情心是普遍的人性。

二是因为"看不见的手"。每个人的自爱与利己,会不知不觉地促成社会的富裕繁荣。"看不见的手"在《道德情操论》和《国富论》中各出现一次。在《道德情操论》中,斯密首先强调人的自爱和利己的本性:"毫无疑问,每个人生来首先和主要关心自己。"②但斯密并不为此担忧,因为,人们为了满足自己的虚荣心而大量创造个人财富的同时,"被一只看不见的手引导",不知不觉地增进了社会利益。③ 在《国富论》中,斯密认为:"我们每天所需要的食料与饮料,不是出自屠夫、酿酒家或烙面师的恩惠,而是出自他们自利的打算。"④正因为每个人的自利打算,促成了社会财富的增加。"富人并不打算促进公共利益,也不知道自己是在促进那种利益。……他所判断的也只是他自己的利益。在这场合,像在其他许多场合一样,他受一只'看不见的手'的指导,去尽力达到一个并非他本意想要达到的目的。也并不因为事非出于本心,就会对社会有害。他追求自己的利益,往往使他能比在真正出于本心的情况下更有效地促进社会的利益。"⑤

(三) 理性主义伦理学

情感主义伦理学及其自然主义、利己主义和自由主义倾向虽然有助于自然欲望和个人权利的维护,但在公共福祉和公共秩序上不免显得相形见绌。斯密虽然以"同情心"和"看不见的手"给利己与利他的转换带来了一线希望,但现实社会中依然大量地呈现出贫富悬殊以及由于"不公正"带来的社会动荡不安。于是,在情感主义伦理学之外,理性主义开发出完全不同的伦理学方案。

理性主义伦理学其实是古典哲学的基本传统。古典哲学或伦理学普遍重视"自然法"或"自然正确"(natural right),强调公共福祉或公共之善(good)优先于个人权利(自然权利)。现代自由主义将 natural right 的内涵由"自然正确"转换为"自然权利"(也称为天赋人权),强调个人权利(自然权利)优先于公共之善(自然正确),并由此引发争议。

针对情感主义伦理学已经出现和可能出现的问题,理性主义伦理学主要呈现为三个思路:一是以"最大多数的最大幸福"的结果为道德行为的基本标准,这是功利主义伦理学(也称目的论伦理学)的思路。二是以绝对善良意志的动机为道德行为的基本标准,这是义务论伦理学(也称动机论伦理学)的思路。三是以经权智慧或实践智慧为道德行为的判断标准,这是美德伦理学(也可称中庸主义伦理学)的思路。

1. 功利主义伦理学

社会和国家一旦形成,就会出现两个倾向:一是社会或国家为个人利益服务;一是

---

① 详见:L. Montes. Das Adam Smith Problem. Journal of the History of Economic Thought. 2003(1):6390.
② [英]斯密.道德情操论[M].蒋自强,钦北愚,朱钟棣,沈凯璋,译.北京:商务印书馆,1997:101—107.
③ [英]斯密.道德情操论[M].蒋自强,钦北愚,朱钟棣,沈凯璋,译.北京:商务印书馆,1997:230.
④ [英]斯密.国民财富的性质和原因的研究(上卷)[M].郭大力,王亚南,译.北京:商务印书馆,1972:14.
⑤ [英]斯密.国民财富的性质和原因的研究(下卷)[M].郭大力,王亚南,译.北京:商务印书馆,1972:27.

个人为社会或国家的整体利益服务。也因此,有关自然情感与社会习俗、个人冲动与社会控制的关系,成为历来教育哲学尤其是教育伦理学关注的重要问题之一。有些哲人推崇个人权利,有些哲人强调社会控制。①

有关个人权利与社会控制的不同选择,分化出利己主义与利他主义的不同的伦理学道路。与利己主义一样,利他主义或功利主义也关注行为的结果。两者都以行为的结果是否给人带来快乐或幸福作为判断行为是否善的基本标准。② 差别在于,利己主义关注个人的快乐和幸福,而功利主义更关注集体的快乐和幸福。如果说伦理学中的情感主义比较接近政治学中的个人主义或自由主义,那么,伦理学中的功利主义比较接近政治学中的社群主义或保守主义。③

中国儒家教育学派内部虽有"义利之争",后来甚至一度流行"存天理,灭人欲"的非功利主义观念,但是,原始儒家并不完全抛弃功利。孔子只是将重义轻利作为君子的标准:"不义而富且贵,于我如浮云。"④但依然理解大众对利益的追求。《论语·述而》所谓"君子喻于义,小人喻于利"本身就是对于大众逐利倾向的关注。与之类似,《荀子·荣辱》虽然提倡先义后利,"先义而后利者荣,先利而后义者辱",但荀子同样承认利欲乃人之本性。《荀子·大略》云:"义与利者,人之所两有也,虽尧舜不能去民之欲利。"孟子比荀子虽然更重视义气与意志,贵义而贱利。虽然《孟子·梁惠王上》开篇有义利之辨析,但《孟子·滕文公下》也承认:"无恒产而有恒心者,惟士为能。若民,则无恒产,因无恒心。"在孟子看来,可以言利,但不可见利忘义;士人可贵义贱利,但民众只可先利后义。《吕氏春秋·察微》记载:鲁国之法,鲁人为人臣妾於诸侯,有能赎之者,取其金於府。子贡赎鲁人於诸侯,来而让,不取其金。孔子曰:"赐失之矣。自今以往,鲁人不赎人矣。"取其金,则无损于行;不取其金,则不复赎人矣。子路拯溺者,其人拜之以牛,子路受之。孔子曰:"鲁人必拯溺者矣。"从"吕氏春秋"的视角来看,"干大事而惜身,见小利而亡命"固然不可取,但获取正当的功利,无损于美德。

儒家总体上强调"以义制利"、"以理制欲",墨家则直接提出功利主义哲学。墨子所开创的"墨学"实质上是一种"新儒学"。⑤ 在墨子那里,"兼相爱"的目的是为了"交相利",有人称之为墨家社会主义。⑥ 墨子志在救世,而世人之争斗有二:一是物力不足供

---

① 杜威早期对个人"参与"和个人"冲动"持乐观的态度,他将个人参与和个人冲动视为"民主主义"的重要前提。但是,杜威后来开始重视社会"习性"和习俗对个人冲动进行控制,强调"人类个体天生地是社会性的"。此前,杜威认为习性或习俗是愚蠢的框架,要避免"习俗的奴役",鼓励民众以个人"冲动"对抗和打破"习性"。而在1922年发表的《人性与行为》中,杜威对"冲动与习性"的关系以及与之相关的"个人与社会"的关系作了完全不同的解释。他强调社会"习性"对个人"冲动"的控制。也因此,有人认为杜威对"个体"有严重的忽视,认为他著作中"普遍存在着一种黑格尔式的将个人融解于他的社会功能的倾向",将个人视为"社会的塑胶材料"。详见:[美]坎贝尔.理解杜威:自然与协作的智慧[M].杨柳新,译.北京:北京大学出版社,2010:54.

② 就此而言,也可以将功利主义视为情感主义。但是,功利主义强调以理性克制个人的欲望,以便实现整体利益。因此,功利主义往往被视为理性主义。边沁式的功利主义与康德式的义务论伦理学之争,属于理性主义内部之争。功利主义与义务论伦理学一起构成理性主义伦理学,其对手是情感主义伦理学。

③ 也有人主张将communitarianism译为"共同体主义"而不是"社群主义"。详见:万俊人.寻求普世伦理[M].北京:北京大学出版社,2009:4.

④ 详见:《论语·述而》。

⑤ 详见:刘绪义.墨子是先秦"新儒家"论——从墨子"非儒"看儒墨关系[J].云梦学刊,2010(2):32—37.

⑥ 详见:易中天.百家争鸣[M].杭州:浙江文艺出版社,2016:44—47.

求,于是人与人争夺食物;二是国家之间界限分明,于是有战争。墨子有见于此,以节用和兼爱分别救之。① 墨子之所以提倡"兼爱",并非否认人的自私本性。相反,墨子正是从人的自私本性出发,主张利用人的自私本性以便实现"兼相爱,交相利"。墨子之"兼爱",类似霍布斯之"契约"。

中国古典伦理学虽然以仁义论(接近西方伦理学之义务论、美德论)为主流,但墨家、法家以及李觏与王安石(荆公新学)、陈亮与叶适(与清代黄宗羲、万斯同等人同属浙东学派)、颜习斋与李塨(颜李学派)、康有为与梁启超(康梁学派)等人倡导的功利主义在历次变法中跃升为重要意识形态。儒家推崇"正其谊(义)不谋其利,明其道不计其功"的仁义论②,而功利主义者直接提出"正谊谋利,明道计功"的新观念:"仁人正谊不谋利,明道不计功,词语初看极好,细看权疏阔。古人以利与人,而不自居其功,故道不计功。后世儒者,行仲舒之论,既无功利,则道义乃无用之虚语耳。"③

西方功利主义伦理学由边沁奠基,而由穆勒和罗尔斯等人从自由主义的视角为之提供修补或批评。④ 为了建立科学的道德哲学和法哲学,边沁希望找到类似牛顿万有引力定律的道德原则。⑤ 后来,他终于找到了"最多最大"(最大多数人的最大幸福)。"最多最大"这个观念使边沁第一次"看清了一片思想的旷野",看到了"在人的行动中确定任何正当的或错误的东西的真正标准,无论是在道德的领域还是在政治的领域"。⑥人的趋乐避苦的自私主义和功利本性,既是立法的起点也是立法的目的。与边沁一样,穆勒也一直在寻找人的道德领域的牛顿原理。穆勒认为康德义务论伦理学"近乎荒唐可笑"⑦,而当他首次接触边沁的著作时,感觉边沁的"功利原则"正好可以满足他的追求。

2. 义务论伦理学

中国儒家哲学重视智仁勇(儒家尤其重视勇)。智、勇一起将情感欲望转化为仁义。孔子将智仁勇"三达德"视为中庸之道。与之类似,西方苏格拉底学派认为人的灵魂有三个成分(理性、激情和欲望),并由此派生出智慧、勇敢和节制三美德。在柏拉图看来,借助于智慧与勇敢的联盟,人的欲望就会转化为节制。智慧、勇敢和节制兼备则有正义之德。⑧ 亚里士多德的美德伦理学,亦与之类似。

康德义务论伦理学延续了柏拉图和亚里士多德的理性主义传统。义务论伦理学的

---

① 详见:陈柱.墨学十论[M].上海:华东师范大学出版社,2015:36.
② 详见:《汉书·董仲舒传》。董仲舒在《春秋繁露》中提出:"正其道不谋其利,修其理不急其功。"班固在《汉书·董仲舒传》调整为"正其谊不谋其利,明其道不计其功"并为朱熹作为白鹿洞书院学规之一。
③ 详见:《习学记言》卷二十三。
④ 边沁、穆勒之后,功利主义伦理学领域比较有影响的是西季威克(H. Sidgwick,1838~1900)。在西季威克那里,功利主义被分为自利的快乐主义和普遍的快乐主义。西季威克推崇普遍的快乐主义。详见:[英]西季威克.伦理学方法[M].廖申白,译.北京:中国社会科学出版社,1993:425.
⑤ 边沁认为"道德界的牛顿尚未出现"。[法]哈列维.哲学激进主义的兴起——从苏格兰启蒙运动到功利主义[M].曹海军,等,译.长春:吉林人民出版社,2006:19.
⑥ 详见:[英]西季威克.伦理学方法[M].廖申白,译.北京:中国社会科学出版社,1993:109.
⑦ [英]穆勒.功利主义[M].徐大建,译.上海:上海人民出版社,2008:4.
⑧ 孔子与柏拉图的"三成四德"后来在弗洛伊德那里被转换为本我、自我与超我的解释框架。本我是情感欲望;自我是克制的激情;超我关乎理性。详见:[奥]弗洛伊德.弗洛伊德后期著作选[M].林尘,张唤民,陈伟奇,译.上海:上海译文出版社,1986:173—192.

核心精神是"意志主义"。这种意志主义后来在尼采那里发展成为"权力意志"。尼采的权力意志貌似情感主义或非理性主义,其内核依然是康德的理性主义。强大的意志主要来自理性而非情感。恰恰相反,情感丰富者,往往意志薄弱。情感的核心是欲望,理性的核心是意志。

在康德那里,道德的目的绝不是为了自然情感欲望的满足甚至不是为了"获致幸福"。他甚至认为"幸福道德"是"虚伪道德的典型"。① 幸福和德性之间"不存在经验上的因果关系"②。幸福的人不一定有德性;有德性的人也不一定过得幸福。尽管"德福一致"在感性世界中难以实现,但必须坚持"德福一致"的理念。在道德教育中,康德主要关注的问题不是"如何幸福",而是人如何"配享幸福"。柏拉图认为,"有一种善,我们乐意要它,只是要它本身,而不是要它的后果。"③康德是把柏拉图的这个观念推到极限的人。

康德从亚里士多德那里发现了实践哲学,但康德修改了亚里士多德实践哲学的内涵和方向。在康德那里,理性有两种:一是理论理性,二是实践理性。理论理性的对象是自然(属现象界),实践理性的对象是自由(属道德和信仰界)。理论理性主要显示为人与物的关系,人在给自然立法的同时也受自然规律、因果关系的支配。而实践理性主要显示为人与人的交往关系,人在给人立法的过程中凸显人的自由意志。正因为实践理性比理论理性更自由,康德认为实践理性对于理论理性具有优先性,"实践理性"高于"理论理性"(思辨理性)。康德将"实践"所隐含的"纯粹理性"和"绝对自由"完整地贯彻到道德实践领域。于是,人在道德中不仅拥有绝对的自由意志,而且把"善的意志"作为自己的绝对的义务。康德的"善"就是不计后果的绝对意志,把"应该做什么"和"不应该做什么"当作自己的绝对义务、绝对律令或先验责任。④ 康德的实践理性几乎离开了实践智慧而再次返回到"理论理性"、"理论智慧"之中,也因此有人视之为"道德实践与实践智慧的截然分离"、"没有实践智慧的实践哲学"。⑤

康德意志主义伦理学(义务论伦理学)貌似"无用"、"僵硬"、"死板",但是,它在特殊时期将显示其独特的魅力。当人被抛掷到一个事关国破、家亡或杀父之仇、夺妻之恨的情境之中,就很可能让自己的纯粹实践理性处于紧急动员状态并以自己的绝对意志而甘愿舍生取义、杀身成仁、视死如归。在日常生活中也许需要躲避崇高,但在某些特别场合、非常时期,人内在的崇高感和服从绝对律令的责任感有可能被激发、唤醒。

康德意志主义伦理学重点考察人的行为的动机而不是行为的后果,强调自然正确或自然之善(或自然之好,good)优先于自然权利,将道德规则视为类似"摩西十诫"的绝对义务、绝对命令,显示出绝对主义伦理学的独特路线。但是,如果将这种伦理学推向极致,就可能出现善人不幸而恶人幸福的德福不一致的尴尬,甚至可能出现好人办坏事

---

① [德]文德尔班.哲学史教程(下卷)[M].罗达仁,译.北京:商务印书馆,1993:758.这里的"幸福道德"指以追求个人幸福为目标的道德。
② [德]文德尔班.哲学史教程(下卷)[M].罗达仁,译.北京:商务印书馆,1993:762.
③ [古希腊]柏拉图.理想国[M].郭斌和,张竹明,译.北京:商务印书馆,1986:44.
④ 这种纯粹理性、实践理性显示为"知其不可为而为之"、"虽千万人,吾往矣",为了坚守自己的信念而甘愿"舍身取义"或"杀身成仁"、"视死如归"。
⑤ 详见:刘宇.实践智慧的概念史研究[M].重庆:重庆出版社,2013:231—251.

的后果。德福不一致导致对个人生活的不利,好人办坏事导致对社会整体的不利。这正是"现实政治"往往放弃情感主义伦理学而采用功利主义的原因,也是"日常生活"倾向于孟子的"经权智慧"或亚里士多德的"实践智慧"的原因。

二、自由主义伦理学对情感与理性的超越

自由主义向来是政治学的概念,且也已形成一套以自由和平等为核心的比较成熟的理论体系。所谓自由主义伦理学,不过是对自由主义政治学的借用,两者异名而实同。

自由主义伦理学的核心理念是自由和平等。自由与平等据说可以相互补充、相互支持,也因此被相提并论。不过,自由与平等隐含了内在的张力甚至彼此冲突、此消彼长。自由主义也因自由优先或者平等优先的不同选择而出现内部分裂。18 世纪末几乎同时发生的美国革命和法国革命(前后相差不到二十年)虽然同声相应(后世称之为"姊妹革命"),却正好代表了自由优先或平等优先的不同倾向。①

美国革命推崇自由。作为美国革命重要标志的《独立宣言》明确提出不可剥夺的三项个人权利:生命权、自由权和追求幸福权。其中,有关生命权和自由权的理念直接来自洛克政治哲学。洛克的说法是:生命权、自由权和财产权。②《独立宣言》以"追求幸福权"替换洛克的"财产权",但后来的《权利法案》(宪法修正案)第五条再次完整延续了洛克的框架。③ 生命权、自由权和财产权(或幸福权)大体对应人的三个自然欲望。生命权强调求生欲、食欲和性欲等生理欲望的追求与满足。自由权强调智力游戏(探究欲)、审美游戏(审美欲望)和交往游戏(交往欲望)等情感欲望的追求与满足。财产欲和权力欲主要着眼于虚荣心的满足并为人的生理欲望和情感欲望的满足提供资源。

美国革命既赢得了政治哲学的自由主义或个人主义,也带来了伦理学的情感主义或利己主义。自由主义政治哲学之所以强调自由市场经济而反对政府干预的计划经济或福利主义,也正是为了保护个人的自然欲望和自然权利。政治哲学或政治经济学中的自由主义或个人主义与伦理学中的情感主义(或利己主义、快乐主义)一直存在某种隐秘的内在关联。也因此,哈耶克(F. Hayek, 1899～1992)与凯恩斯(J. Keynes, 1883～1946)之争④,诺齐克(R. Nozick, 1938～2002)与罗尔斯(J. Rawls, 1921～2002)之争⑤,既是政治经济学的自由市场主义与政府干预主义之争⑥,同时也隐含了伦理学

---

① 详见:[美]邓恩.姊妹革命:美国革命与法国革命启示录[M].杨小刚,译.上海:上海文艺出版社,2003:21.
② 详见:[英]洛克.政府论(下)[M].叶启芳,瞿菊农,译.北京:商务印书馆,1963:53.
③ 详见:[美]汉密尔顿,杰伊,麦迪逊.联邦党人文集[M].程逢如,在汉,舒逊,译.北京:商务印书馆,1980:466.罗斯福(F. Roosevelt, 1882～1945)则在此基础上提出"四大自由":言论自由、宗教信仰自由、免于匮乏的自由以及免于恐惧的自由.详见:[美]邓恩.姊妹革命:美国革命与法国革命启示录[M].杨小刚,译.上海:上海文艺出版社,2003:187.
④ 详见:[美]韦普肖特.凯恩斯大战哈耶克[M].闾佳,译.北京:机械工业出版社,2013:21.
⑤ 详见:[美]诺齐克.无政府、国家与乌托邦[M].何怀宏,等,译.北京:中国社会科学出版社,1991:代译序(诺齐克与罗尔斯之争).
⑥ 一般认为,美国 1930 年前后爆发的经济危机是自由市场主义造成的必然后果,但有人甚至认为,当时的经济危机恰恰是政府过度干预经济而不是自由市场主义造成的结果.详见:[美]罗斯巴德.美国大萧条[M].谢华育,译.上海:上海人民出版社,2003:453.

的情感主义和理性主义之争、个人主义与社群主义之争。

如果说美国革命及其《独立宣言》《权利法案》主要受洛克的自由主义政治哲学的影响,那么,法国革命及其《人权宣言》主要受卢梭的平等主义政治哲学的引领。美国革命的关键话语是自由,而法国革命的核心精神是平等。法国革命所提出的自由(liberty)、平等(equality)、博爱(fraternity)①虽然也强调"自由",但更重视"平等",并愿意为之付出生命。如果说亨利(P. Henry,1736～1799)提出的"不自由,毋宁死"浓缩了美国革命的精神气质,那么法国革命可能更愿意提出"不平等,毋宁死"。参与法国革命的民众能够容忍某种程度的不自由,但绝不能容忍不平等。不患寡而患不均。②

如果说,情感主义伦理学侧重个人权利而理性主义伦理学侧重群体责任,那么,自由主义则包括了个人权利与群体责任两种倾向。也正是在这个意义上,自由主义可以视为超越情感主义与理性主义伦理学之争的第三条道路。不过,与其说自由主义成功实现了对情感主义与理性主义伦理学之争的超越,不如说自由主义总体上更关注个人权利而对群体责任以及相关的社群主义持某种不信任的态度。

三、通情达理:德育改革的途径

德育主要包括情感教育、法治教育和信仰教育。情感教育属于私德教育,其重点在于"成为有教养的人";法治教育属于公德教育,其重点在于"权力与权利"问题。私德教育与公德教育统一于信仰教育或公民宗教。③

(一) 情感教育中的亲情、友情和爱情

情感教育的核心要素是亲情、友情和爱情。在亲情与友情之间,西方教育传统侧重友情,中国教育传统侧重亲情。

1. 友情

友爱之所以重要,主要因为朋友总是因志同道合而相互亲近,也因此可以从朋友那里看到自己。不仅从朋友那里看到自己的长相和人格,而且可以从朋友那里看到自己的精神力量的外化。

在柏拉图、亚里士多德那里,友爱已经成为一个重要话题。柏拉图在《普罗塔戈拉》《会饮》《斐德若》和《斐多》等"四书"中大量讨论了友情以及相关的爱欲问题(柏拉图更看重纯美之爱或智慧之爱)。亚里士多德在《尼各马可伦理学》中花了大量篇幅讨论友爱。亚里士多德甚至认为动物比如鸟类和兽类也存在友爱。④

---

① 有人认为:"法国革命把政治归结为这三个神圣的词:自由、平等、博爱。"详见:[法]勒鲁.论平等[M].王允道,译.北京:商务印书馆,1988:11.也有人从现代伦理学的思路出发,将自由、平等、博爱调整为自由、平等、宽容。详见:万俊人.寻求普世伦理[M].北京:北京大学出版社,2009:257.

② 一般而言,贫困的乱世往往患寡而不患不均;富裕的太平世往往既不患寡也不患不均;小康社会(升平世)往往不患寡而患不均。相关讨论,详见:何怀宏.公平的争议:解读罗尔斯《正义论》[M].济南:山东人民出版社,2002:228—231.

③ 私德与公德虽然相互支援,但彼此有别,不可以公德限制或干扰私德,或者说,不可以公共领域干扰或侵害私人领域。比如,对于儿童,就最好让孩子静静地生长而不要过多过度地在公共场合曝光。"对于儿童的生活来说,……无论在哪里,生活如果被持续地暴露给世界,失去了隐私和安全的保护,生命的特质就丧失了。"详见:[美]阿伦特.过去与未来之间[M].王寅丽,张立立,译.南京:译林出版社,2011:174.

④ 详见:[古希腊]亚里士多德.尼各马可伦理学[M].廖申白,译.北京:商务印书馆,2003:228—229.

友情的核心是同情心。同情心尽管也存在于亲熟关系之间,但主要显示为对一切人(包括陌生人)的不幸遭遇的恻隐与不忍之心。"在他人的痛苦中,我们所同情的只是我们认为我们也难免要遭遇的那些痛苦。"①

友情与同情因为事关利己与利他的关系而一起构成道德教育的根基。而在从利己到利他的迁移过程中,友情或同情起着关键作用。人因同情心而由利己转化为利他、由自爱转向博爱、由个人主义转向古道热肠的世界主义。

同情使世界充满爱,但也可能因滥施同情而导致失范与混乱。滥施同情的宏大形式是"儒以文乱法,侠以武犯禁"。滥施同情的日常形式是"升米恩斗米仇"。如果某人在危难时刻得到同情和帮助,他会感激。可是,如果某人轻易地得到太多的帮助而形成依赖,那么,对方一旦停止帮助,他就会怨怒和仇恨。正因为如此,卢梭的同情心一度受到尼采和白璧德等人的批判。尼采认为:"同情心是一种情感挥霍,一条危害道德健康的寄生虫。"②白璧德则认为,卢梭的情感主义及其同情理论是对"德行"一词的败坏。③同情心虽然是道德的基石,但滥施同情将对道德构成破坏。真正的同情是对他人适度与适时的帮助。适度与适时的同情是在他人需要帮助时伸出援手。既不因同情泛滥而使他人依赖成瘾、逃避责任,也不因过度同情而使人丢失尊严。

2. 亲情

亲情是建基于血缘关系的血亲之爱,其核心是父母爱子女与子女爱父母。

一般而言,父母爱孩子,总是多于孩子爱父母。这并非因为父母的无私之爱,而是因为父母知道孩子是自己生命尤其是精神生命的延续,父母爱孩子意味着父母爱自己。孩子被父母视为自己的产品,而孩子不会将父母视为自己的产品。产品总是属于其制作者,而制作者却不属于产品。④

在亲爱、友爱、恋爱三者之间,西方教育传统更重视友爱,而中国教育传统重视亲爱。《孝经》开篇曰:"夫孝,德之本也,教之所由生也。"按照中国教育传统的思路,教育始于爱父母,而爱父母始于爱惜自己的身体,不让父母焦虑。"身体发肤,受之父母,不敢毁伤,孝之始也。"其次重视友爱,包括平等的兄弟之间的友爱和不平等的对长辈的友爱。对父母的孝爱(亲爱)和对兄弟的悌爱(友爱)一起构成仁爱之本。《论语·学而》的说法是:"其为人也孝弟,而好犯上者,鲜矣;不好犯上,而好作乱者,未之有也。君子务本,本立而道生。孝弟也者,其为仁之本与。"

在亲爱和友爱之间,究竟哪一个更重要?可以有不同的选择,亦有不同的优势。友爱高于亲爱的合理性在于:友爱更自由,而血缘关系的亲情之爱有某种强制性。亲爱高于友爱的合理性在于:父母是世界上最可靠的朋友,对父母之爱可以扩展为对他人对世界之爱。"亲亲而仁民,仁民而爱物。"⑤若对自己的父母无动于衷,则说明这个人

①　[法]卢梭.爱弥儿——论教育(上)[M].李平沤,译.北京:商务印书馆,1978:307.
②　[德]尼采.权力意志:重估一切价值的尝试(上卷)[M].孙周兴,译.北京:商务印书馆,2007:310.
③　详见:[美]白璧德.民主与领袖[M].张源,张沛,译.北京:北京大学出版社,2011:202.
④　这个观点主要受亚里士多德的启发,详见:[古希腊]亚里士多德.尼各马可伦理学[M].廖申白,译.北京:商务印书馆,2003:251.
⑤　详见:《孟子·尽心上》。

对世上任何其他朋友或领导也会麻木不仁。若对养育自己的父母都没有爱心,就既不会完整而真诚的友爱,也不会有完整而真实的恋爱。

3. 爱情

美好的恋人关系不仅呈现为亲密的性爱伙伴,而且是心有灵犀的灵魂伴侣(soul mate)。恋人之爱之所以浓烈,除了因为身体欲望原因,"饮食男女,人之大欲存焉"①,更重要的是彼此将对方视为情感创作的对象,彼此成为对方的精神成长的促发者与见证人。"投我以木桃,报之以琼瑶。匪报也,永以为好也。"②

恋人之爱比一般的友人之爱更浓烈,是因为恋人不仅是自己的朋友,而且两人可以融为一体。恋爱与亲人之爱类似,两者都接近自爱。杀父之仇或夺妻之恨之所以激烈,也还是因为父母与妻子是自己生命共同体的一部分。杀父与夺妻接近切割自己的肉身。

在亲爱和友爱之后,接下来才是恋爱。有亲爱和友爱作为前提,恋爱才不会纵欲、无理或失礼。《诗经》以《关雎》始,旨在教人"乐而不淫,哀而不伤"、"发乎情而止乎礼"。中国传统文化既承认人的自然欲望,"食色,性也"(《孟子·告子上》),同时又重视以理制欲、以礼改情。《礼记·中庸》云:"君子之道,造端乎夫妇。"

无论亲情、友爱还是爱情,情感的基本途径是刚柔相济。刚柔相济主要包括三种形式:一是"阴阳当位",等待时机。在需要韬光养晦时保持低调、谦逊;需要发出声音时则当仁不让,果然决断。常人以善良、温驯为美德。王者当以豪气干云、虎狼之威、鹰视狼顾为美德。按照马基雅维利的美德标准,王者既要像狮子一样凶猛,又要像狐狸一样狡猾。二是以柔克刚,外表谦和、可亲,却内心强大,不妥协,不轻言放弃。三是"外刚内柔",貌似严厉冷峻,实则温润如玉。"望之俨然,即之也温"(《论语·子张》)。

刚柔相济的人总是能够做到既自信又谦虚,既有活力又有礼貌;动如脱兔,静如处子;团结紧张,严肃活泼。刚者健旺,活力充沛。活力是生命力旺盛的显著标志。"活力可增强人们对外部世界的兴趣,此外也可增强人们从事艰巨工作的力量。不仅如此,它更能防止人们陷入嫉妒,它能使个人生活变得愉快。"③但是,仅有自信、活力而缺乏基本的谦逊和礼貌,容易形成不可一世的攻击性人格。没有活力与勇气,任何伟业都不可能善始;没有谦逊与礼貌,任何壮举都不能善终。世人普遍钦佩曾国藩而非议左宗棠,也主要因为前者刚柔相济,内方外圆,而后者刚性有余,柔性不足。④

刚柔相济亦可理解为竞争与合作兼而有之。孤独的哲人不屑于与常人为伍,亦不必与常人合作。真正的大哲,总是曲高和寡,桀骜不驯,傲然独立。"世界上最有力量的人是最孤立的人。"⑤誉满天下,谤亦随之。真正的大哲,即便临终,亦不妥协,"一个都不宽恕"。但是,就大众而言,没有一种高贵可以遗世独立。日常的高贵既不鹤立鸡群,

---

① 详见:《礼记·礼运》。
② 详见:《诗经·卫风·木瓜》。
③ [英]罗素.教育与美好生活[M].杨汉麟,译.石家庄:河北人民出版社,1999:31.引用时对译文略有调整。罗素将活力列为四大美好品格之一,另外三个品格是智慧、敏感、勇气。
④ 详见:张宏杰.曾国藩的正面与侧面[M].北京:国际文化出版公司,2011:71—72.
⑤ 这是易卜生在《人民公敌》剧终的呐喊。详见:[挪威]易卜生.易卜生戏剧四种[M].潘家洵,译.北京:人民文学出版社,1958:394.

亦不离群索居。大哲可以坚持一元主义文化,真理只有一个。但是,大众最好相信多元主义文化,"容忍比自由更重要"。①

刚柔相济包含了某种机智,却又不会令人感觉世故、圆滑或滑头。机智或智慧的关键是懂得"世态人情",洞悉人性,也因此善于与人交往并在关键的时刻善于决策、决断,富有政治智慧。机智或智慧需要有学问作为辅助。但是,若学问不能够成为教养的辅助,那么,学问就不仅无益,反而有害。洛克警告:"学问如果处理得不好,反而可以使他在与别人交往的时候更加无礼,更加令人难堪。"②机智并懂得世态人情是教养的核心。黑格尔提醒:有教养的人首先是指能做别人做的事而不表示自己特异性的人。③ 有教养的人总是懂得何时说话,不可说时,保持沉默。没有教养的人恰恰热衷于标新立异或巧言令色。巧言令色者,貌似机敏,实则逢场作戏。"无事献殷勤,非奸即盗。"④

总之,情感教育的核心主题是亲情、友情和爱情,而其基本途径是刚柔相济。既有亲情、友情和爱情,又懂得刚柔相济,就有了基本教养。一个国家是否强大,不在于这个国家是否有通畅的高铁、宏大的机场、奢华的酒店,而在于这个国家的国民是否有足够的教养。按照洛克的说法,被别人说有教养,这是对人最高的赞赏;被别人说没教养,这是对人最严厉的指责。⑤

(二) 理性教育:政治教育的权力、权利与权变

如果说情感教育主要属于私德教育,那么,政治教育或法治教育主要属于公德教育。公德教育的重点包括三个方面:权力、权利与权变。政治教育的首要问题就是处理权力与权利的关系(权变教育是对权力教育和权利教育的补充),而权力教育的核心是权力的获得、使用与保持的问题。

1. 权力教育:权力与能力的互动关系

权力教育主要包括三个要素:一是权力的获得,它涉及能力与权力的关系,法家称之为"势"(权势)。二是权力的使用,主要涉及立法与执法的问题,法家称之为"法"(法权)。三是权力的保持,主要涉及人情世故与知人善任,法家称之为"术"(权术)。

第一,获得权力的前提是具有办事能力(尤其是参政议政的管理能力)。拥有权力容易被简单地理解为"当官",即便如此,"当官"本身也并非恶俗。"官"者,乃主持公道、秉公执法之意。从字形来看,"官"的上面是一个宝盖,引申为帽子、官帽、房屋或办公室。"官"的下面是一条竖线连接的两张口,引申为众多人口、口粮或众口难调、开口说话、张口吃饭,等等。所以,"当官"原本戴着帽子或坐在办公室里为民做主、为民办事、协调不同意见、解决民众纠纷或解决民众的吃饭问题。或者说,"官"的本意就是选贤任能,能者多劳。权力的获得可能因为世袭,也可能因为财富(买官或变相买官),但在选贤任能的贤能政治体制中,权力往往来自能力。《礼记·礼运》曰:"大道之行也,天下为

① 胡适.容忍与自由[A].欧阳哲生.容忍比自由更重要(下)[C].北京:时事出版社,1999:775—780.
② 洛克.教育漫话[M].徐诚、杨汉麟,译.石家庄:河北人民出版社,1998:73—74.
③ [德]黑格尔.法哲学原理[M].范扬,等,译.北京:商务印书馆,1996:203.
④ 详见:王实甫:《西厢记》。
⑤ 有关"教养"问题的讨论,详见:[英]洛克.教育漫话[M].徐诚、杨汉麟,译.石家庄:河北人民出版社,1998:75.

公,选贤与能,讲信修睦。"相反,当官最大的忌讳就是"德薄而位尊,知小而谋大,力小而任重"。①

权力虽然来自能力,但是,拥有权力反过来又会发展能力。权力不仅可以使掌权者因为有用武之地而展示和发展自己的才能,而且可以使掌权者凭借其权力的光环效应而乘势而上。一般的说法是"知识就是权力"②,但这个说法反过来也大体成立:"权力就是知识。"权力与知识之间具有某种互动关系。有权则有势,无权则无势。势大则力沉,势单则力薄。《管子·形势》云:"蛟龙得水,而神可立也;虎豹得幽,而威可载也。"《韩非子·难势》则曰:"飞龙乘云,腾蛇游雾,云罢雾霁,而龙蛇与蚓蚁同矣,则失其所乘也。"

权力与能力的互动就是儒家所强调的"学而优则仕"、"仕而优则学"。"学而优则仕"并非简单地鼓励学生"学成文武艺,货与帝王家"。"学而优则仕"的基本精神在于《大学》所提出的三纲领:"明明德、亲民、止于至善"。"学而优则仕"的首要条件就是"明明德",让自己有足够的才华和人格魅力。

第二,使用权力的关键是立法与执法。法治可以是延续旧制,萧规曹随,保持制度的延续性,也可以是变法,让自己成为"立法者"。变法者历来艰难,因其触动既得利益者而难免遭遇非议。但是,变法也是检阅和考验当权者的政治智慧的关键。立法者的首要素养是勇敢与激情。"天变不足畏,祖宗不足法,人言不足恤。"③立法者的相关素养是执法决心。一旦约法,则"秉权而立,垂法而治。"④若遇违法,则法不容情。"凡赦者,小利而大害者也,故久而不胜其祸。毋赦者,小害而大利者也,故久而不胜其福。……法者,民之父母也。"⑤虽然不至于"以法为教,以吏为师",但对于法治教育而言,一次严格执法,胜过无数次道德说教。法治教育并非让学生记住或理解相关法律条文。真正有效的法治教育总是显示为日常的法治新闻故事和小说、电影等文艺作品所提供的案例。当学校教育对某些儿童变得无效时,传统的学校法治教育就会由法院或监狱取而代之。在德治与法治之间,儒家强调"德主刑辅",而法家强调"严刑峻法"。礼义廉耻,国之四维。"四维不张,国乃灭亡。"⑥

法治教育既是对情感的限制与规范,也是对情感的支持与保护。道德与法治教育的主要目的是限制个人的纵欲,以便预防和禁止个人的纵欲对他人的情感欲望(含求生欲、财产欲和自由欲)构成的侵扰和伤害。因此,尽管道德不同于法律,尽管道德与法律之间存在内在张力,但道德也会发挥类似法律的效果。所谓以理杀人,往往指道德和习俗的威力而非关法律判决。道德与法律都对人的行为构成约束、规范、惩戒,道德与法律皆有生杀予夺的威力。

第三,保持权力的关键是懂得人情世故并知人善任。"学而优则仕"之"仕"除了必

---

① 详见:《易传·系辞下》。
② 也有"知识就是力量"的说法。
③ 详见:《宋史·王安石列传》。
④ 详见:《商君书·壹言》。
⑤ 详见:《管子·法法》。
⑥ 详见:《管子·牧民》。

须具备"明明德"的条件之外，还需要"亲民"。"亲民"就是以自己的专业技能为民众谋福利，对公共领域有足够的贡献。既"明明德"，又"亲民"，则可实现"止于至善"。"止于至善"有两种理解：一是"知止"的修炼，不可则止。二是"不达到至善绝不停止"的不懈努力。从"权力教育"的视角来看，"止于至善"也可理解为某个目标比如"学而优则仕"之"仕"的最终实现。"学而优"只是"明明德"，从"学而优"到"仕"之间，或者说，从"明明德"到"止于至善"之间，需要有一个中间环节。这个环节就是"亲民"。"亲民"是《大学》三纲领的核心。亲民具体包括为民谋福、知人善任和善用民智。首先，亲民意味着与民同乐、为民谋福、改善民生，使民众安居乐业，各安其位。新官上任三把火，"三把火"往往涉及类似"庶、富、教"等民生问题。只有民生问题有了改善，管理者才能赢得民众的信任，民众也会因为温饱问题的解决而变得"知礼节"和"知荣辱"①。其次，亲民意味着顺应民心而慎用民智。"民别而听之则愚，合而听之则圣。"（《管子·君臣上》）就此而言，"学而优则仕"基本上属于精英教育的路线。将政治智慧视为最高智慧或将培养政治精英视为教育的重要目标之一，并非孔子或中国古典儒家孔子的独门秘籍。几乎所有中外教育哲人都严格区分精英教育和大众教育。无论洛克的《教育漫话》还是卢梭的《爱弥儿》，基本上都可以视为政治精英教育学而非一般意义上的普通教育学。最后，亲民意味着懂得人情世故因而知人善任。掌权者虽然很难完全避免任人唯亲，但知人善任者必侧重任人唯贤，惟有德者居之。任人唯亲者，必遭遇危险。《易传·系辞下》警告，"力小而任重"者，必导致岌岌可危。《管子·立政》则强调三个"不当"："一曰德不当其位；二曰功不当其禄；三曰能不当其官。此三本者，治乱之原也。"知人善任的基本原则是既用人之长，使民众各安其位，又要防止自己的权力被他人稀释或夺取。工作能力及其业绩虽然重要，但业绩并不决定人的权力地位，重要的是，必须掌握"权力游戏"的基本技艺。② 如何防止权力被他人僭越或褫夺，这是中外政治哲人普遍关注的话题。这是韩非子称之为政治"权术"，马基雅维利则称之为政治德性（virtue）。在马基雅维利那里，政治德性的关键是政治才干，而政治才干就是像狐狸一样狡诈而像狮子一样凶狠。在必要的时候，甚至需要有不择手段的权谋。关于"权谋"问题，马基雅维利的教诲是：损害的行为应该一下干完，而恩惠应该一点一点地赐予③；领导者应避免自己为民众所憎恨，不要染指民众的财产及妻女④；政治德性有时必须显示为"善的外衣"，尽量不要背离善良之道，但迫不得已时也要懂得如何作恶⑤。韩非子的教诲则是：治人者要有深藏不露之术与虎豹之威。法要公开，术要隐藏。"法莫如显，而术不欲见。"术之藏，藏得越深越好，最好连最亲近的人也不可见、不可知。"用术，则亲爱近习，莫之得闻也。"领导者隐藏自己的喜好，高深莫测，下属就很难找到篡权的空隙。⑥

在立法执法（法）、选贤任能（势）和知人善任（术）三者之间，选贤任能和立法执法属

① 详见：《管子·牧民》。
② 详见：[美]菲佛.权力[M].杨洋，译.杭州：浙江人民出版社，2015：2—3.
③ [意]马基雅维利.君主论[M].潘汉典，译.北京：商务印书馆，1985：43—44.
④ [意]马基雅维利.君主论[M].潘汉典，译.北京：商务印书馆，1985：80.
⑤ [意]马基雅维利.君主论[M].潘汉典，译.北京：商务印书馆，1985：74.
⑥ 详见：《韩非子·难三》。

于权力的阳面,而知人善任及其"权术"是权力的阴面,因此也令人难以启齿。不过,马基雅维利或韩非子式的"权术"貌似给领导者或独裁者面授机宜,其实也是在向年轻人公布政治"黑幕"。按照卢梭的说法,"马基雅维利自称是在给君主讲课,其实他是在给人民讲大课。马基雅维利的《君主论》乃是共和党人的教科书"。①

2. 权利教育:维权意识与责任意识哪一个更重要?

权力教育指向精英教育,而权利教育指向大众教育。权力教育的核心是处理权力与能力的关系。权利教育的核心是处理责任与权利的关系。精英教育追求权力的获得、保留与使用,而大众教育追求维权、守法与合作。也就是说,权利教育主要包括三个内容:一是维权教育或民主教育;二是守法教育;三是服从与合作教育。三者之间,西方文化传统更重视个人维权或个人权利,而中国文化传统更重视权利背后的社会责任(包括守法的责任与合作的责任),社会责任高于个人权利。

第一,维权教育与民主教育。维权的充分形式是追求民主。统治形式主要有三种:民主制、君主制和共和制。按照康有为的解释,"据乱世尚君主,升平世尚君民共主。太平世尚民主。"②也就是说,乱世推行君主制,太平世推行民主制,升平世或小康社会则推行共和制或代议制。1919年10月,中国教育界提出"养成健全人格,发展共和精神"的国民教育宗旨。这是典型的升平世或小康社会的教育改革方案。其魅力在于它隐含了小康社会(升平世)的核心素养;其缺憾也正在于,它在乱世之中过早出现,属于生不逢时的"早产儿"。

就总体方向而言,社会越进步,国家越发达,民主制就越值得期待。民主制意味着以法律的形式在确认一般民众的个人权利的同时,又限制统治者的权力。权利教育就是以类似"权利法案"的方式既维护自己的权利,也对掌权者的权力进行限制,尽可能把权力关进笼子里。

为了保卫人的安全,个人不得不让渡自己的部分权利,以便委托立法部门、执法部门和司法部门的专职人员来代替自己建立契约,制定法律,维护公共秩序和公共安全。但是,民众在让渡自己的部分权利之后,仍然有一些基本的权利是不可让渡的,比如生命权、自由权和财产权。

精英教育倾向于权力的自由竞争,而大众教育倾向于民主的个人权利(含政治与经济资源)的平等分配。在自由与平等之间,虽然自由往往优先于和高于平等,但自由的优先性必须以平等作为重要的补充与辅助。

自由之所以高于平等,是因为自由的根基是自私(利己),而平等的根基是利他。从自然人性(天性)的视角来看,自私本能优先于利他本能。过于追求平等分配必导致自由竞争的受阻或取消。若只有平等分配而没有自由竞争,社会就会因其平均主义而丧失活力。

自由之所以必须以平等作为重要的补充与辅助,是因为,若只有自由竞争而不考虑

---

① [法]卢梭.社会契约论[M].何兆武,译.北京:商务印书馆,2003:91.斯金纳等新共和主义者也持类似的观点。详见:[英]斯金纳.近代政治思想的基础(上卷):文艺复兴[M].奚瑞森,亚方,译.北京:商务印书馆,2002:204—219.
② 详见:康有为.孟子微[A].康有为全集(第五集)[C].北京:中国人民大学出版社,2007:464.

权利和财富的平等分配,就会导致贫富悬殊。当贫富悬殊拉大到一定的程度,"朱门酒肉臭,路有冻死骨",极度贫困者就会因绝望而冒死抗争。"王侯将相宁有种乎"? 民众皆有求生欲,但赤贫者或绝望者将无所畏惧。《史记·陈涉世家》云:"今亡亦死,举大计亦死,等死,死国可乎?"《老子》第七十四章云:"民不畏死,奈何以死惧之。"

第二,守法的责任与尊重他人的意识。权力教育倾向于立法,使自己成为立法者;权利教育则倾向于守法,使自己成为守法者。守法意味着我追求自己的权利以不破坏和干扰他人的权利为前提,或者说,我追求自己的自由,这是我的权利,但是,他人也有追求自由的权利。我追求自己的自由以不破坏他人的自由为前提。守法其实是对他人的尊重。守法意识也就是他人意识。

第三,合作的责任与服从意识。如果说权力教育的核心是让学生学会竞争与竞选,那么,权利教育的核心就是让学生学会理解与合作。竞争是重要的,合作也是重要的。虽然权利意识的核心是维权意识,但是,权利教育也并非教人随时随地将自己设想为"受害者"或"受委屈者"。相反,权利教育的重点在于"养成健全人格,发展共和精神"。拥有健全人格的公民既有基本的权利意识,同时又以"共和精神"而不以类似"迫害妄想症"的心态轻易将他人视为异己的地狱。拥有健全人格的公民将会对不公正现象以合适的方式提出批判,但对自身的私人利益或小恩小惠并不斤斤计较、耿耿于怀。相反,动辄认为自己受到不公平待遇,有太多的无奈和一望无际的失败,说明此人很可能是一个人格卑劣、自我中心、极度自私的人。不过度维权并非完全放弃自己的个人权利,而是以宽容化解暂时的个人意见或个人恩怨。就此而言,"容忍比自由更重要"。[①]

3. 权变教育:原则性与灵活性哪一个更重要?

理性主义与情感主义构成伦理学的两个极端。而在理性主义与情感主义之间,孟子和亚里士多德式的美德伦理学及其经权智慧、实践智慧较早地预设了一条中间路线。经权智慧或实践智慧可以作为超越理性主义与情感主义的第三条道路。

哲学的基本任务是处理一与多的"度"的关系。教育哲学的最高境界就是"度的哲学"。有人甚至认为,如何处理一与多的关系,这是最艰难的智慧。很多民族甚至因为未能处理好一与多的关系而遭受灭顶之灾。古印度因为过分强调"一元论"而招致灭亡。古希腊却因为过于强调"多元论"(比如智者哲学)而导致孱弱。苏格拉底学派之所以反对智者哲学,也正因为苏格拉底、柏拉图等人意识到智者哲学所坚持的多元论可能引发城邦的观念与政治的瓦解。

度的智慧(经权智慧、实践智慧)主要包括三个思维特点:一是整体思维和整合思维;二是互动思维与转化思维;三是审时度势,灵活应变。[②] 这三个思维特点尤其是审时度势与灵活应变在孟子那里被称为经权智慧。经的智慧强调原则性,追求合理性;权的智慧看重灵活性,追求合群性或合情性。就学术而言,合理性比合群性(或合情性)更重要。而就政治实践而言,合群性(或合情性)高于和优先于合理性。

孟子与亚里士多德属于同时代人。他们各自提出了类似的伦理学方案。孟子提出

---

① 胡适.容忍与自由[A].欧阳哲生.容忍比自由更重要(下)[C].北京:时事出版社,1999:775—780.
② 详见:叶澜.回归突破:"生命·实践"教育学论纲[M].上海:华东师范大学出版社,2015:252—263.

仁义礼智并由此建构起以"义"为核心的"仁学"。孟子的仁学核心在于经权智慧而并不在于"仁义礼智"四端。同样,亚里士多德在其"德性表"中列举勇敢、节制、明智、公正等诸美德并由此而构成美德伦理学。在孟子和亚里士多德那里,美德的关键在于"适度"、"中庸"(mean)。孟子称之为"经权智慧";亚里士多德则称之为实践智慧(phronesis,也译为"审慎")。在亚里士多德的"德性表"中,任何美德都呈现为中庸状态,过度或者不及皆为恶德。比如,明智是美德,而单纯(不及)和狡猾(过度)皆为恶德。勇敢是美德,而怯弱(不及)和鲁莽(过度)皆为恶德。节制是美德,而冷漠(不及)和放纵(过度)皆为恶德。慷慨是美德,而吝啬(不及)和挥霍(过度)皆为恶德。① 表面上看,亚里士多德的美德伦理学与孟子的仁学所提出的美德具有某种先验性。"仁义礼智,非由外铄我也,我固有之也。"②其实,两者所列美德都是先验理性与自然情感的混合。

边沁、穆勒的功利主义伦理学主要适用于处理公共政策(政治决策)的情理冲突,休谟的情感主义与康德意志主义伦理学主要适用于化解私人生活的情理冲突。而孟子和亚里士多德式的美德伦理学及其经权智慧、实践智慧,既适合私人生活又适合公共领域。其基本智慧是:放弃"最优"方案而选择"度的哲学"去获得"次优"方案,追求"最不坏"的结果。

度的哲学既不像康德义务论伦理学那样建基于绝对主义的"自由意志",也不像边沁的功利主义伦理学那样建基于相对主义的"功利结果"。度的哲学既不会完全压制情感,也不会鼓励纵欲。度的哲学及其经权智慧或实践智慧意味着尽可能以关系思维或转化思维去代替对立思维或矛盾思维。如何把握度的智慧之度,这不是简单的知识或计算问题,它需要复杂的人生经历。也因此亚里士多德断言,并非所有人都适合"实践"(政治实践)。时常为感情左右、缺少人生经验的年轻人尤其不适合学习政治或政治学。③

经权智慧或实践智慧虽然致力于以"关系思维"和"转化思维"去对待一切情理冲突,但这并不意味着以平均主义的、"和事佬"的方式对情理冲突进行无原则、无立场的调和。经权智慧或实践智慧仍然是有原则的。经权智慧或实践智慧的一般原则是习俗(道德与法治)。经权智慧或实践智慧的根本原则是自然法。孟子和亚里士多德式的美德伦理学及其经权智慧、实践智慧是否可靠,最终取决于它在多大程度上切近自然法的终极标准。自然法既不为情感所动,也不被道德或法律绑架。自然总是按照自己的大法则推动世界向前发展。"天行有常,不为尧存,不为桀亡。"④当人过度纵欲时,自然法总是站在道德与法律这边。此时,道德与法律就是自然法的代言者。但是,当习俗完全违背人的自然情感而显示为"恶法"时,自然法总是站在顺应民情这边而使道德与法律暂时失效("恶法非法")。

---

① 详见:[古希腊]亚里士多德.尼各马可伦理学[M].廖申白,译.北京:商务印书馆,2003:333—335.

② 详见:《孟子·公孙丑上》《孟子·告子上》。

③ 此处主要采用刘小枫的翻译,兼采廖申白的翻译。刘小枫的译文中将此处的"政治学"译为"政治术"。见刘小枫.施特劳斯的路标[M].北京:华夏出版社 2011:304;[古希腊]亚里士多德.尼各马可伦理学[M].廖申白,译.北京:商务印书馆,2003:7—8.

④ 详见《荀子·天论》。

　　经权智慧(或实践智慧)也就是中庸智慧,具体包括度的智慧(适度)与时的智慧(适时)。度的智慧就是避开极端,走中间路线。① 思想可以偏激,行动必须保守。思想可以走直线,但行动必须走曲线。曲线是真实生活的常态。生活是曲折的,河流是曲折的,阴阳太极图的中线也是曲折的,直线仅仅存在于纯净的数学世界之中。

　　也就是说,所谓经权智慧,主要以两种方式化解伦理学的情理冲突:一是适度的智慧,走中间路线;二是适时的智慧,把握时机。尽可能减少急切的人为手段,让时间去解决问题。时间或历史总是"损有余而补不足"。《老子》第七十七章曰:"天之道,其犹张弓与。高者抑之,下者举之,有余者损之,不足者补之,天之道损有余而补不足。"② 自然法是运用经权智慧或实践智慧的最后依据。

(三) 信仰教育:文史哲为何是重要的

　　信仰教育貌似私德教育的范畴,其实介于私德教育与公德教育之间。当信仰教育涉及生之快乐与死之坦然等问题时,信仰教育属于类似宗教的私德教育。但是,当信仰教育涉及公共秩序和公共安全问题时,信仰教育就成为公民教育或公民宗教、意识形态教育。

　　信仰教育以及与之相关的道德与法治教育虽然都可以纳入学校课程,但是,由于道德与法治教育的重点不是知识而是信念与行为,这使学校教育或家庭教育对信仰教育以及道德与法治教育只能发挥有限的影响。在道德与法治教育方面,学校教育的作用甚至不如文学艺术、新闻传媒。文艺和新闻承担了大量的普法教育的职能。在新闻媒体尚不发达的古代,普法教育主要依靠有关罪犯与处罚的告示,偶尔有专门的普法宣传。③ 但是,道德与法治教育的首要途径既不是学校教育或家庭教育,也不是文艺或新闻传媒,而是公民宗教。问题在于,宗教并不总是与公民道德教育或公民法治教育保持一致。即便公民宗教能够与公民道德教育或公民法治教育保持一致,也不见得总是能够与自然法或自然宗教保持一致。这正是现代社会呼吁宗教与政治分离的原因,也是马基雅维利、霍布斯、施特劳斯等人警惕宗教并强调将"宗教"改造成为"公民宗教"的原因,同时还是历次宗教改革的原因。

　　表面上看,宗教信仰属于公民的个人选择,政治与宗教分离已经成为现代社会的基本事实。但是,无论古今抑或中外,公民宗教一直承担了道德与法治教育的大任。《易传·象上》曰:"圣人以神道设教,而天下服矣。"从神道设教的宗教视角来看,《易经》六十四卦便不只是临卦和观卦、噬卦和贲卦事关宗教,其他各卦皆与神道设教或宗教相关。《论语·公冶长》引子贡之言曰:"夫子之文章,可得而闻也;夫子之言性与天道,不可得而闻也。"《论语·子罕篇》亦曰:"子罕言利与命与仁。"《论语·述而》则曰:"子不语怪、力、乱、神。"但是,罕言并非不言。"夫子只是不语,非谓无也。"④《史记·外戚世家第

---

① 有人将"度"视为人类学历史本体论的第一范畴。详见:李泽厚.历史本体论·乙卯五说[M].北京:生活·读书·新知三联书店,2008:10.
② "损有余而补不足"的自然法貌似"丛林法则"。
③《周礼·秋官》云:每年年初,向各邦国的城市和农村宣布新的典章法令,在闹市区悬挂典章法令,十天后收藏,以便来年再挂。
④ [宋]陆九渊.象山先生全集(卷三四)[M].上海:商务印书馆,1935:400.

十九》云:"孔子罕称命,盖难言之也。非通幽明,恶能识乎性命哉?"朱熹之《四书集注》也有类似的解释:孔子之所以罕言性与天道,乃学者须循序渐进,"教不躐等"。性与天道乃高深学问,资质平庸者无法领悟。孔子虚位以待,若遇资质较高者,则言之。《论语·雍也》曰:"中人以上,可以语上也;中人以下,不可以语上也。"而所谓性与天道或怪、力、乱、神,尽在《易》中。① 《易经》所谈性与天道或乱、力、怪、神,孔子称之为"神道设教"。《易经》对不同的群体可以发挥不同的教育价值:精英可借助《易经》之哲理而促进自我修养,但大众可通过宗教以及相关的法律而生发敬畏与服从。"假卜筮之事,而《易》之教行乎百姓矣。……君子自明其德,百姓不能自明其德,而神道设教以明其德。"②

道德与法律原本属于人为的契约,而"神道设教"可使人为的道德与法律获得某种神圣性。反过来看,公民宗教所制定的戒律貌似神法,其实只是假借了"神法"的名义。

信仰教育虽然以宗教信仰为典型,但信仰教育并非一定显示为宗教信仰。或者说,在没有宗教信仰的地方,总会有多种"以……代宗教"的方案。

中国人原本并不缺乏宗教信仰,因为中国长期"以经学代宗教"。经学几乎就是中国人的公民宗教。后来,废止经学之后,中国先后出现"以科学代宗教"、"以哲学代宗教"、"以美育代宗教"(主要是"以文学代宗教")和"以历史代宗教"等多种方案。③ 在种种方案之中,比较适合大众信仰教育的方案是"以文学代宗教"(或"以美育代宗教")、"以历史代宗教"和"以哲学代宗教"。文史哲之所以重要,也正因为三者直接或间接地承担了大众信仰教育的大责。

文史哲都讲道理,经由道理而影响人的信仰。文学以虚构的故事讲道理,历史以真实的故事讲道理,哲学直接讲道理。三者之中,历史的信仰教育力量更大一些。历史既有文学的故事魅力,又有哲学那样的道理存在。反过来说,历史既不像文学那样虚构故事,也不像哲学那样道理泛滥。因此,虽然文史哲构成了大众信仰教育的三个重要途径,但就大众的信仰教育而言,"以历史代宗教"显得比较可行。

以历史代宗教与以经学代宗教有内在的关联。以历史代宗教既是以经学代宗教的后继者,也是以经学代宗教的反叛者。以历史代宗教的重要事件就是"六经皆史"。"六经皆史"可以追本溯源至先秦时期的道家。"六经为存迹之书,乃道家之常言。六经皆史之旨,实肇端于此。"④但是,"六经皆史"真正成为一个事件,始于"二章":一是章学诚,二是章太炎。

章学诚"六经皆史"的观点与韩愈的"道在六经"的观点相关。⑤ 章学诚的观点意图打破六经专道的局面。"六经皆史也。古人不著书,古人未尝离事而言理。六经皆先王

① 有人认为:"夫性与天道之言,莫详于《易》。"详见:熊十力.读经示要[M].长沙:岳麓书社,2013:242.
② 详见:[清]焦循.易学三书:易通释、易章句、易图略[M].北京:九州出版社,2003:116—117.相关讨论,亦可参见:刘师培.经学教科书[M].长沙:岳麓书店,2013:107—108.
③ 此外,也有以科学代宗教、以意识形态代宗教之说。以科学代宗教解决不了"死后如何是好"的问题,以意识形态代宗教其实是以哲学代宗教的世俗形式。
④ 钱钟书.章实斋与随园(附说二十)六经皆史[A].钱钟书.谈艺录[C].北京:中华书局,1984:263—264.
⑤ 韩愈.原道[A].吴楚材.古文观止[C].沈阳:万卷出版公司,2014:153.

之政典也。"①这句话的意思是,六经与先王政典都是历史上的权威经典。但它容易被误解为反对经学的神圣性或把神圣经学降格为历史文献。章太炎正是借用章学诚的"六经皆史"的观念,试图把经学下降为历史,同时也把史学提升为经学。"人言六经皆史,未知古史皆经也。"②章太炎把经学与史学等而视之。无论《周官》还是《左传》,都失去了固有的神圣感,成为学术研究之史书。不过,章太炎看重历史,实质在于看重中国的国粹。当经书变成古老的历史,便可从中窥见国族的根源。章太炎以"以史为本"瓦解经学的神圣性。章太炎之前,经学虽饱经冲击,但仍是学术的主体。章太炎之后,所有的经学皆变为历史。经学地位下降,历史地位上升,历史的作用正在于激励"国性"或"种性",激发民族自信心。

胡适延续了章太炎的"以史为本"的思路,并将"以史为本"继续推向"以史料为本"。作为古之"圣经"之经学,在胡适这里成为普通之"史料"。胡适成为瓦解经学的最后一根稻草。胡适在《国学季刊》的发刊宣言中曾说道:"中国的一切过去的文化历史,都是我们的'国故'。研究这一切过去的文化历史的学问,就是'国故学',省称为'国学'。"③

当经学由一个神圣的存在变成一个不断生长的生命体,再变成一个枯死的躯干。胡适面临一个艰难的问题:再没有一个容器像经学那样安放国人的灵魂信仰。从实际效果出发,他选择了历史而没有选择让他一直心仪的科学。历史成了这个新洋房中供奉的塑像。历史就是中国人的宗教。这也正是胡适那么重视"传记"的原因。在胡适看来,传记不仅可以"给史家做材料,给文学开生路"④,而且可以发挥教育的效应:"传记可以帮助人格的教育。"⑤

这样看来,道德与法治教育的重要途径乃是历史教育以及与之相关的文学与哲学教育。历史、文学或哲学教育并非只是"历史老师"或"语文老师"、"哲学老师"(或政治老师)的责任。文学、历史和哲学教育可统称为"人文教育"。人文教育不是某个学科教师的责任,它是所有教师的大责。

第 3 节　自然法与智育改革

智育改革主要指知识学习及其教学方式的变革。学习方式和教学方式的变革总是伴随认识论或知识论的转型。认识论的基本分歧是心物二元论以及由此派生的先验论与经验论之争。知识观的分歧在中国教育哲学领域主要呈现为心学与理学之争,而西方教育哲学领域主要呈现为经验论与先验论之争(也可称为主体主义与客体主义之争、建构主义与实体主义之争)。在心物二元论之外,整体主义及其自然法可作为认识论的第三条道路。整体主义及其自然法是一切生物尤其是动物的自然习性。

如何超越心物关系的相关争议? 或者说,如何超越建构主义(或主体主义)与实体主

① 章学诚.易教上[A].章学诚著,仓修良,编注.文史通义新编新注[C].杭州:浙江古籍出版社,2005:1.
② 章太炎.清儒[A].章炳麟.訄书详注[C].上海:上海古籍出版社,2000:133.
③ 胡适.《国学季刊》发刊宣言[A].胡适.胡适全集·第2卷[C].合肥:安徽教育出版社,2003:7.
④ 胡适.胡适自传[M].南京:江苏文艺出版社,1995:6.
⑤ 胡适.南通张季直先生传记序[A].黄保定,季维龙.胡适书评序跋集[C].长沙:岳麓书社,1987:328.

义(或客体主义)之争? 这是中西教育哲学共同面对的问题。从自然法的视角来看,有效知识获得过程总是显示为心与物(或主体与客体、建构主义与实体主义)的互动与整合。基于互动与整合的知识观可称为自然法或整体主义。自然法或整体主义虽然反对心物二元论,但并不因此而轻视心物二元论。恰恰相反,有意义的整体主义知识观总是以心物二元论作为其理论前提。若无心物二元论作为理论前提,整体主义可能只是一种含糊其辞、似是而非的懒汉哲学。而且,心物二元论往往显示为先验论。先验论者如陆九渊、笛卡尔等人往往坚持心物二元论。也因此,整体主义虽然试图超越先验论与经验论之争,却从先验论那里汲取更多的思想灵感。或者说,整体主义往往同情或偏向先验论。

历来的教学改革主要分化为两种教学方式。一是以学生为中心的教学,与之相应的学习方式一般称为发现学习;二是以教师为中心的教学,与之相应的学习方式一般称为接受学习。学生中心或发现学习大致对应建构主义(或先验论、主体主义)的知识假设。教师中心或接受学习大致对应实体主义(或经验论、客体主义)的知识假设。从自然法或整体主义的视角来看,有效教学的关键在于知情互动(情理交融)、学思结合、知行合一,三者可统称为兴发教学。

一、心物二元论

心物关系在西方教育哲学领域具体呈现为先验论与经验论(也称为理性主义与经验主义)之争。中国教育哲学领域发生的心学与理学之争类似先验论与经验论之争,但比后者的范围更大,更有深意。① 先验论或心学的基本精神是主体主义(也称为建构主义);经验论和理学的基本精神是客体主义(也称为实体主义)。

(一) 心学与理学之争

心学与理学之争主要包含三个关系:一是尊德性与道问学的关系,二是学思关系,三是知行关系。这三个关系一度汇聚为格物致知之争。在心学那里,尊德性优先于道问学、思优先于学(理解优先于记忆)②、知优先于行。理学的主张与心学相反。

大体而言,西方哲学的主流倾向于先验论而中国哲学的主流倾向于经验论。西方哲学的主流是视觉哲学(或光态哲学),而中国哲学的主流是"味觉哲学"或"味道哲学"。虽然中外哲学都承认"心之官则思"(当代说法是"脑"之官则思),但西方哲学强调"眼睛是心灵的窗户",而中国哲学倾向于"舌是心灵的窗户"。心开窍于舌,"舌者,心之官也"。③ 西方的视觉哲学发展出与"观看"相关的"观念论"④,中国的味觉哲学发展出与"味道"、"体味"相关的"味道论"。⑤ 西方视觉哲学强调视觉学习(读图),而中国味觉哲

---

① 广义的心学涵括所有强调人心、主体性、主体主义的哲学流派,广义的理学涵括所有经验主义、物理主义的哲学流派。这里的心学主要指陆王心学,理学主要指程朱理学。

② 比较典型的案例是廖平长于理解却不善于记忆。详见:黄开国.廖平评传[M].南昌:百花文艺出版社,2010:4—6.

③ 《黄帝内经·阴阳应象大论》曰:"心,在窍为舌"。张志聪的解释是:"舌者,心之官也",详见:[清]张志聪.黄帝内经素问集注[M].杭州:浙江古籍出版社,2002:42.

④ Idealism 的本义为"理想论"或"理想主义"、"唯心主义",但翻译为"观念伦"更切近西方哲学的主流精神。

⑤ 有关"味"与中国哲学的关联,详见:贡华南.味与味道[M].上海:上海人民出版社,2008:15—25.如果说西方哲学的判断词语是"be"或者"It means…",那么,中国哲学的判断词语较多采用"意味着"、"谓"。"意味着"之"味"以及"谓"(通"胃"),此中或有深意。

学更重视体悟、直觉与做中学。做中学一直是中国教育哲学的主流,与之相关的说法是"知行合一"、"道在日用伦常中"、"担水砍柴莫非妙道"、"青青翠竹,尽是法身。郁郁黄花,无非般若"①,如此等等。西方教育哲学的主流是视觉学习或读图。美国人杜威提倡的做中学(learn by doing)或法国流行的"上手学"(hands on)可以视为西方教育哲学的暗流对其主流的反叛。中国现代教育中一度流行的"儿童绘本"以及类似的"读图"学习则可以视为中国教育哲学的暗流对其主流的挑战。

先验论在中国哲学史上曾经是一个异类。先验论哲学由孟子开创而由陆九渊、王阳明等人延续。孟子之后,中国教育哲学长期以程颐、朱熹的经验论为主流。荀子、朱熹等经验论传统强调先格物后致知,先读书后思考。孔子曾感叹:"吾尝终日不食,终夜不寝,以思,无益,不如学也。"荀子将孔子的感叹进一步转换成"吾尝终日而思矣,不如须臾之所学也"。于是,在学思之间,"学"的地位优先于并高于"思"。正因为重格物、读书,所以强调主敬、苦学。《论语》尚有"孔颜乐处"和"曾点气象"。而荀子、程颐、朱熹等经验论传统只重视敬畏、庄严、苦学而贬低洒脱、闲适、乐学。朱熹最不喜欢有人在他面前提及"吾与点也"。一旦有弟子问及此事,朱熹则回应"圣门无此法"。②

中国教育哲学领域的主体主义或先验论哲学主要显现为孟子、陆九渊和王阳明等人倡导的心学传统,其核心精神是"万物皆备于我"、"宇宙即吾心"、"吾心即宇宙"。《孟子·尽心上》曰:"万物皆备于我矣,反身而诚,乐莫大焉。"这是一条"由内而外"的知识或求知道路:先致知或诚意,然后再去格物,以致知的眼光来照亮眼前所要"格物"之物。荀子、朱熹所倡导的经验论强调主敬、庄严、苦学。孟子、陆九渊、王阳明等人所倡导的心学式的先验论更重视乐学、洒脱的"曾点气象",鸢飞鱼跃。心学传统不屑于郑玄式的训诂或著述:"真儒不是郑康成"③或曰:"支离羞作郑康成"④。

中国主体主义哲学或先验哲学的标志性事件是王阳明对《大学》中有关"格物致知诚意正心"的解释。最初,王阳明在《大学古本序》中以"诚意"统帅格物,⑤晚年在《大学问》中又以"致良知"统领格物。⑥ 在他看来,朱熹的"即物穷理"说有"支离"之弊,朱熹的"主敬"也纯属多余。王阳明用三个步骤改造朱熹的格物说。第一步,提高"正心"的地位。第二步,提高"诚意"的地位。在王阳明看来,"正心"的关键在于"诚意"。"大学之要,诚意而已矣"(《传习录》上),以诚意统帅正心就可避免"茫茫荡荡都无着落处"(《传习录》上)。问题在于,诚意之意有善意也有恶意。诚意之意就一定指向善意而不因无知而作恶多端? 这是第三步要解决的问题。第三步,提高"致知"的地位,强调"致知者诚意之本也"(《传习录》下),"致知二字是千古圣学之秘,此是孔门正法眼藏"(《致薛尚

---

① 庄子甚至提出道在屎尿中。《庄子·知北游》云:"道无所不在。……在屎溺。"

② 有关敬畏与洒脱的讨论,详见:陈来.有无之境——王阳明哲学的精神[M].北京:北京大学出版社,2006:226—228.

③ 详见:陈献章.陈献章集(下)[M].北京:中华书局,1987:880.

④ [明]王守仁.月夜二首[A].王阳明全集(中)[C].上海:上海古籍出版社,2012:646.

⑤ 王阳明本人对《大学古本序》三易其稿。初稿强调"大学之要,诚意而已矣",几乎不谈"致知",后来的修改稿中频繁出现"致知",强调"致知者诚意之本也"。《大学古本序》的修改稿与王阳明晚年的《大学问》几乎相同。相关讨论,详见:陈来.有无之境:王阳明哲学的精神[M].北京:北京大学出版社,2006:113—115.

⑥ [明]王守仁.大学问[A].王阳明全集(中)[C].上海:上海古籍出版社,2012:798—803.

谦》)。表面上看,致知之"知"也有类似诚意之"意"的两可问题。事实上,"致"已经保证了"知"的方向,这使致知有了"知善知恶"的价值感与方向感。致知已经接近王阳明后来在"四句教"中提出的"知善知恶是良知,为善去恶是格物"。有了"知善知恶"之致知或良知,就可以在格物(做事)的过程中"为善去恶"。也因此,"四句教"中强调"知善知恶是良知"之后,紧接着就提出"为善去恶是格物"。① 也就是说,王阳明最初越过了"致知"而把"诚意正心"作为格物的前提,后来回头发现,与格物紧挨着的那个"致知"其实最重要。于是,王阳明由诚意返回致知,以"致知"统帅诚意正心进而统帅格物。此时,"致知"已经迫近"致良知"。"致良知"呼之欲出。《孟子》讲"良知",《大学》讲"致知"。王阳明将"致知"与"良知"合成为"致良知"。王阳明使"致知"优先于和高于"格物",而此前陆九渊已经使"尊德性"优先于和高于"道问学"。陆王心学,一脉相承。

表面上看,陆王心学主张尊德性而道问学、学思结合、知行合一。实际上,在陆王心学那里,尊德性优先于道问学、思优先于学、知优先于行。心学之知,就是想象力、假设、信念、德性。心学的基本思路是先尊德性后道问学。

(二) 经验论与先验论之争

经验论主张知识来源于感觉经验并能够被经验事实所证实;实践经验是检验真理的唯一标准。先验论主张真正的知识来自头脑中已有的观念、理论或逻辑。若头脑空空,则双目无光,眼前的经验事实就会一片漆黑或一片模糊。康德、黑格尔、胡塞尔等人一直努力超越经验论与先验论之争。尽管他们承认知识始于经验,但总体上显示出强大的先验论哲学倾向。

西方古先验论哲学由柏拉图开创而由笛卡尔、康德等人延续。柏拉图之后,以亚里士多德为代表的经验论一直成为英美西方哲学的主流。西方现代经验论知识哲学由培根开端,并由洛克总结。现代经验论借助科学的发达而自信满满地发展出声势浩大的实证主义哲学。而以笛卡尔、康德为代表的欧洲大陆哲学以反击经验论为主要任务,康德自信他在哲学领域引发了"哥白尼式的革命"。

西方先验论哲学原本已经由柏拉图开发出来,但在亚里士多德被改造为经验论新传统。这个新传统后来一直成为英美哲学的主流。自从培根倡导经验归纳的方法尤其是实验的方法之后,经验论哲学更加"傲视群雄"。直到笛卡尔横空出世,先验论哲学再次引起关注。笛卡尔也因此被视为"近代哲学真正的创始人","他是一个彻底从头做起、带头重建哲学的基础的英雄人物,哲学在奔波了一千年之后,现在才回到这个基础上面。"②

笛卡尔哲学的重要贡献是提出了"我思"的主体主义或建构主义哲学、天赋观念、心物二元论。③ 笛卡尔的"我思故我在"④恢复了柏拉图式的主体哲学,它使哲学思考从

---

① 王阳明四句教曰:"无善无恶心之体,有善有恶意之动。知善知恶是致知,为善去恶是格物。"
② [德]黑格尔.哲学史讲演录(第四卷)[M].贺麟,王太庆,译.北京:商务印书馆,1978:63.
③ 笛卡尔的"心物二元论"后来在海德格尔那里受到批判,后者认为正是心物二元论导致了自私的个人主义和虚无主义。详见:[美]沃林.存在的政治——海德格尔的政治思想[M].周宪,王志宏,译.北京:商务印书馆,2000:203.
④ 详见:[法]笛卡尔.谈谈方法[M].王太庆,译.北京:商务印书馆,2000:27.引用时对译文略有调整,王太庆先生主张翻译为"我想,所以我是"。

"我思"(思维)出发而开发出一种观念论或主体主义。"我思故我在"的主要意义不在于我思考所以我存在,其重要意义在于:心不同于身或物。身或物受因果规律限制,而心乃自由意志,不受任何限制。由此可以引出更重要的意义:凡有所思,皆有所在。后来胡塞尔提出的"任何意识都似乎某物的意识"①几乎是"我思故我在"的扩展。慧能所谓"不是风动,不是幡动,仁者心动"(《坛经·行由》),王阳明所谓"你未看此花时,此花与汝同归于寂;你来看此花时,则此花颜色一时明白起来"(《传习录下》),皆可视为"我思故我在"之预演。

笛卡尔的"我思"及其"天赋观念"直接影响了康德的先验哲学并在康德那里进一步发展成为主体主义或建构主义。康德的总体思路是:"我们的一切知识都从经验开始,这是没有任何怀疑的;……但尽管我们的一切知识都是以经验开始的,它们却并不因此就都是从经验中发源的。"②在康德的"先验综合判断"中,"范畴"起了重要的作用。亚里士多德曾经归纳了十五个范畴,康德借鉴了亚里士多德的范畴框架,但认为亚里士多德的十五个范畴是有缺陷的:仅仅来自随意的归纳,"碰到它们就把它们捡拾起来",属于"漫游"式的、"碰运气"式的"拼凑"。③康德对亚里士多德的范畴做了改进。他设计了四个项目,每个项目共三个范畴,共计 12 个范畴(康德自认为他设计的 12 个范畴避免了亚里士多德的缺憾)。④正是凭借"范畴"理论,康德在知识论领域发起了"哥白尼式的革命"。

借助"范畴",康德发展出建构主义或主体主义新哲学。传统的经验论哲学坚持"符合论":人为了使自己的观点(意见)符合客观的对象,于是人不得不惴惴不安地谦卑而勤劳地围绕着客观对象转,努力使自己的意识符合对象。但是,在康德看来,无论人怎么谦卑而勤劳地围着客体转动,人终究还是无法保证自己的意见一定"符合"客观对象。人原本就不必围着客体转,相反,应该让客体围着人转。

康德提供的"哥白尼式的革命"的新思路是:如果我的意识里有一个观念:三角形的内角和是两直角之和,那么,无论人们在实际的生活中测量的三角形的内角和是多少,都不能动摇我的意识里的"三角形的内角和是两直角之和"这个观念。⑤在康德看来,以往的哲学都强调知识必须符合对象,这是一个错误。我们可以尝试"在对象被给予我们之前就对对象有所断定",这样倒有可能取得更好的成绩。⑥康德有时也将这个新思路比喻为"小学生"与"大法官"的关系:"必须带着自己按照不变的法则进行判断的原理走在前面,强迫自然回答它的问题,却决不只是仿佛让自然用襁带牵引而行;……

① 详见:[德]胡塞尔.文章与讲演(1911~1921 年)[M].倪梁康,译.北京:人民出版社,2009:105.倪梁康.意识的向度[M].北京:北京大学出版社,2007:166.引用时对引文略有调整。
② [德]康德.纯粹理性批判[M].邓晓芒,译.北京:人民出版社,2004:1.
③ 详见:[德]康德.纯粹理性批判[M].邓晓芒,译.北京:人民出版社,2004:72—73.另可参见:[德]康德.未来形而上学导论[M].庞景仁,译.北京:商务印书馆,1978:97—98.
④ 详见:[德]康德.纯粹理性批判[M].邓晓芒,译.北京:人民出版社,2004:71—72.也有人认为康德的十二个范畴是一个矫揉造作的体系,"不幸的是康德竟如此坚信这个体系"。[德]文德尔班.哲学史教程(下卷)[M].罗达仁,译.北京:商务印书馆,1993:746.
⑤ 康德关于三角形的解释,详见:[德]康德.纯粹理性批判[M].邓晓芒,译.北京:人民出版社,2004:第二版序:12.
⑥ [德]康德.纯粹理性批判[M].邓晓芒,译.北京:人民出版社,2004:第二版序:15.

理性必须一手执着自己的原则,另一手执着它按照这些原则设想出来的实验,而走向自然,虽然是为了受教于她,但不是以小学生的身份复述老师想要提供的一切教诲,而是以一个受任命的法官的身份迫使证人们回答他向他们提出的问题。"①顺着康德的思路,尼采明确发展出"视角主义"的知识观。"这里并不是某个或许在此存在、可以找到和发现的东西——而是某个必须创造出来的东西,是一个过程,尤其是为一个本身没有尽头的征服意志给出名称的东西:把真理放进去,这是一个通向无限的过程,一种积极的规定,而不是一种对某个或许'自在地'固定的和确定的东西的意识。这是一个表示权力意志的词语。"②

(三)现象学对经验论与先验论的超越

康德发出一条建构主义或主体主义的"新先验哲学"。胡塞尔(E. Husserl,1859~1938)延续了欧洲观念论和先验哲学的传统,并进一步提出超越论现象学的方案。

现象学以三种方式超越传统意义上的经验论与先验论之争:一是主体主义现象学;二是非主体主义现象学;三是由前两者派生出来的作为解释学现象学或描述现象学。

主体主义现象学原本是一种认识论哲学,但这种新的认识论哲学及其主体主义精神在生活交往或伦理学领域则显示为内心强大的自由意志或唯意志主义。这正是康德的"纯粹理性"及其崇尚自由意志的实践哲学的可爱与可敬之处,也是胡塞尔现象学能够成为类似"布拉格之春"的事件所激发出来的抵抗哲学的原因。③

非主体主义现象学中调考虑自我与他人、自我与世界的关系。这种非主体主义也称为"主体间性"或"共主体性"。胡塞尔早期倾向于主体主义现象学,胡塞尔晚期倾向于非主体主义现象学。如果说主体主义现象学显示为意志哲学或抵抗哲学甚至"仇恨"哲学,那么,非主体主义现象学更强调"生活世界现象学"或"同情现象学"。

在主体主义现象学与非主体主义现象学之间,教育现象学或"现象学教育学"普遍接受非主体主义现象学。此类教育现象学更重视人与人之间、人与世界之间的温情与亲密的整体关系。这种整体主义的思路也许更适合作为教育改革或教育学之思的基本方向。真正有效的求知或交往可能既非理学或经验论的思路,也非心学或先验论的思路。真正有效的求知或交往路径在于道法自然以及自然法所蕴含的整体主义。

二、整体主义知识观对心物二元论的超越

自然法或整体主义的知识观主要包含三层含义:(1)人有先天的学习潜能,教育就是维护和唤醒人的天纵之才;(2)人的知识学习类似或接近一切植物或动物等生物的生长法则;(3)唯有返璞,才能归真,现代人需要汲取自然人或原始人的智慧。

(一)人有先天的学习潜能,教育就是维护和唤醒人的天纵之才

从自然法的视角来看,所有生物或生命体都有其共同的生长法则。人的生长与一

---

① [德]康德.纯粹理性批判[M].邓晓芒,译.北京:人民出版社,2004:第二版序:13—14.
② [德]尼采.权力意志[M].孙周兴,译.北京:商务印书馆,2007:442.
③ 详见:徐贲.人以什么理由来记忆[M].长春:吉林出版集团有限责任公司,2008:203.

般生物的生长当然有所不同,比如,人凭借语言文字而拥有书本知识,而一般动物没有这样的工具。即便如此,人在利用语言文字而享受正规教育或学校教育时,也应该对语言文字保持必要的警惕。这是杜威的《民主主义与教育》的基本思路,也是所有自然教育学或生命教育学的思路。

立足于自然法的教育意味着将人还原为生物,从生物尤其是动物的生长状态寻找教育的秘密。人与动物显然是有区别的。但是,过度强调人与动物的差别必导致人类自然本能的退化。人的生命本于自然。人以自然为家,人归属于自然。自然是人类永远的故乡。最初,人安居于自然之中,诗意地居于大地。后来,人凭借文字、科学等工具使自己从自然中出走。人从自然出走之后,人并没有彻底超越自然,正如婴儿从母体出生之后、人被上帝创造之后,婴儿与母亲、人类与上帝保持彼此呼应的亲缘关系。

在自然法的问题上,东方文化与西方文化稍有差异。按照泰戈尔的说法,西方文化的源头是古希腊,而古希腊的文明诞生于城墙之内,砖块和水泥构成了西方文明的摇篮,因而西方文明的基本特征是"分而治之",人与人、人与自然彼此隔离。西方人以征服自然为荣,住在一个彼此敌视的世界里。而东方文明诞生于森林之间,东方人与自然保持了亲密的交流,强调个人与宇宙之间的和谐。①

(二) 返璞归真:现代人需要汲取自然人或原始人的智慧

自然界并不见得处处有教育,但自然界处处有学习。学习高于教育的原因就在于:大量的知识可学而不可教。即便部分知识是可教的,也只可身教而不可言传。《论语·阳货》曰:"天何言哉? 四时行焉,百物生焉。天何言哉?"《老子》则开篇就以"道可道,非常道。名可名,非常名"宣布沉默不语的教育价值。《老子》多次强调"多言数穷"、"希言自然"、"知者不言,言者不知"。也正因为如此,《淮南子·本经训》云:"昔者仓颉作书,而天雨粟,鬼夜哭。"

语言文字虽然给人类带来了强大的"教育技术",但也导致人类因为对语言的盲目依附而造成对语言的滥用以及对"不可教"这条教育学古训的遗忘。

有关知识或美德的不可教性,属于教育学的古典问题。柏拉图的《普罗塔戈拉》已经将"美德是否可教"这个问题明确提出来。② "美德不可思议地可学,却并非必然明显地可教。我们能够获取美德,甚至似乎能够学习美德,然而却很难证明,我们彼此能够传授美德或教授美德。"③而在庄子看来,不仅美德不可教,所有知识或技能皆不可教。《庄子·天道》曰:桓公读书于堂上。轮扁斫轮于堂下。轮扁问:公之所读者何言? 公曰:圣人之言。问:圣人在乎? 公曰:已死。轮扁曰:然则君之所读者,古人之糟粕已夫! 桓公怒曰:寡人读书,安得议乎! 有说则可,无说则死。轮扁曰:臣也以臣之事观之。斫轮,徐则甘而不可,疾则苦而不入。不徐不疾,得之于手而应于心,口不能言,有数存焉于其间。臣不能以喻臣之子,臣之子亦不能受之于臣,是以行年七十而老斫轮。古之人与其不可传也死矣,然则君之所读者,古人之糟粕已夫。

---

① [印]泰戈尔.人生的亲证[M].宫静,译.北京:商务印书馆,1992:3—5.
② [古希腊]柏拉图.普罗泰戈拉[A].柏拉图全集(第一卷)[C].王晓朝,译.北京:人民出版社.2003:441.
③ [美]特雷安塔费勒斯.美德可教吗:政治哲学的悖论[A].尚新建,译.刘小枫,陈少明.美德可教吗[C].北京:华夏出版社,2005:2—24.

现代教育哲学所讨论的重大问题,依然是对古典教育学难题的延续。杜威教育哲学的原点是生物本能与人工语言的冲突。在杜威看来,语言尤其是书面语导致了正规学校的诞生,这是一个教育技术的进步。但是,教育技术的进步同时也导致现代教育对自然状态"不言之教"以及"主动学习"的遗忘。对语言的滥用导致"听中学"及其"旁观者知识观"的流行。于是,杜威主张以"做中学"以及"参与者知识观"取而代之。与杜威的思路类似,波兰尼认为传统的知识学习过于强调公共知识、显性知识而忘记了个人体验和整体默会(心领神会)。显性知识(explicit knowledge)是可教的,但默会知识(tacit knowledge)①只可意会,不可言传。显性的、可言传的知识不过是冰山一角。显性知识只是知识的细节,隐性知识才是知识的整体。这样看来,学习就不是对细节知识的识记或机械背诵的过程。杜威强调经验是一个连续的整体,因此他反对教师把教材分为独立的片段进行教学。而波兰尼则从具体的学习方式的角度阐述学习应该是超越细节的过程,他比杜威更具体地论述了超越细节学习的表现和方式。为了有效地完成整个活动,各种"细节"知识和技能是"不能"、"不允许"言传的。遗憾的是,教师总是强迫学生说出来和写出来。关注细节的结果必导致额外的学习焦虑。"我们可以相当清楚地确定我们的行为的细节,而它的不可言传性则在于这样一个事实:如果我们把注意力聚集在这些细节上,我们的行为就会崩溃。"②

在学校教育中,教师把原本不可言传的作为线索或工具的细节引入烦琐的讲解中,却忽视了学习者对整体的把握。在学习文学、历史等科目时,如果教学者对一段文章进行逐段逐句的分解,就会破坏学习者对它的欣赏。传统的语文教学的问题在于对字、词的意义的过度分析,占去了课堂的大部分时间;历史教学的问题同样显示为对年代、人物等细节知识过度关注。③ 也正因为看到了细节学习的危害,杜威和波兰尼一致强调"学徒制"或"做中学"的学习。做中学或师徒制中的发生的大量知识是不可言传的,只能在做的过程中心领神会。至于做中学或师徒制是否能够实现心领神会,取决于学习者是否有强大的意向性(情感意志)。杜威称之为"学习兴趣",波兰尼则称之为"求知热情"。

自然的体验论或整体论貌似经验论,其实是经验与先验的互动。从体验论或整体论的视角来看,任何知识的学习都始于经验,但高级的知识始于经验而终于先验。

第一,知识及其学习始于经验。比较低级的学习比如大众数学、大众文学、大众体育、大众哲学,等等,主要呈现为经验状态。低级的学习适合采用经验学习或做中学的教学方法。即便像数学这样离生活较远的学科,数学中比较低级的知识仍然偏向于生活经验或大众经验。大众数学或生活数学主要显示为经验数学。当数学教学过于强调逻辑性和科学性,迟早会有人站在大众数学的立场提倡经验数学。从大众数学的视角来看,数学教学应该从过分强调概念的逻辑性和严密性转向"淡化形式,注重实质",以

---

① Polanyi. The Study of Man [M]. Chicago:The University of Chicago Press,1959:12. 另参见[英]波兰尼. 科学、信仰与社会[M]. 王靖华,译. 南京:南京大学出版社,2004:111.

② [英]波兰尼. 个人知识[M]. 许泽民,译. 贵阳:贵州人民出版社,2000:84.

③ [英]波兰尼. 社会、经济和哲学[M]. 彭锋,等,译. 北京:商务印书馆,2006:175.

经验代替概念。以归纳的方法代替演绎的方法。① 一旦站在大众或经验的立场,课程改革就会针对"过于注重书本知识"的传统,提出类似"加强课程内容与学生生活的联系,注重学生的学习兴趣和经验"的新方向。②

第二,虽然知识始于经验,但部分经验随时被纳入先验体系或被转化为先验观念。这种先验观念反过来又会成为后续实践经验或知识学习的"眼光"或研究视角。低级的知识判断只需要感觉经验,而高级的知识判断总是来自先验观念(先验假设)与经验事实的互动,康德称之为"先验综合判断"。自然科学的知识学习需要经验与先验的互动,道德领域的知识学习更需要经验与先验的互动。类似"摩西十诫"的观念貌似先验道德或先验神法,其实不过是人类的历史经验的积累与沉淀,有人称之为"经验变先验"。③

就此而言,有效学习就是经验与先验的互动。经验与先验的互动不仅意味着先验观念由经验转化而来,而且意味着高级知识的学习必须接受先验观念的照射。低级的知识学习属于经验归纳或经验总结。但是,就高级经验而言,经验不是总结出来的,经验是先验理论照射出来的。若无先验观念或先验理论,经验将一团漆黑。"夜间观牛,其色皆黑"。低级的知识学习始于经验而终于经验,而比较高级的知识总是始于经验而终于先验。比较高级的学习比如高级数学、高级文学、高级艺术、高级哲学,总是超越经验而被整合为先验观念。④

第三,真正高级的有效的学习总是先验演绎和整体静观(或整体直观)。先验演绎或先验学习的主要形式是概念、判断与逻辑推理。尽管教育改革总是在倾向于经验知识的大众教育(或生活教育)与倾向于系统知识的精英教育之间钟摆,但是,教育的总体趋向是强调知识的系统性与完整性。部分学者可能倾向于知识的经验性(可称之为左派),但更多学者会站在知识的客观性、先验性这边(可称之为知识的右派)。有人认为,用生活经验代替逻辑推理将使高级知识的学习失去灵魂,切断知识体系的整体性,对学生形成整体思维将构成阻碍。⑤ 个别学者早期可能宣扬社会建构主义,重视知识的经验性;而晚期可能倾向知识的客观性,强调"把知识带回来"⑥,"从强权的知识走向强力的知识"⑦,重视知识的概念化和系统化。

并非所有学科的知识都与具体事物相关,高级的知识总是显示为抽象性和形式化并因此而与生活保持一定的距离。先验知识正因其与生活经验保持了距离,它才能够超越生活中的细节而拥有"超脱"的整体智慧并最终与生活发生关联。比如,貌似无用的纯粹数学恰恰能够解决生活中的大问题或复杂问题。"好的纯粹数学往往有意想不到的应用"。⑧ 数学与物理学貌似两个领域。数学偏重先验而物理学偏重经验。奇妙

① 陈重穆,宋乃庆.淡化形式,注重实质——兼论《九年义务教育全日制初级中学数学教学大纲》[J].数学教育学报,1993,2(2):4—9.陈重穆,宋乃庆.浅谈提高课堂效益(GX)[J].数学教育通讯,1994(1):1—2.
② 详见:教育部.基础教育课程改革纲要(试行)[N].中国教育报.2001-7-2.
③ 详见:李泽厚.历史本体论·乙卯五说[M].北京:生活·读书·新知三联书店,2008:48—56.
④ 有关数学教学中的先验论与经验论之争,详见:张奠宙.中国数学教育拒绝实用主义——从徐光启、傅种孙到姜伯驹[J].教育科学研究,2014(12):5—9.
⑤ 蔡闯,周迅.姜伯驹:新课标让数学课失去了什么[N].光明日报(教育周刊),2005-03-16.
⑥ M. Young, D. Bring the Knowledge Back in [M]. London:Routledge Press, 2008:411.
⑦ M. Young, D. Lambert. Knowledge and the Future School [M]. Bloomsbury, 2014:68.
⑧ 陈省身.对中国数学的展望[J].自然杂志,1981(1):10.

的是:"数学的某些概念原来竟规定了统治物理世界的那些基本结构。"[①]即便先验数学或纯粹数学,也并非一定是"不可应用"的。[②]

先验演绎是先验学习的一个途径,但并非全部。除了先验演绎,大量的高级知识或高级技能的学习来自不可言传的整体静观。唯有整体静观,才有可能形成整体观念。在经验归纳与先验演绎之间,经验归纳偏重"动的方法","动手动脚找材料",而先验演绎偏重"静的方法",静观其变,以不变应万变。整体静观虽然呈现为"先验综合判断"或"经验与先验的互动",但更偏重先验演绎的整体直觉和整体直观。真正的先验演绎既是逻辑推理,更是整体直觉、整体直观、整体体验。

先验学习是一种整体静观的理性思维活动。先验知识的教学无需处处关联生活经验,先验知识能够被经验证明,但不需要总是寻求经验事实的证明。[③] 教师只需利用先验前提展开论证,并由此引导学生在整体模仿、整体练习的过程中实现整体体验,让学生"静观"或"默会"知识之间的彼此关联。

学习者是否具有整体静观或整体直观的能力,直接影响其最终的学习质量或学习效果。低级知识的学习只需要条件反射式的行为训练。熟能生巧,勤能补拙。书山有路勤为径,学海无涯苦作舟。但是,高级知识或高级技艺的学习几乎与勤奋无关。对于高级知识学习而言,如果很笨,而且很勤奋,则不仅无益,反而有害。高级知识的学习需要两个条件:一是必要的天资或天赋,二是整体静观或整体领悟。也正因为如此,《大学》强调"知止"的智慧:"知止而后有定,定而后能静,静而后能安,安而后能虑,虑而后能得。"《诫子书》亦云:"夫君子之行,静以修身,俭以养德。非澹泊无以明志,非宁静无以致远。夫学须静也,才须学也,非学无以广才,非志无以成学。淫慢则不能励精,险躁则不能治性。年与时驰,意与日去,遂成枯落,多不接世,悲守穷庐,将复何及。"

(三)自然法:人的知识学习接近一切植物或动物等生物的生长法则

从自然法的视角来看,所有生物的生长都遵循三个基本法则:一是有条件地生长,需要有基本的养分和阳光雨露;二是安静而整体地生长;三是主动地生长或自食其力。

第一,有条件地生长。动植物皆有基本的生长条件,如果环境不能满足其基本的需求,动植物就会死亡。如果改变了生长条件,动植物就会出现生长的异样。橘生淮南则为橘;橘生淮北则为枳。植物生长的基本条件就是足够的阳光、空气、水分和养料等生命资源。动物与植物的生长需求大体相同,但动物增加了新的生长需求。除了求生欲、食欲、性欲等生理欲望,动物还有荣誉(虚荣心)和爱欲等情感欲望。有效教学的基本前提是理解并满足学生的基本需求以便推动学生身心灵健康发展。

第二,安静而整体地生长。尽管生长的顺序有先后,但所有动植物总是整体地生长而不是碎片化地生长。园子里的花或迟或早地开放,但每一朵花的花瓣总是整体地向

---

① 杨振宁.杨振宁文集[C].上海:华东师范大学出版社,1998:214.

② 陈省身.中国的数学——几件数学新闻和对中国数学的一些看法[J].自然科学进展,1997(2):129—135. 陈省身.最近数学的若干发展和中国的数学[J].科学,1997(1):11—13.

③ 详见:张奠宙,王华,司擎天.无理数教学三人谈——超经验数学研究之一[J].数学教学,2015(8):1—3. 司擎天,邢成云,张奠宙.从经验感知到超经验的感悟——超经验数学教学研究之二[J].数学教学,2015 (9):53,1—2,36.这里的"超经验的数学"其实是"先验数学"而非"超验数学"。

世界呈报它们的颜色和形状。从来没有哪一朵花的花瓣会一瓣一瓣地绽开,也从来没有哪一棵树的树叶会按时间先后顺序一片一片地伸展。动植物不仅整体生长,而且安静地生长。尽管植物会迎风摇动,动物会奔跑跳跃,但动植物总体上倾向于安静地生长。树总是安静地扎根,花总是静静地绽放,竹子总是悄无声息地拔节。牛会安静地反刍,老虎会趴在地上打盹,蜜蜂也并不总是忙忙碌碌。对于动物或植物而言,淡薄与宁静乃是常态。所谓"非澹泊无以明志,非宁静无以致远",实属教育学的仿生学智慧。

第三,主动生长或自食其力。所有动植物都会自己生长,不需要人工喂养。人工虽然能够使野畜变成家畜,使野生植物变成农作物,但是,野生的动植物总是比人工培育的动植物拥有更强大的生命力。杂交水稻虽然可能会提高产量,但杂交水稻所生长出来的稻谷很难作为来年春天播种的种子。杂交水稻几乎不具有繁殖性能。若将杂交水稻所生产的稻谷作为种子播种,其产量反而不如自然种子。与之类似,驴与马的杂交将产生骡子,骡子虽然孔武有力,但骡子不具有繁殖性能。而且,杂交水稻依然需要以自然水稻的基因为前提。若所有自然水稻灭绝而只剩下杂交水稻,则会出现绝种的后果。人工培植并非完全不可,但须尊重其自然天性,"顺木之天,以致其性"。过度干预则适得其反。"爱之太殷,忧之太勤。且视而暮抚,已去而复顾;甚者爪其肤以验其生枯,摇其本以观其疏密,而木之性日以离矣。虽曰爱之,其实害之;虽曰忧之,其实仇之。"[1]

也就是说,从自然法的视角来看,有效教学呈现为三个基本法则。一是情理交融,以情促知,主动学习以情感需要的满足为前提。教师的责任在于为儿童提供赏识和承认的精神资源。儿童生长的最重要的条件是渴望获得他人的承认。换句话说,教师的责任在于以情感的方式兴起和引发儿童自主生长的激情。一旦情感得到承认或满足,学生将发挥其自学或主体建构的潜能。二是学思结合,以整体思考促进学生的知识学习。教师的责任在于引导学生整体体验、整体思考(批判性思维或问题解决)和主题学习而不是用细节的知识或碎片化的记忆来破坏儿童的整体学习或主题学习。三是知行合一,以自食其力的行动促进学生的知识学习。从"兴于诗、立于礼、成于乐"的中国古典哲学视角来看,教师对学生的激励、唤醒和鼓舞可称为兴发教学。情理交融的重点是情感教学,以赏识教育、信心教育或德性教育等方式促进学生的知识学习。学思结合的重点是思维教学(整体学习),以整体体验、整体思考(或批判性思维)和主题学习等方式促进学生的知识学习。知行合一的重点是行动教学,以做中学、综合实践活动或职业生涯规划的方式促进学生的知识学习。

三、兴发教学:智育改革的途径

从整体主义或自然法的视角来看,课堂教学改革大致呈现出三个基本方向:一是知情互动,以尊德性促进道问学,以情感教学的方式促进学生建立自信心和意志力,具体包括赏识教育、特长教育和信托教育。二是学思结合,以整体讲授、整体操作和整体自学的方式促进有效地学习知识,与之相应的学习方式包括记中学、做中学和悟中学。三是知行合一,以知识的验证行动、生活行动、自食其力的职业行动以及相关的生涯教

---

[1] 详见:唐代柳宗元的《种树郭橐驼传》。

育促进学生的知识学习。情感教学、整体学习和生涯教育三者一起构成"兴发教学"的主要途径。

兴发教学隐含在《论语》的"兴发"理论之中。《论语·阳货》曰:"《诗》可以兴,可以观,可以群,可以怨;迩之事父,远之事君;多识于鸟兽草木之名。"《论语·泰伯》曰:"兴于诗,立于礼,成于乐"。"诗"既指《诗经》之"诗",也指与诗相关的情感。"礼"既指《礼经》之"礼",也指包含知识与规范的理性。礼者,理也。"乐"既指《乐经》之"乐",也指情理交融、以礼改情的仪式与节奏。①

(一)情感教学:尊德性对道问学的兴发效应

人既有理性亦有情感(或感性)。人的行动决策貌似源于理性,实际上却源于人的情感。在情感和理性之间,情感高于和优先于理性。而在人的所有情感欲望之中,人性深处最严重的渴望是满足自己的虚荣心。每个人都为荣誉而战,每个人都为情所困。

也因此,兴发教学将情感教学视为首要原则。情感教学的基本主张是尊德性高于和优先于道问学。尊德性之所以高于和优先于道问学,至少有如下几个理由:首先,尊德性原本就是重要的教育目标。教育的首要任务就是让学生成为有情有义有教养的人。其次,尊德性是知识学习(道问学)的重要途径。学生一旦成为有情有义有教养的人,这种德性就会成为学生持久地投入知识学习的源源不断的动力。

表面平静的课堂教学依然处处显示出"为承认而斗争"。学生之所以愿意主动进入学校,学生之所以愿意主动学习,是因为这个地方乃是他的"为承认而斗争"的舞台。教师之所以成为教师,首先并不因为他比学生掌握了更多的知识,而是因为他能够给学生带来更多的情感激励。"最强的统帅不是那些在身体上比士兵强健的人,不是掷标枪、射箭方面远胜士兵的人,也不是骑着最好的马、率先带领骑兵或持盾兵冲锋陷阵的人,而是那些有能力激励士兵跟着他们去赴汤蹈火的人。"②

情感教学也可称为承认教学。兴发教学的核心精神是"为承认而教"。学生是否愿意主动学习,可能有多种原因,其中有一个重要的原因是为了在学习过程中获得他人的承认。并非只有学生才有承认的需要,承认乃是所有人类甚至所有动物的需要。在整个自然界,几乎所有动物都是为了被承认而斗争。相比之下,人比一般的动物有更多更强烈的"被承认"的渴望。按照黑格尔的说法,承认的需要推动着历史向前发展。因此,教师的第一责任不是传授知识而是为学生提供情感兴发,以便培养学生的自信心和意志力。情感兴发主要包括三种积极的承认:一是赏识教学;二是发展特长;三是信任与责任委托。

1. 赏识教学

赏识教学的基本策略是:(1)关注和尊重。比如教师正眼看学生,友好地望着学生;教师准确喊出学生的姓名;准确地说出学生的亲属姓名以及职业;准确地回忆学生某个行为或话语;准确地复述或概括学生的发言;让每一个站起来发言的学生体面地坐下;让教室里每一个学生过有尊严的生活,意识到教室里每一个不起眼的学生,他是很

---

① 相关讨论详见:张祥龙.孔子的现象学阐释九讲[M].上海:华东师范大学出版社,2009:71—133.
② 施特劳斯.色诺芬的苏格拉底言辞——《齐家》义疏[M].杜佳,译.上海:华东师范大学出版社,2010:92.

多人心中的全部,等等。(2)表扬或赞赏。教师对学生的言行表达积极的肯定;教师将学生的言行视之为可学习、可模仿的范例。(3)奖励。不仅肯定学生的言行,而且给予精神上或物质上的感谢和感激。

2. 特长教学

发展特长是让学生有自己独特的兴趣和爱好,以此赢得他人的关注和赏识。与他人的赏识相比,学生自己的特长和兴趣爱好更能有效地促进学生自我认可、自我肯定和自我评价,并由此建立持久的自信心和意志力。发展特长主要包括三种形式:(1)学业成就的提纲。即便不能全面提高所有学科的学业成就,至少可以适度偏科。与其追求全面发展或各个学科平均用力,不如鼓励学生适度偏科,通过适度偏科的方式来拥有自己的兴趣和个性。(2)发展自己的业余爱好。根据学生自身的特点和潜力,有意识地引导学生发展自己的兴趣和爱好。(3)竞争或竞赛。鼓励学生参与相关领域的竞争或竞赛,以此显示自己的实力和魅力。

3. 信托教学

信任与责任委托是承认的高级形式。与之相关的教学行为包括:(1)不疑。在学生遭遇怀疑时,教师给予无条件的信任;(2)责任委托。教师让学生承担某个职责或工作。为了让更多学生参与班级或学校管理,可以适当增设岗位,让人人有事做,事事有人做。(3)重用。当学生显示出足够的管理潜能时,教师可以让学生承担更大责任,甚至让学生在某些领域全权代理。

总之,情感教学的重点是激发学生的自信心与意志力。一旦学生建立了强大的自信心与意志力,学生就会兴致勃勃地往前冲而不需要教师过多的督促与辅导。培养学生自信心与意志力的关键在于赏识学生、发展学生的特长和对学生委以重任。

(二) 整体学习: 思对学的兴发效应

知识兴发指知识的整体结构和整体意义本身具有兴发的功能。部分学生之所以对知识学习不感兴趣,既可能因为情感需要未被满足,心灰意冷,也可能因为所学的知识仅仅只是一些细节或碎片,找不到知识的整体意义。相反,一旦学生找到知识的整体结构及其整体意义,知识就会产生类似审美游戏的效果。知识的整体意义所具有的知识游戏(或智力游戏)效果将推动学生投身于知识探究之中而"发愤忘食,乐以忘忧"。[①]

知识的整体结构及其整体意义源自整体学习。知识兴发主要包括三类整体学习:一是整体叙事或整体讲授(记中学);二是整体体验或整体操作(做中学);三是整体自学或整体探究(悟中学)。

1. 整体讲授与"记中学"

与整体讲授相应的学习方式是"记中学"。尽管整体讲授仍然呈现为"教师讲,学生听",但它对传统的讲授教学已经有所改造。整体讲授的有效形式是叙事教学。教师讲授有两种形式:一是讲道理,二是讲故事。在讲道理与讲故事之间,兴发教学更重视讲故事的兴发效应。若教师掌握了必要的叙事技艺,教师的讲授教学就可能显示出独特

---

① 详见:《论语·述而》。

的兴发魅力。好的讲授总是深入浅出，①而所谓深入浅出，不仅意味着"从一团乱麻中理出头绪"，而且意味着能够将道理还原为整体的故事。直接讲道理有时可能是有效的，但在日常教学中，讲道理的灌输效果往往有限。学生拒绝听课可能并非因为教师所讲的道理不正确而是因为学生对教师所讲的道理过于单调乏味，既不能兴起学生的欢乐也不能引发学生的同情。知识（或道理）的教育意义主要取决于这个知识是否能够唤起学生的共鸣而并不取决于知识（或道理）本身是否正确。与之类似，某个人的可爱主要因其整体的美感而并非因为某个部分或细节是美的。无论人体多么美，一旦掐头去尾，人将失去活力与灵气。没有活力与灵性的躯体只是一具死肉或干尸。遗憾的是，教师在教学时总是给学生提供知识的死肉或干尸。遗憾的是，很少有教师意识到问题的严重性：如果教师没有基本的叙事技巧，教师所提供的知识就会成为掐头去尾的知识。掐头去尾的知识不仅导致学生理解上的困难，而且迟早会导致学生厌学甚至逃学。每个学生都有求知的好奇心。但是，每个学生都会因为知识缺乏基本的叙事与整体脉络而丧失求知的好奇心。

叙事教学的日常形式与小说叙事、电影叙事类似。震撼人心的小说和电影总是直接指向人的本性以及相关的生活情感问题（甚至包括恋爱或性爱）。好的叙事教学同样需要直接指向人的本性以及相关的生活情感问题。不过，叙事教学也可以呈现为有情节的纯粹知识故事。出色的叙事教学总是能够引导学生从碎片化的知识材料中找出内在的一以贯之的线索和整体脉络。善于叙事教学的教师无一例外都是连接主义者。如何寻找知识碎片之间的内在线索，用内在线索将知识碎片连接起来，这就是有效讲授的关键技艺与核心素养。

教师之所以重视讲授教学而不重视学生自学，主要的原因在于教师相信"教育技术"可以加快生长的节奏，教育技术可以引发教育的革命或学习的革命。在所有的教育技术中，最常见的教育技术就是"讲授教学"。讲授教学的假设是：知识过于复杂，学生在短时间内无法获得人类浩瀚的知识。教师相信：凭借其"过来人"的经验加上讲授的技术技巧，可以让学生获得"多快好省"的学习效果。

庄子的"抱瓮灌园"和孟子的"揠苗助长"，可以视为对各种花样翻新的"教育技术"的反讽。《庄子·天地》中记有：子贡见一老丈抱着水瓮灌地，吃力地来往用力而功效甚少。他好奇为何不用当时已经出现的机械方法，于是问：凿木为机，其名为槔。用力寡而见功多，为何不用？老丈笑答：吾闻之吾师，有机械者必有机事，有机事者必有机心。有机心则纯白不备。纯白不备，则神生不定；神生不定者，道之所不载也。吾非不知，羞而不为。《孟子·公孙丑上》则云：宋人有闵其苗之不长而揠者之者，芒芒然归，谓其人曰："今日病矣！予助苗长矣！"其子趋而往视之，苗则槁矣。天下之不助苗长者寡矣。以为无益而舍之者，不耘苗者；助之长者，揠苗者也，非徒无益，而又害之。

讲授教学并不坏，教育技术也并非完全无益（抱瓮灌园之瓮亦为技术）。问题在于：任何技术都不能代替学生的自学或主动学习。好的讲授教学是引导和帮助学生自学而不是代替学生自学。任何企图代替学生自学的讲授教学都无益于学生的成长。非徒无

---

① 比较坏的讲授是浅入浅出。最坏的讲授是浅入而深出。

益,反而有害。以讲授教学代替学生的自学将导致两种后果:比较严重的后果是,因教师提供压缩饼干、营养药片式的食物而让学生貌似营养充足实则消化不良。更严重的后果,教师的"提速"导致学生因无法跟上进度而厌学、逃学,导致学生的好学之心枯槁。

2. 整体操作或"做中学"

与整体操作相应的学习方式是"做中学"。如果说知识具有不可教性,如果说有效学习的基本途径是从听中学(或读中学)到做中学,那么,接下来的问题是:为何有人通过做中学而成为能工巧匠,而大量的人不停地"做"却只能成为简单的体力劳动者?《庄子·天道》的"轮扁斫轮"仅负责指出听中学或读中学只能学到糟粕而不能学到精华,至于为何有人通过"做中学"成为能工巧匠而另外大量的人却只能止于"做中学"而沦为简单的体力劳动者,这是"庖丁解牛"所要公布的答案。庖丁解牛既宣示了养生的秘密,同时也解释了"工匠精神"的独特魅力。并非所有做中学都能够带来有效的学习或高级的学习,在做中学的芸芸众生之中,只有那些有心学之"致知"精神的人,才能成为大师。庖丁解牛的关键就在于"以神遇而不以目视"。最初之所以"所见无非牛者",乃因为庖丁尚未从经验之技进入先验之道。后来"未尝见全牛"、"以神遇而不以目视",乃因为"所好者道也,进乎技矣",眼前的经验之牛转化为先验观念之牛,类似画师将庭前之竹转化为"胸中之竹"。画师画竹只根据"胸有成竹"之整体观念而并不根据眼前的经验之竹。同样,庖丁一旦得解牛之道,便不再观看眼前之牛,"以神遇而不以目视"并由此"批郤导窾","游刃有余"。

问题是,庖丁如何实现"以神遇而不以目视"? 或者,画师如何实现"胸有成竹"? 此事无关身体的力量,逻辑思维亦派不上用场。唯一的办法是以"整体静观"(meditation)或灵修的方式实现"本质直观"。

为了保卫和促发人的精气神,需要从清醒的逻辑思维转换为某种模糊暧昧的整体体验的灵修状态。进入模糊暧昧的整体体验的灵修状态的主要途径是睡眠、静坐(或催眠)或建立信仰(信仰有催眠效果)。人在遇到长时间无法解决的难题时,往往会在上床之后入睡之前或者睡醒之后继续懒床的半梦半醒状态中产生灵感,甚至在睡梦之中突然冒出某些解决问题的灵感。而且,灵感冒出之后,若不及时记录下来,灵感会稍纵即逝。人之所以在模糊暧昧、半梦半醒的状态下容易闪现出解决难题的灵感而在头脑清醒的状态中反而不能产生灵感,主要原因就在于:人在清醒状态中往往拘泥于某些细节的条分缕析(分析思维),很难跳出细节去把握事物的整全。相反,人在半梦半醒、模糊暧昧的状态之中却可能超越细节而直达整全并由此而突然获得解决问题的新思路。

模糊暧昧的整体体验在《庄子》的另外一个寓言"混沌凿窍"中得到进一步发挥。《庄子·应帝王》曰:"南海之帝为倏,北海之帝为忽,中央之帝为浑沌。倏与忽时相与遇于浑沌之地,浑沌待之甚善。倏与忽谋报浑沌之德,曰:'人皆有七窍以视听食息,此独无有,尝试凿之。'日凿一窍,七日而浑沌死。"

混沌凿窍不仅为《应帝王》之小结,亦为"内七篇"之终结。混沌即非对象性、非主体性的言与思之模糊与整体状态。世界是整体的,对世界的有效认识也是整体的。学习某知识或技能时,教师总是好心地帮助学生将完整的知识分解、分散,并让学生分步学习甚至小步子学习。可是,某个知识或技能一旦被分解、分散、分步骤,那么,知识或技能的整体效果就会被破坏。知识原本是有趣的,一旦分解学习,每周学习七天,每天学习一个部分,这个完整的知识内容就会"日凿一窍,七日而浑沌死"。水至清则无鱼,人至察则无徒。

模糊暧昧的整体体验学习是对传统的讲授教学的彻底拒绝和不信任。传统讲授教学主要采用两种方式:一是细节讲授,将复杂知识分解为细小的单元,采用小步子教学。细节教学的假设是:学生掌握了这些知识细节(知识点)之后,这些知识细节(知识点)就可以汇聚成整体结构。二是整体讲授,教师代替学生从复杂知识中理出整体脉络,并将这些整体脉络告诉学生。但是,无论细节讲授还是整体讲授,学生总是很难将细节知识转化为一以贯之的整体脉络,也因此失去对知识学习的信心。即便学生记住了大量的细节知识,也因为这些细节知识仍然处于分散状态而不能构成有意义的整体,也无法激发学生学习的兴趣。

3. 整体自学与"悟中学"

与整体自学或整体探究相应的学习是"悟中学"。整体自学是整体探究的初级阶段或基本前提,整体探究是对整体自学的推进和提升。

自学也可称为"自我兴发",这是兴发教学的终极目标。自学的起始状态是自学辅导教学,日常情态是有主见的自学,高级状态是有使命感的自学。

第一,自学辅导教学。有人将自学辅导教学的教学程序归纳为"启、读、练、知、结"五个步骤。"自学辅导教学"实验明确规定了学生的自学时间,并为学生提供适合自学的"课本、练习本和答案本"(也称"三本教学")。① 传统的讲授教学往往呈现全班学生步调一致的同步教学,但自学必导致学生的学习速度与学习内容的不同步,因此,有人将自学辅导教学称为"异步教学"。② 有关自学辅导教学的具体程序可以灵活变通,但其核心精神是"阅读—练习—评改"三个环节。中国教育界之所以一度流行的"自主、合作、探究"的教学改革,其目的也主要在于通过合作和探究的方式推进学生的自学。合作是为自学提供辅导,而探究的重点在于让学生不仅学会自学,还要有主见的自学。

第二,有主见的自学或自我创造,也可称为"整体探究"教学。学习自己感兴趣的知识而不依靠任何他人的讲授或指导。自学的高级状态是有主见的创造,中国古典教育哲学称之为"自得"(《孟子·离娄下》)。表面上看,"自得"就是"自学"。但是,一般意义上的自学仍然可能显示为对他人的观点、对书本知识的理解与接受而不是自我创造。"自得"不仅意味着自学,更意味着学习者成为创造的主体。自得不只是接受他人的观点,而是"借题发挥","托古言志",自己赋予对象以新的意义。这种"借题发挥","托古言志"的"自得"之学也并非完全穿凿附会、捕风捉影、无中生有,而是从新的视角去重新解读,以此突破传统的理解,使传统经典文本焕发新的生机,实现创造性的转换。

第三,有使命感或信仰感的自学。若问,什么教育最有价值? 唯一的答案是:信仰教育。信仰教育既是教育的大目标,也是教育的大方法。《孟子》所谓"先立乎其大者",《中庸》所谓"尊德性而道问学,致广大而尽精微,极高明而道中庸"者,德性培育与信仰

---

① 详见:卢仲衡.自学辅导心理学[M].北京:地质出版社,1987:52.
② 详见:黎世法.异步教学论[M].武汉:湖北教育出版社,1989:97—129.

教育而已。

总之,整体教学的基本策略是整体叙事、整体体验(做中学)和整体自学(或整体探究)。三者之间,整体叙事是对传统的讲授教学的初步改造;整体体验或做中学是对传统讲授教学的颠倒;而整体自学(或整体探究)是对传统讲授教学的改良与改进。

(三) 生涯教育:行对知的兴发

除了情感对求职的兴发和思对学的兴发,兴发教学还有一个重要途径是行对知的兴发。

知行关系之"行",主要包括三个方向:一是验证行动或检验行动。获得知识之后,需要经过验证。只有经过实践经验的知识才显示出知识的信度与合法性。二是生活行动或生活实践。如果说知识的验证行动是"做学问"的智慧,那么,生活行动或生活实践主要呈现为与他人交往的"做人"与"做官"的智慧。"做学问"并不容易,但相比之下,"做人"与"做官"更加艰难。三是知识之后的自食其力以及相关的职业生涯规划教育。

职业生涯规划教育容易遭受质疑。质疑的理由是:职业是不可定向的,因为世界是变化的,未来职业也是变化的。世界和职业的不确定性的主要原因在于科技发展将导致大量的传统职业在不久的未来被淘汰,未来将出现哪些新兴职业也很难预料。而且,人生是整体的,无法细致地规划人生。细致的人生规划不仅对人生无益,反而会引发额外的焦虑。

尽管如此,职业生涯规划教育依然有其内在的意义。生涯规划教育并不意味着"职业定向"。儿童可以在现阶段根据自己的兴趣尝试性地重点学习某个科目或了解、接触相应的职业,然后在学习和接触的过程中再逐步调整。从个人兴趣出发去考虑职业生涯规划并非"为了职业的教育"而是"通过职业的教育"。"通过职业的教育"只是通过"做中学"的方式让学生了解和体验相关的知识和技能,这是普职融合的路线(普通教育与职业教育的融合)。[①] 虽然世界是变化的,虽然科技发展将导致新兴职业的崛起而某些职业被淘汰,但是,职业生涯规划教育是根据科技发展的整体状态的评估而对传统职业和未来职业作出分析和预测。另外,虽然人生无法细致地规划,虽然细节规划会导致焦虑,但是,人生依然可以模糊地规划。真正的职业生涯规划几乎都是"模糊职业规划"、"无边界职业规划"或"大类职业规划"。

职业生涯规划教育也可称为生涯教育或志业教育。以往的生涯教育主要关注"人职匹配":通过霍兰德量表或苦的量表检测考察学生的个性及其兴趣,由此给出适合该学生的专业和职业。如果说心理学视角的生涯教育侧重学生的"自我认识"以及"人职匹配",那么教育学视角的生涯教育更重视对社会职业的了解与体验。心理学模式的生涯教育的基本假设是:经检测,某个学生的性格注定了他只能学这些专业或职业。而教育学模式的生涯教育的基本假设是:只要学生对某些职业有足够的了解和内驱力,她可以做任何职业;或者,只要学生掌握德智体美劳情等基本素养,他就能够以不变应万变。

---

① 有关普职分离与普职融合的争论,详见:路宝利.美国中等职业教育发展的职业主义与民主主义之争:"普杜之辩"研究[M].北京:中国社会科学出版社,2015:83—149.

　　生涯教育意味着不仅让学生从小建立"长大之后我想做……"的职业意识和人生志向,更重要的是,教师最好发挥学科教学的"生涯教育"价值,让每一个学科教师承担"学科生涯教育"的责任。以外语学科教师为例,外语教师至少可以在以下六个方面给学生提供"学科生涯教育"的咨询与指导。(1)该专业包括哪些具体的专业或方向?(2)该专业一般开设哪些课程?(3)该专业可以寻找哪些职业?(4)与该专业相关的职业有哪些艰难?(5)与该专业相关的职业有哪些欢乐?(6)该专业以及相关的职业领域有哪些传奇人物?

　　总体而言,兴发教学就是通过妥善处理学生的情理关系、学思关系、知行关系而激发学生自信、自学和自食其力的激情。借用陆九渊的说法,兴发教学的核心精神是:"除了先立乎大者一句,全无伎俩。"兴发教学从堂堂正正地做人开始。"若某则不识一个字,亦须还我堂堂正正地做个人"①。否则,"疲精神,劳思虑,皓首穷年,以求通经学古,而内无益于身,外无益于人"。②

---

① 详见:《陆九渊集》卷三十五,《语录下》。
② 详见:《陆九渊集》卷三十二,《取二三策而已矣》。

第 3 章

教育哲学的
方法论

教育哲学是有关教育的哲学。其研究对象是教育,其研究方法是哲学。问题在于,是否存在一种独立的、独特的"哲学研究法"？如果存在独立的、独特的"哲学研究法",那么,它有哪些独特的思辨技巧、论证技术和写作规则？与之相关的问题是,是否存在一种独特的"哲学思维"或哲学的态度？如果存在独特的哲学思维或哲学态度,那么,哲学思维或哲学态度与"自然思维"或自然态度有何不同？如果哲学能够提供一种超越具体经验、超越常人眼光的独特的范畴或独特的视角,那么,究竟有哪些哲学的范畴或哲学的视角？

第 1 节　何谓"哲学研究法"

教育研究方法有多种分类。比较可取的是德国学者布列钦卡(W. Brezinka)的分类。布列钦卡将"教育学"划分为三种:一是教育哲学,二是教育科学,三是实践教育学。分别对应三种研究方法:一是哲学研究或思辨研究,二是科学研究或实证研究,三是实践研究。①

这样看来,哲学研究是独立的、独特的研究方法。与其他研究方法不同,哲学研究强调思辨技巧、逻辑技术和哲学描述规则。如果缺乏基本的思辨技巧、逻辑技术或描述规则,哲学研究就会面临"徒托空言"、"空言义理"的风险。

从思辨技巧来看,哲学研究的基本方法有三:分类别,找关系,作比较。从论证的方式来看,哲学研究的逻辑技术有三:演绎法、归纳法和类比法。从语言表述规则来看,哲学研究追求价值中立的无立场描述与零修辞写作。

一、分类的方法:分类别、找关系与作比较

分类是哲学研究的主要论证方法。分类的基本原则是"相互独立,完全穷尽"(Mutually Exclusive Collectively Exhaustive,也称 MECE 分析法),就是"不重复,不遗漏"。

分类往往伴随着找关系和作比较,或者说,以分类别为主,以找关系和作比较为辅。找关系其实就是在分类之后,寻找各个类型之间的逻辑关系。作比较是分类之后寻找各个类型的异同。分类别、作比较、找关系是"三位一体"的不同侧面,而并非三种独立的论证方法。也因此,哲学研究的标题既可能显示为"……的类型"(分类研究),也可能呈现为"从……到……"或"……对……的影响"(关系研究),还可能直接显示为"……与……的比较"(比较研究)。比如,柏拉图在《理想国》中将人的灵魂分为三个成分,理性(reason)、激情(spirit)和欲望(appetite),这是分类别。分类之后,接下来是找关系:理性可派生出智慧,欲望需要保持节制,理性对欲望构成监督和监视的责任。激情表面上接近欲望,但往往愿意站在理性这边。"它是理智的天然辅助者。"②与灵魂的"三成"相应,人有"四德":一是智慧,与理性相应;二是勇敢,与激情相应;三是节制,与欲望对

① ［德］布列钦卡.教育知识的哲学[M].杨明全,宋时春,译.上海:华东师范大学出版社,2006:28.
② ［古希腊］柏拉图.理想国[M].郭斌和,张竹明,译.北京:商务印书馆,1986:167.也许可以借用弗洛伊德的本我(欲望)、自我(激情)、超我(理性)的结构来想象柏拉图解释的灵魂的三个成分。

应,是对欲望的克制;四是正义,做到了前三者,就显示出正义。① 除了找关系,柏拉图也对三者作比较:三者之中,理性的地位最高,激情其次,欲望最低级。② 三者也可统称为"爱欲":理性是爱智者(爱学习),欲望是爱利者(爱钱),激情是爱胜者(爱名誉)。爱智者最快乐,爱胜者比较快乐,爱利者最不快乐。③

　　分类及其"相互独立,完全穷尽"(不重复,不遗漏)的原则既是哲学论证的基本方法,也是其他所有研究比如实证研究或实践研究的基本前提。在所有学科之中,数学(尤其是几何学)的分类原则最强。比如,三角形分为等腰三角形、等边三角形和非等边三角形;三角形的角分为直角、锐角和钝角;数分为有理数和无理数;等等。哲学研究的分类原则虽不如数学的分类原则严格,但逼近数学的分类原则。实证研究中的概念及其分类往往不如哲学研究的分类原则严格,但是,若出现比较严重的"重复"和"遗漏"问题,则说明该研究者缺乏基本的学术训练。

　　与哲学研究和实证研究相比,实践研究的分类原则最差。但是,这并不意味着实践研究可以不追求"相互独立,完全穷尽"(不重复,不遗漏)的分类原则。实践研究中的概念与概念之间的关系在多大程度上遵循或接近"相互独立,完全穷尽"(不重复,不遗漏)分类原则,显示出实践研究者的学术素养。

　　也就是说,是否有分类意识以及分类时在多大程度上坚持了"相互独立,完全穷尽"(不重复,不遗漏)的分类原则,这是判断一个初学者是否"学术入门"的基本标准。

　　出色的哲学研究呈现为出色的分类。出色的分类往往呈现为相互独立的两个概念。由于这两个概念彼此对立,与之相关的事物发展趋势就可能呈现为"从……到……"。比如,有研究者以分类的方式提出东方特色的"天下体系"(或"世界主义")与西方特色的"国家体系"(或"帝国主义")两个关键概念,并比较二者的异同,由此提出从"国家体系"到"天下体系"的发展方向,论证方式如下。有人提出,为什么还没有国际理论? 到目前为止,我们只有国家内政的"国家理论"而没有真正的"国际理论"。可是,"国际理论"这个概念本身就有问题,指望用"国际理论"去解决"世界问题",这是文不对题。真正能够化解世界冲突的不是"国际"视野,而是"世界"视野。马克思的共产主义社会概念则是个世界政治制度的认真想象,但马克思主义并没有成为西方思想主流,相反,几乎是个异端。此前康德虽然提出了关于"人类所有民族的国家"或者所谓"世界共和国"的想象,但康德的"世界共和国"、"世界公民"以及由此而产生的"联合国"、"欧盟"的方案可能都是无效的,类似"联合国"的机构"不拥有国家制度之上的世界制度和权力,而只不过是民族国家之间的协商机构"。因此,需要"重思中国"和"重构中国",用中国思维取代西方思维。古代中国的"天下体系"不同于西方的"帝国主义"。西方语境中的"帝国"及其"异端"或"异教徒"意识只能导致某个国家的霸权主义。美国的民主虽然在国内得到了良好的应用,但无法用于处理国际关系(全球民主)。只有中国文化中的"天下"才称得上"饱满的或完备的世界概念"。"世界制度优先于国家制度,这可能是中

① ［古希腊］柏拉图.理想国[M].郭斌和,张竹明,译.北京:商务印书馆,1986:154.
② ［古希腊］柏拉图.理想国[M].郭斌和,张竹明,译.北京:商务印书馆,1986:167.
③ ［古希腊］柏拉图.理想国[M].郭斌和,张竹明,译.北京:商务印书馆,1986:368—371.

国政治哲学中最具特色而且在今天最富有意义的原则。"①

二、前提性批判：价值研究、本质研究与元研究

哲学思维或哲学态度、哲学气质最大的特点在于：它是一种不同于自然思维或自然态度的前提性批判或前提性反思，从微小的事件或表面的事件背后发掘其大是大非的价值，类似《吕氏春秋》之"察微"。②

作为前提性批判的哲学研究有三个基本气质：一是价值研究，二是本质研究，三是元研究(meta-study)。价值研究往往呈现为规范研究(normative research)，与之相应的哲学一般称为"规范哲学"、"规范伦理学"。本质研究往往呈现为描述研究，这是现象学哲学的基本追求。现象学哲学强化了哲学研究中有关本质研究的传统。描述研究原本是实证研究的基本精神，但是，哲学研究同样可以采用只事实描述而不作价值判断的形式，这也正是现象学一度成为显学的原因之一。元研究是对研究的研究，与之相应的哲学一般称为"分析哲学"。

(一) 价值研究

价值研究是在常人关注"怎么做"之前，追查这件事是否值得去做，而且常常给出某件事不值得做的否定性答案。价值研究往往对所研究的对象给出"好"或"坏"、"应该……"或"不应该……"的价值判断。也因此，价值研究也称为"规范研究"。规范研究常被视为实证研究的对手或对立面。

价值研究的主题一般表述为"论……的价值"，与之类似的主题还有"论……的意义"、"论……的作用"、"论……的地位"、"论……的意义和作用"等。比如，"论知识的价值"、"论体育的意义"、"论教师的地位和作用"、"论惩罚的教育价值"，等等。与之相关的另一种表述方式为"……最有价值"、"……有什么用"。比如，"什么知识最有价值"、"读书有什么用"，等等。由于价值研究往往显示为规范研究，也因此，价值研究的标题也大量地呈现为"应该……"、"必须……"、"让……"、"弘扬……"、"警惕……"，等等。

价值研究直接讨论某事或某物的价值，此类研究似乎理所当然是有意义(有价值)的。但是，某项研究是否有意义，主要取决于研究者是否提供了有说服力的理论辩护。即便研究者提出了一个值得研究的问题或提出了某个"立场鲜明"的观点，如果研究者没有为之提供有说服力的逻辑论证或事实论证，这种研究就几乎没有理论意义(或学术价值)。比如，有人模仿斯宾塞的"什么知识最有价值"，讨论"什么知识最有力量"。③ 这样的主题似乎提出了一个有意义的问题，但它从一开始就隐含了某种困难：此类价值研究需要有必要的论证技术或技巧，若没有熟练的论证技术或技巧，这种研究就容易显得夸夸其谈而"论证不充分"或"缺乏说服力"。

价值研究往往呈现为"有立场的研究"或"强立场的研究"，甚至显示为强烈的价值判断的研究。有立场的价值研究意味着作者在相互冲突的价值观之间坚守自己的立

① 赵汀阳.天下体系：世界制度哲学导论[M].北京：中国人民大学出版社,2011：30—90.
② 《吕氏春秋·察微》有关子贡赎人、子路救人的故事,可作为"察微"的经典案例。
③ 刘良华.什么知识最有力量[J].全球教育展望,2004(10)：14—18.

场,为自己的立场进行辩护,并对"异己"的价值观提出批判。价值研究往往呈现为"述评"。"述评"意味着对某个教育现象或作品进行叙述并作出评价。哲学研究中的述评和实证研究中的述评的差别在于:前者更多地显示为"评","评"的篇幅远远大于"述";后者更多地显示为"述","述"的篇幅远远大于"评"(甚至很少评价而显得"述而不作")。

(二) 本质研究

本质研究是在常人热衷于谈论某件事物的表象时,突然提出隐藏在事物背后的真相。本质研究的主题一般表述为"论……的本质",与之类似的主题还有"论……的特征"、"论……的关键特征"、"论……的本质特征"、"论……和……的本质差别"、"……的定义"、"何谓……"、"什么是……"等。比如,"论教育的本质"、"论语文的本质特征"、"论人的本质"或者"课程的定义",等等。

本质研究相关的语法结构为"是什么"或"有什么"。比如"……是……"、"……不是……"、"……意味着……"或"……即……",等等。

由于本质研究旨在揭示隐藏在事物表象背后的真相,所以,本质研究的语法格式也常常呈现为"表面上看,……,实际上……"、"……貌似……,其实……"、"一般认为……,事实上……"、"不是……而是……"、"虽然……但是……",等等。

本质研究的基本论证方式或思辨技巧是分类(以及与分类相关的找关系、作比较)。也因此,本质研究的"是什么"往往可以转换为有关分类的比较研究。比如"论……的种类"、"……的分类"、"……与……的差别"、"……与……的比较",等等。也就是说,如果缺乏分类(以及找关系、作比较)的基本技巧,就无法实现本质研究。

(三) 元研究

元研究是对哲学研究自身的合法性展开研究,而且常常对自身的惯常行为提出批判。元研究就是"对研究的研究"。哲学研究领域比较有影响的元研究是"分析哲学"。

布列钦卡将教育研究分为哲学研究、科学研究和实践研究。同时,他又将有关教育学的批判和反思称为"元研究"。其实,"元研究"仍然属于哲学研究,而且是哲学研究中最有哲学品质的研究。

元研究主要是对已有研究的研究,而且主要聚焦于方法论的反思和批判。[①] 这种元研究与"元分析"(meta-analysis)比较相似。但是,两者的差异在于:"元分析"主要是利用已有的研究中的数据进行"再次分析"或"二次统计分析"。也因此,"元分析"一般呈现为量化的调查研究。而"元研究"主要是对研究自身的方法论的反思。它呈现为教育认识论(或教育知识论)[②]、教育研究方法论的反思[③]、元教育学[④]或教育分析哲学。但

[①] 详见:叶澜.关于加强教育科学"自我意识"的思考[J].华东师范大学学报(教育科学版),1987(3):23—30.陈桂生.教育学的建构[M].上海:华东师范大学出版社,2012.陈桂生."教育学"辨——"元教育学"的探索[M].福州:福建教育出版社,1998.

[②] [德]布列钦卡.教育知识的哲学[M].杨明全,宋时春,译.上海:华东师范大学出版社,2006:2(英文版序).

[③] 有关教育研究"方法"和教育研究"方法论"的区别,详见:叶澜.教育研究方法论初探[M].上海:上海教育出版社,1999:2—18.

[④] 有关"元教育学"的解释,详见:唐莹.元教育学[M].北京:人民教育出版社,2002.唐莹,瞿葆奎.元理论与元教育学引论[J].华东师范大学学报(教育科学版),1995(1):1—14.另参见:[德]布列钦卡.教育知识的哲学[M].杨明全,宋时春,译.上海:华东师范大学出版社,2006:1—28.

并非所有与"元研究"或"元教育学"相关的研究都是"元研究",比如有关"元研究"或"元教育学"的由来与发展的讨论就不属于"元研究"(也因此不属于哲学研究),而属于历史研究。

元研究天生地具有批判和怀疑的气质,而批判和怀疑也正是哲学的核心精神。按照古希腊哲学家的说法就是"哲学始于疑惑"。① 这个说法也可以转换为另一种形式:"哲学始于怀疑"或"哲学始于批判"。② 哲学与其他学科的不同之处就在于,它对任何事实或观点始终保持怀疑和批判状态。哲学的别名就是"普遍怀疑"和"前提性批判"。"怀疑是思想的免疫系统,它保持着思想的主权,即保持着思想自主这一绝对性,使思想免于仅仅成为心理活动甚至仅仅成为生理活动。"③事实上,几乎所有的哲学家、思想家都是怀疑论者,所有的怀疑论都是对"独断论"的不信任和拒绝。怀疑之所以可能,还有一个更重要的原因是:任何一种存在,必有一种相反的存在。存在是合理的,相反的存在也可能是合理的。怀疑论的典型说法是:"每个命题都有一个与之相反的命题"或"相互反对的论证似乎同样有力"。④

怀疑之后是"前提性的批判"。怀疑只是一种对眼前的现象、事实、制度、观念或知识等表达的"不信任"。可是,这种"不信任"并不能解决问题。怀疑和批判是有区别的。怀疑只是一种疑神疑鬼的"不信任"的心情,而不信任并不见得有自己的立场,研究者对眼前的事情可能不那么信任,但并不知道正确的答案。批判却不同,批判的前提是批判者已经有自己的标准和答案,甚至已经有具体的替代方案,它是用那个方案去反对这个方案。

就怀疑和批判而言,元研究是知识的解毒剂,它对所有乐观的方法或对策表达忧虑和不满。从元研究的视角来看,几乎所有的乐观都是盲目乐观。从事元研究的人是研究领域的一群"挑刺者"和"扒粪者",他们以啄木鸟式的叮咬为己任,他们为教育理论研究提出批判或改进的建议。

元研究也可能导致某种"重建"或"整体转型"。怀疑和批判是一种否定,否定的结果可能导致新的肯定和新的建设。这种重建和整体转换也可能显示为类似实践研究中的对策研究,但是,两者的差别在于:哲学研究中的重建与整体转换立足于系统的反思和前提性的批判,而实践研究中的对策研究仅仅提出自己的个人理想、设想或研究方案而并不提供系统的论证。

三、逻辑技术:演绎、归纳与类比

逻辑学教材一般将论证分为演绎论证、归纳论证两种,也有人分为演绎论证、归纳

① [古希腊]柏拉图.泰阿泰德篇[A].柏拉图.柏拉图全集(第二卷)[C].王晓朝,译.北京:人民出版社,2003:670.

② 克尔凯郭尔提出三个命题:哲学始于怀疑;哲学思考之前我们先得有所怀疑;近代哲学始于怀疑。详见:[丹麦]克尔凯郭尔.翁绍军,等,译.论怀疑者/哲学片段[M].北京:生活·读书·新知三联书店,1996:26—37.引用时对译文略有改动。

③ 赵汀阳.论可能生活[M].北京:生活·读书·新知三联书店,1994:58.

④ [美]斯通普夫,菲泽.西方哲学史[M].丁三东,等,译.北京:中华书局,2005:165.

论证和类比论证三种。①

(一) 演绎法

演绎论证的经典范式是亚里士多德式的"三段论"。除此之外,演绎论证还可能显示为某种理论视角和分类视角的论证。

1. 三段论式的演绎论证

经典的演绎法是亚里士多德式的"三段论"。"三段论"的论证包括三个要素:一是"大前提",二是"小前提",三是由大前提和小前提推出的"结论"。比如,凡人总是会死的(大前提);苏格拉底是人(小前提);所以,苏格拉底是会死的(结论)。

教育研究领域的演绎论证也同样显示为亚里士多德式的三段论。比如,大前提:教育必须随着时代精神的变化而变化。小前提:时代精神已经发生了深刻的变化,一个呼唤人的主体精神的时代已经来临。首先是时代变化的节奏加快,变化的幅度与强度增加,社会结构性变化的周期也缩短,打破了原来平稳缓慢发展的格局。其次,人类的生存环境呈现多变、多元、多彩、多险的飘忽迷离状态,不确定性和可选择性同时增强。结论:时代呼唤新人的诞生。②

不过,教育研究领域的演绎论证只可能大体遵循三段论的思路而不可能呈现为纯粹的逻辑演绎。而且,在寻找经验事实作为相关证据时,教育研究中的演绎不可避免地会兼顾归纳论证。

2. 基于理论视角的演绎论证

在教育研究领域,演绎论证中的大前提往往显示为某个"理论视角"。然后,由这个"理论视角"演绎出教育理论或教育实践改革的方向。

理论视角演绎的基本思路是:首先,用新的理论视角取代旧的理论视角;其次,从这个新的理论视角去反思或批判传统的教育理论或教育实践;最后,从新的理论视角去建构新的教育理论体系或教育实践改革方案。比如,(1)以"生命课堂"的视角取代"教学特殊认识论"的视角。(2)对传统的课堂教学及其理论视角提出批判。第一,传统的"教学特殊认识论"在强调教学的"特殊性"时,忘记了教学的"一般性"。它在区别教学与其他认识活动的同时,忽视了它们之间的联系。第二,传统的"教学特殊认识论"在强调课堂教学的"认识活动"时,忘记了教学中的"人"的复杂性和丰富性。"特殊认识活动论"不能概括课堂教学的全部本质。(3)从"生命课堂"的视角重新建构新的课堂教学观以及"让课堂焕发出生命活力"的实践效应。③

而在具体的论证过程中,研究者往往不会严格按照"大前提——小前提——结论"的三段论的顺序展开论证。常见的思路是同时采用归纳与演绎:(1)先以"归纳"的方式提出问题。比如,讨论理性主义研究、实证主义研究、精神科学—解释学研究、分析哲学研究、元教育学研究等传统的教育学研究框架的问题与不足。(2)再以演绎的方式提示解决问题的思路,引介或选择某个新的理论视角(大前提)。比如,采用"文化"的分析

---

① 金岳霖.形式逻辑[M].北京:人民出版社,1979:226.

② 详见:叶澜.时代精神与新教育理想的构建[J].教育研究,1994(10):3—8.

③ 详见:叶澜.让课堂焕发出生命活力[J].教育研究,1997(9):3—8.

框架(文化社会学、文化哲学、文化语言学、文化人类学、民俗学的视角)。同时,简要解释这个新的理论视角与教育研究或教育学研究的适切性或吻合性(小前提)。(3)采用这个新的理论视角对教育理论或教育实践重新作出解释(结论)。比如从"文化的视角"重新解释教育理论、不同国家的文化传统及其教育学的文化性格。①

3. 基于关系视角的演绎论证

除了采用某个理论视角作为演绎论证的"大前提"之外,研究者也可以采用"差异与同一关系"、"因果关系"或"对立统一关系"等关系视角作为演绎的开端。②

关系视角也可以理解为分类视角或比较视角。比如,亚里士多德在《形而上学》中将知识分为三种:理论、实践和技术(生产)。③ 与之对应的三种理性为:理论理性(或理论知识)、实践理性(或实践智慧)和技术理性(或应用技术)。分类别的同时总是伴随着作比较和找关系。比如,在理论、实践和技术(生产)三者之间,理论与技术是对立的关系,而实践介于理论和技术之间并使二者合二为一。④ 亚里士多德的知识类型对后来的知识分类以及其他领域的分类产生了持久的影响。哈贝马斯(J. Habermas)将知识兴趣分为三种:一是技术的兴趣,二是实践的兴趣,三是解放的兴趣。哈贝马斯的三种"知识兴趣"与亚里士多德的知识分类有某种呼应关系。而教育行动研究的三种类型(技术的行动研究、实践的行动研究和批判的行动研究)的划分则明显受哈贝马斯三种"知识兴趣"的影响。

(二) 归纳法

归纳法也可称为经验论证法,常用的论证工具是例证、言证(或引证)和对比论证三种。归纳法的关键技术是为某个"结论"(或"假设")寻找原因以及相关的证据,并使各种证据形成一个"证据链"。"证据链"一旦形成,结论就自动生成、"显而易见"。

演绎法是先验论证,归纳法则显示为经验论证。演绎法的理论假设(大前提)是全称判断,且推论的结果显示为"必然性";归纳法的理论假设是"概率论",且推论的结果显示为某种"可能性"(或然性)。

经典的归纳法是"穆勒五法"。穆勒在《演绎与归纳的逻辑体系》中讨论了实验研究的五种方法,具体包括求同法、求异法、求同求异并用法、剩余法和共变法五种方法,后来的逻辑学教科书称之为"穆勒五法"。由于穆勒本人认为"求同求异并用法"并非独立的方法,因此"穆勒五法"也被称为"实验四法"。⑤

归纳论证往往采用"例证"的方式,其结果因此而只能呈现出某种"或然性"(或可能性)。而演绎论证往往采用全称判断,其推论的结果显示为某种"必然性"。归纳法主要

---

① 详见:石中英.教育学的文化性格[D].北京:北京师范大学,1997.石中英.教育学的文化性格[M],太原:山西教育出版社,1999.

② 有关分类视角的讨论,参见第1章第2节有关"关系视角"的解释以及第6章第2节有关"历史发生学"的解释。

③ 也译为:实用、制造和理论.详见:[古希腊]亚里士多德.形而上学[M].吴寿彭,译.北京:商务印书馆,1991:118.

④ 详见:[德]哈贝马斯.作为"意识形态"的技术与科学[M].李黎,郭官义,译.上海:学林出版社,1999:126.另参见:[德]哈贝马斯.认识与兴趣[M].郭官义,李黎,译.上海:学林出版社,1999:323—328.

⑤ 详见:J. Mill. A System of Logic, Ratiogilative and Inductive [M]. New York: Harper & Brothers Publishers, 1846:222-233.

用于实证研究,几乎所有的实证研究都采用归纳法作为其论证方式。与实证研究不同,哲学研究追求普遍性和必然性,也因此哲学研究主要采用先验的演绎研究。

不过,这并不意味着哲学研究不可以采用归纳论证。当哲学研究采用归纳论证尤其是因果关系的论证时,哲学研究中的归纳论证与实证研究中的归纳论证比较接近。其差别在于:哲学研究的归纳论证所列举的事例往往来自他人研究的资料及其结论而并不来自研究者本人的亲自取证;但是,实证研究所采用的证据必须来自研究者本人的亲自取证。另外,哲学研究的归纳往往借用大量的、多角度的证据(往往是大量的二手资料),也因此,哲学研究的归纳往往重视类似"大量证据表明……"或"大量事实表明……"的效应。实证研究的归纳强调研究者以实验研究或调查研究(含历史的调查)的方式收集"一个"实验研究的证据或"一项"调查研究的资料。

与演绎论证一样,哲学研究中的归纳论证也可能采用"异同关系"、"因果关系"、"对立统一关系"等分类视角。二者的差别在于:演绎论证更重视教育概念或教育观念之间的关系及其比较,而归纳论证更重视具体的教育事实之间的关系及其比较。演绎论证在进行异同关系或因果关系、对立统一关系的比较时,虽然也可能列举相关的事例,但其重点只在于概念之间的辨析而不在例证本身。而且,演绎论证往往显示为大量的概括并为概括出来的结论提供详细的解释。而归纳论证更多地呈现出事实和材料,从中归纳出相应的结果并在对结果的讨论基础上形成结论。演绎论证可能围绕一份证据"说很多话",而归纳论证强调"有很多证据,但只说一分话"。演绎论证是概念和观念先行,"以论带史",由概念和观念附带地引出相关的例证,例证只有辅助的价值。而归纳论证的重点并不在于概念辨析而在于陈述事实,通过实验研究、调查研究或历史研究的方式来考察各种事实(变量)之间的关系以及相关的数据和结论。实证研究是事实先行,"论从史出",由事实归纳出结论。也因此,面对同样的主题,同样比较孔子和苏格拉底的"言说方式",研究者既可以采用实证研究的归纳论证[①],也可以采用哲学研究的归纳论证[②]。

归纳论证是先收集和排列事实,然后对各种事实进行概括。归纳论证的重点是经验事实;而演绎论证是先确认某种思维形式,然后进行概念或观念之间的分类与比较。演绎论证虽然可以采用某些经验事实来"举例说明",但演绎论证的重点是概念或观念的分类与比较,甚至可以只描述概念或观念的各种类型而不用经验事实来"举例说明"。比较经典的概念分类和演绎论证是黑格尔的《逻辑学》和胡塞尔的《逻辑研究》。教育研究领域也不时有人以概念分类与比较的方式展开相关的研究。[③]

(三) 类比法

类比论证也称为"喻证"。类比以"天人合一"为其前提性假设,关注不同类别之间的"同源性"、"相似性"。如果说演绎法的核心论证技巧是"三段论",归纳法的核心论证

---

① 详见:陈桂生.孔子"启发"艺术与苏格拉底"产婆术"比较[J].华东师范大学学报(教育科学版),2001(1):7—13.
② 详见:邓晓芒.苏格拉底与孔子的言说方式比较[J].开放时代,2000(3):39—45.
③ 详见:陈桂生.教育学辨:"元教育学"的探索[M].福州:福建教育出版社,1998:3—18.[德]布列钦卡.教育科学的基本概念:分析、批判和建议[M].胡劲松,译.上海:华东师范大学出版社,2001:7—9.

技巧是"以例证为基础的概率论",那么,类比法的基础是"以喻证为基础的相似论"以及与之相关的"应和论"、"感应论"。

类比的关键技术是为某个"事件"寻找相似或类似的其他事件,而且,越能从"毫不相关"的事件中找到令人惊叹的相似,其类比的力量和效应就越强烈。因此,类比与其说是寻找相同事物的相似性,不如说,是寻找那些表面完全不同的两个或多个事物之间的内在的相似与一致。

类比是人类的原始思维,也是教育研究的基本传统。比如,孟子的"揠苗助长"、荀子的"青,取之于蓝,而青于蓝;冰,水为之,而寒于水"、柳宗元的"种树郭橐驼传"、龚自珍的"病梅馆记"、夸美纽斯的"大教学论"、洛克的"白板论"、卢梭的"早熟的果实"①、杜威的"教育即生长"以及"教师是园丁"、"教师是春蚕"、"教师是蜡烛"等流行的说法,都以"人"与"自然"的相似性(尤其是人的发展与动物和植物的生长之间的相似性)来暗示和解释教育的秘密。

类比法也可视为"直觉"的方法或"原型启发"、"诗性智慧"。比较而言,西方人更重视逻辑思维,而中国人更重视类比思维("象"思维)。中国文字(象形字、会意字)就大量地诞生于类比。先秦诸子(尤其是老子、庄子)也以类比为首选的论证方法。《周易》则被视为"人类历史上第一个以类比为特征的符号推理系统"。②《周易》虽不乏归纳和演绎思维,但以类比思维或"象"思维为主。善"易"者立"象"以尽其意,用类比思维或"象"思维去倾听自然而并不使用演绎、归纳等逻辑思维去抽象概括自然的规律。在易者看来,抽象逻辑虽"言"之成理,却不能"尽意"。《易传·系辞上》曰:"书不尽言,言不尽意……圣人立象以尽其意,设卦以尽情伪,系辞焉以尽其言。"又曰:"是故夫象,圣人有以见天下之赜。而拟诸其形容,象其物宜,是故谓之象。"此种"象"思维彰往而察来。《易传·系辞下》曰:"是故《易》者,象也;象也者,像也"。又曰:"其称名也小,其取类也大。"凭借独特的"象"思维,《易经》以卦象、卦辞、爻辞解释世界。

《易经》的"象"思维不仅"喻"而且"隐"。"象"在"隐"、"喻"之间。"象"与《诗经》的"兴"与"比"一起构成中国传统哲学的"隐喻"思维。"比"或者"喻"是通过比喻的方式把不容易说明白的事情说明白,而"隐"是把表面直白的事情说得比较隐晦与神秘且有欲盖弥彰的效果。正因为"隐"有欲盖弥彰的效果,隐与喻貌似相反,实则一致。有人认为,"隐"在《六经》中,相当于《易》的"象"和《诗》的"兴"。《易》有《诗》的效果,《诗》亦兼《易》的功能,而二者在形式上往往不能分别。"《易》中"象"与《诗》中的"兴"本是一回事,相当于西方哲学所谓的"意象"、"象征"。③

诗经大量使用"兴比"的技艺,无论兴还是比,都有类比、比喻之"象","兴必取象"。④与之类似,《易经》的核心技艺,也是"象"。"比"与"象"通,"《易》之有卦象,犹《诗》之有比兴也"。⑤王弼在《周易略例·明象》中说:"夫象者,出意也;言者,名象者也。尽意莫

---

① 详见:[法]卢梭.爱弥儿——论教育(上)[M].李平沤,译.北京:商务印书馆,1978:91.
② 周山.中国传统类比推理系统研究[M].上海:上海辞书出版社,2011:2.
③ 详见:闻一多.说鱼[A].闻一多全集(神话编·诗经编下)[C].长沙:湖南人民出版社,1993:231—233.
④ 详见:[魏]王弼,注,[唐]孔颖达,疏.周易正义[M].北京:北京大学出版社,2000:42.
⑤ 刘师培.经学教科书[M].长沙:岳麓书店,2013:102.

若象,尽象莫若言。"孔颖达在《周易正义·坤》中则说:"凡《易》者,象也。以物象而明人事,若诗之比喻也。"就此而言,《诗经》与《易经》属于同类的教育艺术:两者都通过"象"的途径来提出教育道理,"立象以尽其意"。

西方哲学虽有意象、象征之说,但西方哲学的言说、思考方式以逻辑思维为主,其核心技术是演绎论证和归纳论证;中国哲学的重点是"象"思维或"兴"思维,其核心技术是类比与兴发论证,包括象数符号、比喻、寓言、故事,等等。西方思维显示为逻辑学和科学,而中国思维隐含在《易经》、《诗经》、《庄子》、《成语词典》以及大量的文学故事之中。

类比论证既不提供实证研究的因果关系的证明,也不提供哲学研究式的逻辑思辨,现代学术研究很少采用该研究方法。即便有研究者采用直觉(类比)研究的方法提交论文,也很难被认定为"学术论文"。在现代学术体制中,类比只被作为论证的辅助形式,而一般不作为正式的学术研究方法,更不宜作为学位论文的研究方法。

类比论证虽不被现代学术采用,但它却是现代学术的解毒剂。当现代学术研究遇到无法解释的现象和道理时,人们往往会借助类比和直觉的力量。

第 2 节　哲学视角与哲学范畴

哲学的视角也可以称为哲学的范畴。[①] 它是研究者给事物分类别、作比较、找关系的"思维形式"。[②] 康德的范畴理论是对亚里士多德的范畴体系的加工。亚里士多德曾经归纳了 15 个范畴,但康德认为亚里士多德的 15 个范畴仅仅来自随意的归纳,"碰到它们就把它们捡拾起来",属于"漫游"式的、"碰运气"式的"拼凑"。康德自信他自己设计的范畴避免了亚里士多德的缺憾。康德对亚里士多德的范畴做了改进。他设计了 4 个项目,每个项目共 3 个范畴,共计 12 个范畴。康德认为他的知识哲学是对传统的知识哲学的颠倒,他称之为"哥白尼式的革命"。而在实现其"哥白尼式的革命"的过程中,范畴起了关键作用。[③] 范畴(category)本身就有分类和关系的含义。在康德看来,所有事物都处于三种类型或关系之中:要么属于本质与现象关系[④](可称之为"表里关系"、"一与多的关系"),要么属于因果关系(含"相关关系"、"源流关系"),要么属于对立统一关系[⑤](含否定之否定关系),三者必居其一。

一、表里关系
按照康德的范畴原理,任何事物在变化的同时,其实体或本质是不变的。"实体在

---

① 与之相关的讨论,参见第 6 章第 2 节有关"历史发生学"的解释以及第 8 章第 2 节有关"演绎论证法"的解释。

② 黑格尔认为康德的范畴就是"思维形式"。详见:黑格尔. 小逻辑[M]. 贺麟,译. 北京:商务印书馆,1980:118.

③ 详见:康德. 纯粹理性批判[M]. 邓晓芒,译. 北京:人民出版社,2004:71—73. 另可参见:康德. 未来形而上学导论[M]. 庞景仁,译. 北京:商务印书馆,1978:97—98.

④ 康德称之为"实体性—偶性关系"。

⑤ 康德称之为"协同性关系"。

现象的一切变化中持存着,它的量在自然中既不增加也不减少。"①康德所讨论的实体与变化的关系,相当于哲学史上一直关注的"现象与本质"、"一与多"或"同一与差异"的关系,可简称为"表里关系"。

表里关系对应哲学研究中的先验研究或本质研究。从表里关系的视角来看,任何事物或思想都存在表面与里面(现象与本质)的差异。表面上看,某个思想或实践呈现为 A,实质上,这个思想或实践乃是 B。所谓"研究",就是从表象的背后发现、辨析其本质,从各种"差异"的背后把捉"同一"。或者,先把握事物的不变的实质(或本源、主干),然后从不变的实质(或本源、主干)牵引出各种表象(或流变、分支)。

表里关系的基本思路是从差异中寻找相同,从多样和变化的现象中寻求不变和恒久的关键要素。立足于表里关系的哲学研究的论证思路主要呈现为"表面上……事实上……"、"貌似……其实……"、"不是……而是……"、"虽然……但是……",等等。

除了呈现为先验研究或本质研究,教育研究中的表里关系还可以显示为"隐微解释学研究"。隐微解释学研究主要包括三个具体的视角:一是"内外有别"的视角,关注作者的"难言之隐"或"隐微教诲",指证文本的字面意义与隐含意义的差异;二是"整体与部分"的视角,从整体与部分的"解释学循环"的思路更正已有研究的误解;三是"早期和晚期"的视角,指证某个教育思想或教育制度改革的早期、中期和晚期思想是否出现断裂(甚至呈现否定之否定的关系)。

二、因果关系

按照康德的关系范畴的原理,因果关系具有普遍性。"一切变化都按照因果连结的规律而发生。"②就此而言,面对任何问题,都可以从因果关系的视角去展开研究。

除了严格的因果关系之外,还有一种相关关系。相关关系往往显示为"互为因果"的关系。但是,如果具备一定的条件,研究者也可以从互为因果的关系中进一步确认:在什么条件下,A 是 B 的原因,而在什么条件下,B 是 A 的原因。

因果关系主要应用于实验研究或调查研究、历史研究等实证研究。一般而言,实验研究关注的是因果关系,而调查研究往往只能查明相关关系,历史研究则只能大致认定历史事件之间的因果关系或相关关系。

除了作为实证研究尤其是实验研究的范畴和视角,因果关系同时也可以成为哲学研究的范畴或视角。作为哲学研究的范畴或视角,因果关系大体对应哲学研究中的"价值研究"。其基本语法格式显示为"如果……就……"、"假设……就会……"、"因为……所以……"。

当研究者采用因果关系的视角展开哲学研究时,这类哲学研究往往呈现为类似科幻小说、科幻电影的思想实验或哲学实验。③ 思想实验或哲学实验也是一种实验,但它只是研究者头脑中的实验。马赫(E. Mach, 1838~1916)将计划者、空想家和小说家统

---

① [德]康德.纯粹理性批判[M].邓晓芒,译.北京:人民出版社,2004:170.
② [德]康德.纯粹理性批判[M].邓晓芒,译.北京:人民出版社,2004:175.
③ 刘慈欣的小说《三体》是典型的思想实验或哲学实验。

称之为思想实验(与有形实验相对),不仅如此,精明的商人、严肃的发明家和研究者也这样做。这样做的好处不仅在于花费较小,容易在头脑中自由想象,而且可以成为有形实验的预先模拟。马赫认为:"正是这样的小小的奇迹,使得思想实验往往在有形实验之先,并为其作好准备。"①柏拉图的"理想国"就是比较典型的思想实验或哲学实验。柏拉图把他的"理想国"称为"言辞中的城邦"、"在理论中建立起来的那个城邦"、"理想中的城邦"、"用词句创造一个善的国家"。柏拉图以苏格拉底之口提出,他所讨论的理想国"是为了我们可以有一个样板,我们看着这些样板,是为了我们可以按照它们所体现的标准,判断我们的幸福或不幸,以及我们的幸福或不幸的程度;而不是要表明这些样板能成为在现实上存在的东西。"②

三、对立统一关系

康德以"协同性"范畴来提示对立统一的关系。在他看来,一切实体"存在于普遍的交互作用中"。③

康德的"协同性"范畴在黑格尔(G. Hegel,1770~1831)那里被进一步解释为"矛盾性"以及"对立统一性"。在黑格尔看来,康德的范畴及其矛盾说提示了思维的辩证运动的方向,这是"哲学知识上一个很重要的推进"。④ 但黑格尔认为康德的范畴及其矛盾论并不彻底,其范畴依然没有显示出彻底的客观性。黑格尔将它进一步发展为以"矛盾论"(主要是对立统一和否定之否定)为核心的"辩证法"。在黑格尔看来,"认识矛盾并且认识对象的这种矛盾特性就是哲学思考的本质。"⑤他将辩证法(矛盾及其对立统一)视为万物运动的基本精神:"辩证法是现实世界中一切运动、一切生命、一切视野的推动原则。同样,辩证法又是知识范围内一切真正科学认识的灵魂。"⑥

按照辩证法(矛盾及其对立统一)的原理,如果研究者对某个教育思想、教育制度仅仅提供并列式的、平铺直叙式的描述,就暴露出思维的简单、低级与贫乏。尽管黑格尔的辩证法后来受到非议,但是,黑格尔所提示的矛盾论及其"对立统一"的确具有某种普遍性和普适性。即便像尼采(F. Nietzsche,1844~1900)那样反感黑格尔"体系"的人,他在其《悲剧的诞生》中也依然采用了"对立统一"的视角。

对立统一关系与异同关系有相似、交叉的地方。但前者主要是事物之间动态的比较,而后者呈现为事物之间静态的比较。比如,亚里士多德(Aristotle,公元前 384~322)在《形而上学》中将知识分为三种:理论、实践和技术(生产)。⑦ 这三种知识之间虽然呈现出某种异同关系,但更显示了某种动态的对立而统一的关系。

---

① [奥]马赫.认识与谬误[M].李醒民,译.北京:商务印书馆,2010:204.
② [古希腊]柏拉图.理想国[M].郭斌和,张竹明,译.北京:商务印书馆,1986:213.
③ [德]康德.纯粹理性批判[M].邓晓芒,译.北京:人民出版社,2004:190.
④ [德]黑格尔.小逻辑[M].贺麟,译.北京:商务印书馆,1980:133.
⑤ [德]黑格尔.小逻辑[M].贺麟,译.北京:商务印书馆,1980:132.
⑥ [德]黑格尔.小逻辑[M].贺麟,译.北京:商务印书馆,1980:177.
⑦ 也译为:实用、制造和理论.详见:[古希腊]亚里士多德.形而上学[M].吴寿彭,译.北京:商务印书馆,1991:118.另有人译为:实践、创制和思辨.详见:[古希腊]亚里士多德.形而上学[A].亚里士多德全集(第七卷).苗立田,译.北京:中国人民大学出版社,1993:146.

"否定之否定"是"对立统一"的一个特殊形态,它显示了"对立统一"的动态特征。一般意义上的"对立统一"是横向的、空间上的对立统一,而"否定之否定"是纵向的、时间上的对立统一。也因此,"否定之否定"视角常用来研究教育制度改革或教育思想家的发展轨迹。对立统一以及否定之否定的视角实际上隐含了达尔文的"进化论"思维。"进化论"不仅以"对立统一"的冲突与转化为基础,而且显示为"否定之否定"的阶段。但进化论与否定之否定的不同之处在于:否定之否定容易被理解为"回到原点"式的"圆的哲学",而进化论则直接呈现为上升、向前的发展方向。

总之,按照康德的关系范畴的分类框架,事物的分类主要显示为表里关系、因果关系和对立统一关系。其他关系如并列关系、递进关系、整体与部分的关系、主次关系(或称之为主从关系)、中心与边缘的关系(或称之为焦点与背景的关系)等关系似乎都可以纳入康德所提示的三种关系之中。在这些关系中,似乎只有并列关系不那么重要。若研究者只是以并列的方式叙述某个教育制度或教育思想的各个要点,这种研究及其思维就显得比较简单。

关系视角的作用在于:它为经验提供思维形式并使经验事实因此而被认识。如果没有思维形式,经验事实就不可能被认识。借用康德的说法,思维无经验则空,经验无思维则盲。[①] 关系视角主要用于事物的分类并分析事物之间的关系。若给事物分类并确认其关系,那么,事物与事物之间的日常关系至少包括并列关系、递进关系、因果关系、同一与差异的关系(或称之为现象与本质、内容与形式、特殊与普遍的关系)、整体与部分的关系、内与外的关系[②]、主次关系(或称之为主从关系)、中心与边缘的关系(或称之为焦点与背景的关系)、对立统一关系(含对立关系、协同关系、否定之否定的关系),等等。但是,从康德的"关系范畴"的分类框架来看,事物之间的关系主要有三种:表里关系(康德称之为实体与偶性的关系)、因果关系和对立统一关系(康德称之为协同性)。

第3节　哲学描述与哲学写作

哲学研究包括规范哲学和描述哲学。规范哲学直接作出应该如何、必须如何的价值判断,但是,描述哲学只是描述事实或"隐含"价值判断而不直接呈现价值判断。哲学写作严格区分"是"与"应"两种判断,描述哲学写作只作"是什么"的事实判断和事实描述,规范哲学才作"应"如何的价值判断。

一、规范哲学与价值判断

哲学研究是否能够做到价值中立?这是一个悬而未决的问题。对价值中立的怀疑或批判往往因为混淆了价值关怀、价值判断与价值中立的内涵。问题的关键在于,究竟

---

① 康德的原话为"知性无内容则空,直观无概念则盲"。详见:[德]康德.纯粹理性批判[M].蓝公武,译.北京:商务印书馆,1960:71.也有人译为:"思维无内容是空的,直观无概念是盲的"。详见:[德]康德.纯粹理性批判[M].邓晓芒,译.北京:人民出版社,2004:52.

② 有关整体与部分的关系、内与外的关系的讨论,详见:[德]黑格尔.小逻辑[M].贺麟,译.北京:商务印书馆,1980:282—290.

何谓"价值判断"？如果价值判断是合法的，那么，它的合法范围是什么？究竟何谓"价值中立"？价值中立何以是可能的？以及，一种既价值关怀又价值中立的研究何以可能？

（一）何谓"价值判断"

价值判断是指研究者在研究报告中直接对他所研究的对象作出善恶、好坏、应该如何或不应该如何的判断。

价值判断首先显示为道德上的善恶、好坏判断。研究者一般采用有益或有害、好的或坏的、有价值或无价值、有意义或无意义等谓词对研究对象作出判定。比如，研究者在研究"卢梭的教育思想"时，如果他在写作中断言卢梭教育思想对推进当下的教育改革是有益的或有害的，那么，这样的写作就作出了价值判断。

其次，价值判断可能显示为情感上的好坏或好恶判断，一般采用正面或负面、褒义或贬义等形容词或动词来显示研究者对研究对象的情感倾向。比如，在"杜威善意地指出……"、"洛克苦心孤诣地发表……"、"随着实证主义的泛滥"等表述中，"善意"、"苦心孤诣"、"泛滥"等词语就显示了研究者的价值倾向。

此外，价值判断也可能显示或隐含了应该或不应该、要或不要、必须或不必、让或不让等情态动词。比如"让课堂焕发生命活力"中的"让"就显示了研究者的情感倾向；而在类似"教育与生产劳动相结合"的表述中则省略（但并非隐含）了教育"要"（或"应该"、"必须"）与生产劳动相结合的意向。①

（二）何谓"价值中立"

价值中立的本义是研究者在研究报告中只陈述事实而不直接作出价值判断。按照价值中立的原则，如果研究者描述这个事实而不描述那个事实时，只能说这个研究者在他的内心深处有自己的"价值关怀"（"隐含"、"暗含"了价值判断），他把价值判断的权利留给或还给了读者，而不能说他"直接"作出了价值判断。

如果研究者在描述事实时"禁不住"对该事件作出善恶、好坏、应该如何或不应该如何的价值评判，让那些原本埋藏在内心深处的"价值关怀"泄露出来，那么，该研究以及相关的陈述就违反了"价值中立"的原则。相反，如果价值判断被"隐含"、"暗含"在研究者的内心深处而不表露出来，那么，这个研究者就做到了既价值关怀又价值中立。

价值中立的原则主要来自两个哲人的倡导：一是休谟，二是韦伯。前者暗示了价值中立，后者则直接倡导价值中立。

英国学者休谟（D. Hume, 1711～1776）认为，人们的价值判断往往来自无效的推理，因为事实和价值是两个不同的领域。当人们根据"是"什么而推出"应"如何时，这种推论本身却是无效的，因为有关"是"什么的命题推导不出"应"如何的命题，因为"应该"如何的价值判断并不建立在"是"什么的事实判断之上。"人是上帝创造的"属于事实判断，而"我们应该服从上帝"属于价值判断，前者无法推出后者。在休谟看来，他的这个

---

① 也可以认为"教育与生产劳动相结合"中"隐含"了"要"、"应该"或"必须"等情态动词，但是，这种"隐含"已经明白地显露出作者的情感态度。真正的"隐含"意味着研究者只在内心深处保持了某种价值关怀而并不作出价值判断。因此，最好将"教育与生产劳动相结合"理解为"省略"而不是"隐含"了"要"、"应该"或"必须"等情态动词。

发现"会推翻一切通俗的道德学体系,并使我们看到,恶和善的区别不是单单建立在对象的关系上,也不是被理性所察知的"。① 后来,哲学界普遍将"休谟问题"称为不能从"是"推出"应"的原则,②也有人称之为"事实"与"价值"的二分法。

按照价值中立的思路,对某个事实"是"什么的了解虽然会推动人们作出某种价值判断或采取某种生活行动,但是,人最后作出的"应"如何的价值判断或采取某种生活行为并不完全建立在"是"什么的事实判断之上。即便人们了解某个事情"是"什么,也不一定会作出相应的听命于现实的"应"如何的价值选择或行动。相反,人们可能"明知山有虎",却"偏向虎山行"。例如,人们明知业精于勤而荒于嬉,却依然愿意过嬉戏和游戏的生活。这是因为人有一种"按照意志的决定而行动或不行动的力量"。③ 休谟的这个说法虽然没有直接倡导价值中立,但它为价值中立提供了一个重要的依据。

与休谟不同,德国学者韦伯(M. Weber,1864～1920)直接倡导价值中立。尽管在韦伯之前已有不少人提倡价值中立,但是,价值中立的问题在韦伯那里才正式成为一个重要的议题。价值中立意味着只陈述事实而不作价值判断。以"工团主义"研究为例,研究者的责任是解释"工团主义"这个观念是什么,说明它形成的条件、原因和结果。"做到这一步,那么对工团主义分析中的价值中立的科学任务就完成了。至于人们是否应该成为一名工团主义者,这样的问题……是科学无法证明的。"④

韦伯只是提出了"价值中立"的建议,但究竟何为"价值中立",他本人并没有为之提供详细的解释。韦伯的提议后来引发各种争议和非议。在种种有关价值中立的非议之中,施特劳斯的批判影响较大。施特劳斯在其代表作《自然权利与历史》中专章讨论"自然权利论与事实和价值的分野"并对韦伯的"价值中立"发起批判。为了批判韦伯的价值中立,施特劳斯耐心地从韦伯作品中检举大量的价值判断的词语和句子,比如"伟大人物"、"无可比拟的辉煌"、"难以逾越的完美"、"虚假的体系",等等。⑤ 问题是,当韦伯以夸张的、热情洋溢的方式说话时,韦伯本人并非处于"学术写作"状态。韦伯并不禁止人们在学术研究之外做出价值判断,相反,"他严厉抨击在学术领域之外保持'道德中立'的错误主张"。⑥ 把那些不作为的现代学者斥为"没有灵魂的专家,全无心肝的纵欲之徒"。⑦ 与之类似,施特劳斯提出:"在社会科学中禁止价值判断,就会导致这样的结

① [英]休谟.人性论(下册)[M].关文运,译.北京:商务印书馆,1980:509—510.
② 详见:[美]普特南.事实与价值二分法的崩溃[M].应奇,译.北京:东方出版社,2006:30.
③ [英]休谟.人类理智研究[M].吕大吉,译.北京:商务印书馆,1999:85.
④ [德]韦伯.社会科学方法论[M].韩水法,莫茜,译.北京:中央编译出版社,2002:159—160.引用时对译文略有改动.韦伯之所以倡导价值中立,主要因为他反对当时大学教师把自己当作先知并在讲台上传播自己的价值观。他认为学术有学术的职业道德,学术研究不应该传播自己的私人信念,"讲台不是先知和煽动家应待的地方。"详见:[德]韦伯.学术与政治[M].冯克利,译.北京:生活·读书·新知三联书店,2005:37.韦伯给学术设限,目的是给政治留出地盘。或者说,韦伯发表《以学术为业》的真正目的乃是给《以政治为业》留出地盘。韦伯追随马基雅维利的思路,他认为"以政治为业"意味着道德和政治是两个不同的领域。它们有各自的职业分工。这种职业的分工要求道德工作者管道德,而政治职业者管政治(上帝的归上帝,恺撒的归恺撒)。"为自己和他人追求灵魂得救的人,不应在政治这条道路上求之。"详见:[德]韦伯.学术与政治[M].冯克利,译.北京:生活·读书·新知三联书店,2005:114.
⑤ [美]施特劳斯.自然权利与历史[M].北京:三联出版社,2006:53.
⑥ [德]韦伯.学术与政治[M].冯克利,译.北京:三联出版社,2005:45.
⑦ [德]韦伯.新教伦理与资本主义精神[M].于晓,译.北京:生活·读书·新知三联书店,1987:143.引用时对译文略有改动。

果：我们可以对在集中营中所能观察到的公然的行动作出严格的事实描述，而且或许也能够对于我们所考察的行动者的动机作出同样的事实描述，然而，我们却被禁止去谈到残忍。"①可是，这个说法并不符合"禁止价值判断"（或价值中立）的本意。价值中立的原则虽然"被禁止去谈到残忍"，但研究者在描述集中营的残忍事实时，他的内心深处很可能被集中营的残忍所激怒。而且，正因为研究者"详细"、"客观"地描述了集中营的事实，才更能激发读者对残忍行为的愤怒。也就是说，价值中立的写作原则虽以学术的"禁欲"为"天职"，但"禁止价值判断"正是为了激发读者的价值判断。"禁止价值判断"、"禁止去谈到残忍"并不意味着作者一定是"冷血"的。

（三）从价值判断到价值关怀

价值关怀是指某项研究直接或间接地表达了研究者的价值追求。价值关怀也可称为"价值追求"。教育研究中的价值中立之所以引起争议，主要原因在于人们习惯于在价值判断和价值中立之间作出非此即彼的两分，而较少考虑处在价值中立和价值判断之间的"价值关怀"。

研究者可以保持价值中立，但是，任何教育研究者都不可避免地显示为价值关怀。或者说，即便研究者在语言表述上保持了价值中立，这并不意味着研究者没有任何价值关怀。恰恰相反，任何研究者在选题和展开研究的过程中总是或多或少地带有自己的价值关怀。如果说写作的三个要素是义理、考据和辞章，那么，价值关怀就是"义理"。只有考据、辞章而没有义理的作者是没有灵魂的、全无心肝的冷血之徒。

价值中立的原则并不禁止研究者有自己的价值关怀。它只是要求研究者尽可能节制语言、控制情绪。它要求作者尽可能用平实朴素的语言陈述事实，只作事实判断而不作价值判断。研究者不作价值判断同时也就意味着把价值判断的权利交还给读者，让读者自己作出价值判断和选择。比如，研究者之所以研究"尼采的教育思想"，那是因为该研究者认为尼采的教育思想是好的，对推进当下的教育改革有益处。或者，他认为尼采的教育思想是有害的，要对这种坏的思想保持某种警惕。关于尼采教育思想的善恶、好坏、有益还是有害的情感倾向，就是该研究者的价值关怀。尽管作者内心深处有自己的价值关怀，但作者依然可以在写作上保持价值中立。②

也有另外一种可能：研究者在研究尼采教育思想时对尼采思想无动于衷。他并不关心尼采思想的好坏，也不关心尼采思想对当下的教育改革有益还是有害。他仅仅只想介绍尼采思想或澄清有关尼采教育思想的误解。这种态度是"为知识而知识"或"为学术而学术"。即便如此，"为知识而知识"或"为学术而学术"的研究态度本身就隐含了某种价值关怀。不同之处在于，该研究者的价值关怀指向学术本身，而一般研究者的价值关怀指向他所研究的对象。

也就是说，价值中立的原则不仅不要求研究者排斥价值关怀（或价值追求），相反，它恰恰要求研究者在内心深处产生并持久地保持某种价值关怀。价值关怀是研究的灵魂。如果作者没有价值关怀，作品也就没有了灵魂。

---

① ［美］施特劳斯.自然权利与历史［M］.北京：生活·读书·新知三联书店，2006：54.
② 详见：刘良华.西方哲学［M］.上海：华东师范大学出版社，2015：269—279.

　　从这个意义上来说,既暗含"价值关怀"又保持"价值中立"的教育写作是可能的。或者说,一种既价值关怀又价值中立的研究是可能的。

二、描述哲学与价值中立

　　事实判断一般采用"是"什么或"有"什么的描述。价值判断一般直接采用"应"如何的祈使句式。还有一种判断比较特别:虽然呈现为"是"什么的描述,但是,由于"是"后面跟随了"善恶"、"好坏"等价值观念,此类"是"什么的判断貌似事实判断,其实属于价值判断。比如,"同情是美德"或"同情是恶德",这两者貌似事实判断,其实属于价值判断。"同情是美德"或"同情是恶德"与"不应该乱施同情"或"必须有基本的同情心",都属于价值判断。

　　哲学研究既可能保持价值中立,也可能直接作出价值判断。某些哲学研究可能显示为"无立场的研究"或"弱立场的研究"[①],另外的哲学研究更多地呈现为"有立场的研究"或"强立场的研究",甚至显示为强烈的价值判断的研究。

　　一般而言,哲学研究中的价值研究往往直接亮明研究者的立场并在相互冲突的价值观之间坚守自己的立场,为自己的立场进行辩护,对"异己"的价值观提出批判。

　　价值判断的合法范围是:价值研究可能会作出价值判断,但是,本质研究以及"元研究"总是保持价值中立。

　　哲学研究中的描述研究(比如本质研究或元研究)往往采用"无立场"、"弱立场"的研究。比如,在"何谓教学"、"论教学的本质"等论题中,合法的写作只是为"教学"这个概念提供事实描述或逻辑分类,而不会以"教学应如何"代替"教学是什么"。研究者可能会提出:"教学有三个要素:一是教师;二是学生;三是教材。教学是三个要素的互动。"类似这样的话语属于事实描述。研究者也可能为之提供纯粹的逻辑分类:"从教学组织形式来看,教学可分为集体教学、小组教学和个别教学;从教学目标来看,教学可分为知识导向教学和能力导向教学。"除此之外,研究者还可能对已有的经验事实进行逻辑分类:"从人类教学活动的历史经验来看,教学一般呈现为三种形式。一是讲授教学,主要显示为教师讲学生听;二是自学辅导教学,它以学生自学为主以教师指导为辅;三是探究教学,它是自学辅导教学的高级形态,不仅强调学生自学,而且重视学生在解决问题、研究问题中自学。"但是,如果论文的主题是"论教学的本质"或"何谓教学",而论证过程中大量呈现为"教学应该如何"的价值判断,就出现了越界、违规行为。若出现此类越界行为,则要么改变论证的方式,严格以"是"什么或"有"什么的方式展开本质研究的论证;要么调整研究主题,使本质研究转换为价值研究或对策研究。比如,将"论教学的本质"或"何谓教学"转换为"有效教学的途径"或"教学如何是好"。

　　哲学研究领域一度流行"现象学描述"的说法。现象学之所以声名鹊起,固然与其"主体主义现象学"(或意志现象学、观念论现象学)和"主体间性现象学"有关,同时也与

---

① 有关"无立场的研究",详见:赵汀阳.无立场的伦理分析[J].哲学研究,1995(7):66—73;金生鈜.无立场的教育学思维[J].华东师范大学学报(教育科学版),2006(3):1—10.李迪.无立场的教育学分析[D].东北师范大学,2009.

其坚持"描述"的方法有关。

其实,"描述"一直是哲学写作(尤其是本质研究或元研究)的基本传统。小说的作者总是描述故事情节而不作价值判断,哲学写作亦如是。哲学研究(尤其是本质研究或元研究)与实践研究的重要差别就在于:哲学研究(尤其是本质研究或元研究)的写作是无立场的、价值中立的描述。实践研究是有立场的、有明确的价值判断的论断或意见。即便哲学研究中的价值研究作出了价值判断,作出价值判断之后,哲学研究往往提供大量的事实判断作为证据。反之,如果作出了价值判断之后,并不提供大量的事实判断作为证据,那么,这种研究貌似哲学研究,其实只是表达个人的口水化意见的实践研究。

学术论文的陈述不可避免地隐含作者的价值关怀(或价值追求),这使论文的写作总是不同程度地染上作者的感情色彩。但是,好的哲学写作在表达自己的价值关怀时总是尽可能保持语言上的克制和节制,总是少用或不用"修辞","少用形容词或副词"①,少用纲领性定义、口号和比喻等"实践教育学"的语言②,更不会"口诛笔伐"。好的哲学写作总是保持有节制的修辞。有人甚至提出"零修辞写作"、"零度写作"或"零度风格"。③ 彻底做到"零修辞写作"或"零度写作"是艰难的,但好的哲学写作总是尽可能保持"不介入"、"不动心"、"不在场"的白描风格。④ "零度写作"所反对的是党派性的"政治式写作"、"革命式写作"、"战斗式写作"、"道义担当式写作"或"教训式写作"。⑤

第一,哲学写作不是仇恨文学,不说狠话。哲学写作可能会表达自己的不同意、不赞成,但不会破口大骂、泼妇骂街,更不会使用文字暴力。比如,学术论文中应尽量避免类似"无耻"、"反动"、"贩卖"、"叫嚣"、"狂吠"、"暴露"、"揭露"、"揭穿"、"戳破"、"陈词滥调"、"别有用心"、"随声附和"、"这无疑是一记响亮的耳光"等词语。⑥ 此类修辞使学术论文迅速滑向"仇恨文学"。与之类似,哲学描述总是少用或不用"鼓吹"、"宣扬"、"散布"等词语。这些词语看起来比"无耻"、"叫嚣"、"狂吠"更温和一些,但依然显示了作者的"漫骂"倾向。为了避免滥用感情,哲学描述一般不用或少用感叹号。

第二,哲学描述总是尽量避免俗气的语言。哲学写作虽不一定严格要求做到韩愈所追求的"硬语盘空"⑦或欧阳修、苏轼等人追求的"白战体"或"禁体诗"⑧,但哲学写作总是追求"陈言务去"。⑨ 如无必要,勿增修饰(Omit needless words)。一幅好画不会有

---

① W. Strunk, E. White. The Elements of Style [M]. Massachusetts: Allyn & Bacon, 2000: 73.
② 详见:[德]布列钦卡. 教育科学的基本概念:分析、批判和建议[M]. 胡劲松,译. 上海:华东师范大学出版社,2001:7—9.
③ 这里的"零度风格"(zero style)是朱光潜先生的说法。详见:朱光潜. 漫谈说理文[A]. 王力,等. 怎样写学术论文[C]. 北京:北京大学出版社,1981:40.
④ 详见:[法]巴尔特. 零度写作[M]. 李幼蒸,译. 北京:中国人民大学出版社,2008:48.
⑤ 相关讨论,详见:[法]巴尔特. 零度写作[M]. 李幼蒸,译. 北京:中国人民大学出版社,2008:18—19.
⑥ 比如,最好不使用类似这样的话语:"巴枯宁甚至狂吠:'强盗就是英雄、保卫者、人民的复仇者'。"详见:罗徽武. 试论巴枯宁无政府主义[J]. 四川师范大学学报(社会科学版),1980(4):47—51.
⑦ "硬语盘空"出自韩愈的《荐士》:"横空盘硬语,妥贴力排奡。"
⑧ 有关禁体诗的解释和讨论,详见:程千帆. 火与雪:从体物到禁体物[A]. 莫砺锋. 程千帆全集(第9卷)[C]. 石家庄市:河北教育出版社,2000:62—81.
⑨ "陈言务去"出自韩愈的《答李翊书》:"惟陈言之务去,戛戛乎其难哉!"

多余的线条,一台正常的机器不会有多余的零件。① 行为的优雅是指没有多余的动作,文字的优雅则是指没有多余的字词。哲学写作往往拒绝使用"陈词"、"俗词"、党派性或御用性的恭维词语、贴金词语。比如,哲学写作少用或不用"精辟地分析了……"、"一针见血地指出……"、"深刻地揭示了……"、"无情地批判了……"、"旗帜鲜明地提出……"等带有强价值倾向的词语;不用或少用"蓬勃发展"、"高瞻远瞩"、"雨后春笋"、"伟大举措"等"大词"、"大话";少用或不用类似"不由得"、"禁不住"、"脑海里"、"油然而生"等俗词。这样说并不意味着哲学写作不可使用日常词语。恰恰相反,经典作家往往随处采用日常词语甚至民间俚语。不同之处在于:初学者只是人云亦云地使用日常词语,而经典作家在使用日常词语时,往往能使日常语言陌生化。② 此外,为了避免俗气的语言,哲学写作一般不在"某某说"、"某某回答"的动词前面加上修饰的副词,比如"他和蔼地说"、"她幽怨地回答",等等。尽可能"让话语本身显示说话者的态度和状态"。③

第三,哲学写作往往少使用最高级或最低级式的不留余地的修辞。学术论文可能会表达作者对某个人或某个观点的赞赏或钦佩,但不会轻易使用"最高级"或"卓越"等修辞。哲学写作总是少用或不用"最……"、"绝对……"以及类似的词语("说有易,说无难")。节制的语言比夸张的语言更冷静也因此更深刻更有分量。

第四,哲学写作往往少用"无庸质疑"、"毋庸讳言"、"不用怀疑"、"不可否认"、"无疑"、"显而易见"、"众所周知"、"不言而喻"、"应该说"、"应该是"等口水话。④ 学术研究的目的不是征服(vincere)而是说服(convincere)。宁可按照"适度不自信原则表达自己"⑤,也不要轻易使用坚定不移的口气陈述观点。在学术研究领域,几乎没有什么结论是不能怀疑、质疑的,动辄使用"无庸质疑"、"毋庸讳言"、"无疑"等词语,显得装腔作势、少年老成或倚老卖老。在学术研究领域,也很少有家喻户晓或不言自明的知识,因此,哲学写作总是少用或不用"众所周知"、"显而易见"、"不言而喻"这类词语。哲学写作不会把话说得"太满",学术话语总是留有余地。为了直接亮出自己的立场,有人愿意"把真理恶狠狠地说出来",习惯于采用"……既不是……,也不是……,而是……"、"……既不同于……,也不同于……,更不同于……"或"如果不……,所谓……就显得可疑"、"但肯定不是……"、"凡是……"、"……优先于……"等话语对传统观点或他人观点进行批驳并由此摆明自己的结论。比如,"如果不表现为真理的必然性,所谓高尚的东西就总是显得可疑。"⑥"凡是不可做的都不是思想问题。"⑦

第五,哲学写作不会"大口大气"地论断他人,不会轻易以导师姿态或法官姿态去教

① W. Strunk, E. White. The Elements of Style [M]. Massachusetts: Allyn & Bacon, 2000: 23.
② 海德格尔的《存在与时间》堪称"日常词语陌生化"的范例(中译本的译者在翻译这部作品时也保持了日常词语陌生化的这个特色)。比如,"解释向来奠基在先行视见之中,它瞄着某种可解释状态,拿在先有中摄取到的东西'开刀'。"详见:[德]海德格尔.存在与时间[M].陈嘉映,王庆节,译.北京:生活·读书·新知三联书店,2006: 175—176.
③ 详见: W. Strunk, E. White The Elements of Style [M]. Massachusetts: Allyn & Bacon, 2000: 75.
④ 另外,最好避免说类似无独有偶、匠心独运、茅塞顿开等这类比较"俗气"的词语。
⑤ 详见:[美]邓恩.姊妹革命:美国革命与法国革命启示录[M].杨小刚,译.上海:上海文艺出版社,2003: 125.
⑥ 赵汀阳.论可能生活[M].北京:生活·读书·新知三联书店,1994: 193.
⑦ 赵汀阳.论可能生活[M].北京:生活·读书·新知三联书店,1994: 187.

训他人。类似"我们应该保持清醒的头脑,绝不……"、"我们要自觉抵制……"之类话语,属于导师或法官姿态的话语。在对历史上的经典名著及其作者提出批评时,哲学写作总是保持谨慎、节制和敬畏的态度。比如,好的哲学研究不会出现类似这样的论断:"虽然弗洛伊德提出了一些创造性的见解,但是,弗洛伊德极端夸大性心理的自然性,宣扬泛性主义的性力决定论,则是根本错误的"。

第六,哲学写作往往少用或不用"我们认为"、"我们知道"、"人们普遍认为"、"大家认为"。当研究者说"我们认为"时,究竟谁跟他一起认为呢? 当研究者说"我们知道"时,人们真的都知道吗? 如无注释,哲学写作不会使用类似"有人认为"、"有研究显示"、"有学者提出"等引导词,不会急于提出"笔者认为"、"我认为"。好的哲学写作总是"让事实说话"、"述而不作"(尽管不必做到"信而好古")。相反,如果学术论文中频繁出现"我认为"或"笔者认为",则说明该研究可能只是实践研究而不是学术研究。

第七,为了引起读者特别的注意,哲学写作偶尔会采用"值得一提的是"、"特别值得说明的是"、"值得注意的是"等引导语。但是,一旦使用了"值得一提的是"、"值得注意的是"等引导语,后面所引导的内容就要能显示出"值得一提"、"值得注意"的实力和分量。如果只是想做额外的补充而并无特别值得关注的内容,一般采用类似"此外"、"另外"的方式或以"脚注"、"加括弧"的方式做补充说明。

第八,哲学写作往往不会过度使用"言证"(用某权威人物的言语来证明自己的观点),总是少用"朱熹说"、"马克思说"、"杜威说"、"孙中山说"等排列的句式作为论述。论证一个观点的常用办法是提出证据或证词,列举有代表性的观点作为证词也许是合适的,但哲学写作不会过度使用"言证"。论证一个观点是否成立,即便千万人说了相关的话,也无法说明该观点是正确的。把千万人的口水化的意见聚集起来,依然还是口水化的意见,而不是有根据的知识。无论某个名人说出了什么名言,他的名言都依然无法论证某个结论是否成立。论证是否有效,只能有两个路径:要么采用经验的归纳的路子,要么采用先验的演绎的路子。只有那些尚未入门的初学者才不断用名人名言来为自己作辩护。无论马克思还是杜威、孙中山、朱熹,任何他人的观点都只是有待验证的假设。好的哲学写作不会轻易把某人"抬"出来压制读者,更不会轻易拿"政治人物"的言语当作不可置疑的权威或真理。哲学写作总是使学术与政治保持距离,保持学术研究的独立性和严肃性。学术论文若刻意引用政治人物的话语,就容易使学术研究"蒙羞"或"媚俗"。

三、思想实验与哲学写作

除了一般意义上的思辨论证,哲学写作也可能呈现为思想实验。

思想实验往往显示为乌托邦哲学、情境模拟伦理学、科幻小说或科幻电影。[①] 思想实验也是一种实验,但它只是研究者头脑中进行的实验。马赫(E. Mach, 1838~1916)将计划者、空想家和小说家统称为思想实验(与有形实验相对),不仅如此,精明的商人、严肃的发明家和研究者也会做种种思想实验。这样做的好处不仅在于花费较小,容易

---

① 电影《楚门的世界》、《黑客帝国》是典型的思想实验。

在头脑中自由想象,而且可以成为有形的科学实验的预先模拟。马赫认为:"正是这样的小小的奇迹,使得思想实验往往在有形实验之先,并为其作好准备。"①

部分思想实验可以展现为有形的实验,但是,由于伦理问题或实验条件的问题,部分思想实验暂时或永远无法展现为有形的实验。相反,如果将某些只适合自由想象的思想实验强行兑现为有形的实验,就可以酿成灾难性的社会改造运动。

(一) 哲学实验

哲学实验主要呈现为乌托邦哲学,比如莫尔的《乌托邦》、康帕内拉的《太阳城》、安德利亚的《基督城》,等等。古希腊哲人柏拉图的《理想国》可视为乌托邦哲学的源头。

柏拉图的思想实验方案是:真正善好的、理想的社会必须由"至善"的"好人"(哲人)来统治一般的无知的公民。柏拉图把他的"理想国"称为"言辞中的城邦"、"在理论中建立起来的那个城邦"、"理想中的城邦"、"用词句创造一个善的国家"。柏拉图以苏格拉底之口提出,他所讨论的理想国"是为了我们可以有一个样板,我们看着这些样板,是为了我们可以按照它们所体现的标准,判断我们的幸福或不幸,以及我们的幸福或不幸的程度。我们的目的并不是要表明这些样板能成为在现实上存在的东西。"②

(二) 伦理学实验

伦理学实验也属于哲学实验。伦理学实验由哲学实验派生,它是特别的哲学实验。

伦理学实验的典型是"电车难题":一个疯子把五个无辜的人绑在电车轨道上。一辆失控的电车朝他们驶来,很快就要碾压到他们。幸运的是,你可以控制一个拉杆,让电车开到另一条轨道上。但是,那个疯子在那另一条轨道上也绑了一个人。你是否会启动拉杆?

可以将这个思想实验稍做调整,使这个思想实验变得比较复杂:你站在天桥上,看到有一列刹车损坏的电车正在行驶,前方有五个被绑在轨道上的无辜的人。你身边有个胖子,他的体形与重量正好可以挡住电车。你是否会动手将这个胖子从天桥上推下去?更加复杂一些的思想实验设计是:如果你身边的这个胖子是你的亲人,你是否会将这个胖子从天桥上推下去?

与之类似的伦理学实验是"炸弹难题":想象一个定时炸弹藏在某个城市,在羁押的嫌疑人中有一个恐怖分子知道炸弹的地点。当局者是否有权使用酷刑来套取情报?更复杂一些的问题是:如果这个恐怖分子不为酷刑所动,当局者是否有权拷打他的妻子或儿女来迫使恐怖分子屈服?

也可以将这个思想实验用电脑模拟的方法变成科学实验,但是,类似"电车难题"或"炸弹难题"这样的思想实验本身已经是一个独立而完整的案例,可用来讨论伦理学中各个不同派别及其现实合理性。按照功利主义伦理学的"最多最大"(最大多数人的最大幸福)原则,必须启动拉杆,杀一救五。可是,按照义务论伦理学的思路,任何人都是目的而不是手段,没有人有权操纵他人的命运。

(三) 小说实验或电影实验

小说实验或电影实验与哲学实验或伦理学实验的不同之处在于:哲学实验或伦理

---

① [奥]马赫.认识与谬误[M].李醒民,译.北京:商务印书馆,2010:204.
② [古希腊]柏拉图.理想国[M].郭斌和,张竹明,译.北京:商务印书馆,1986:213.

学实验的重点在于义理,文字简短,惜墨如金;小说实验或电影实验的重点在于讲义理转化为逼真的故事,且为了还原为逼真的故事而不惜笔墨。

小说实验或电影实验类似哲学实验或伦理学实验。几乎所有的哲学实验或伦理学实验都可以采用小说或电影的方式呈现出来。比如,电影《不可思议》(Unthinkable,也译为《战略特勤组》)可在"炸弹难题"伦理学实验那里找到的原型,而奥威尔的《1984》、赫胥黎的《美丽新世界》、扎米亚京的《我们》等小说则以"反乌托邦三部曲"的思路延续了乌托邦哲学的主题。电影《分歧者》亦可视为反乌托邦系列的延续。

更多的小说实验或电影实验呈现为科幻小说或科幻电影。几乎所有的科幻小说或科幻电影都可视为思想实验。而且,科幻小说或科幻电影的基本主题及其所隐含的社会批判往往与哲学实验或伦理学实验有内在的关联。笛卡尔曾经设想过一个哲学实验:人容易受感官的欺骗,很难说人的感官体验都是真实的而不是由某个"邪恶的魔鬼"操纵的。为此,笛卡尔提出"我思故我在"的解决方案。[①] 笛卡尔的这个哲学实验后来发展为一系列科幻小说或科幻电影,《楚门的世界》、《1984》、《黑客帝国》等电影均可视为艺术版本的笛卡尔哲学实验。《黑客帝国》里的经典台词是:"什么是真相? 真相是你是一个奴隶。你,和其他所有人一样,生来受奴役……你给关在一所监狱里,这监狱你无法闻及,无法品尝,无法触摸。这是你头脑的监狱。"类似的说法同样可以作为《楚门的世界》和《1984》等电影或小说的潜台词。如果说《黑客帝国》、《楚门的世界》和《1984》等小说或电影实验只是对精英如何操纵大众提出批判,《弗兰肯斯坦》以及《2012》等电影或小说实验则直接对科技理性给"自然法"造成的灾难表达无休止的忧虑。

---

① 详见:[法]笛卡尔.谈谈方法[M].王太庆,译.北京:商务印书馆,2000:26—27.引用时对译文略有调整,王太庆先生主张翻译为"我想,所以我是"。

中国教育哲学以儒家教育哲学为主体。而儒家教育哲学以"四书五经"为基本教材。"四书五经"长期作为中国文化的主流,已经成为中国传统文化的灵魂。儒家教育哲学长期受墨家、法家、道家和佛家的影响,并在汲取其他学派的智慧中呈现出各种时期的"新儒学"。

第 4 章

儒家的
"四书五经"

儒家精神浓缩为"四书五经"。"经"者,经常、经纬也。经学因此而成为圣神之学,有"圣经"之说。① 经以载道,非议经典,就是离经叛道。中国上古教育最初流行有《诗》、《书》、《礼》、《乐》、《易》、《春秋》和其他各书,无所谓"经"或"经学"。诸子百家各取所需,各有所学。后来孔子删书,形成《诗》、《书》、《礼》、《乐》、《春秋》、《易》六种教材。六种教材后来成为儒家信奉的经典而被奉为"六经"。"六经"之中,《乐》亡于秦火,"六经"变为五经,汉代立"五经博士"。汉代《礼》有"三礼"(东汉郑玄为《礼经》"三礼"作注②),《春秋》有"三传",至唐代,"三礼"、"三传"以及《诗》、《书》、《易》被定为九经。宋代出现《孝经》、《论语》、《孟子》、《尔雅》升格运动,在九经之外又增四经。于是,六经最初因《乐经》不传而减为五经,后来又由五经扩展至十三经。

《论语》与《孟子》本属"子"书,但自汉代起,《论语》的地位不断上升,由"子"升"传"、"记",最终成为"经"。《论语》原本大量地论"五经",赵岐在《孟子题辞》中提出:"《论语》者,五经之錧辖,六艺之喉衿也。"③陈澧则说:"经学之要,皆在《论语》中,故曰:《论语》者,五经之管辖也。"④宋代之前,孟子长期被视为一般学者。后来出现"孟子升格运动",宋代由于新政带来的科举改革和王安石本人对孟子的推崇,《孟子》一书正式被列入科举考试范围,成为兼经。⑤ 宣和年间,《孟子》被正式列入"十三经"。《大学》和《中庸》原为《小戴礼记》中的两篇,因二程和朱熹等人的重视而独立成书。⑥《大学》与《中庸》、《论语》、《孟子》并称四书。南宋朱熹作"四书章句集注"。四书后来正式成为科举考试的官方教材。四书与五经并称为"四书五经"。

第 1 节　《诗经》的情感教育

《诗经》共 305 篇,孔子称之为"《诗》三百"。"《诗》三百"在汉代被确立为"诗经",并出现四家诗传。最初"鲁诗"、"齐诗"、"韩诗"三家流行,后来"毛诗"独大。今人所谓诗经,皆以"毛诗"为底本。《诗经》包含风、雅、颂三个部分。《风》为十五国的民歌,乃诗经核心。⑦《雅》多为贵族祭祀诗。《颂》则为宗庙祭祀诗。《诗经》主要有情诗和政治诗两类主题。两者之间,情诗更受重视。《诗经》的情诗主要包括三类,一是恋爱诗;二是婚

---

① 有人认为,"经学"主要有三个特征。它曾支配整个思想领域;它是当时政府颁行的标准解释(类似"课程标准");它类似"国教"特性,信而不疑。详见:朱维铮.中国经学史十讲[M].上海:复旦大学出版社,2002:9.

② 郑玄为"三礼"作注,可视为东汉风俗纯美的标志性事件。司马光说:"自三代既亡,风化之美,未若有东汉之盛者也。"详见:《资治通鉴·汉纪六十》。梁启超也认为东汉"尚气节,崇廉耻,风俗称最美",为"儒学最盛时代"。详见:梁启超.论私德[A].梁启超.饮冰室专集之四·新民说[C].上海:中华书局,1936:129.

③ [汉]赵岐,注,[宋]孙奭,疏.孟子注疏[M].北京:北京大学出版社,1999:8.

④ [清]陈澧.东塾读书记[M].上海:上海古籍出版社,2012:16.

⑤《宋史选举志一》:"定贡举新制,进士罢诗赋、帖经、墨义,各居治《诗》、《书》、《易》、《周礼》、《礼记》一经,兼以《论语》、《孟子》。"李焘《续资治通鉴长编》卷二二〇"神宗熙宁四年二月丁巳条",第 5334 页.

⑥ 类似《金刚经》《心经》从《大般若经》独立出来。

⑦ "二《南》"为《国风》之首,甚至被作为《诗经》的代称。《毛诗序》曰:"《周南》、《召南》,正始之道,王化之基。"一般认为,《周南》、《召南》乃诗之"正风",故居首位。"桧风"与"曹风"之所以排序靠后,乃因"桧则其君淫恣,曹则小人多宠"。"豳风"之所以殿后,因为"豳风"为可望扶正之变风。傅斯年认为,二《南》重礼乐而文采不艳,男女情诗多节制(《野有死麇》除外)。所谓发乎情止乎礼义,只适用于二《南》。其他《国风》皆情感动荡而不关注礼乐(《定之方中》除外)。详见:傅斯年.诗经讲义稿[M].上海:上海古籍出版社,2012:90.

姻诗;三是离愁诗。从经学视角来看,情诗所谈男女之事皆隐喻君臣关系或"美刺"政治。《毛诗序》云:"诗者,志之所之也。在心为志,发言为诗。……故正得失,动天地,感鬼神,莫近于诗。先王以是经夫妇,成孝敬,厚人伦,美教化,移风俗。"汉代将《诗经》作为讽谏之学,"以三百五篇当谏书"。①

在孔子看来,《诗经》的主要功能有三:(1)调节情感。《论语·八佾》曰:"《关雎》乐而不淫,哀而不伤。"(2)净化情感。《论语·为政》曰:"《诗》三百,一言以蔽之,曰:'思无邪'。"②(3)入学门径。《论语·阳货》曰:"兴于诗,立于礼,成于乐。"与之相关,《论语·阳货》则提出诗可以激励唤醒(兴)、观风观志(观)、交往协商(群)、批评谏议(怨)。"诗,可以兴,可以观,可以群,可以怨。迩之事父,远之事君;多识于鸟兽草木之名。"③《论语·子路》曰:"诵《诗》三百,授之以政,不达,使于四方,不能专对,虽多,亦奚以为?"《论语·阳货》曰:"人而不为《周南》、《召南》,其犹正墙面而立也与?"在孔子那里,"诗经"尤其是"二南"乃求学之门径。不学"二南",犹如"正墙而立",一物无所见,寸步难行。《论语·季氏》曰:"不学《诗》,无以言"。与之相关,孔子两次感叹"始可与言诗已矣"。④

一、恋爱诗

恋爱诗在《诗经》中有三种情态:一是两情相悦。二是爱慕追求。三是约会定情。就"美刺"视角而言,两情相悦赞美贤臣遇明君。爱慕追求赞美君王求贤或贤才思明君。⑤ 约会私奔讥刺君臣失礼或有违礼俗。

(一) 两情相悦

《诗经》中情诗不在少数,唯有《周南·关雎》以其"两情相悦"逼近完美。《关雎》云:"关关雎鸠,在河之洲。窈窕淑女,君子好逑。参差荇菜,左右流之。窈窕淑女,寤寐求之。求之不得,寤寐思服。悠哉悠哉,辗转反侧。参差荇菜,左右采之。窈窕淑女,琴瑟友之。参差荇菜,左右芼之。窈窕淑女,钟鼓乐之。"

有关《关雎》的解释,历来争议最多,相互驳难。但无论后人如何纷争,孔子对《关雎》的解释一直被视为权威。孔子对《关雎》的解读是:"《关雎》乐而不淫,哀而不伤。"⑥又曰:"《关雎》之改,则其思益矣。"⑦在孔子看来,《关雎》既言情,亦有礼,将情纳入礼的范围,以礼改情。不仅"窈窕淑女,君子好逑"明确提出"礼"的规范问题,《关雎》中的每一句诗词都在讨论男女之间的"发乎情止乎礼"的问题。最后的"琴瑟友之"与"钟鼓乐之"也同样在讨论以礼"改"情的问题。最初可以"琴瑟友之",琴瑟属个体化的娱乐器

---

① 详见:[清]皮锡瑞.经学历史[M].北京:中华书局,2008:90.

② 《鲁颂·駉》有"思无邪"的诗句,为孔子引用。有人认为"思无邪"是指《诗经》内容广阔无边,包罗万象的意思。详见:孙以昭.孔子"思无邪"新探[J].安徽大学学报(哲学社会科学版),1998(4):58—61.但将"思无邪"引申为"思想纯正,无邪念"亦可。

③ 《论语·述而》所谓"志于道,据于德,依于仁,游于艺"也与此相关。

④ 详见:《论语·学而》和《论语·八佾》。

⑤ 类似陈寿所言"智能之士思得明君"。详见:《隆中对》。

⑥ 详见:《论语·八佾》。朱熹在《论语集注》中认为:"求之不得,故宜其有寤寐反侧之忧;求而得之,则宜其有琴瑟钟鼓之乐。"

⑦ 详见:王博.中国儒学史(先秦卷)[M].北京:北京大学出版社,2011:459—471.王博在此书中专门讨论上海博物馆所藏战国楚简中的《孔子诗论》。

材。但最后必须"钟鼓乐之"。与琴瑟不同,钟鼓乃公共伦理的礼器。"钟鼓乐之"意味着明媒正娶,以礼制欲、以礼改情。后来《礼记·中庸》云:"君子之道,造端乎夫妇。"

孔子解诗,微言大义而已。"三家诗"(鲁诗、韩诗、齐诗)延续孔子的"远之事君"、诗"可以怨"之思路,认为此诗"刺康王"。周康王贪恋女色,政事荒废。① 《诗经》"始于衽席"(卧榻之事),故有"关雎之乱"。② 或曰:"康王晚朝,《关雎》作讽。"③

与"三家诗"相反,"毛诗"认定《关雎》为"美"诗而非"刺"诗。在《毛诗序》那里,《诗》有"风雅正变"之分:"诗有六义焉:一曰风,二曰赋,三曰比,四曰兴,五曰雅,六曰颂,上以风化下,下以风刺上,主文而谲谏,言之者无罪,闻之者足以戒,故曰风。至于王道衰,礼义废,政教失,国异政,家殊俗,而变风变雅作矣。"④从"风雅正变"出发,《毛诗序》认为《关雎》为"正风":"《关雎》乐得淑女,以配君子,忧在进贤,不淫其色;哀窈窕,思贤才,而无伤善之心焉。"

朱熹虽反对《毛诗序》所谓"美后妃之德",但仍然延续《毛诗序》有关"后妃之德"的思路。在朱熹看来,《关雎》之"窈窕淑女,君子好逑"乃述文王遇爱妃之事。"周之文王,生有圣德,又得圣女姒氏以为配之。"之所以寤寐求之,辗转发愁,乃因"求之不得,则无以配君子而成其内治之美,故其忧思之深"。⑤

《关雎》为"四始"之首,位置显要,历来备受关注。⑥ 《关雎》与《葛覃》之于《诗经》,类似"乾坤"之于《易经》。《易经》以"乾坤"两卦为"易教"总纲。乾卦虽然高于和优先于坤卦,但乾之"自强不息"、积极主动能否成事,取决于坤之"厚德载物"、韬光养晦。⑦ 与之类似,《诗经》以"关雎"为总纲。君子能否成功,关键在于是否有淑女辅助以及君子本人是否守"夫妇人伦"之私德。《女诫·夫妇》曰:"夫妇之道,参配阴阳,通达神明,信天地之弘义,人伦之大节也。是以《礼》贵男女之际,《诗》着《关雎》之义。"

(二) 爱慕追求

《秦风·蒹葭》云:"蒹葭苍苍,白露为霜。所谓伊人,在水一方。溯洄从之,道阻且长;溯游从之,宛在水中央。蒹葭萋萋,白露未晞。所谓伊人,在水之湄。溯洄从之,道阻且跻。溯游从之,宛在水中坻。蒹葭采采,白露未已。所谓伊人,在水之涘。溯洄从之,道阻且右。溯游从之,宛在水中沚。"

此诗不仅显示追求者之热烈执着,而且细致耐心,用心良苦。秦人尚武,《蒹葭》貌似《秦风》之异类:"此诗在《秦风》中,气味绝不相类。以好战乐斗之邦,忽遇高超远举之作,可谓鹤立鸡群,倏然自异者矣。"⑧不过,尚武与浓情并不冲突。无情未必真豪杰,怜子如何不丈夫?

---

① 详见:[清]皮锡瑞.经学通论[M].北京:华夏出版社,2011:161—165.
② 详见:《史记·孔子世家》。
③ 详见:《后汉书·皇后纪论》。
④ 按此思路,《周南》与《召南》共 25 篇,皆为"正风"。《小雅》自《鹿鸣》至《菁菁者莪》16 篇,《大雅》中自《文王》至《卷阿》18 篇为"正雅"。《邶风》以下十三国风共 135 篇为"变风"。《小雅》中《六月》以下 58 篇以及《大雅》中《民劳》以下 13 篇为"变雅"。
⑤ 详见:《诗集传·关雎》。
⑥ 司马迁曰:"关雎之乱以为风始,鹿鸣为小雅始,文王为大雅始,清庙为颂始。"详见:《史记·孔子世家》。
⑦ 《归藏易》以坤卦为首,或许与此有关。
⑧ 详见:[清]方玉润.诗经原始[M].北京:中华书局,1986:273.

《毛诗序》云："《蒹葭》,刺襄公也。未能用周礼,将无以固其国焉。"郑玄认为,《蒹葭》刺君寻求知周礼之贤人。尚武而不用礼,民心不服。蒹葭貌似强硬,但受白露风霜之后则化为柔顺。类似"蒹葭苍苍,白露为霜",喻民众虽强悍不屈,但用周礼则自然服从。"所谓伊人,在水一方",喻指周礼之贤人,隐在远方。用周礼则需要寻找知礼之贤人。所谓"溯洄从之,道阻且长;溯游从之,宛在水中央"。求贤安民必须礼贤下士,顺势而下,不可强人所难、倒行与逆施。[①] 不过,亦可反向解释:蒹葭虽苍劲有力,桀骜不驯,若经历"白露"之打击、冷冻,苦其心志、劳其筋骨,则蒹葭必然柔和、顺服。若将"伊人"理解为君子、君王,那么,所谓"溯洄从之,道阻且长;溯游从之,宛在水中央",则喻臣子之顺从。

(三) 约会定情

《诗经》中有关男女约会定情之事,主要有三:一是赠送定情之物,比如《召南·野有死麕》、《邶风·静女》。二是幽会或私奔,比如《郑风·褰裳》、《郑风·子衿》[②]、《鄘风·蝃蝀》、《郑风·其出东门》、《曹风·侯人》。[③] 三是公开聚会,载歌载舞,比如《齐风·东方之日》、《陈风·东门之枌》、《陈风·东门之池》。当时社会禁止男女约会,强调男女有别,授受不亲,约会行为被视为伤风败俗之事。因此,朱熹认定其中 30 首为"淫诗"。[④] 朱熹所谓"淫诗 30 首",几乎皆为男女"约会定情诗"。男女约会行为一旦解禁,那么,朱熹所谓的"淫诗",就成为美好之情诗。《诗经》中朱熹所述"淫诗 30 首",类似《易经》中孔子所述"三陈九卦"(详见:《易传·系辞下》)。"三陈九卦"是《易经》之灵魂,可作为解读《易经》的重要线索;"淫诗 30 首"是《诗经》之灵魂,可作为解读《诗经》的重要线索。

二、婚姻诗

婚嫁事关礼法秩序。"礼之用,唯婚姻为兢兢。"[⑤]《礼记·昏义》云:"昏礼者,礼之本也。"《诗经》之婚姻诗主要有三类:一是娶妻迎亲;二是生儿育女;三是和睦相处。

(一) 娶妻迎亲

《诗经》之娶妻迎亲,以《小雅·车舝》最悠长,以《召南·何彼秾矣》之新娘最气派,而以《周南·桃夭》之新娘最华美。《小雅·车舝》云:"虽无旨酒? 式饮庶几。虽无嘉肴? 式食庶几。虽无德与女? 式歌且舞? ……高山仰止,景行行止。四牡騑騑,六辔如琴。觏尔新婚,以慰我心。"《召南·何彼秾矣》云:"何彼秾矣,唐棣之华。曷不肃雍,王姬之车。何彼秾矣,华如桃李。平王之孙,齐侯之子。其钓维何? 维丝伊缗。齐侯之

---

① 详见:[汉]毛亨,传,[汉]郑玄,笺.[唐]孔颖达,疏.毛诗正义[M].北京:北京大学出版社,1999:422—423.

② 朱熹认为《卫风》多为"男悦女之辞",而"郑皆为女惑男之语"。详见:[宋]朱熹.诗集传[M].北京:中华书局,2011:72.

③ 《毛诗序》认为《曹风·侯人》为政治讽刺诗,闻一多认为该诗的主题为"性爱"。详见:闻一多.诗经的性欲观[A].闻一多全集(神话编·诗经编上)[C].长沙:湖南人民出版社,1993:175.

④ 朱熹之《淫诗》有人统计为 24 首。也有人统计为 28 首或 29 首、30 首。详见:莫砺锋.从经学走向文学:朱熹"淫诗"说的实质[J].文学评论,2001(2)79—88.有人认为《召南·野有死麕》为"关于野合的情诗"。详见:何新.风雨雅:《诗经》新考(上卷)[M].北京:中国民主法制出版社,2008:107—109.

⑤ 详见:《史记·外戚世家》。

子,平王之孙。"《周南·桃夭》则云:"桃之夭夭,灼灼其华。之子于归,宜其室家。桃之夭夭,有蕡其实。之子于归,宜其家室。桃之夭夭,其叶蓁蓁。之子于归,宜其家人。"[①]

(二) 生儿育女

中国古风崇尚生育,追求多子多福。《诗经》中有关生育之诗,大致有三类:一是以生育繁殖力强大的动植物或以有利于生育的药材作为生育的类比、暗示,比如《周南·螽斯》。二是直接唱和有关生育的赞歌,比如《小雅·斯干》。三是以历史真实人物之生育能力作为个案,比如《卫风·硕人》。

《卫风·硕人》以新娘出嫁为开篇,而在诗篇的终末,聚焦于情爱与生育能力之想象。有人感叹,"千古颂美人者无出其右,是为绝唱"[②]。

虽然诗无达诂,但也不免出现明显的误读与误解,《硕人》之误解与误读尤为严重。[③]《毛诗序》和《诗集传》认为,此诗因庄姜无子,"国人闵而忧之"。据《烈女传·齐女傅母》,傅母见庄姜妇道不正,重衣饰而不贵德,于是劝谕庄姜修养妇德,为民表率。[④]其他人反对"怜悯"说和"劝谕"说,认为此诗"颂庄姜美而贤"。[⑤] 其实,此诗最后几句明显指向性爱与生育,此前皆为序章。所谓"河水洋洋,北流活活。施眾濊濊,鱣鲔发发,葭菼揭揭",兴比兼用。"兴"者,以河水流淌、捉鱼戏水、芦苇疯长[⑥]之意象,兴起和引出人类之情爱。[⑦] "比"者,则直接以河水流淌、捉鱼戏水、芦苇疯长类比人类之情爱。无论"兴",抑或"比",最后皆指向"庶姜孽孽,庶士有朅"之想象与祈愿:众多美好的姜姓女子的到来,跟随有一群威武强壮的勇士。

遗憾的是,所谓"庶姜孽孽,庶士有朅",也仅止于想象与祈愿。实际上,高贵若庄姜,亦不免陷入"主奴辩证法"之"历史的狡计"(主人必败而奴隶必胜)。《左传·隐公三年》云:"卫庄公娶于齐东宫得臣之妹,曰庄姜,美而无子,卫人所为赋《硕人》也。"《毛诗序》亦云:"庄姜贤而不答,终以无子。故国人闵而忧之。"所谓终以无子,怜悯而忧,或许也有女色误国之讽谏。《诗经·瞻卬》有"哲夫成城,哲妇倾城"之说。西汉李延年则曰:"北方有佳人,绝世而独立。一顾倾人城,再顾倾人国。宁不知倾城与倾国? 佳人难再得!"

(三) 和睦相处

和睦相处之诗的主题包括三类。一是妇德,女主内;二是男德,男主外;三是夫唱妇随。

---

① 《诗经》之诗,有其独特韵味与节奏而并不局限于简单的对称。《桃夭》第一章"桃之夭夭,灼灼其华"。第二章"桃之夭夭,有蕡其实"而非"蕡贲其实"。第三章"桃之夭夭,其叶蓁蓁"而非"蓁蓁其叶"。与之类似,《关雎》云:"窈窕淑女,君子好逑"而非"窈窕淑女,好逑君子"。

② [清]姚际恒.诗经通论[M].北京:中华书局,1958:83.

③ 有关《硕人》之误解与误读的讨论,详见:李宪堂.千古《硕人》谁知音[J].东岳论丛,2015(8):11—16.

④ 谕之云:"子之家,世世尊荣,当为民法则。子之质,聪达于事,当为人表式。仪貌壮丽,不可不修整。衣锦绸裳,饰在车马,是不贵德也。"详见:《列女传·齐女傅母》。

⑤ 详见:方玉润之《诗经原始》、姚际恒之《诗经通论》、崔述之《读风偶识》、陈子展之《诗经直解》。

⑥ 《卫风·硕人》之"葭菼"可与《秦风·蒹葭》呼应。

⑦ 劳伦斯在其小说《查泰莱夫人的情人》中,常以河水、海水之激扬、漩涡隐喻性爱。"她是大海。海中只有幽暗的波涛,澎湃上升。"详见:[英]劳伦斯.查泰莱夫人的情人[M].赵苏苏,译.北京:人民文学出版社,2004:216.

　　和睦相处的前提条件之一是妇德。《周南》以《关雎》始而继之以《葛覃》;《召南》以《鹊巢》始而继之以《采蘩》。《周南·葛覃》赞女子勤俭持家,"服饰鲜洁",尊敬师傅,归宁父母。"葛之覃兮,施于中谷,维叶萋萋。黄鸟于飞,集于灌木,其鸣喈喈。"①《召南·采蘩》赞女子"采蘩"以作祭祀之用。在所有妇德诗中,《周南·葛覃》最重要。据统计,"葛"在《诗经》中一共出现了十次(同一篇里的重复出现不计)。②《周南·葛覃》提供了"以藤缠树"之"坤德"意象,隐喻女子对丈夫的柔情与依从。与之相反,《邶风·二子乘舟》、《鄘风·墙有茨》、《鄘风·君子偕老》、《鄘风·鹑之奔奔》皆讥刺齐女"宣姜"淫乱。③《齐风·南山》、《齐风·敝笱》、《齐风·载驱》、《齐风·猗嗟》讥刺齐女"文姜"淫乱。《陈风·株林》则讥刺"夏姬"淫乱。

　　和睦相处的前提条件之二在于丈夫有礼而自重,且事业有成,"刑于寡妻,至于兄弟"。"夫不贤,则无以御妇;妇不贤,则无以事夫。"④《诗经》虽然以赞女子之美或女子之德为主,但也多次提示男子之责任与才德。《周南》以《关雎》始而以《麟之趾》终;《召南》以《鹊巢》始而以《驺虞》终,首尾呼应。《麟之趾》与《驺虞》,皆述男子之德或男子之才。

　　和睦相处的主要内容是夫唱妇随。⑤ 夫唱妇随首先显示为出双入对或一起劳作的田园生活。《周南·樛木》与《小雅·鸳鸯》如胶似漆,出入无匹。《周南·樛木》云:"南有樛木,葛藟累之。"夫妻之间,如藤缠树。《小雅·鸳鸯》则云:鸳鸯双飞,福禄同享。《魏风·汾沮洳》与《魏风·十亩之田》共守家园,比翼双飞。《魏风·汾沮洳》云:"彼汾一方,言采其桑。彼其之子,美如英。"⑥《魏风·十亩之田》则云:"十亩之间兮,桑者闲闲兮。行与子还兮。十亩之外兮,桑者泄泄兮。行与子逝兮。"采桑养蚕,男耕女织。

　　更美好的夫妻关系是夫妻喜乐甚至及时行乐。《秦风·车邻》云:"既见君子,并坐鼓簧。今者不乐,逝者其亡。"人生几何,及时行乐。《唐风·蟋蟀》虽言青春易逝,及时喜乐,"蟋蟀在堂,岁聿其莫。今我不乐,日月其除"。⑦ 但是,仍然提醒,不可太康乐享福⑧,不可荒淫无度:"无已大康,职思其居。好乐无荒,良士瞿瞿。"也有人认为:"此大夫之相警戒者也。"草木零落,美人迟暮,及时行乐,为乐无害,不忘忽职守,不过甚则可。⑨《唐风·山有枢》则更令人触目心惊:"且以喜乐,且以永日。宛其死矣,他人入室。"有花堪摘直须摘,莫到花落空摘枝。人生易老,莫吝啬,若不及时行乐,万一早逝,他人将登

---

① 王夫之注意到诗中与劳动无关之"黄鸟",暗示闲暇、闲情的重要,使人消除"正墙面而立"之逼仄与狭隘。详见:[明]王夫之.诗经稗疏·诗广传[A].船山全书(第三册)[C].长沙:岳麓书社,1992:301—302.

② 详见:柯小刚.坤德与政教:《诗经·葛覃》大义发微[J].海南大学学报人文社会科学版,2015,33(1):3—6.

③《邶风·二子乘舟》讥刺卫宣公与卫宣姜淫乱。卫宣公所强娶其子公子伋之未婚妻,也就是卫宣姜。《鄘风·墙有茨》讥刺公子顽私通君母宣姜。文姜、宣姜、庄姜为《诗经》中著名"三个齐女子"。文姜、宣姜淫乱,庄姜较好。

④ 详见:《女诫·夫妇》。

⑤《郑风》多婚前淫奔;《齐风》多婚后淫乱;《魏风》多苛政;《唐风》多及时行乐或哀鸿遍野。

⑥《唐风·汾沮洳》的解释莫衷一是。闻一多认为此诗为"女子思慕男子",比较可信。详见:闻一多.风诗类钞[A].闻一多全集(神话编·诗经编下)[C].长沙:湖南人民出版社,1993:466.

⑦ 鸟兽虫鱼对气候变化敏感,故诗人常以此作为季节轮换标志,"蟋蟀在堂"喻深秋到来,岁月易逝。此诗"蟋蟀在堂"类似《豳风·七月》之"九月在户":"七月在野,八月在宇,九月在户,十月蟋蟀入我床下。"

⑧ 同类诗可参见唐代诗人杜甫之《新婚别》云:"勿为新婚念,努力事戎行。"

⑨ 详见:[南宋]王质.诗总闻[M].北京:中华书局,1985:101—102.也有人持相反的解释:"按虽每章皆申'好乐无荒'之戒,而宗旨归于及时行乐。"详见:钱钟书.管锥编(第一册)[M].北京:中华书局,1986:118.

堂入室,大快朵颐。

夫唱妇随之日常情态与憨态则呈现为夫妻之间相互提携,而且往往由妻子催促丈夫鸡鸣即起,不可恋床。《诗经》有两首"鸡鸣即起"之诗:一曰《郑风·女曰鸡鸣》,二曰《齐风·鸡鸣》。① 女子提醒丈夫说:鸡叫了,该起床了。于是,男子起床去上朝或打猎。不过,也有相反的情形。《诗经》中偶尔有讥刺丈夫因忙于政务而匆忙生活的诗篇。《齐风·东方未明》云:"东方未明,颠倒衣裳。颠之倒之,自公召之。"妻子抱怨丈夫不能与之赖床而共享枕衾之福。《召南·小星》与《邶风·北门》同样叙述小官吏之公事繁杂,抛弃香衾与暖裯。

三、离愁诗

月有阴晴圆月,人有悲欢离合。人非草木,岂能无情。极端者甚至羡慕草木无情而无牵无挂。《桧风·隰有苌楚》云:"隰有苌楚,猗傩其枝,夭之沃沃。乐子之无知。隰有苌楚,猗傩其华,夭之沃沃。乐子之无家。隰有苌楚,猗傩其实,夭之沃沃。乐子之无室。"朱熹《诗集传》云:"人不堪其苦,叹其不如草木之无知而无忧也。"《诗经》之哀,主要来自三种离愁。一是亲人久别或遭亲人疏远。二是遭丈夫离弃。丈夫薄情,富易友,贵易妻,色衰而爱弛。三是因丈夫服徭役而分离。丈夫薄情刺贤臣失宠,君王宠佞臣而远贤臣;丈夫忙于公务或服役远征,刺君王穷兵黩武、好大喜功。

(一)因亲人的别离而忧思

关于思念亲人的主题偶尔呈现为子女遭父母疏远、放逐而忧伤,比如《小雅·小弁》②,但更多显示为送别亲人、女子思念娘家和悼念亲人或祭祀祖先。

《邶风·燕燕》和《秦风·渭阳》为送别亲人诗。《邶风·燕燕》送别远嫁的亲人,涕如雨下:"燕燕于飞,差池其羽。之子于归,远送于野。瞻望弗及,泣涕如雨。"《秦风·渭阳》送舅父而思母:"我送舅氏,悠悠我思。何以赠之?琼瑰玉佩。"

祭祀祖先是诗经中几乎可以与"情诗"并驾齐驱的重大主题。《雅》与《颂》共145篇,其中大部分为祭祀诗。《国风》虽然以情诗为主,但也有不少祭祀诗。《诗经》凡是以"衣"为主题的诗篇,几乎都与祭祀有关。以《邶风·绿衣》为例,此诗虽然在《毛诗序》和《诗集传》那里被视为庄姜为自己失位而忧思,"庄公惑于嬖妾,夫人庄姜贤而失位,故作此诗。"但是,后来的学者更多视之为悼亡诗。比较典型的悼亡诗或祭祀诗是"羔裘",《诗经》有三篇。《毛诗序》和《诗集传》认为《郑风·羔裘》为美诗,"美其大夫之辞",而认为《唐风·羔裘》和《桧风·羔裘》皆讥刺锦衣狐裘而荒于政事。但是,从三篇"羔裘"诗的具体内容来看,"羔裘"更切近祭祀诗。从这个视角来看,《召南·羔羊》也可以视为祭祀诗。③

(二)因丈夫薄情而忧思

离弃诗主要显示为丈夫薄情而离异。比较轻浅的薄情是丈夫用情不专或对妻子无

---

① 《齐风·东方未明》虽然也有涉及黎明与起床的主题,但此诗并非提醒丈夫"黎明即起",而是讥刺丈夫重政务而匆忙起床,不能与妻子共享枕衾之福。

② 有关《凯风》之不怨与《小弁》之怨的讨论,详见《孟子·告子下》以及《尚书·尧典》的讨论。

③ 有关"羔裘"以及"羔羊"为祭祀诗的更多讨论,详见:[日]加井真.《诗经》原意研究[M].陆越,译.南京:江苏人民出版社,2012:263—277.

礼。《邶风》连续几篇叙述丈夫薄情。《邶风·日月》云：日月可鉴，暴虐不止。竟有此人，弃我不顾。《邶风·终风》云：杳无音信，悠悠我心；长夜难眠，想他时，但愿他有感应；若打喷嚏，则有思念。《邶风·凯风》则云：丈夫虐待其妻，凯风吹棘，寒泉浸薪；七子宽慰其母，其母亦不安其室，欲舍其夫离其子。[①]《秦风·晨风》与《小雅·白华》担心丈夫"二三其德"，离久情疏。《秦风·晨风》云："未见君子，忧心钦钦。如何如何，忘我实多。"《小雅·白华》云：这个人离我而去，让我独守空房；想起那个狐狸精，我就烦心；这个人没良心，三心二意。

（三）因丈夫服役远征而忧思

《诗经》中更多的离愁诗集中显示为丈夫服徭役尤其是兵役而出现的"徭役诗"。尽管有《秦风·无衣》显示从军之尚武精神，但徭役诗的常见情绪是"离愁"而"盼归"。《诗经》之盼归诗主要有三类：一是妻子思念丈夫，二是丈夫思念妻子，三是同一首诗中男女相互思念。就美刺视角而言，与远征相关的离愁诗讥刺民众对徭役的不满。

徭役诗之一是妻子思念远征的丈夫。《周南·汝坟》云：夫君久征不归，妻子之思念如身体之饥饿。"未见君子，惄如调饥。"[②]

徭役诗之二是出征的男子思念妻子或亲人。《诗经》中偶尔出现未婚男子远征而思念亲人，比如《魏风·陟岵》。更多的主题显示为出征的男子思念远方的妻子。

徭役诗之三是同一首诗中男女相互情思。《周南·卷耳》中女子曰：采摘卷耳，半天装不满小筐；想念我的心上人，菜筐弃在大路旁。男子则曰：攀那高山，我马疲惫。斟满壶酒，慰我离愁忧伤。[③] 与之类似，《小雅·杕杜》有同样的男女相思。

第 2 节　《尚书》的德主刑辅

《尚书》为上古的帝王尤其"圣王"、"明君"的政治言论，以为后世垂范。先秦称之为《书》，汉代出现《尚书》和《书经》的说法。据《汉书·艺文志》，相传古《书》三千余篇，孔子删订为百篇。《史记·六国年表序》云："秦既得意，烧天下《诗》《书》。"伏生藏百篇《书》于壁中，经刘项之争，至于汉初，伏生发其书，仅存 28 篇。后来《顾命》与《康王之诰》独立为两篇，共计 29 篇。《汉书·艺文志》云：汉武帝末年，"鲁共王坏孔子宅，欲以广其宫，而得《古文尚书》及《礼记》、《论语》、《孝经》凡数十篇，皆古字也。"孔子第十一世孙孔安国得此书。孔安国所得《古文尚书》与伏生所传《今文尚书》29 篇相同，另外多出 16 篇。东汉郑玄为《古文尚书》29 篇作注，将另外 16 篇注明为"逸篇"。《今文尚书》与《古文尚书》在汉代失传之后，东晋梅赜突然献出自称为孔安国作"序"的 58 篇《古文尚书》，一般称之为《孔传古文尚书》。就梅赜本《尚书》58 篇而言，《尧典》（含《舜典》）、《大禹谟》与《洪范》受关注最多。《尧典》重视孝

---

① 闻一多认为此诗貌似慰母，实为谏父。详见：闻一多. 古典新义[M]. 上海：上海古籍出版社，2013：118—119.

② 钱钟书认为"未见君子，惄如调饥"显示爱欲与食欲相通，"爱情与饥饿类似"，小说常言"秀色可餐"，此乃文学一贯作风。详见：钱钟书. 管锥编（第一册）[M]. 北京：中华书局，1986：73.

③ 《毛诗序》认为此诗为"辅佐君子，求贤审官"，重点不在思念而在"进贤"。后人多不认同。钱钟书认为《卷耳》第一章为妻子思念丈夫。后三章为丈夫思念妻子。类似小说中"花开两朵，各表一枝"。详见：钱钟书. 管锥编（第一册）[M]. 北京：中华书局，1986：68.

爱,"大禹谟"强调勤俭谦逊并由此而提出精一执中,"洪范"关注"皇极"与权力限制。三者的共同主题是"德主刑辅"。按康有为的说法,《尚书》所述乃太平之世,"尧、舜为民主,为太平世,为人道之至"①,故以"德主刑辅"而非"严刑峻法"为国策。

一、尧典与孝爱

《尧典》为《尚书》首篇。《古文尚书》将《舜典》从《尧典》中分离出来,独立成篇。《舜典》独立成篇之后,《尧典》呈现为四章。

《尧典》第一章述尧帝的德行与政绩。第二章述尧帝如何安排人事,任命百官,顺应天道,道法自然。第三章述尧帝如何与大臣商议"专门人才"的人选。

大臣推荐三人:一是丹朱(尧帝之子),二是共工,三是鲧(大禹之父)。尧帝认为有丹朱有"嚚讼"恶习,言语悖谬,好争讼,不堪大任。共工虽有政绩,但"静言庸违,象恭滔天"。此人巧言令色,阳奉阴违,目空一切,不敬畏上帝。亦不堪重用。尧帝虽认为鲧有"负命毁族"②和不忠不孝之憾,仍愿意试用,派其治水。结果,九年不治。

第四章述舜之孝爱。尧帝与大臣商议"接班人",舜脱颖而出。大臣介绍说,虞舜为盲人之子,且父亲愚蠢顽固,继母刻薄阴毒,兄弟傲慢骄横,但虞舜依然"克谐以孝,烝烝义,不格奸",至今独身。尧帝为之惊叹,将两个女儿嫁给虞舜,以考察其言行。"孝"不仅是《尧典》的核心主题,而且是整部《尚书》的核心主题。《论语·为政》记载,有人问孔子为何不从政。子曰:"《书》云:'孝乎惟孝,友于兄弟,施于有政。'是亦为政,奚其为为政?"

尧帝之所以看不上丹朱、共工、鲧三人,并非三人无能,只是因为三人无德(不忠不孝不诚)。尧帝之所以听闻虞舜故事之后,怦然心动,乃因为虞舜出身于"顽父嚚母"之家,却依然有"烝烝"之孝爱,"不格奸",义无反顾。

尧帝对舜的考察方式很奇特:将女儿而且是两个女儿嫁给舜,通过婚姻生活来考察和验证舜的德行。尧帝以嫁二女作为考题有三种可能。一是考察舜对待婚姻的态度并由此增加舜之齐家的难度。能化解齐家之艰难者,必有治国之大才。《诗经·思齐》云:"刑于寡妻,至于兄弟。"《礼记·中庸》则云:"君子之道,造端乎夫妇。"二是增加舜之孝爱的难度,以便考察舜之孝爱的真实性。三是让舜置身于服从与逃避的两难情境之中,以此考察舜处理复杂问题的"经权"智慧。③ 据《史记·五帝本纪》云:"瞽叟爱后妻子,常欲杀舜,舜避逃。"舜之父母本欲杀舜,尧帝嫁二女于舜,使舜遭受更多更大的嫉妒,增加了舜遭受杀身之祸的可能性。舜不仅使自己免于避杀身之祸,也使亲人免于蒙羞,维护了亲人的名声,没有因自己之死而陷亲人于不义,既显示了充足的"经权智慧"④,也

---

① 详见:康有为.孔子改制考[M].北京:中国人民大学出版社,2010:257.
② 《尚书·尧典》云"方命圮族",《史记·五帝本纪》云"负命毁族"。
③ "经权"智慧指既遵守经典礼法又采用权宜之计或权变之术。有关"经权"思想的更多讨论,详见后文有关《孟子》的研究。
④ 有关舜的故事,在《孟子·万章上》有详细的讨论。有关经权智慧的讨论,详见《孟子·离娄上》:淳于髡向孟子提出两个质疑。第一,既然男女授受不亲,为什么嫂嫂掉进水中却要出手救援?孟子以"经权"关系(原则性与灵活性相结合)化解之。第二,既然嫂嫂掉进水中,需要出手救援,那么,现在天下人掉入水中,你为什么不出手救援?孟子以伦理与政治的异同关系化解之(伦理问题采取"情本体",但政治问题必须坚持"道本体"、"以仁为本")。

符合儒家"小杖则受,大杖则走"(《孔子家语》)的传统。

二、舜典与"眚灾肆赦,怙终贼刑"

《舜典》亦四章。《孔传古文尚书》使《舜典》独立成篇时,为《舜典》增加了 28 个字,作为《舜典》第一章。如果说《尧典》的关键词是"孝爱",《舜典》的关键词则为"眚灾肆赦,怙终贼刑"。

第一章述虞舜的德行并被委以重任。"帝舜曰重华,协于帝。濬哲文明,温恭允塞,玄德升闻,乃命以位。"

第二章述尧帝如何考察虞舜的德治与敬天之实践智慧。"慎徽五典,五典克从;纳于百揆,百揆时叙;宾于四门,四门穆穆;纳于大麓,烈风雷雨弗迷。"一是德行。虞舜谨慎遵循父义、母慈、兄友、弟恭、子孝五德。二是行政能力。总理一切政务,井然有序。迎接四方部落首领,令人肃然起敬。三是敬天。深入大山丛林,经历暴风雷雨而不迷失方向。三年后,考核完成,尧帝决定将帝位禅让于虞舜。虞舜谦辞不受。[①]

第三章述舜坚辞不果,受命摄政。于"正月上日,受终于文祖",行禅让大典。祭祖祭天,"肆类于上帝"。然后,四方巡守,整顿秩序,比如"同律度量衡";"眚灾肆赦,怙终贼刑"。过失犯罪愿意悔改者可以赦免,故意犯罪有恃无恐者则处以严刑。

第四章述尧帝"殂落"之后,"百姓如丧考妣,三载,四海遏密八音。月正元日,舜格于文祖"。然后,分封百官,各司其责。舜"在位五十载",后逝于巡守南方的途中。

《舜典》与《尧典》结构类似,但强化了礼乐之德教。舜帝重视德治,但并非只重视教化而弃用刑罚。针对所谓"圣人专意只在教化,刑非所急",朱熹反驳:"圣人固以教化为急,若有犯者须以此刑治之,岂得置而不用?"[②]舜之刑治,只是德治之辅助。舜帝之"德主刑辅"呈现为三个关系。

第一,以德教为主,以刑治为辅。虽有五刑,比如"象以典刑,流宥五刑,鞭作官刑,扑作教刑,金作赎刑",但是,五刑只是德教的辅助。后来《尚书·大禹谟》明确称之为"明于五刑,以弼五教","刑期于无刑"。施用五刑是为了不用五刑。

第二,有疑则从轻。"临下以简,御众以宽;罚弗及嗣,赏延于世。宥过无大,刑故无小;罪疑惟轻,功疑惟重;与其杀不辜,宁失不经。"[③]《吕刑》对疑案的判处有详细的说明:"五刑之疑有赦。"若有疑,可交罚金而赦免。[④]

第三,"眚灾肆赦,怙终贼刑。"过失犯罪从宽,屡犯从严。对于知耻而有悔改者,虽有大过,可以宽赦。对于有恃无恐、屡教不改者,严刑惩罚。《康诰》则重申:"敬明乃罚。人有小罪,非眚,乃惟终,自作不典,式尔,有厥罪小,乃不可不杀。乃有大罪,非终,乃惟眚灾,适尔,既道极厥辜,时乃不可杀。"

---

① 《韩非子·难一》否认圣尧贤舜。

② 详见:《朱子语类·尚书·舜典》卷七十八。

③ 详见:《尚书·大禹谟》。

④ 有人认为:"《吕刑》是我国历史上现存最早的较为系统的刑法专著。"详见:李民,王健.《尚书译注》[M].上海:上海古籍出版社,2004:400.

三、大禹谟与精一执中

《大禹谟》属梅赜《古文尚书》,《今文尚书》无此篇。《大禹谟》强调勤俭谦逊、精一执中。就"勤俭谦逊与精一执中"这个主题而言,《酒诰》、《无逸》与《大禹谟》有呼应关系。

与《尧典》和《舜典》一样,《大禹谟》依然四章。

第一章述舜帝与大禹、皋陶、伯益三位大臣商讨政务,总结经验。伯益从反面的角度提出三条建议:一是戒"罔失法度";二是戒"罔游于逸,罔淫于乐",警惕过度安逸,过度淫逸,"无怠无荒",勿懈怠,勿荒废政务,勿"罔咈百姓而从己之欲",勿违背民意;三是"任贤勿贰,去邪勿疑"。任用贤才且用人不疑,铲除奸邪小人而无犹豫不决。大禹则从正面角度提出"政在养民",而"养民"在于三事:"正德、利用、厚生。"

第二章述舜帝与大禹、皋陶商议"接班人"大事。舜帝先关注大禹,大禹谦让于主管刑狱的皋陶。大禹称颂皋陶之德,"念兹在兹"。舜帝肯定皋陶主管刑狱有功。皋陶将自己主管刑狱的功劳归于舜帝,认为自己之所以有所成就,全因为舜帝领导有方,深得"民心"。皋陶的反应既在情理之中,也令人意外。大禹谦让,推荐皋陶继任君王之大位,并列举皋陶各种具体的才德。皋陶也有所谦让,但并不推举大禹。

第三章述舜帝重新确认大禹担当君王大位。舜帝之所以看重大禹,特别提出大禹有勤俭谦逊之德。"克勤于邦,克俭于家,不自满假。"而禹之所以勤俭谦逊,是因为大禹能够克制人欲,有所节制,允执其中。大禹推辞不果,接受禅让:"正月朔旦,受命于神宗。"

第四章述大禹登帝位之后,挥师征伐苗民。双方交战,长达三个月,苗民依然不愿归降。于是,伯益向大禹献计。所献之计,曰以德治人:"惟德动天,无远弗届。满招损,谦受益,时乃天道。"伯益以舜之孝爱感动父母为例,劝大禹以厚生之德,感动造反之苗民。大禹依其计,班师回朝,普施文教德政,不久,苗民果然归顺。

《大禹谟》延续了《尧典》与《舜典》的德主刑辅。但是,《大禹谟》在政治教育上增加了几个新的元素。

第一,《大禹谟》在《尧典》、《舜典》的德主刑辅之外,明确提出"民养"、"民心"问题。"德惟善政,政在养民","好生之德,洽于民心"。《尚书》其他篇章与之遥相呼应者至少有《皋陶谟》云:"天聪明,自我民聪明。天明畏,自我民明威。"《泰誓》进一步概括为:"天视自我民视,天听自我民听。"[1]《五子之歌》则云:"民为邦本,本固邦宁。"

第二,《尧典》重视"孝爱",《舜典》强调"眚灾肆赦,怙终贼刑",《大禹谟》则突出"勤俭谦逊"。尧帝之所以传位于舜,因为舜有艰难之孝爱。[2] 舜堪称"中华第一孝子"。[3] 舜之所以传位于禹,特别看重大禹的勤俭谦逊。《大禹谟》两次强调勤俭谦逊。先赞之以"克勤于邦,克俭于家,不自满假",后面再以"满招损,谦受益"警告和强化。后来周公延续大禹勤俭谦逊之德,以"周公吐哺,天下归心"传世。

第三,由勤俭谦逊之德进一步提出"精一执中"的德治。禹之所以勤俭谦逊,是因为

---

① 《孟子·万章上》引用此句。
② 《尚书·康诰》将"不孝"视为首恶,比"杀人越货"更恶劣。
③ 详见:张祥龙.《尚书·尧典》解说[M].北京:生活·读书·新知三联书店,2015:110.

大禹能够克制人欲、顺应天道,有所节制,允执其中。尧传位于舜时,特别嘱咐"允执其中"四字。^① 舜继位之后,将"四字诀"发展为"十六字心法",并以此概括大禹之德:"人心惟危,道心惟微,惟精惟一,允执厥中。"十六字心法后来被视为"二帝三王"之大经大法。朱熹、蔡沈等人称之为"精一执中":"精一执中,尧、舜、禹相授之心法。建中建极,商汤、周武相传之心法。"^②

第 3 节　《礼记》的"礼教"

孔子删"六经"。秦火之后,《礼》在西汉被重新发现。不过,《礼》被重新发现之时,先后出现了三礼:《仪礼》、《周礼》和《礼记》。三礼之中,《仪礼》为礼之本经,成书最早。《礼记》次之,《周礼》最晚。东汉郑玄为《仪礼》、《周礼》、《礼记》作注,于是"三礼"流传于后世。

《仪礼》的价值在于,它不仅是理解《礼记》的基础,而且先行预设了《礼记》的基本框架。^③《仪礼》十七篇,以"冠礼与昏礼"、"社会交往礼"、"丧礼和祭礼"等成人教育礼为主,中间穿插有关政治之礼和学习之礼。与之相应,《周礼》重点发挥政治之礼。《礼记》则在成人教育礼、政治之礼和学习之礼三个主题全面呼应《仪礼》。

《礼记》为孔门弟子及其后学所著,后由西汉戴德及其侄儿戴圣(一般称"小戴礼")编纂成书。《六艺论》云:"戴德传《记》八十五篇,则《大戴礼》是也;戴圣传《礼》四十九篇,则此《礼记》是也。"郑玄选择"小戴礼"作注后,小戴礼流传至今而大戴礼少有人问津。《礼记》的大量篇章与《仪礼》相关,甚至被视为《仪礼》的副本或附录。但《礼记》后来却比《仪礼》更受关注。唐代孔颖达主持撰写的《五经正义》,有《礼记》而无《周礼》与《仪礼》。下面以《礼记》尤其是"第一等六篇"为核心文本,顺便讨论《仪礼》与《周礼》的相关内容。

一、社会教育之礼

《礼记》及《仪礼》中有关"冠礼与昏礼"、"社会交往"、"丧礼与祭礼"等三类成人教育礼。三类成人教育礼对应人生的三个关节:成家立业、社会交往、终老往生。成家立业与社会交往是成人教育的主要途径。丧礼与祭礼的主题貌似"慎终追远",其真正目的却在于教化民众,实现"民德归厚"。

今本《礼记》共四十九篇,其中社会教育或成人教育之礼二十篇,占据将近一半的篇幅。《仪礼》十七篇,生活礼仪九篇,占一半以上的篇幅。

(一) 冠礼与昏礼

《仪礼》以"士冠礼"和"士昏礼"作为开篇。冠礼与昏礼是成人教育的第一个环节。冠礼是成人的初始,但真正的成人仪式是昏礼,结婚之后才算真正地成人。成人之后,

---

① 《论语·尧曰》的说法是"允执其中"。而《尚书·大禹谟》的说法是"允执厥中"。
② 详见:[宋]蔡沈.书集传[M].南京:凤凰出版社,2010:1(书集传序).
③ 有人认为:"要真正理解《礼记》的内容,却非先读懂《仪礼》不可。"详见:杨天宇.礼记译注[M].上海:上海古籍出版社,2004:34(前言).

才有社会交往的权利,同时也以成人的规则来约束自己的言行。

第一,冠礼。《礼记·冠义》重点解说冠礼的重要性。冠礼不仅是礼之始,而且是所有嘉礼中最重要的礼仪。"故孝弟忠顺之行立,而后可以为人;可以为人,而后可以治人也。故圣王重礼。故曰:'冠者,礼之始也,嘉事之重者也'。"

第二,昏礼。《礼记·礼运》云:"饮食男女,人之大欲存焉。"正因为"大欲存焉",所以必须重视婚姻仪式,以严肃的婚姻仪式规范人的"大欲"。相反,婚姻随意草率,则容易导致纵欲和混乱。昏礼之一是"合二姓之好",同姓不婚或近亲不婚。昏礼之二是纳采、问名、纳吉、纳徵、请期、亲迎等"六礼"。昏礼之三是"妇顺"。

(二) 社会交往教育

儒者向来反对"乡愿"而追求"特立独行"。《礼记·儒行》云:"儒者澡身而浴德,……其特立独行有如此者。"但是,儒者同时强调社会交往。《礼记》比《仪礼》更重视社会交往礼。《仪礼》有《士相见礼》、《乡饮酒礼》、《燕礼》、《乡射礼》、《大射礼》。[①]《礼记》以《曲礼》(上下)为开篇,以《乡饮酒义》、《燕义》、《射义》收尾,另有《投壶》,皆述社会交往之礼。[②]

(三) 丧礼与祭礼

丧礼的核心礼仪有三:一是丧期与丧服,体现亲疏关系和等级关系;二是哀戚与节哀;三是陪葬品。

丧礼是对死者最后的告别,更是有关人死之后是否有灵魂以及灵魂如何安顿的一种解释。除此之外,丧礼与祭礼还是对人的生前的积善或者作恶的一种终极考核与终极关怀。上古之所以重视丧礼,正是为了让生者知晓:生前积善则不仅可享受正当的丧礼和哀荣,而且可获得死后的福报。"三礼"虽然没有提出类似"轮回转世"或"天堂或地狱"之说,但从对丧礼和祭礼及其"陪葬品"的重视来看,"三礼"实际上已经呈现出灵魂不灭、善有善报与恶有恶报的终极考核与终极关怀。正因为如此,《论语·学而》曰:"慎终追远,民德归厚矣。"

二、政治教育之礼

《仪礼》有关政治之礼仅有三篇:《聘礼》、《公食大夫礼》和《觐礼》。《周礼》以政治之礼为唯一的主题。[③]《礼记》则有《王制》、《月令》、《礼运》、《玉藻》、《明堂位》、《哀公问》、《表记》、《缁衣》、《聘义》等九篇政治之礼。其中,《王制》、《礼运》所述政治之礼对后世影响甚大。[④] 今文经学家推崇《礼记》之《王制》、《礼运》,以《王制》、《礼运》为孔子之制度创新。古文经学家专信《周礼》,以《周礼》为周公之制。也有人认为,《周礼》与《礼记》

---

① 《仪礼》之《乡饮酒礼》、《燕礼》、《乡射礼》、《大射礼》等四篇事关选贤举能,因此也可以视为政治之礼。

② 《礼记·曲礼》强调孝弟忠顺以及等级制度。《礼记·曲礼上》云:"礼不下庶人,刑不上大夫。刑人不在君侧。"《礼记·曲礼下》云:"君有疾饮药,臣先尝之。亲有疾饮药,子先尝之。"

③ 《周礼》之"地官司徒"以及其他篇章虽然也谈教育,但教育属于政治的一个部分。

④ 《荀子》也有《王制》。《荀子·王制》与《礼记·王制》两者不仅篇名相同,而且多处同声相应。据考证,两者至少有四处同调。详见:皮锡瑞.《王制笺》后序[A].潘斌选编.皮锡瑞儒学论集[C].成都:四川大学出版社,2010:312—313.

之《礼运》、《王制》皆为孔子改制。①

(一)"王制"

《王制》篇名可能源自该篇首句"王者之制禄爵"。郑玄则认为："名曰《王制》者,以其记先王班爵、受禄、祭祀、养老之法度,此于《别录》属制度。"②也有人认为,"王制"之王乃"素王"。孔子有德无位,故称"素王"。因此,《王制》即孔子改制。③ 从"改制"的视角出发,廖平、康有为、皮锡瑞等人特别为《王制》与《礼运》作注,甚至认为《王制》与《礼运》比《大学》、《中庸》更重要,应该独立成篇。④《王制》是否为"素王改制",以及,《王制》与《周礼》究竟有何差异,尚可讨论。可肯定的是,《王制》为变法之新制,其改制办法主要有三:一是设立官制,二是各司其职并监督考核,三是选举与教育。《王制》始于官制而终于教育。

(二)"礼运"

《礼运》提出"小康"与"大同",接近《春秋》三世说:据乱世、升平世和太平世。康子认为:"《春秋》三世之法,与《礼运》小康、大同之义同。"⑤又曰:"据乱世尚君主,升平世尚君民共主。太平世尚民主。"⑥小康尚君主制,大同尚民主制。《礼运》含三个部分:一是往日之大同,相当于太平世;二是当今之小康,相当于升平世或据乱世,当此之时,"礼"尤其重要;三是小康社会的问题与变革。

(三)周礼与"虚君制"

《周礼》最初称《周官》。王莽改制时代尊奉《周官》并改称"周礼"。北宋王安石主持撰写《三经新义》并以《周礼》为变法依据,亲自著《周礼新义》,颁行全国。⑦

《周礼》所述政制与《礼记》之《王制》、《礼运》有同有异。三者之中,《周礼》与《王制》强调大同,《礼运》关注小康。《王制》与《周礼》之间虽有差异,"其大旨则固与《周礼》所同也"。⑧ 如果说小康社会的关键特征是财产的私有制与政制的"天下为家",那么,《周礼》保留了小康社会之财产私有制,但将小康社会之"天下为家"改造为大同社会之"天下为公"。之所以保留财产私有,或许因为财产私有更符合"饮食男女"之人性。

《周礼》共六篇,述"天、地、春、夏、秋、冬"六官之制。《周礼》在汉代被发现时,仅存五篇,缺"冬官",以《考工记》补之。《周礼》的主要内容为"虚君与民主"、"法治与德主刑辅"、"选举与教育"。

① 郑绍昌、朱小平.解《周官》:读熊十力给毛泽东的一封长信[M].上海:上海三联书店,2014:125—137.
② [汉]郑玄,注,[唐]孔颖达,疏.礼记正义[M].北京:北京大学出版社,1999:330.
③ 详见:康有为.考定王制经文序[A].康有为全集(第二集)[C].上海:上海古籍出版社,1990:15.
④ 俞越、廖平、皮锡瑞尤义《礼记·王制》。俞越认为《王制》比《中庸》更重要。详见:[清]俞越.王制说[A].九九销夏记[C].北京:中华书局,1995:326—327.皮锡瑞认为"《王制》为今文大宗,用其说可以治天下,其书应分篇别出;《礼运》说礼极精,应亦分篇别出。"详见:[清]皮锡瑞.经学通论[M].北京:华夏出版社,2011:351.
⑤ 详见:康有为.春秋笔削大义微言考[A].康有为全集(第六集)[C].北京:中国人民大学出版社,2007:18.
⑥ 详见:康有为.孟子微[A].康有为全集(第五集)[C].北京:中国人民大学出版社,2007:464.
⑦ 1951年,熊十力著《论六经》,重点阐发《周官》的"民主之治"。详见:熊十力.论六经[A].熊十力全集(第五卷)[C].武汉:湖北教育出版社,2001:695.
⑧ 详见:刘咸炘.刘咸炘学术论集:哲学编(上)[M].桂林:广西师范大学出版社,2010:148.不过,《周礼》与《王制》究竟有何异同,尚有待讨论。

三、教学之礼

《礼记·曲礼上》云:"人生十年曰幼,学。二十曰弱,冠。"所谓"二十曰弱,冠",主要出于教育学的考虑而不是一个生理学现象。或者说,"二十曰弱,冠"的关键在于"人生十年曰幼,学。"冠礼不是生理变化的结果,而是一个主动学习、修身养性并以此迎接冠礼到来的过程。《士冠礼》为《仪礼》第一篇,但《冠义》为《礼记》第四十三篇,排在《学记》、《乐记》、《中庸》、《大学》之后,古人编书,或许以此暗示:先有修身、学习,然后才配享"成人"的权利。

《礼记》所述学习之礼可分三类:一是作为核心课程之"大学"与"中庸",二是作为核心课程之"乐记",三是作为教学原理之"学记"。

(一)"大学"与"中庸"

《礼记》除了应和《仪礼》的成人教育之礼,还特别增加了《文王世子》、《学记》、《乐记》、《经解》、《仲尼燕居》、《孔子闲居》、《坊记》、《中庸》、《礼器》、《儒行》、《大学》等十篇学习之礼。其中,《中庸》、《大学》、《乐记》、《学记》四篇在后世影响较大。

《大学》、《中庸》原为《礼记》篇目,经唐代韩愈、李翱等人倡导,宋代二程和朱熹等人为《大学》、《中庸》作注,改变其古本的顺序和结构,并使之从《礼记》中分离而与《论语》、《孟子》并列为"四书"。元明两代以"四书"取士,重"四书"而轻"经学"。有人认为,在1313年到1905年期间,四书对中国知识精英所产生的影响远远地超过"五经"。① 元代吴澄等人注《礼记》时,《大学》、《中庸》两篇隐而不现,《礼记》由四十九篇变为四十七篇。直到明末清初才出现《大学》、《中庸》回归《礼记》的运动。②

《大学》与《中庸》貌似心性儒学,其实却意在政治儒学。按程颐的说法,"先识得个义理,方可看《春秋》。《春秋》以何谓准?无如《中庸》"。③ 后来康有为、廖平等人有意将《王制》和《礼运》从《礼记》中独立出来(如此,则"四书"成"六书"),亦与此有关。廖平认为,"盖《王制》孔子所作,以为《春秋》礼传"。④

(二)"乐记"

《乐记》与《乐经》相关。孔子删书,原有"六经":《诗》、《书》、《礼》、《乐》、《易》、《春秋》。秦火之后,《乐》经轶亡。但也有人认为:"《礼记》中《乐记》一篇,则《乐经》也。"⑤

制礼作乐,乐礼并列,"乐统同,礼辨异",二者相反而相成。礼法地,有坤顺之象,故礼主敬、主静,有一种退让之势(所谓"礼让")。乐则法天,偏于强健,偏于阳刚,偏于动感,偏于生气。《礼记·乐记》云:"乐由天作,礼以地制。过制则乱,过作则暴。明于天地,然后能兴礼乐也。"《礼记·郊特牲》则云:"凡声,阳也"、"乐由阳来者也,礼由阴作者也,阴阳和而万物得"。除了"乐由阳来者也,礼由阴作者也"之外,《礼记·乐记》特别强调"乐同礼异":"乐者为同,礼者为异。同则相亲,异则相敬。"《礼记·文王世子》云:"乐所以修内,礼所以修外。"失于《乐》则奢;失于《礼》则烦。

① 详见:[美]杜维明.中庸:论儒学的宗教性[M].段德智,译.北京:生活·读书·新知三联书店,2013:14.

② 有关"大学"与"中庸"的完整讨论,详见后文第二章之"四书"课程哲学。

③ 详见:[宋]程颢,[宋]程颐.二程集·遗书·卷十一[M].王孝鱼,点校.北京:中华书局,1981:164.

④ 廖平.今古学考[A].李耀仙.廖平选集(上)[C].成都:巴蜀书社,1998:72.

⑤ 详见:熊十力.读经示要[M].长沙:岳麓书社,2013:421.

音乐虽然抒情,但《乐记》之要,在于礼制或政治而不在于抒情。《乐记》云:"王者功成作乐,治定制礼。"音由心生。"音之起,由人心生也。"故有治国之音,亦有亡国之音。"治国之音安,以乐其政和,乱世之音怨,以怒其政乖。亡国之音哀,以思其民困。声音之道与政通矣。"因此,"礼节民心,乐和民声,政以行之,刑以防之。礼乐刑政四达而不悖,则王道备矣"。与之相反,"郑卫之音,乱世之音也,比于慢矣。桑间濮上之音,亡国之音也,其政散,其民流,诬上行私而不可止也"。

(三)"学记"

《礼记·学记》开篇,强调教学(或教育)与政治的关系。化民成俗,始于求学。"古之王者,建国君民,教学为先。"

《学记》要旨,至少有三。一是循序渐进,二是善于兴发类比,三是把握教学时机。

第一,循序渐进,教学相长。"古之教者,家有塾,党有庠,术有序,国有学。比年入学,中年考校。一年视离经辨志,三年视敬业乐群,五年视博习亲师,七年视论学取友,谓之小成。九年知类通达,强立而不反,谓之大成。夫然后足以化民易俗,近者说服,而远者怀之,此大学之道也。"教学始于不足与困顿。"学然后知不足,教然后知困。知不足然后能自反也,知困然后能自强也。故曰,教学相长也。"

第二,比物丑类,罕譬而喻。古之学者,比物丑类。"善歌者使人继其声。善教者使人继其志。其言也约而达,微而臧,罕譬而喻,可谓继志矣。"

第三,把握教学时机,劳逸结合。最初可以引导、讲解,学生多听而少问。"幼学听而弗问,学不躐等。"但是,待学生接近或进入"大学"状态,教师则不再灌输讲授。[1]"记问之学,不足以为人师。"逐步由多听少问转变为多问少听,以学生自学为主,教师针对学生的提问作出回应。"扣之以小者则小鸣,叩之以大者则大鸣。待其从容然后尽其声。"教师之讲授并非不重要,关键在于把握教学时机。"大学之教也,时。教必有正业,退息必有居学。"既要禁于未发,又要及时施教。"禁于未发之谓豫,当其可之谓时。不凌节而施之谓孙,相观而善之谓摩。此四者,教之所由兴也。发而后禁,则扞格而不胜。时过然后学,则勤苦而难成。杂施而不孙,则坏乱而不修。独学而无友,则孤陋而寡闻。燕朋逆其师,燕辟废其学。此六者,教之所由废也。"课内与课外相互补充,劳(藏修)逸(息游)结合。"君子之于学也,藏焉,修焉,息焉,游焉。"

第4节　《易经》的阴阳哲学

《周礼·周官·宗伯》云:古有三易,"一曰连山,二曰归藏,三曰周易。其经皆八。其别皆六十有四"。《连山易》以艮卦为首,《归藏易》以坤卦为首,《周易》以乾卦为首。"三易"之中,《周易》影响最大。后世所谓《易经》,即为《周易》。《易经》在先秦为诸子百家共同的经典,尤其为儒家所推崇。"六经"最初的次序是《诗》、《书》、《礼》、《乐》、《易》、《春秋》。《诗经》居首,《春秋》殿后,这也是后世流传的一般排序。《易》的地位在汉代开始上升,逐渐成为群经之首:《易》、《书》、《诗》、《礼》、《乐》、《春秋》。有人认为孔子早期

---

[1]《论语·学而》曰:"不愤不启,不悱不发。举一隅不以三隅反,则不复也。"

思想和晚期思想截然相反。孔子早期"信而好古","述而不作",删《诗》、《书》、《礼》、《乐》,其核心思想在于推崇等级帝制。孔子三十而立之后开始觉醒,"温故而知新",晚期则呼吁革命,推崇《易》与《春秋》。其核心思想在于提倡天下为公。① 也有人认为,孔子尤其看重《易》与《春秋》。两者为"儒家之专学,亦其内学"。② 或曰:"孔子之道,内圣外王。其说具在《易》、《春秋》二经。"③

《易经》共六十四卦。其中乾坤两卦最重要。乾者,阳也,天也、父也,倾向于向外扩张,勇猛精进,属男性气质。坤者,阴也,地也,母也,倾向于内敛,韬光养晦,属女性气质。"乾坤"为《易经》之首,类似"关雎"为《诗经》之首,地位显要。乾坤不仅位居六十四卦之首,而且贯穿其他各卦之中。其他各卦皆由乾坤两卦派生。《易传·系辞下》曰:"乾坤,其《易》之门邪?"

《易经》由卦画、卦名、卦辞和爻辞组成。每一卦的主题及其含义究竟为何,历来的注解众说纷纭。在种种注解之中,孔子及其后学所作的《易传》开风气之先。《易传》共七篇:《彖》、《象》、《文言》、《系辞》、《说卦》、《序卦》、《杂卦》(其中《彖》、《象》、《系辞》各有上下两篇,因此也称"十翼")。七篇之中,中间篇《系辞》将《易传》分为前三篇和后三篇。前三篇偏重形而上的解读,重视卦爻辞的义理。后三篇偏重形而下的分析,关注各卦之间的顺序。《系辞》则从整体上解释《易经》之义理与思维。《系辞》可以作为理解《易传》以及整个"易经哲学"的关键枢纽。④《易传》虽是对《易经》的解读,但《易传》逐渐与《易经》合二为一,二者一起构成《周易》。从哲学的视角来看,《易传》比《易经》更重要。"《易》本卜筮之书"。⑤《易传》把作为占卜的《易经》变成了讨论"一阴一阳之谓道"的阴阳哲学。⑥《易经》虽已隐含了阴阳哲学,但对阴阳只字不提。直到《易传》这里,阴阳才成为重要范畴。阴阳派生出八卦,八卦派生出六十四卦。就教育而言,乾坤两卦可代表刚性教育与柔性教育。教育之道,既教人阳刚有力,有勇有谋,同时也教人彬彬有礼,敦厚顺从。⑦ 野蛮其身体,文明其精神。既葆有天然之野性,又不失人道之文明。⑧

一、乾之阳刚与自强不息

乾之卦辞曰:"元亨利贞。""元"为元始、本元。"亨"为亨通。"利"为顺利。"贞"为贞正。"元亨利贞"亦可理解为事物发展的开始(亨)、亨通、获利、终结四个阶段。

乾卦六爻。初九爻辞曰:"潜龙勿用。"默默无闻,积聚实力,但藏而不露。并非一直

---

① 详见:熊十力.乾坤衍[M].上海:上海书店出版社,2008:35—37.
② 王国维.经学概论[A].王国维全集(第六卷)[C].杭州:浙江教育出版社,2009:313—314.
③ 熊十力.读经示要[M].长沙:岳麓书社,2013:354.
④《易传》七篇也有另一种排列顺序:《彖》、《象》、《系辞》、《文言》、《说卦》、《序卦》、《杂卦》。以《文言》居中的优势在于:读者可以将《文言》所关注的"乾坤两卦"作为理解《易传》以及《易经》的关键枢纽。也有人认为,《彖》、《象》、《系辞》三篇最重要。详见:李零.生死有命富贵在天:《周易》的自然哲学[M].北京:生活·读书·新知三联书店,2013:18.
⑤ 详见:《朱子语类》卷六十七.
⑥ 详见:《易传·系辞上》。《庄子》的说法是:"《易》以道阴阳。"(《庄子·天下》)。
⑦ 一般认为坤卦乃臣道、妻道,熊十力认为坤德在于顺从理性。人皆有身体之欲,应以理制欲,发乎情而止乎礼,不可越位,"形不可役心,欲不可害理"。详见:熊十力.读经示要[M].长沙:岳麓书社,2013:314.
⑧ 马一浮认为《易》以《乾》、《坤》统礼乐,乾乐,坤礼。乐求同,礼别异。详见:马一浮.观象卮言[A].马一浮集(第一册)[C].杭州:浙江古籍出版社,1996:460—461.

"勿用",而是"时机"未到。即使较长时期不被发现和重用,亦不抱怨。《论语·学而》曰:"人不知而不愠不亦君子乎。"

九二曰:"见龙在田,利见大人。"初试锋芒,"小荷才露尖尖角"。小试牛刀,出手不凡,超凡脱俗,将有贵人相助,总有人慧眼识英雄,千里马遇伯乐,"利见大人"。

九三曰:"君子终日乾乾,夕惕若,厉,无咎。"初试锋芒之后,既可能有贵人相助,也可能因遭人嫉妒或嫉恨,更可能因实力不够而不能胜任。"德薄而位尊,知小而谋大,力小而任重,鲜不及矣。"①因此,不仅"终日乾乾",而且"夕惕若",如此才可避免遭人嫉妒或排挤,"无咎"。乾卦六爻,九三最重要。若坚持"终日乾乾,夕惕若",则"或跃在渊"并由此而"飞龙在天",上升至"九五之尊"。② 若无"终日乾乾,夕惕若"、"自强不息",则故步自封,甚至江郎才尽,半途而废。

九四曰:"或跃在渊,无咎。"已经具备"地利"、"人和",只欠"天时"。众口交赞,人心所向。居"储君"、"太子"之位,行"辅助"、"摄政"之事。随时承担任务,迎受大任。万事俱备只欠东风,一切因时而变,见机行事。

九五曰:"飞龙在天,利见大人。"德高而位尊,智大而有文韬武略,力大而举重若轻。有贵人相助,"利见大人"。

上九曰:"亢龙有悔。"高处不胜寒。树大而招风,枪打出头鸟。"君子居安而不忘其危,存而不忘亡,治而不忘乱。"③

用九曰:"见群龙无首,吉。"由"据乱世"、"升平世"而"太平世"。天下太平,无为而治。《老子》曰:"我无为而民自化,我好静而民自正,我无事而民自富,我无欲而民自朴。"《帝王世纪》曰:"日出而作,日入而息。凿井而饮,耕田而食。帝力于我何有哉。"

《易传·彖》曰:"大哉乾元,万物资始,乃统天。云行雨施,品物流行。大明终始,六位时成,时乘六龙以御天。乾道变化,各正性命,保合太和,乃利贞。首出庶物,万国咸宁。"《易传·象》曰:"天行健,君子以自强不息。"

《荀子·大略》曰:"善为易者不占。"识时即可,识时务者为俊杰。"善学《易》者在识时。"④《诗》三百,一言以蔽之,曰:"思无邪。""易道深,一言以蔽之,曰时中。"⑤从"识时"的视角来看,颜子之隐与孟子之显,各当其时。张载曰:"颜子为成性,是为潜龙,亦未肯止于见龙,盖以其德其时则须当潜。颜子与孟子时异,颜子有孔子在,可以不显。孟子则处师道,亦是已老,故不得不显。"⑥程颐亦呼应:"学者全要识时,若不识时,不足以言学。颜子陋巷自乐,以有孔子在焉。若孟子之时,世既无人,安可不以道自任。"⑦

坤之卦辞曰:"元亨,利牝马之贞。君子有攸往,先迷而得主,利。西南得朋,东北丧

---

① 详见:《易传·系辞下》。
② 在王安石看来,九三、九五有特别的意义:若君王无德,则臣子可通过"革命"而取代君王(九五之尊)。相关讨论,详见:胡金旺.王安石的哲学思想与《三经新义》[M].北京:光明日报出版社,2014:99.
③ 详见:《易传·系辞下》。
④ 详见:陈鼓应,赵建伟.周易今注今译[M].北京:商务印书馆,2005:244.
⑤ 这是清代易学家惠栋的观点。详见:[清]惠栋.易汉学[M].上海:上海古籍出版社,1990:62.《管子·白心第三十八》云:"建当立,有以靖为宗,以时为宝。"
⑥ [宋]张载.横渠易说[A].张载.张载集[C].北京:中华书局,1978:75.
⑦ [宋]程颢,程颐.二程遗书[M].上海:上海古籍出版社,2000:65.

朋,安贞吉。"

坤卦六爻。初六爻辞曰:"履霜,坚冰至。"坤卦初六与乾卦初九类似,万事开头艰难,宜韬光养晦,谦逊低调。

六二曰:"直,方,大,不习,无不利。"正直,方正,就能宏大,有大成就。用不着反复占卦,无不利。

六三曰:"含章,可贞。"或从王事,无成有终。内含文采,可以坚守。若辅佐王事,即便没有大的成就也会有好的结局。

六五:"括囊,无咎无誉。"像扎紧口袋那样慎言,守口如瓶,就会平安无事,无咎亦无誉。

六五曰:"黄裳,元吉。"像穿着不引人注目的黄色衣裙那样甘拜下风,保持谦逊,就会大吉。

上六曰:"龙战于野,其血玄黄。"男女争斗,天玄地黄。初六与上六首尾呼应。上六发出警告,若身处阴位却不知韬光养晦、厚德载物,必导致争战流血。

用六曰:"利永贞。"永远贞静不争,就会吉利。

《易传·彖》曰:"至哉坤元,万物资生,乃顺承天。坤厚载物,德合无缰,含弘光大,品物咸亨。牝马地类,行地无缰,柔顺利贞。君子攸往,先迷失道后顺得常。西南得朋乃与类行,东北丧朋乃终有庆,安贞之吉应地无缰。"《易传·象》曰:"地势坤,君子以厚德载物。"

在乾坤之间,乾卦高于和优先于坤卦。"天尊地卑,乾坤定矣。卑高以陈,贵贱位矣。"[1]但是,乾卦必须以坤卦为其前提条件。后来朱子亦有"用在阳而体在阴"之说。[2]《易传·系辞》所重视的"三陈九卦",几乎全为坤卦所派生。[3] 乾主理性而坤主感性。也因此,汉语有"母校"、"母亲河"、"祖国母亲"等意象而无"父校"、"父亲河"、"祖国父亲"之说。

二、坤之阴柔与厚德载物

总体而言,《周易》既不简单地重视阳刚,也不简单地推崇阴柔,《周易》的根本精神是刚柔相济、阴阳当位。既要阳刚,也要阴柔,关键在于把握"时"机,阴阳当位。从刚柔相济、阴阳当位的视角来看,《周易》六十四卦中,有三卦最重要。

1. 泰卦否卦。地天泰,上坤下乾,外柔内刚,桃李不言下自成蹊,交往而大吉。天地否,上乾下坤,外强中干,堵塞封闭,独学而无友则孤陋而寡闻。据《易传·象上》,外柔内刚,内健而外顺,天地交而万物通,上下交而其志同,则三阳开泰,安泰吉祥,家和万事兴。安泰之要,在于避免外强中干、色厉内荏、外君子内小人,以阴犯阳。

2. 谦豫现象。地山谦,谦逊。震地豫,预谋预备。《礼记·大学》云:"禁于未发之

---

① 详见:《易传·系辞上》。《礼记·乐记》引用此段话语,但略有改写:"天尊地卑,君臣定矣。卑高以陈,贵贱位矣。"

② 详见:《朱子语类·理气上·太极天地上》卷一。由此也许可以理解《归藏易》为何以坤卦为首的原因。

③ 孔子从六十四卦中抽出履、谦、复、恒、损、益、困、井、巽等"九卦",专门为此九卦分三次陈说,一般称之为"三陈九卦"。

谓豫。"同仁同德、胸怀宽大有赖于谦谦君子与禁于未发。君子谦逊恭敬,韬光养晦。谦虚本身并无价值,过度谦虚反而有害。山在地下,喻谦虚之德。谦受益,满招损。但是,"满"并非不好,"小满"即可。① 谦也并非全好,过度谦虚则虚伪、诌媚,属于恶德。山隐没于地下象征谦虚之美德,但山突然跌落于地下也象征地震之灾害。谦虚之要,在于预谋预备,居安思危,介石而中正,避免骄奢淫逸。②

3. 既济卦未济卦。水火既济,同舟共济。火水未济,无济于事。阴阳当位(既济卦是六十四卦中唯一六爻皆顺阴阳当位的卦),则一切圆满,直挂云帆济沧海。关键在于居安思危,避免阴阳错位,用人不当。③ 既济未济卦类似否泰卦两卦。阴气必下沉,阳气必上升,因此,阴在上而阳在下则上下交流,此为泰卦、既济卦;阴在下而阳在上则上下不交,各自为政,此为否卦、未济卦。水在上火在下则既济;水在下而火在上则未济(未济卦是六十四卦中唯一六爻皆不顺阴阳错位的卦)。既济卦与未济卦皆为刚柔相济,唯一差别在于:既济卦阴阳当位,既济挂以阳爻始以阴爻终,先阳爻后阴爻,先有实力而后谦虚,内刚而外柔。

三、从八卦到六十四卦

《周易》六十四卦由八卦派生,而八卦由阴爻和阳爻构成。阳爻为实线,阴爻为虚线。一阴一阳,一虚一实,构成了人类创造文字符号的最初意向。虽然初生之物其形必丑,但初生之物恰恰保存了原始思维或本真思维。三爻皆阳为乾卦,三爻皆阴为坤卦,上下阴爻中间阳爻为坎卦,上下阳爻中间阴爻为离卦。一爻为阳,二三爻为阴,则为震卦。一二爻为阴,三爻为阳,则为艮卦。一爻为阴,二三爻为阳,则为巽卦。一二爻为阳,三爻为阴,则为兑卦。也就是说,任何一卦皆由阴阳派生。《易传·系辞下》曰:"天地氤氲,万物化醇;男女构精,万物化生。"阴阳相反而相成,阴阳交错,彼此对立又相互转化。乾坤、坎离、震艮和巽兑两两相对,构成八卦。按照"先天八卦图"的结构,乾之意象为天。坤之意象为地。离之意象为火。坎之意象为水。乾坤、坎离四卦构成纵横两轴,为八卦之核心卦。巽之意象为风。震之意象为雷。兑之意象为泽。艮之意象为山,震艮、巽兑四卦为辅助卦。

1. 乾坤两卦派生出六卦。乾卦三爻皆阳。坤卦三爻皆阴。乾坤派生出其他六卦。④ 再有八卦派生出六十四卦。由乾坤派生的卦象之中,否泰两卦比较特别。上乾下坤类似外强中干,此为否卦。上坤下乾类似外柔内刚,此为泰卦。另外,乾坤两卦之中,虽然乾主坤辅,但是,按照"主奴辩证法"的原理,乾必败,坤必胜。也因此,汉语有"母校"、"母亲河"、"祖国母亲"等意向而无"父校"、"父亲河"、"祖国父亲"之说。

2. 坎离两卦。坎者,水也,引申为坎坷、劳碌。离者,火也,引申为丽,人生绚丽、安

---

① 二十四节气之中,有小暑大暑、小雪大雪、小寒大寒。唯独有小满而无大满。
② 孔颖达:"不苟求逸豫,守志耿介似于石"。详见:王弼,注,孔颖达,疏.周易正义[M].北京:北京大学出版社,2000:101.《易传·象上》将"介石"解释为"中正"。
③ 既济卦是六十四卦中唯一的所有阳爻和阴爻都当位的一卦。一三五是阳爻,二四六是阴爻。与之相反,未济卦是所有阳爻和阴爻都不当位的一卦。
④ 乾坤的意象为父母,父母生六子。按照物以稀为贵的标准,震、坎和艮为三男(皆为二阴一阳),属乾卦系列;巽、离、兑为三女(皆为二阳一阴),属坤卦系列。

逸。坎离对立而统一。"奴隶"（劳动者）虽然坎坷、劳碌、艰辛，但身体强健，精神发达。相反，"主人"（统治者或贵族）虽然绚烂、安逸、荣耀，但"不劳"而获者，富不过三代。"不劳"而获必导致身体衰败，精神萎缩。走出坎陷的关键在于，身处"上位"（主人）则在享受安逸的同时保持劳动或运动，身处"下位"（奴隶）则在艰苦劳动的同时不失去其希望和信心。"水流而不盈，行险而不失其信"。[①]

3. 震艮两卦。震者，雷也，引申为雷霆之威。君子讷于言而敏于行。艮者，山也，引申为停止。以道事君，不可则止。《连山易》以艮卦为首，可见艮止的重要性。震艮者，令行禁止。变革须雷厉风行，有令则行；同时须谨言慎行，有禁则止。"止"的方法之一是"艮其背"。[②] 非礼勿视，非礼勿听，凡不能说的，保持沉默。《易传·象下》曰："君子以思不出其位。"知止的方法之二是"行其庭，不见其人"，不得不看时则视而不见；不得不说时顾左右而言他。在行止之间，关键在于"时"："时止则止，时行则行，动静不失其时，其道光明。"[③]

4. 巽兑两卦。巽者，风也。《论语·颜渊》曰："君子之德风，小人之德草，草上之风，必偃。"由风引申为顺（柔顺）。"君子以申命行事"，必借助情感之柔德。兑者，泽也，引申为悦（愉悦）。《易传·象下》曰："君子以朋友讲习。"艮止两卦皆强调刚硬、刚毅，而兑巽两卦皆强调柔顺、愉悦。柔顺与愉悦皆为权变（灵活变通）之实践智慧。艮止两卦重视令行禁止，若势在必行。《宋史·王安石列传》云："天变不足畏，祖宗不足法，人言不足恤。"巽兑两卦强调细节上的灵活变通，不因细节的纠缠而影响整体行动的推进。在申命行事时，既须坚持雷厉风行之原则性，又须保持"权变"之灵活性。整体讲原则，细节讲风格。对事论原则，对人论权变。内心刚毅，外表温顺。既顺天意，亦顾民情。"顺乎天而应乎民"，则"民忘其劳"，舍生忘死。

乾坤、坎离、震艮、巽兑八卦两两相错，八卦派生出六十四卦。六十四卦之中，与教育比较切近者，至少有三对六卦。

1. 屯蒙现象。屯者，混沌。蒙者，启蒙。乾坤开天辟地，有天地，然后万物生焉。初生之物，其形混沌。混沌之儿，必受启蒙之教。《易传·序》曰："玉不琢，不成器。人不学，不知道。"建国君民，教学为先。《千字文》云："宇宙洪荒，天地玄黄。日月盈昃，辰宿列张。寒来暑往，秋收冬藏。闰余成岁，律吕调阳。……始制文字，乃服衣裳。……孤陋寡闻，愚蒙等诮。"启蒙之要，在于童子主动求学而非强迫学习。"匪我求童蒙，童蒙求我。"[④]求学之要在于触类旁通、举一反三，而非事事依赖他人。"初筮告，再三渎，渎则不告。"

2. 小畜履现象。小畜者，蓄养亲人以表孝心。小畜指蓄养亲人以尽孝，大畜指蓄

---

① 详见：《易传·象上》。苏轼尤其强调"水流而不盈，行险而不失其信"的柔韧精神。苏轼本人一再贬谪却依然乐观坚挺，汉代贾谊才高志大却英才早逝，忧郁而死。就坎卦而言，苏轼认为贾谊那样的人"志大而量小，才有余而识不足"。详见：[宋]苏轼.苏轼文集[M].北京：中华书局，1996：105.

② 与眼耳鼻舌等部位相比，"背"的美德是"不见"。

③ 详见：[魏]王弼，注，[唐]孔颖达，疏.周易正义[M].北京：北京大学出版社，2000：213—216.

④ 《周易》与《礼记》皆强调先学而后教。《周易·蒙卦》云："匪我求蒙童，蒙童求我。"《礼记·曲礼》则云："礼，闻来学，不闻往教"。后来《论语·述而》曰："不愤不启不悱不发。"否则，不仅学者学无所成，而且师者因"好为人师"而令人厌恶。

养主人以尽忠。兴师讨伐亲比归顺或亲师重教有赖于孝道礼节。《礼记·祭统》云:"孝者,蓄也,蓄养也。"若不尽蓄养之孝心,则众叛亲离。《易传·象》云:"辨上下,定民志。"孝道之要,在于重视礼仪之行,恭敬长辈,守夫妇之道,辨上下等级。或可将小蓄卦释为积蓄财力,将履卦解释为履行。但是,根据前后诸卦之间的逻辑顺序,蓄履卦接近《礼记·祭统》所述之"孝道"。小蓄卦与履卦成对。《易传·序》曰:"履者,礼也。"在家尽孝,在国尽忠。始于孝道,以孝为忠。

3. 临观现象。临者,亲临。观者,"观天之神道"。随君子远小人避免蛊惑淫乱有赖于亲临民众与神道设教。君临天下,教化民众。教化民众之要,在于借助神道、宗教,化民成俗。[①]《易传·象上》曰:"圣人以神道设教,而天下服矣。"从神道设教的宗教视角来看,《易经》六十四卦便不只是临卦和观卦、噬卦和贲卦事关宗教,其他各卦皆与神道设教或宗教相关。虽有不少人将《易经》视为军事、婚姻、商旅等占卜之书,但在"经学史"上,《易经》普遍被视为"政教之所从生"的教育哲学。[②] 精英也许可以"慎独",但大众只能通过宗教以及类似的途径使其敬畏与服从。"君子自明其德,百姓不能自明其德,而神道设教以明其德。"[③]

第 5 节　《春秋》的微言大义

《春秋》记载鲁隐公元年至鲁哀公十四年的历史。《孟子·滕文公》首次提出孔子为《春秋》作者:"世衰道微,邪说暴行有作,臣弑其君者有之,子弑其父者有之。孔子惧,作春秋。"又曰:"孔子成春秋,而乱臣贼子惧。"后世学者虽有质疑,但普遍承认孔子为《春秋》作者。

"春秋传"是对《春秋经》的解读。《春秋》先后出现五传:《左传》、《公羊传》、《榖梁传》、《邹氏传》及《夹氏传》。由于后两传失传,一般称"春秋三传"。"三传"各有特点,历史上"三传"均不乏各自的支持者,以《春秋公羊传》影响最大。春秋公羊学普遍看重的思想是"三世说"和"大一统说"。而在"三世说"和"大一统说"之外,亦有"仁义智"微言大义一以贯之。《春秋公羊传》共 242 章,其中开篇、结尾以及居于"靠近中间位置"的《宣公六年》章尤其重要。此三章之微言大义,历来受春秋公羊家重视。

一、仁义智:"春秋公羊传"的线索

有人将《春秋》大义总结出二十九条:荣复仇、攘夷、贵死义、诛叛盗、贵仁义、贵正己、贵诚信、贵让、贵豫、贵变改、贵有辞、讥慢、明权、谨始、重意、重民、恶战伐、重守备、贵得众、尊尊、大受命、录正谏、亲亲、重妃匹、尚别、正继嗣、讳辞、录内、言序。[④] 这些主

---

① 钱钟书详细讨论了观卦之"神道设教"以及宗教的价值。神道设教接近马基雅维利所言:统治者可不信宗教,但对民众所信之教必须显得虔敬。详见:钱钟书.管锥编(第一册)[M].北京:中华书局,1986:18—22.

② 郑玄认为:"《易》者阴阳之象,天地之所变化,政教之所从生。"详见:《六艺论》。

③ 详见:[清]焦循.易学三书:易通释、易章句、易图略[M].北京:九州出版社,2003:116—117.相关讨论,亦可参见:刘师培.经学教科书[M].长沙:岳麓书店,2013:107—108.

④ 详见:杨树达.春秋大义述[M].上海:上海古籍出版社,2007.

题貌似"断烂朝报"①,其实却隐含了"一以贯之"的内在线索。

在《春秋公羊传》那里,《春秋》的"一以贯之"的线索就是"仁"、"义"、"智"三德。总体而言,仁的方向向外,是对他人的爱,范围越广越仁;义的方向向内,是反求诸己,躬自厚而薄责于人,范围越靠近自己,对自己要求越严格越义;智的方向是"中庸"或"中和"。智就是既能明辨是非,又懂得根据轻重缓急进行取舍和应变,游刃于"仁"和"义"之间。

"仁"分为亲亲之仁,尊礼之仁和兼爱之仁。亲亲之仁包含父母与子女之间、夫妇之间、兄弟之间的互相关爱与尊重。有关"亲迎"、"重妃匹"、"亲亲",皆属此类。尊礼之仁包含天与人之间的祭祀礼,君臣间的体现尊卑与尊重的礼法以及邦国之间交往时应遵守的礼节。有关"尊尊"、"大受命"、"讥慢"、"诛叛盗"、"贵得众"皆属此类。兼爱之仁包含新政权与旧政权之间的包容、对民众的爱怜和对诸夏与夷狄的关怀。有关"重民","恶战伐","夷夏之辨"皆属此类。

义分为复仇之义,正己之义和舍己之义。复仇之义是一个人或国家处于被动、弱势的状态时心中应秉持的正义的复仇感。前人提及的"荣复仇"、"大复仇"可以归于此类;正己之义是指欲正人先正己,不去贪图非分的事物。前人提及的"录内"、"贵正己"、"贵诚信"可归于此类;舍己义指关键时刻为了"义"可以不惜作出牺牲甚至付出生命的代价。前人提及的"贵让"、"贵死义"可归于此类。

智分为慎始之智、明辨之智和经权之智,慎始之智是人做事时的始发动机、国家传位时的立嫡正始以及事情开始前提前做好准备的智慧。前人提及的"重意"、"贵豫"、"谨始"、"正继嗣"、"重守备"可以归于此类;明辨之智指对于一些基本原则问题的明辨,即经权中的"经",前人提及的"大一统"、"天人感应"、"尚别"、"攘夷"、"录正谏"等可归于此类;经权之智指结合实际情况进行变通的智慧,前人提及的"贵变改"、"明权"可归于此类。

二、天人感应与"春秋董氏学"

《春秋公羊传》所强调的"大一统",来自《春秋》开篇第一章。"元年,春王正月。"《春秋公羊传·隐公元年》曰:"元年者何? 君之始年也。春者何? 岁之始也。王者孰谓? 谓文王也。曷为先言王而后言正月? 王正月也。曷言乎王正月? 大一统也。"

《春秋公羊传》开宗明义之"大一统"思想,在董仲舒(一般尊称为"董子")的《春秋繁露》(康有为称之为"春秋董氏学")中得到发挥。董子大量著述,多失传,仅存《春秋繁露》与《举贤良对策》。《春秋繁露》强调"天子受命于天,天下受命于天子"并辅之以"天人感应"理论②,以此"一统天下",倡导"大一统"。《举贤良对策》则提议"独尊儒术,罢黜百家",以此推崇思想(意识形态)上之"大一统"。董子的"大一统"政治哲学被后世视为政治儒学发展历史上一个重要节点。③ 董子所倡导的"大一统"并非"压迫性"的集权论或专制论。相反,董子所追寻的"大一统"是一种基于"阴阳五行"的"屈伸"理论。而且,

---

① 《宋史·王安石传》:"黜《春秋》之书,不使列于学官,至戏目为断烂朝报。"
② 据统计,《春秋》记事240多年,记灾异120多年,平均两年一次灾异,以"天人感应"警示君主。详见:蒋庆.公羊学引论[M].福州:福建教育出版社,2014:173.
③ 刘小枫.儒教与民族国家[M].北京:华夏出版社,2007:20.

董子貌似"屈民而伸君",实则"屈君而伸天"、"屈君而伸民"。

《春秋》乃政治儒学的关键文本。公羊学家历来重视《春秋》所隐含的微言大义。《春秋》所隐含的"三世说"、"通三统"、"孔子为王"、"孔子改制"(讥世卿,改"世袭制"为"选举制")、"自然法"("天人感应")、"政治宽容"①、"实践智慧"②、"德主刑辅"③或许可为中国以及世界的未来提供民主政制的"中国思维"或"中国智慧"。

三、三世说与"春秋康氏学"

"三世说"的根据是《春秋公羊传》中三次出现"三世异辞"的说法。《春秋公羊传》首篇与末篇均提到了三世异辞。《春秋公羊传》由此将过去的历史分为所见、所闻、所传闻三世。按照公羊家的说法,《春秋》对于所记之事是否呈现"时"、"月"、"日"都有严格的规则。如何解释《春秋》的微言大义,便成为公羊家内部之争。董子曰:"诗无达诂,易无达占,春秋无达辞。"④在公羊家看来,"公子益师卒"这条经文之所以只呈现某人去世的事件而不记录具体的时间,就有特别的含义。为什么不记录具体的时间?公羊家何休给出的解释是:因为时间太久远,并由此提出著名的三世说。

《春秋公羊传》的"三世说"后来引起康有为(一般尊为"康子")的极大关注,成为康子改制变法的理论依据。康子认为:"孔子虽有六经,但大道萃于《春秋》。"⑤孟子之后,董子传孔子之道。就传孔子之道而言,董子甚至贤于孟子、荀子。"孔子立教宗旨在此,虽孟、荀未能发之,赖有董子,而孔子之道始著。"⑥

康子对三世说的重要推进在于,康子将《春秋公羊传》的三世说与《礼记》中的《礼运》与《王制》关联起来,并由此讨论相关的政治制度。康有为有时也以乱世与平世两分法取代据乱世、升平世与太平世三分法。"大同即平世也,小康即乱世也。"⑦康有为重视《王制》,但更看重《礼记·礼运》。"苟非《礼运》,则孔教嫌于为专制;苟非《春秋》,则孔教嫌于无共和。"⑧

在他看来,《礼运》的"小康"与"大同"观念接近《春秋》三世说。"《春秋》三世之法,与《礼运》小康、大同之义同。"⑨又曰:"据乱世尚君主,升平世尚君民共主。太平世尚民主。"⑩小康尚君主制,大同尚民主制。大同社会及其民主制虽然美好,但不可提前进入,否则会引发灾难。也因此,康有为虽然著《大同书》,但并不急于发表,秘而不宣。只能退而求其次,以小康之礼治国。⑪

康子对"三世说"的另一个贡献在于,他认为据乱世,升平世和太平世三个阶段的任

---

① 详见:蒋庆.公羊学引论[M].福州:福建教育出版社,2014:79—283.
② 详见:蒋庆.政治儒学[M].福州:福建教育出版社,2014:204—224.
③ 蒋庆.政治儒学[M].福州:福建教育出版社,2014:162—163.
④ 详见:《春秋繁露·精华》。所谓诗无达诂,即诗无定解。
⑤ 康有为.桂学答问[A].康有为全集(第二集)[C].北京:中国人民大学出版社,2007:18.
⑥ 详见:康有为.春秋董氏学[A].康有为全集(第二集)[C].北京:中国人民大学出版社,2007:375.
⑦ 详见:康有为.孟子微[A].康有为全集(第五集)[C].北京:中国人民大学出版社,2007:422.
⑧ 详见:钱穆.中国近三百年学术史(下册)[M].北京:商务印书馆,1997:779.
⑨ 详见:康有为.春秋笔削大义微言考[A].康有为全集(第六集)[C].北京:中国人民大学出版社,2007:18.
⑩ 详见:康有为.孟子微[A].康有为全集(第五集)[C].北京:中国人民大学出版社,2007:464.
⑪ 详见:康有为.春秋笔削大义微言考[A].康有为全集(第六集)[C].北京:中国人民大学出版社,2007:18.

何一世都可能隐含更具体的三世。于是,三世扩展为九世。而九世之中每一世又可能出现三世并因此而出现八十一世。"每世之中,又有三世焉。则据乱亦有乱世之升平、太平焉;太平世之始,亦有其据乱、升平之别。每小三世中,又有三世焉。于大三世中,又有三世焉。故三世而三重之,为九世。九世而三重之,为八十一世。"①

康子三世、九世、八十一世之说看似复杂、繁琐,但是,康子的补充说明的重要意义在于:历史虽然总体上呈现为据乱世,升平世和太平世三世,但是,任何一个阶段都可能出现局部或暂时的三世。这为政治变革的实践既提供了整体思路推进的理论资源,又提出了不可"蹴等"、"骤进"的警示与政治改革必须因时因地而保持"权变"智慧的建议。比如,"且据乱之中,又有升平、太平。如中国之中,有苗、瑶、番、黎,为据乱之据乱;蒙古、西藏、青海,为据乱之升平;内地行省,为据乱之太平"。② 康有为警告,大同虽美,但不可冒进,否则"其害且足以死人"。③

鉴于康有为对发挥儒家"三世说"有特别贡献,有人将康有为视为第四代新儒家的关键人物。孔子开创儒家之后,孟子和荀子为第一代新儒家;汉代董仲舒等人为第二代新儒家;程朱理学和陆王心学为第三代新儒家,康有为开启第四代新儒家。④

第 6 节   《论语》的仁学

在先秦,《论语》本名《孔子》,一如诸子之书的习惯命名法。《论语》之名,始于汉代。⑤《论语》非成于一人之手,也非作于一时一地。《汉书·艺文志》云:"《论语》者,孔子应答弟子、时人及弟子相与言而接闻于夫子之语也。当时弟子各有所记。夫子既卒,门人相与辑而论纂,故谓之《论语》。"《论语》以记孔子之言为主,为中国早期"语录体"、"对话体"。《论语》为中国古典哲学的源头,正如《理想国》为西方古典哲学的源头。两者皆以语录体、为话体记录"老师"的嘉言懿行。

一、智仁勇:吾道一以贯之

《论语》篇章貌似驳杂随意,但孔子多次强调自己的思想"一以贯之"。⑥ 第一次在《里仁》中。子曰:"参乎! 吾道一以贯之。"曾子曰:"唯。"子出,门人问曰:"何谓也?"曾子曰:"夫子之道,忠恕而已矣。"第二次在《卫灵公》中,子曰:"赐也,女以予为多学而识

---

① 详见:康有为.中庸注[A].康有为全集(第五集)[C].北京:中国人民大学出版社,2007:387.另参见:康有为.论语注[A].康有为全集(第六集)[C].北京:中国人民大学出版社,2007:393.康有为.孟子微[A].康有为全集(第五集)[C].北京:中国人民大学出版社,2007:416.
② 详见:康有为.春秋笔削大义微言考[A].康有为全集(第六集)[C].北京:中国人民大学出版社,2007:310.
③ 详见:康有为.礼运注·叙[A].康有为全集(第五集)[C].北京:中国人民大学出版社,2007:553.
④ 萧公权.近代中国与新世界:康有为变法与大同思想研究[M].南京:江苏人民出版社,1997:107—108.
⑤ 改《孔子》为《论语》,乃汉代尊孔的文化政策,即为了将《孔子》从"子"书的地位提升为"传"、"记"。详见:赵纪彬.《论语新论》导言[A].周予同,朱维铮,等.论语二十讲[C].傅杰,选编.北京:华夏出版社,2009:265.
⑥ 哲人不免存在早期与晚期思想的变化,但几乎所有大哲在其晚年都会像孔子那样意识到"吾道一以贯之"。比如,卢梭在他的《忏悔录》中一再强调有一个"大原则"贯穿于他的所有著作。详见:[德]卡西勒.卢梭问题[M].王春华,译.南京:译林出版社,2009:1—2.

之者与？"对曰："然，非与？"曰："非也，予一以贯之。"

究竟什么是孔子"一以贯之"的"一"？孔子自己并不明说，《论语》仅仅提供两个旁敲侧击的解释。一是否定的解释，绝非"多学而识之"。一是肯定的解释，"忠恕而已矣"。

何谓"忠恕"？《卫灵公》子贡问曰："有一言而可以终身行之者乎？"子曰："其恕乎！己所不欲，勿施于人。"《礼记·中庸》亦曰："忠恕违道不远：施诸己而不愿，亦勿施于人。"因此，"忠恕"往往被释为"己所不欲，勿施于人"。

从孔子本人直接提出的解释来看，《论语》的核心精神是"忠恕之道"。但是，从《论语》频繁出现的词语以及贯穿整部《论语》的基本结构来看，孔子所谓"吾道一以贯之"，其实就在于"仁智勇"三者以及"中庸之道"。《论语》各篇貌似杂乱无章，却隐含了"智、仁、勇、中庸"三成四德的内在逻辑结构，孔子称之为"吾道一以贯之"。《论语》的篇章大致可分为两类。一是整篇讨论"智、仁、勇、中庸"三成四德中的某一德。比如，《子路》篇30章，整篇讨论"从政"的"中庸之道"。二是整篇围绕三成四德展开讨论。比如，《学而》共16章。第1章提出《论语》开篇提出三个纲领。① "学而时习之"近"智"，"有朋自远方来"近"仁"，"人不知而不愠"近"勇"。三纲领既为本章之前言，亦为全书之总纲。

《论语》多次将智（知）、仁、勇并列。《子罕》曰："知者不惑，仁者不忧，勇者不惧。"在孔子那里，仁优先于智，智优先于勇，勇是对仁智的补充（勇及其与之相关的"义"，后来成为《孟子》重点发挥的主题）。仁智为"文"，勇为"武"。孔子的教育理想是文武双全，文质彬彬。《雍也》曰："质胜文则野，文胜质则史。文质彬彬，然后君子。"②

一般将《论语》中的智、仁、勇称为"三达德"。"三达德"的说法最早见于《中庸》："知、仁、勇三者，天下之达德也。"（朱熹《中庸章句》第二十章）能同时具备三达德者，就称得上有"中庸之道"。若智、仁、勇、中庸四者并列，亦可称为"三成四德"。《理想国》之三成四德显示为智慧、节制、勇敢、正义，而《论语》之三成四德则为智、仁、勇、中庸。

孔子之学，绝非一般意义上的道德之学，他所关怀的核心问题是政治。政治智慧的核心方法（或手段、途径）是"中庸"。中庸之道即"政治智慧"或"实践智慧"。中庸、中行乃最佳选择，不能得到最佳，则退而求其次，狂者或狷者，亦可。《论语·子路》曰："不得中行而与之，必也狂狷乎？狂者进取，狷者有所不为也。"

在孔子那里，中庸之道有两个核心精神：一是适度，二是适时。这两者所构成的中庸之道也称为经权智慧。在这点上，古今中外都有类似的观念。由于孔子与亚里士多德都强调中庸之德，白璧德（I. Babbitt，1865～1933 年）认为两者"常有惊人的相似之处"。③

第一，适度的智慧。适度是空间的、横向的中庸之道。在两者之间，行中道，保持均衡，兼而有之，整合资源，不顾此失彼，不制造不均不公，不偏袒，不执着于一端（执着于一端就成了"异端"）。在《论语》中，孔子直接谈论"中庸"，主要指"适度"。《雍也》曰：

---

① 详见：刘良华. 论语的开篇与教师的成长[J]. 全球教育展望，2012(11)：13—17.

② 当时也有对文的质疑，如，《论语·颜渊》曰："君子质而已矣，何以文为？"

③ 详见：[美]白璧德. 民主与领袖[M]. 张源，张沛，译. 北京：北京大学出版社，2011：123—124.

"中庸之为德也,其至矣乎! 民鲜久矣。"《论语》中有大量类似的说法。由于"中庸"原本与政治相关,孔子尤其看重"行藏"、"有为与无为"关系。虽然历来有"文死谏,武死战"的慷慨激昂之声,但孔子并不赞成"死谏"。《述而》曰:"用之则行,舍之则藏。"《先进》曰:"以道事君,不可则止。"《颜渊》曰:"忠告而善道之,不可则止,毋自辱焉。"《泰伯》曰:"天下有道则见,无道则隐。"①《卫灵公》则曰:"邦有道则仕,邦无道则可卷而怀之。"

第二,适时的智慧。适时是时间的、纵向的中庸之道。适时是对适度的补充与扩展,当两者之间无法取舍而至于两难选择的矛盾困境时,则让时间来解决矛盾。适时的消极意义在于拖延,让时间来解决矛盾。几乎任何人为的矛盾都经不起时间的考验,拖延往往导致拖垮。适时的积极意义在于等待时机,静观其变。在孔子看来,沉默不言并非美德,关键在于"时"。"时然后言,人不厌其言。"②《乡党》篇尤其强调"时"。"夫孔子之圣,时行则行,时止则止,动静语默,莫非时中,编者因又置之于篇末以拟之,盖明《乡党》一篇皆为时中也。"③有人甚至认为,孔子之学不是"仁学"而是"时学"。所谓"时学",既指"时政"之学,政治学,也指"时机"、"时变"之学。《论语》开篇就讲"学而时习之",此"时"也,或有深意。④ 孟子比较伯夷、伊尹、柳下惠与孔子的为官与为人之道,对孔子作出的赞誉是:"孔子,圣之时者也。"(《孟子·万章下》)

第三,经权的智慧。经权智慧是对适度、适时的补充说明。适度与适时追求平衡和妥协,但是,适时适度也并非相完全没有原则的机会主义、相对主义或虚无主义。真正的适度、适时是在坚持原则的前提下保持一定的灵活性。⑤ 孔子主张"君子贞而不谅",即坚守正义而不拘泥于小信。孔子既强调道德原则的学习和坚守,朝闻道夕死可也,甚至可以杀身成仁,同时又主张在现实生活中要学会见机行事,权衡利弊。孔子甚至把权衡的实践智慧视为至高无上的艺术。《论语·子罕》曰:"可与共学,未可与适道;可与适道,未可与立;可与立,未可与权。"在孟子那里,中庸智慧即经权智慧。《孟子·尽心上》曰:"执中无权,犹执一也。所恶于执一者,为其贼道也。"《孟子·离娄下》甚至提出,信虽然重要,但在特殊情境中,可言行不一。"大人者,言不必信,行不必果,惟义所在。"

总之,孔子所谓"吾道一以贯之",就是立足于"仁智勇"三达德的"中庸之道"。"中庸"主要是一种思考问题的方法和形式,"中庸"的内容是"仁智勇"三者的适度、适时与权衡(经权关系)。在智仁勇三者之间,勇最重要。《论语》之"勇",主要有三义:一是勇气或勇敢;二是勇毅,含刚毅、刚强、意志、激情、威严;三是勇猛,含野性、血气、血性。《中庸》称之为"强",《中庸》第十章"子路问强"之"强",含勇气、勇毅、勇猛,三者兼而有之。有人甚至认为:"刚之一义也可以统括孔子全部哲学。"⑥

---

① 《易传·文言》云:"天地闭,贤人隐";《易传·象下》云:"君子以独立不惧,遁世无闷。"《礼记·曲礼下》曰:"为人臣之礼,不显谏,三谏而不听,则逃之。子之事亲也,三谏而不听,则号泣而随之。"后来孟子发展为"穷则独善其身,达则兼济天下"。详见:《孟子·尽心上》。
② 详见:《论语·宪问》。
③ 语出日人竹添光鸿的《论语会笺》,转引自:韦政通.孔子的性格[A].周予同,朱维铮,等.论语二十讲[C].傅杰,选编.北京:华夏出版社,2009:86.
④ 许仁图.一代大儒爱新觉罗·毓鋆[M],上海:上海三联书店,2014:5.
⑤ 有关"经权之辨"以及"正权之辨"的讨论,详见:方旭东.原性命之理[M].上海:华东师范大学出版社,2015:154—158.
⑥ 梁漱溟.东西文化及其哲学[M].北京:商务印书馆,1999:213.

指证《论语》的逻辑结构并不意味着读者在阅读《论语》时必须时刻关注其内在的逻辑关系。相反,研究《论语》的逻辑,其意义恰恰在于提醒一般读者(以《论语》为学术研究对象的特别读者除外):不必怀疑《论语》的逻辑结构,可以任意选择《论语》的某个篇章,完整阅读,一气呵成。

二、《论语》的开篇

《学而》貌似“论学”,其实是整部《论语》的总纲。皇侃认为,以《学而》最先者,言降圣以下,皆须学成,故以《学而》为先也。①

《论语》开篇提出三纲领:学、朋、不愠。② “学而时习之”近“智”,“有朋自远方来”近“仁”,“人不知而不愠”近“勇”。

何谓“学而时习之,不亦说乎”? 不仅“学”,而且“习”,更重要的是“时”。“习”的重点在于“见习”而建立“习惯”,形成“习性”。不仅求“知”,“读书”,而且最好力“行”,包括日常生活的观察与体验、思考。用现代教学论话语来说,“习”就是“行中学”或“做中学”。“时”除了“时常”、“时时”之外,还有“时机”、“时节”的意义。“时常”、“时时”的重点在于频率和重复,而“时机”、“时节”的重点恰恰是对频率和重复的警惕而更强调对某个“时间”、“时刻”的灵活选择和不失“时机”的抓紧、把握。孔子之学,乃“时”学。

所谓“有朋自远方来,不亦乐乎”,重点在于“远方”。远方并非空间距离之远,主要指“知己之难得”。③ 真正志趣相投的人,总是稀有,并不常见。此外,“远方”亦有“心胸开阔”之义。倘若有人从偏远的地方赶来拜访,而此人并没有带来陌生化的新知识或新见闻,也没有带来新的气象,那么,这人只是身边之“俗人”而也算不得“远方人”。相反,若身边的人经常处于自我更新状态,不断有新知识的涌现,心胸开阔,气象非凡,那么,此人便像陶渊明那样,“心远地自偏”。④

所谓“人不知而不愠,不亦君子乎”,重点在“不知”与“不愠”。这是说,人注定了不被他人理解或赏识,此为“常情”,也因此而不必愠怒。与其期待他人的理解与赏识,不如有自知自明,自我意识。自知自明则“千钧之弩,不为鼷鼠发机;万石之钟,不以莛撞起音”。⑤ 所谓“不愠”,并非强颜欢笑。关键在于自得其乐。人不知而不愠则有刚毅气质与宽容风度。“不愠”只是消极的说法,积极的说法是:人不知而自知自明,自得其乐,不亦乐乎? 前两句连续出现“不亦说乎”、“不亦乐乎”,最后一句因“不愠”而“自得其乐”。因此,有人认为,中国古典教育显示为“乐感”文化,以此区别于西方基督教的“罪感”文化和日本的“耻感文化”。⑥

总体而言,孔子提倡“人不知而不愠”,不怨天尤人,不过,孔子并不绝对禁止抱怨,

---

① 〔魏〕何晏,〔南朝梁〕皇侃.论语集解义疏[M].上海:商务印书馆,1937:1.
② 详见:刘良华.论语的开篇与教师的成长[J].全球教育展望,2012(11):13—17.
③ 南怀瑾.论语别裁[M].上海:复旦大学出版社,2002:13.
④ 详见:陶渊明的《饮酒》诗:“结庐在人境,而无车马喧。问君何能尔? 心远地自偏。采菊东篱下,悠然见南山。山气日夕佳,飞鸟相与还。此中有真意,欲辨已忘言。”
⑤ 详见:《资治通鉴·唐纪》。
⑥ 李泽厚.论语今读[M].合肥:安徽文艺出版社,1998:27.

他本人也偶尔因怀才不遇而愠怒。据《宪问》,子曰:"莫我知也夫!"①孔子虽提倡"人不知而不愠",但当他本人一再跌入怀才不遇的"不知"困境时,偶尔也有"怨""尤"。有人注意到,子路、子贡、冉求等经常受老师批评的学生,纷纷被鲁、卫、齐等国任用,在政治舞台上大显身手。只有孔子与他的模范学生颜渊始终不得任用。谁处于孔子与颜渊的位置,难免会收起"不患人之不己知"的高调而发出"莫我知也夫"的哀叹。②

三、孔子的学生

在《论语·学而》中,孔子的重要弟子子贡出场。子贡即端木赐(复姓端木,名赐,字子贡)。孔子死后,子贡地位最高,犹如掌门人。

子贡属于孔门"十哲"之一。孔门有"四科十哲":(1)德行科。颜回(子渊)、闵子骞(名损,字子骞,也称闵子)、冉伯牛(冉耕)、冉雍(仲弓)。(2)言语科。宰予(亦称宰我、子我)、子贡。(3)政事科。冉求(冉子、冉有、子有)、子路(仲由,季路)。③(4)文学科。子游(偃)、子夏(卜商)。关于"孔门四科"有两个来源。一是《论语·述而》:"子以四教:文、行、忠、信。"二是《论语·先进》:"德行:颜渊、闵子骞、冉伯牛、仲弓;言语:宰我、子贡;政事:冉有、季路;文学:子游、子夏。"

孔门"十哲"之中,闵子骞和冉伯牛两人对后世几乎没有影响,冉雍、冉求的影响也比较小。倒是未列入"十哲"的子张、曾子影响卓著。后儒以子夏为传经之儒,以曾子为传道之儒。汉儒宗子夏,宋儒宗曾子。④"今世所传五经,皆出于子夏。"⑤"子夏之外,曾子所传亦广。其最著者为《孝经》。"⑥

孔子弟子中,影响较大者有七人。

第一是颜回。"子路、颜渊及子贡组成了孔子早期弟子中最为知名的一群。"⑦颜回善于讨好老师,受孔子表扬最多,但在弟子中威望不如子贡和子路。在《论语》中,孔子对颜渊的称赞很多,而批评却极少(孔子原本是一个特别爱批评学生的老师)。据《论语·颜渊》,颜渊问仁,孔子答曰:"非礼勿视,非礼勿听,非礼勿言,非礼勿动。"孔子对不同弟子问仁的回答不一样,是针对他们各人的性格弱点而言的。聪慧好学如颜渊者,不可能是一个鲁莽不知礼的人。真正的原因是:颜渊的学问倾向近似道家。⑧ 道家薄礼,

---

① 钱穆认为:"一部《论语》,皆言下学。能下学,自能上达。""下学"相当于孔子所谓"志学、而立、不惑"前三个阶段,"上达"相当于孔子所谓"知天命、耳顺、从心所欲不逾矩"后三个阶段。"下学"是通人事,"上达"是知天命。平常人都应当在前三个阶段(即"下学")上用力,而对后三个阶段不要妄想过甚而不自知。钱穆.论语新解[M].北京:三联书店,2002:382—383.

② 详见:董楚平.论语钩沉[M].北京:中华书局,2011:347.

③《论语·先进》曰:"闵子侍侧,訚訚如也;子路,行行如也;冉有、子贡,侃侃如也。子乐。"

④ 详见:蒋伯潜.诸子通考[A].陈柱,蒋伯潜,章太炎.诸子启蒙[C].南昌:江西教育出版社,2014:237.

⑤ 柳诒徵.中国文化史[M].上海:上海古籍出版社,2001:286.

⑥ 柳诒徵.中国文化史[M].上海:上海古籍出版社,2001:287.

⑦ 刘殿爵.《论语》中所见的孔门弟子[A].周予同,朱维铮,等.论语二十讲[C].傅杰,选编.北京:华夏出版社,2009:248.

⑧ 郭沫若和李泽厚都认为,道家的庄周学派是从颜渊那里发展出来的,但庄子在黄老思想那里更能找到共鸣,因此最后发展出了一个新学派,与儒家抗衡。详见:郭沫若.十批判书[M].北京:人民出版社,1982:197;李泽厚.孔子再评价[A].周予同,朱维铮,等.论语二十讲[C].傅杰,选编.北京:华夏出版社,2009:142.

所以孔子才特别提醒他要重视礼。坚持"一箪食，一瓢饮，在陋巷，人不堪其忧，回也不改其乐"的颜回近道家，追求"莫春者，春服既成，冠者五六人，童子六七人，浴乎沂，风乎舞雩，咏而归"的曾点也接近道家。《庄子》多处谈论孔子和颜子。《庄子》对孔子有褒有贬，而对颜子只赞不议，可能因为颜子哲学原本就接近道家。宋代周子（周敦颐）动辄教二程"寻孔颜乐处"，也大体可以理解为"寻道家乐处"。

第二是子路。子路以勇猛、能干著称，有政治才华，倾向法家。子路的年纪与孔子较为接近，本性也更为直率，他觉得孔子的行为是错误的就会对孔子提出批评。孔子有时会训斥子路，但话中有爱意。[①] 有人认为，孔子敬重颜渊，却宠爱子路。[②]

第三是子贡。也有人认为子贡地位"仅次于颜渊"。[③] 子贡以言语科著称，擅长外交、商业。"子贡之富，在同门中似首屈一指。"[④] 据说孔子周游列国亦受子贡赞助。也即是说，子贡不仅服膺孔子的学说，而且能为孔子宣扬其学说提供物质支持，故崔述尝言："孔子之遂显于当世，子贡之力居多。"[⑤]

第四是子夏（卜商）。子夏长于经艺，传《诗》和《春秋》。

第五是曾子（曾参）。曾子为曾点（字子皙）的儿子，父子皆为孔子学生。曾子与颜回传孔门"心性儒学"。《论语》一贯称曾子为"子"，而且曾子之言在《论语》中居显要位置。[⑥] 按子夏和曾子对儒学的贡献，两人甚至可与子贡并列第一。[⑦] 不过，也有人认为，曾子及其后学"学识狭隘"，曾子学识"不足以尽孔子之学"。[⑧] 从政治儒学的视角来看，子路、子贡、子夏、子张之学高于颜回、曾子之学（心性儒学）。

第六是子张（颛孙师）。子张性格豪放近于子路，人称"小子路"。最傲的是子张。孔门弟子间唯他最难相处。子游说："吾友张也，为难能也，然而未仁。"[⑨]《论语·子张》曰："堂堂乎张也，难与并为仁矣。"子张虽不列入"孔门十哲"，但与子贡、子路、颜回一起被列入孔子"四友"。[⑩]

第七是宰予，与子贡并列言语科，但比子贡更能言善辩，常以刁钻问题拷问孔子，曾遭孔子痛骂。《公冶长》曰："朽木不可雕也，粪土之墙不可圬也。"

在孔门弟子中，已有道家、法家、墨家、农家、纵横家、阴阳家之萌芽，而绝不是清一色的儒生。"孔子弟子之学，不尽限于儒家，徒以儒家目孔子弟子，亦未能尽其学也。"[⑪] 刘向《说苑·杂言》和《荀子·法行》中都有"夫子之门何其杂也"的记载。[⑫] 孔子本人的

---

① 详见：刘殿爵.《论语》中所见的孔门弟子[A].周予同，朱维铮，等.论语二十讲[C].傅杰，选编.北京：华夏出版社，2009：250.
② 杨绛.《论语》趣[A].杨绛.走到人生边上——自问自答[C].北京：商务印书馆，2007：135—136.
③ 刘殿爵.《论语》中所见的孔门弟子[A].周予同，朱维铮，等.论语二十讲[C].傅杰，选编.北京：华夏出版社，2009：244.
④ 蒋伯潜.诸子通考[A].陈柱，蒋伯潜，章太炎.诸子启蒙[C].南昌：江西教育出版社，2014：238.
⑤ 蒋伯潜.诸子通考[A].陈柱，蒋伯潜，章太炎.诸子启蒙[C].南昌：江西教育出版社，2014：238.
⑥ 除孔子之外，只有闵子、冉子、有子和曾子四人享有"子"这一"荣誉称号"。
⑦ 参见：李零.丧家狗：我读《论语》[M].太原：山西人民出版社，2007：19—24.
⑧ 详见：康有为.序[A].康有为.论语注[C].楼宇烈，整理.北京：中华书局，2012：2.
⑨《论语·子张》。
⑩ 孔门"十哲"之中有不少平庸之辈，但"四友"（子贡、子路、颜回、子张）皆名副其实。
⑪ 柳诒徵.中国文化史[M].上海：上海古籍出版社，2001：288.
⑫ 详见：刘向《说苑·杂言》。

思想其实暗含了各家各派的思想因素。否则,他不会培养出"成色"这么杂的弟子来。①

第7节 《孟子》的心学

一般认为《孟子》由孟子本人所著。赵岐《孟子题辞》云:"此书,孟子之所作也,故总谓之《孟子》"②。韩愈、苏辙等人认为由孟子弟子万章、公孙丑等人追记。司马迁则认为主要由孟子自著,其弟子万章、公孙丑等人参与编写。

与《论语》一样,《孟子》原本属于"子"书。宋代之前,孟子长期被视为一般学者。尽管东汉赵岐为《孟子》作注时尊孟子为亚圣,但官方文献中多见周孔或孔颜并论,鲜见孔孟合称。孟子升格运动始于唐代韩愈。韩愈强调以孔孟代孔颜。五代后蜀时,刻石立十一经,《孟子》居其一。孟子升格运动在北宋发展至高峰,后来《孟子》被正式列入"十三经"。南宋朱熹作《四书章句集注》,包括《孟子》在内的"四书"后来正式成为科举考试的官方教材。

赵岐为《孟子》作注,分"内书"七篇和"外书"四篇。赵岐认为《性善》、《辨文》、《说孝经》、《为政》③四篇"外书"为伪作,不予作注。后来"外书"四篇亡佚。《汉书·艺文志》著录《孟子》十一篇,现存七篇:《梁惠王》、《公孙丑》、《滕文公》、《离娄》、《万章》、《告子》和《尽心》。七篇之中,居中的《离娄》篇是全书的核心。《离娄》以中庸之德为主题。前三篇偏重外王,以政治儒学为主题。后三篇侧重内圣,以心性儒学及其教育哲学为主题。《孟子》体例明显模仿《论语》,但孔子重"仁",孟子重"义"。立足于"万物皆备于我"、"人人皆可以为尧舜"的先验论,《孟子》全篇讨论"义政"、"义气"和"义端"。

一、义利之辩

在众多的与国君对话之中,孟子与三个国君的对话最重要:一是孟子与梁惠王的对话,处于《梁惠王上》的开篇;二是孟子与齐宣王的对话,处于《梁惠王上》的末篇和《梁惠王下》的开端;三是孟子与滕文公的对话,处于《梁惠王下》的末篇。这三次对话可以作为解读《孟子》之"外王"理想或政治哲学的基本线索:与梁惠王的对话引出义利之辩,可视为与齐宣王对话的铺垫;与齐宣王的对话可视为与滕文公对话的铺垫,提出令齐宣王胆战心惊的三个政治原则;与滕文公的对话是前两个对话的终结与总结,由此宣示完整的孟子政治哲学纲领。

《孟子》前三篇的首篇《梁惠王》提出孟子政治哲学的争议,尾篇《滕文公》提出孟子政治哲学的答案。中间《公孙丑》承上启下,为孟子政治哲学提供"集义养气"的方法论和仁义礼智"四端"的人性论。

---

① 孔门弟子来源广,是其"杂"的前因,但孔子能留住他们,则表明孔子之学本身博杂,包容性强。所以,"杂"也是孔子施教的结果。

② 赵岐,注,[宋]孙奭,疏.十三经注疏·孟子注疏[M].北京:北京大学出版社,1999:4.

③ 亦有断为:《性善辨》、《文说》、《孝经》、《为政》。但《孝经》为一独立的作品,不应收录于《孟子》中,故不从。详见:梁涛.荀子对"孟子"性善论的批判[J].中国哲学史,2013(4):33—40.

　　《梁惠王上》共七章，核心议题是"义利之辨"①。相关的成语或典故主要有：不远千里、五十步笑百步、明察秋毫、始作俑者、缘木求鱼、引领而望、挟泰山以超北海、寡不敌众、以羊易牛、君子远庖厨。本篇叙述梁惠王对孟子最初冷淡而最后建立了某种互信关系。但梁惠王突然离世，其继承者梁襄王"望之不似人君"，对孟子并不看好，亦无礼遇。本篇始于义利之辨，而最后讲述"以羊易牛"（或"君子远庖厨"）的案例，首尾呼应。有人将之与《公孙丑上》所述"孺子将入于井"、《离娄上》所述"嫂溺援之以手"和《万章上》所述"舜封象为诸侯"一起视为孟子心学及其人性论的经典案例。② 法国学者于连认为，孟子提出的"以羊易牛"或"孺子将入于井"及其恻隐之心，比宗教式的外在清规戒律或卢梭式的设身处地为他人着想的"怜悯心"，更具有道德奠基的理论意义。因为怜悯心的"设身处地"的根基是利己的个人主义，而孟子的不忍心属于非利己的先天本能之善。于连由此认为，以孟子为代表的儒家哲学，乃是真正的"情感主义"哲学而不同于西方传统的理性主义哲学。③

　　《梁惠王下》共十六章，重点讨论"义政"以及对"不义"之君发动"革命"的合理性。与之相关的成语和典故主要有：妻离子散、匹夫之勇、与民同乐、顾左右而言他、箪食壶浆、水深火热、救民水火、出尔反尔。本篇的重点是"汤武革命"及其合法性的讨论。孟子并不赞成对君主绝对服从。如果君主不能保民，不能推行仁政，便可易位，甚至诛杀之。孔子亦有类似表达："汤武革命，顺乎天而应乎人"（《易传·彖传下·革》）。也因此，有学者指出，"儒家在比西方早二千年即正式承认'叛乱权'，亦即承认人民的革命权。"④此章对后世君主皆带来困扰，朱元璋为此"删"《孟子》。

　　《公孙丑上》共九章，总体上仍以"义政"（"仁政"）为主题，但重点转向为何人人皆有"义端"以及如何培养"义气"或"浩然之气"。与之相关的成语或典故有：事半功倍，揠苗助长，出类拔萃，与人为善，解民倒悬，具体而微，心悦诚服，反求诸己。其中有关"揠苗助长"的隐喻和有关仁义礼智"四端说"成为儒家教育学的经典案例，堪称中国儒家教育学推崇"自然法"的范例。孟子之"四端"虽相提并论，其排序却有深意。首先是仁，最后是智，中间是义和礼。⑤ 而朱熹与门弟子皆以仁为统摄其他三者。⑥ 孟子将孔子的"智仁勇"三达德发展为"仁义礼智"四端，后来董仲舒将"四端"扩展为"仁义礼智信"五常。

　　《公孙丑下》共十四章。由义政、义气提出"义理"、"道义"（得道多助，失道寡助）。与之相关的成语和典故有：天时地利人和；得道多助，失道寡助；采薪之忧；绰绰有余；彼一时，此一时（此一时，彼一时）；舍我其谁。

---

① 孟子所谓的"义利之辨"并不是将义与利截然对立，也不是排斥利益，而是指不应以利益为导向。详见：[宋]朱熹.四书章句集注[M].北京：中华书局，2011：188.

② 详见：杨海文.我善养吾浩然之气：孟子的世界[M].济南：齐鲁书社，2017：114—119.

③ [法]于连.道德奠基：孟子与启蒙哲人的对话[M].宋刚，译.北京：北京大学出版社，2002：1—27.本书中译者不顾或不熟悉概念或人名翻译的约定成俗原则，出现大量奇怪的翻译。

④ 徐复观.荀子政治思想的解析[A].干春松，编.中国近代思想家文库·徐复观卷[C].北京：中国人民大学出版社，2014：107.

⑤ 法国学者于连在解读此章特别注意到排序的问题。详见：[法]于连.道德奠基：孟子与启蒙哲人的对话[M].宋刚，译.北京：北京大学出版社，2002：33.

⑥ 详见：吴小如.吴小如讲《孟子》[M].天津：天津古籍出版社，2008：39.

《滕文公上》共五章,由人人皆有"义"之端而正式提出"性善论"。与之相关的成语和典故有:为富不仁;劳心者治人,劳力者治于人;三过其门而不入。

《滕文公下》共十章,由"义"扩展为"礼"并正式提出与"义气"、"意志"相关的"大丈夫"概念。与之相关的成语和典故有:富贵不能淫,贫贱不能移,威武不能屈;父母之命,媒妁之言;乱臣贼子;吊民伐罪。

二、中庸之德

《孟子》七篇之中,《离娄》居中,侧重中庸之德。中庸之德乃儒学的核心精神。不过,孟子在讨论中庸之德时,也加入了"义"的元素,将"义"视为中庸的基本前提。"大人者,言不必信,行不必果,惟义所在。"以义为前提的中庸之德,既是《离娄》的基本主题,也是《孟子》全篇的核心精神。

《离娄上》共二十八章。第十七章为其核心,将"义"的观念落实为"经权"关系,以经权关系的中庸之德区别对待政治问题和伦理问题。与《离娄上》相关的成语或典故有:不以规矩,不能成方圆;顺天者存,逆天者亡;为渊驱鱼;自暴自弃;不虞之誉;不孝有三,无后为大;手舞足蹈;好为人师。其中以"溺嫂援手"的对话提出著名的"经权"思想,以经权关系区别对待政治问题和伦理问题。"溺嫂援手"的故事除了可以用来解释孟子的"经权智慧",还可以连同"孺子入井"和"以羊易牛"、"舜封象为诸侯"等案例一起为孟子的"性善"假设提供论证。《离娄上》始于"规矩"(仁政)而终于"孝爱"。规矩需要坚守原则性,但规矩与孝爱之间出现冲突时,需要有基本的灵活性。

《离娄下》共三十三章,重点论"中庸之德",并从中庸视角论各种彼此对立的关系。如果说《离娄上》的核心主题是以"义"为前提的中庸之德并落实为"经权关系",那么,《离娄下》的核心主题是以"义"为前提的中庸之德并落实为君臣关系和学思关系。与之相关的成语或典故有:不为已甚,赤子之心,左右逢源,夜以继日。本篇讨论几个重要关系:一是有关子产的小恩小惠与政治智慧的关系。孔子对子产持赞赏态度,多次夸赞子产。但孟子对子产有非议,认为子产是"惠而不知为政",只知对民众施以小恩小惠,并不真正懂得为政之道。用自己的车子帮人渡河,不如在河上修建桥梁,从根本上解决问题。二是臣子对君主的"服从"与"不服从"关系。"君之视臣如手足;则臣视君如腹心;君之视臣如犬马,则臣视君如国人;君之视臣如土芥,则臣视君如寇仇。"朱元璋读《孟子》此章,竟不许孔庙中祭祀孟子,足见其对专制君主之冲击力。① 三是学与思(自得)的关系。"君子深造之以道,欲其自得之也。自得之,则居之安;居之安,则资之深;资之深,则取之左右逢其原,故君子欲其自得之也。""自得"不仅意味着自学,更意味着学习者成为创造的主体,不仅需要理解和接受他人的观点,而且需要"借题发挥","托古言志",自己赋予对象以新的意义。

三、人皆可以为尧舜

后三篇《万章》、《告子》和《尽性》侧重孟子的教育哲学。后三篇之中,"告子"是其核

---

① 详见:沈知方.四书新解[M].蒋伯潜,注释.北京:中国致公出版社,2011:337.

心篇。《告子上》述告子与孟子的"人性之争",为孟子的教育哲学提供人性论基础。《告子下》正式提出"人皆可以为尧舜",由"失其良心"、"失其本心"发展出"求其放心"(收其放心)、"先立乎其大者"的教育哲学。

《万章上》共九章,重点讨论个人之"义行"与统治者之"义政"。与之相关的成语和典故有:自怨自艾、先知先觉。本篇提出对父母之怨与不怨的关系以及娶妻"必告父母"与"舜之不告而娶"的关系以及"以意逆志"的解诗理论。

《万章下》亦九章,重点讨论"义政"中的入仕为官之道与君臣关系。与之相关的成语和典故有:集大成者;金声玉振;却之不恭;知人论世。本篇特别提出君主"易位"问题,后世君主为之恐惧。按照孟子的说法,"贵戚之卿"的责任在于,"君有大过则谏,反覆之而不听,则易位。""异姓之卿"的责任在于,"君有过则谏,反覆之而不听,则去。"

《告子上》共二十章,重点讨论"义端"及其教育。与之相关的成语和典故有:专心致志、一暴十寒、舍生取义、先立乎其大者、杯水车薪。本篇重点讨论性善论并由此正式提出"求其放心"的教育口号和"先立乎其大者"的教育原则。"心之官则思,思则得之,不思则不得也。此天之所与我者,先立乎其大者,则其小者弗能夺也。"

《告子下》共十六章,延续《告子上》的话题,继续讨论有关"义"端的性善论并正式提出"人皆可以为尧舜"和"良知"理论。与之相关的成语和典故有:以邻为壑;拒人于千里之外;生于忧患而死于安乐。本篇正式提出"人皆可以为尧舜"的教育口号并提出意志教育的重要性。"故天将降大任于是人也,必先苦其心志,劳其筋骨,饿其体肤,空乏其身,行拂乱其所为,所以动心忍性,曾益其所不能。……然后知生于忧患而死于安乐也。"

《尽心上》共四十六章。与之相关的成语和典故有:万物皆备于我;反身而诚;习焉不察;穷则独善其身,达则兼济天下;孤臣孽子;仰不愧于天,俯不怍于人;得天下英才而育之;不言而喻;一毛不拔;居仁由义;引而不发;其进锐者,其退速;仁民爱物;当务之急。本篇正式提出"万物皆备于我"与"反身而诚"。"万物皆备于我矣。反身而诚,乐莫大焉。强恕而行,求仁莫近焉。"由此出发,本篇强调"良知"、"良能"与"英才教育"。"君子有三乐,而王天下不与存焉。父母俱存,兄弟无故,一乐也。仰不愧于天,俯不怍于人,二乐也。得天下英才而教育之,三乐也。"

《尽心下》共三十八章,以"义"为道统,并正式提出"民贵君轻"的道义理论。与之相关的成语和典故有:尽信书,不如无书;民贵君轻;以其昏昏,使人昭昭;茅塞顿开;再作冯妇;大而化之;往者不追,来者不拒;言近旨远;清心寡欲;同流合污。本篇首次提出"民贵君轻"说,为后世提供民主政治的理论资源。"民为贵,社稷次之,君为轻。"有人认为,中国古代有源远流长的"民本"思想,《古文尚书·五子之歌》已有"民惟邦本,本固邦宁"的说法。孟子"民贵君轻"之说将民本思想发展到了一个高潮。[①] 除此之外,本篇首次提出"道统"说。"由孔子而来至于今,百有余岁,去圣人之世,若此其未远也。"言外之意,孟子乃孔子的继承者。王应麟认为:"《论语》终于尧曰篇,《孟子》终于尧、舜、汤、文、

---

① 详见:梁涛.孟子解读[M].北京:中国人民大学出版社,2010:22—25.

孔子，而《荀子》亦终尧问，其意一也。"①受孟子启发，唐代韩愈正式提出"道统"说。

孟子之于中国哲学，类似与之同时代的亚里士多德"美德伦理学"。亚里士多德在其"德性表"中列举勇敢、节制、明智、公正等诸美德。孟子则提出仁义礼智。"仁义礼智，非由外铄我也，我固有之也。"②亚里士多德重视"实践智慧"，孟子则倡导"经权智慧"。两者大体一致。

也有人认为，孔子犹如西方之苏格拉底；孟子犹如西方之柏拉图，其气象之高明亢爽亦似之；荀子则犹如西方之亚里士多德，其气象之笃实沈博亦似之。③孟子个性之最鲜明处即其铮铮傲骨与一腔正气，亦即宋儒所说的"孟子有些英气"④。用孟子本人的话来说，则是"我善养吾浩然之气"，"虽千万人，吾往矣"（《公孙丑上》）；"说大人则藐之，勿视其巍巍然"（《尽心下》）；"无恒产而有恒心者，惟士为能"（《梁惠王上》）；"行一不义，杀一不辜而得天下，皆不为也"（《公孙丑上》）。此类"大丈夫"形象，显示孟子哲学以"人格主义"、"唯意志主义"为其核心精神。也因此有人认为："《孟子》一书对中国文化史影响至深至著，尤其在独立人格的塑造，士人气节的培养上，恐无其他经典可与之相比。"⑤

康有为因孟子传《春秋》而尊孟，认为孟子"乃孔门之龙树、保罗"。荀子传《礼》，而孟子传《诗》、《书》、《春秋》。荀子传小康世、据乱世之道，而孟子传大同、太平世之道。⑥又谓，孟子为《公羊》正传，荀子为《榖梁》太祖。⑦梁启超也一度以"绌荀申孟"为己任，发动"排荀运动"。⑧

第 8 节　《大学》的三纲领八条目

《大学》原为《小戴礼记》中的第四十二篇，后来独立而成为"四书"之一。唐代韩愈较早关注《大学》，引"古之欲明明德于天下者"一段，视之为禹、汤、文、武、周公、孔子之道。宋代理学兴起，学者普遍重视《大学》。司马光作《大学广义》一卷及《致知在格物论》一篇。二程不仅关注《大学》，视之为儒家"初学入德之门"⑨，且亲自动手改动，出现《大学》改本。朱熹延续了二程的思路，撰《大学章句》。于是，《大学》正式从《礼记》中独立出来，且列为"四书"之首。朱熹倾心著《四书章句集注》，而对《大学》用力最勤。后来王阳明虽然延续陆九渊的心学思路，但陆九渊立足于《孟子》，而王阳明更重视《大学》。

《大学》的开篇云："大学之道，在明明德，在亲民，在止于至善。知止而后有定，定而后能静，静而后能安，安而后能虑，虑而后能得。物有本末，事有终始。知所先后，则近道矣。古之欲明明德于天下者，先治其国；欲治其国者，先齐其家；欲齐其家者，先修其

① 详见：王应麟《困学纪纪闻》卷八。
② 详见：《孟子·公孙丑上》、《孟子·告子上》
③ 详见：冯友兰.中国哲学史（上）[M].上海：华东师范大学出版社,2015：67.
④ [宋]朱熹.四书章句集注[M].北京：中华书局,2011：186.
⑤ 梁涛.怎样读《孟子》[N].中华读书报,2015-07-15(8).
⑥ 详见：康有为.孟子微[A].康有为全集（第五集）[C].北京：中国人民大学出版社,2007：411—412.
⑦ 详见：康有为.桂学答问[A].康有为全集（第二集）[C].北京：中国人民大学出版社,2007：19.
⑧ 详见：梁启超.清代学术概论[M].北京：中华书局,2010：126.
⑨ [宋]朱熹.四书章句集注[M].北京：中华书局,2011：4.

身;欲修其身者,先正其心;欲正其心者,先诚其意;欲诚其意者,先致其知;致知在格物。物格而后知至,知至而后意诚,意诚而后心正,心正而后身修,身修而后家齐,家齐而后国治,国治而后天下平。自天子以至于庶人,壹是皆以修身为本。其本乱而末治者否矣。其所厚者薄,而其所薄者厚,未之有也!"

此即朱熹所说的"经一章"。《大学》首章列出"三纲领"、"八条目"。[①] 这是《大学》的总纲。后文则逐一解释"三纲领"和"八条目","三纲领"即明明德、亲民、止于至善,"八条目"即格物、致知、诚意、正心、修身、齐家、治国、平天下。

一、三纲领

"三纲"即"大学之道,在明明德,在亲民,在止于至善"。"三纲领"各要素之间并非并列关系。"明明德"是中心,在"明明德"的基础上才能"亲民"。"明明德"是自我修炼,"亲民"是由自我修炼而亲近和帮助他人。做到了"明明德"和"亲民"就是"止于至善"。有人认为,"三纲领"其实可以归为"一纲领",那就是"明明德"。因为"亲民"只不过是"明明德"的推扩,推己及人,而"止于至善"则是"明明德"的最终完成。[②] 朱熹在其《大学或问》中也有类似的解释:"篇首三言者,《大学》之纲领也。而以其宾主对待先后次第言之,则明明德者,又三言之纲领也。"[③]

"明德"即"光明的德性",这种"德性"是人与生俱来的。只因其在后天为物欲所蔽,故变得晦暗不明了。"明明德"就是要自后天反先天,复显其"光明之德性"。朱熹用"虚灵不昧"来释"明德":"明德者,人之所得乎天,而虚灵不昧,以具众理而应万事者也。"[④]

传之二章释"亲民"。在"三纲领"中,有关"亲民"的争议最多。引发争议的原因之一是:亲、新二字古文互通。程颐、朱熹就认为,"亲"当作"新"。[⑤] 朱熹的解释是:"新者,革其旧之谓也,言既自明其明德,又当推以及人,使之亦有以去其旧染之污也。"[⑥]王阳明反对朱熹的观点,认为"亲"当训为本字。王阳明说:"说'亲民',便是兼教养意,说'新民'便觉偏了。"[⑦]总体而言,王阳明的解说更有说服力。

传之三章释"止于至善"。"止于至善"可有两种理解:一是"知止"的修炼,不可则止。二是"不到至善绝不停止"的追求。此章第一节的解释倾向于后者。"止于至善"之"止"被解释为"栖息"(对人而言则是"居住")。鸟栖息在树枝上,就叫"止"。"《诗》云:'缗蛮黄鸟,止于丘隅。'子曰:'于止,知其所止,可以人而不如鸟乎!'"这样看来,"止于至善"指的是要寻找到最合适的位子,达到最好的发展。《中庸》的说法是"天地位焉,万

---

① "三纲领"和"八条目"的说法首先由朱熹提出。详见:[宋]朱熹.四书章句集注[M].北京:中华书局,2011:4—5.

② 参见:冯友兰.中国哲学简史[M].北京:新世界出版社,2004:159.

③ [宋]朱熹.朱子全书(第六册,四书章句集注)[M].上海:上海古籍出版社;合肥:安徽教育出版社,2002:513.

④ [宋]朱熹.四书章句集注[M].北京:中华书局,2011:4.

⑤ 详见:[宋]程颢,[宋]程颐.二程集·河南程氏经说卷第五[M].王孝鱼,点校.北京:中华书局,1981:1129;[宋]朱熹.四书章句集注[M].北京:中华书局,2011:4.

⑥ [宋]朱熹.四书章句集注[M].北京:中华书局,2011:4.

⑦ 于民雄,注.顾久,译.传习录全译[M].贵阳:贵州人民出版社,1998:4—5.

物育焉"。后来有人倡导"位育"①,根据就是《中庸》提出的"天地位焉,万物育焉"。"位者,安其所也;育者,遂其生也。"②

二、八条目

"格物"、"致知"、"诚意"、"正心"虽是"修身"的手段和工夫,其中却有深意,也因此引发重要争议。王阳明与朱熹的分歧,就在于两者对于"格物"、"致知"、"诚意"、"正心"提出完全不同的解释。

1. 何谓"格物致知"

在《大学》的阅读史中,有关格物的争议最多。有人甚至认为:"在思想史上很少有哪个概念能像格物那样,产生过如此多的分歧,如此多的不同意见。"③最著名的误解是王阳明以"亭前格竹"之亲身经历来嘲笑朱熹的格物理论。有学者认为,阳明把朱子的格物哲学理解为"面对竹子的沉思"是宋明哲学史上绝无仅有的误解。以往尽管有人不赞成朱子格物论,但还没有人把朱子思想误解到这个程度。因此,王阳明所述"亭前格竹",主要因为王阳明年幼无知,少不更事。④

不过,在《传习录》中,王阳明叙述此事时,只是说"某因自去穷格,早夜不得其理,到七日亦以劳思致疾",并没有说明他之格竹就是"面对竹子的沉思"。后人亦不必不加怀疑地将王阳明"亭前格竹"想象成不吃不喝不睡觉的"面对竹子的沉思"并以此来嘲笑王阳明的格物理论。

关于"格物"的解读,有三个解释影响较大。一是郑玄在《礼记正义》中对"格物"的解释。"格,来也。物,犹事也。其知于善深则来善物,其知于恶深则来恶物。"⑤其逻辑是"致知"导致"格物"。这与《大学》"物格而后知至"的思路正好相反。二是朱熹的解释。"格,至也。物,犹事也。穷至事物之理,欲其极处无不到也。"⑥"格物致知"即"即物穷理"。三是王阳明的解释。他越过朱熹而返回郑玄的思路。以"致知"统帅诚意正心进而统帅格物。

2. 何谓"诚意正心"

"诚意"的核心含义是"慎独"而"毋自欺"。朱熹将"诚意"释为"实用其力",而王阳明释为"好善恶恶"。当王阳明将"诚意"释为"好善恶恶"时,"诚意"已经迫近"致良知"。

按照朱熹的思路,格物致知诚意正心显示了修身的先后秩序,循序渐进,修身可成。但是,王阳明更愿意将四者的顺序颠倒过来:先正心,次诚意,然后致知,最后格物。这也正是王阳明"四句教"的先后顺序:无善无恶"心"之体,有善有恶"意"之动,知善知恶是良"知",为善去恶是"格物"。⑦

① 详见:潘光旦.忘本的教育[A].潘光旦.潘光旦文集(第八卷)[C].潘乃穆,潘乃和,编.北京:北京大学出版社,2000:554—557.

② [宋]朱熹.四书章句集注[M].北京:中华书局,2011:20.

③ 梁涛.郭店竹简与思孟学派[M].北京:中国人民大学出版社,2008:126.

④ 陈来.有无之境:王阳明哲学的精神[M].北京:北京大学出版社,2006:122.

⑤ [汉]郑玄,注,[唐]孔颖达,疏.十三经注疏·礼记正义[M].北京:北京大学出版社,1999:1592.

⑥ [宋]朱熹.四书章句集注[M].北京:中华书局,2011:5.

⑦ [明]陆九渊,王守仁.象山语录·阳明传习录[M].上海:上海古籍出版社,2000:190.

3. 何谓"修身齐家治国平天下"

从"三成四德"的视角来看,"格物致知"属"智"。"诚意正心"属"仁"。"齐家治国平天下"相当于"勇"(勇于担当)。[①] 其中的"平天下"即"明明德于天下",可对应于"中庸"。

"修身"既是格物致知诚意正心的总结,也是齐家治国平天下的开端。"齐家"即整治家庭。[②] 齐,平也,与"平天下"之"平"同义。"平"不是平等,而是公道、公平。由此可见,"齐家"与"平天下",其理一也。由"修身齐家"章的整个逻辑可知,齐家的根本在"修身",身不修,则家不齐。"修身"的关键在"正心",心不正则"辟","辟"则无公道可言。"治国"是齐家之推广。"孝者,所以事君也;弟者,所以事长也;慈者,所以使众也。"这是儒家所推崇的"移孝作忠"。《孟子·梁惠王上》称之为"推恩":"老吾老,以及人之老;幼吾幼,以及人之幼……故推恩足以保四海,不推恩无以保妻子。"

关于齐家与治国的关系,《大学》引用《诗经》话语证明"治国"在于"齐家"。《诗》云:"桃之夭夭,其叶蓁蓁。之子于归,宜其家人。"宜其家人,宜兄宜弟,而后可以教国人。在儒家看来,"夫妇之道"是人生的首要课题。有人甚至认为,判断真儒家和假儒家的标准就是看他认为什么是"五伦之首"。若认为"五伦之首"是夫妇,便是真儒家;若认为"五伦之首"是父子,便是假儒家。儒家思想的基本理路就是,"在社会理论方面,使人人能遂其食色之需,无旷男怨女,以成王道;在存有论及伦理学方面,以男女交感、夫妇和合为一切秩序之基础,由此以讲礼义、讲治国平天下"。[③] 这正是儒学学说的独特之处。

"平天下"的要点有三:第一,奉行"絜矩之道"。"絜矩之道"即忠恕。第二,以仁为本,实行仁政。《大学》以两个故事(重耳的故事和秦穆公虚构的故事)来论证"仁政"对于"治国平天下"的意义。第三,处理好财政问题(或曰:理财问题、经济问题)。古人所说的"经济"与今人所说的"经济"其含义有很大差别。"旧言'经济'一词,为经国济民之义。虽今云经济学,亦在所含之中,而义不止于此。通常所谓社会科学与政治学,及政治家之本领等等,皆概括于'经济'一词之中。"[④]"经济"之古义接近今人所谓"政治经济"。在义利关系上,"治国平天下"章提出"国不以利为利,以义为利也"。儒家对"利"并不是消极的、完全否定的态度,关键在于如何理解"利"。儒家反对的是专注于一己私利,损公肥私。如果能以国家、天下为立足点,使百姓、使天下所有人都能享有其应得之"利",这样的"利",其实就是"义"。

三、知止的智慧

儒家经典中有不少对修身方法的阐述,但《大学》中的"止、定、静、安、虑、得"显得别具一格。

"知止而后有定,定而后能静,静而后能安,安而后能虑,虑而后能得"这一修身之次

① 唯勇者能行事。王船山的说法是"中庸之德,非智不知,非仁不守,非勇不能果于行。"[明]王夫之.四书训义·卷二《中庸》[A].[明]王夫之.船山全书(第七册)[C].长沙:岳麓书社,1996:120.
② 详见:郭沂.《大学》新论——兼评新儒家的有关论述[A].郑家栋,叶海烟.新儒家评论(第二辑)[C].北京:中国广播电视出版社,1995:155.
③ 龚鹏程.儒学新思[M].北京:北京大学出版社,2009:99.
④ 熊十力.读经示要[A].熊十力.熊十力全集(第三卷)[C].武汉:湖北教育出版社,2001:562.

第,并不是人们通常所意会的"从低到高、由偏至圆、自下而上之次第",这一次第为"从因到果"之次第,而"定、静、安、虑、得"的次第,其实是"倒果为因"之次第。①

"知止"即知其所当止。"止"即"止于至善",或用"止于至善"章的说法,"止"就是"为人君,止于仁;为人臣,止于敬;为人子,止于孝;为人父,止于慈;与国人交,止于信"。这两种表达完全是一个意思,如果每个人都知道该止于何处,那么,其整体效果就是"止于至善"。"知止"之所以重要,是因为不知止往往由两种相反的后果:一是胆大妄为,不知"艮止"与节制。二是浅尝辄止,不知"学无止境"。"知止"就是《易传·乾文言》所谓"闲邪存其诚"。

"而后"所表示的先后关系是逻辑上的先后关系,而不是时间上的先后关系。② 知止、定、静、安、虑、得,在时间上完全可以是同时发生,或颠倒次序,或在一段时间内只发生其中某一项或某几项。但在逻辑上,却一定是遵循知止、定、静、安、虑、得的先后次序。

所谓"定",朱熹承"知止"释为"知之,则志有定向"③。定,即有定力。不见异也,就不思迁,此即是"定"。必须要有自知之明,当止则止。

所谓"静",朱熹释为"心不妄动"④。心无外欲,故能静。"宁静以致远"就是"静"的效果。如何修"静"? 只要心无外欲、心无外骛,不惑于欲、无所贪恋即可。

所谓"安",朱熹释为"所处而安"⑤。安,即安于其位。⑥《尚书·尧典》曰:"钦明文思安安。"有人认为儒家与佛家之"安"的区别在于,"佛家安心后,方去济世化民。儒家济世化民后,其心方安。故佛家终极之处,恰是儒家起步之始。儒家一起步就站在佛家的佛菩萨之果境上,正面实现心性。"⑦

所谓"虑",朱熹释"虑,谓处事精详"⑧。"虑"即考虑、思虑的意思。"虑"有两种截然相反的意思:一种是忧思,消耗精力,让人疲乏,它带有很大的情绪性;另一种是在"静"、"安"状态下的思考,免于情绪的干扰。它是专注的、富有成效的。"安而后能虑"的"虑"即是指第二种"虑"。

所谓"得",朱熹释为"得其所止"⑨。"得",不是指得到什么物质上的好处、利益,而是指"自得",即修身有得。《孟子·离娄下》曰:"君子深造之以道,欲其自得之也。"

"知止"是开端,知道该止于至善,"得"却不是终点,不是已经成为了"至善",而是明白了"'止于至善'是个无休止的历程。进德无疆,岂有终极?"⑩"得"是在修行的路上有所得、有所悟。它是一个阶段的结束,更是下一个阶段的开始。

① 详见:潘麟.《大学》广义[M].上海:复旦大学出版社,2015:55.
② 潘麟.《大学》广义[M].上海:复旦大学出版社,2015:68.
③ [宋]朱熹.四书章句集注[M].北京:中华书局,2011:4.
④ [宋]朱熹.四书章句集注[M].北京:中华书局,2011:4.
⑤ [宋]朱熹.四书章句集注[M].北京:中华书局,2011:4.
⑥ "此心安处,便是吾乡。"详见北宋诗人苏轼的《定风波·常羡人间琢玉郎》。原文为"此心安处是吾乡"。
⑦ 潘麟.《大学》广义[M].上海:复旦大学出版社,2015:75.
⑧ [宋]朱熹.四书章句集注[M].北京:中华书局,2011:4.
⑨ [宋]朱熹.四书章句集注[M].北京:中华书局,2011:4.
⑩ 龚鹏程.儒门修证法要[M].北京:东方出版社,2014:46.

第 9 节   《中庸》的劝学

《中庸》与《大学》同属《礼记》。与《大学》不同的是,《中庸》很早就有单行本。二程对《中庸》推崇备至,以为"此篇乃孔门传授心法。"①朱熹继二程,最终将《中庸》列入《四书》。在元明清三代,《四书集注》作为科举考试官方指定教材。《中庸》由此成为士子应试的必读书。

一般认为《中庸》为子思所作。《史记·孔子世家》云:"子思作《中庸》。"朱熹著《中庸章句》,亦持此说。但也有不少人提出质疑。质疑的主要证据是文中出现"载华岳而不重"、"今天下车同轨,书同文,行同伦"等汉人话语。有人认为孔子之言平实,而《中庸》探赜索隐,繁而晦,与孔门话语明显不同。② 与之相关,一般认为《中庸》是一篇完整的、脉络贯联的论文。③ 但也有人认为《中庸》明显呈现两个不同的部分。④

整体而言,《中庸》呈现为三部分。第一章为总纲。第二章至第十九章为上篇,以"记言体"为主,可称为"中庸篇"。第二十章至结尾为下篇,呈现为比较严谨的"论说体",可称为"诚明篇"。

一、天命、率性与修道

《中庸》开篇第一章为全书之总纲,是"《中庸》著名三章"之一。第一章分三节。

第一节提出三大纲领。"天命之谓性"述天道。"修道之谓教"述人道。"率性之谓道"在天道与人道之间,强调人道对天道的顺应和顺从。

三者之间,如何理解"率性",这是解读《中庸》的关键。朱熹认为,"率"即"顺"、"循"。⑤ 但有人注意到"率"也有"统率"的含义。⑥ 两个解释导致完全相反的后果。顺循的解释倾向于"自然为人立法",属"道法自然"的非主体主义道路。《中庸》第二十章称为"诚之":"诚者,天之道也;诚之者,人之道也"。"诚"即天道,"诚之"就是人向天道投诚,顺从天道。统率的解释倾向于"人为自然立法",属"人定胜天"、"制天命而用之"⑦的主体主义道路。总之,"率性之谓道"既意味着顺应天道、道法自然,同时又意味着控制和征服自然,"制天命而用之"。这样看来,"率性之道"乃是介于天道与人道两者之间的"中庸之道"。

"天命之谓性"相当于《论语》之"性与天道"。《论语·公冶长》曰:"夫子之文章,可得而闻也;夫子之言性与天道,不可得而闻也。"孔子并非不谈论"性与天道",只是因为他人已经偏于性与天道,孔子不得不侧重"人道",以便将过于偏向"性与天道"的极端拉回到中庸之道。但是,《中庸》的总体倾向是顺从天道,道法自然。《中庸》第二十二章明

① [宋]朱熹.四书章句集注[M].北京:中华书局,2011:19.
② [清]崔述.崔东壁遗书·洙泗考信余录·卷三[M].顾颉刚,编订.上海:上海古籍出版社,1983:397—398.
③ 详见:钱基博.《四书》解题及其读法[A].钱基博.大家国学·钱基博[C].傅宏星,编.天津:天津人民出版社,2007:250—251.
④ 详见:徐复观.中国人性论史·先秦篇[M].上海:上海三联书店,2001:128.
⑤ 详见:[宋]朱熹.四书章句集注[M].北京:中华书局,2011:21.
⑥ 详见:梁涛.郭店竹简与思孟学派[M].北京:中国人民大学出版社,2008:274.
⑦ 详见:《荀子·天论》。

确宣布:"唯天下至诚为能尽其性。能尽其性,则能尽人之性。能尽人之性,则能尽物之性。能尽物之性,则可以赞天地之化育。可以赞天地之化育,则可以与天地参矣。"

也就是说,《中庸》开篇提出的三大纲领与《老子》的开篇提出了类似的思路,两者皆强调文野结合或文质彬彬的大原则。教育既不可完全回归自然而成为野人,也不可彻底离开自然而成为文弱的书生。教育之道在于培养文明的野蛮人或有野性的文明人。不同之处在于:虽然二者都强调"法天",但《老子》侧重以"无为"的方式"法天",而《中庸》侧重以"有为"的方式"法天"。

第二节论慎独。"道也者,不可须臾离也;可离非道也。是故君子戒慎乎其所不睹,恐惧乎其所不闻。莫见乎隐,莫显乎微。故君子慎其独也。"慎独既是对上文"天命、率性和修道"的延续,也是对下文"中和"的开启。慎独主要有三个含义:一是谨慎守护天道;二是警惕人欲;三是谨慎学习,注意积累与修身。

第三节以"中和"和"中庸"作为小结。"喜、怒、哀、乐之未发,谓之中。发而皆中节,谓之和。中也者,天下之大本也。和也者,天下之达道也。致中和,天地位焉,万物育焉。""中"主要有两义。一是中间、中段、适中(无过无不及),作名词用。所谓"未发",貌似处于内部、内在、内心的不发生,实际上,"未发"主要因为和而不同,不走极端。和而不同、不走极端则"未发",不和、走极端则无所忌惮地爆发。二是中节、中道、中和,作动词用,念去声。所谓"中",即符合标准、击中要害。

二、三达德与中庸之道

总纲之后,分上下两篇。上篇可分为三部分:第二至第九章为第一部分,论中庸之艰难。第十章和第十一章为第二部分,论中庸与"勇"(强)的关系。第十一章至第十九章为第三部分,论中庸之容易(道不远人)。

《中庸》第二章引述孔子的话:"君子中庸,小人反中庸。君子之中庸也,君子而时中;小人之中庸也,小人而无忌惮也。"君子与小人的最大差别不在于君子中庸而小人完全不中庸。两者皆有中庸,但是,君子之中庸持久而稳定,"时而中"。小人偶尔中庸,关键时刻却无所顾忌,肆无忌惮。《中庸》第三章再次引述孔子话语:"中庸其至矣乎!民鲜能久矣!"此说源于《论语·雍也》:"中庸之为德也,其至矣乎!民鲜久矣!"

中庸之道主要有三:一是适度,二是适时,三是经权关系。(1)适度是空间的、横向的中庸之道。在两者之间,行中道,保持均衡,兼而有之,整合资源,不顾此失彼,不制造不均不公,不偏袒,不执着于一端(执着于一端就成了"异端")。在《论语》中,孔子直接谈论"中庸",主要指"适度"。《雍也》曰:"中庸之为德也,其至矣乎!民鲜久矣。"《论语》中有大量类似的说法。(2)适时是时间的、纵向的中庸之道。适时是对适度的补充与扩展,当两者之间无法取舍而至于两难选择的矛盾困境时,则让时间来解决矛盾。适时的消极意义在于,适时就是拖延,让时间来解决矛盾。几乎任何人为的矛盾都经不起时间的考验,拖延往往导致拖垮。适时的积极意义在于,适时就是等待时机,静观其变。在孔子看来,沉默不言并非美德,关键在于"时"。"时然后言,人不厌其言。"[1]《论语·乡

---

[1] 详见:《论语·宪问》。

党》篇尤其强调"时"。"夫孔子之圣,时行则行,时止则止,动静语默,莫非时中,编者因又置之于篇末以拟之,盖明《乡党》一篇皆为时中也。"①有人甚至认为,孔子之学不是"仁学"而是"时学"。所谓"时学",既指"时政"之学,政治学、帝王学,也指"时机"、"时变"之学。《论语》开篇就讲"学而时习之",此"时"也,或有深意。②孟子比较伯夷、伊尹、柳下惠与孔子的为官与为人之道,对孔子作出的赞誉是:"孔子,圣之时者也"(《孟子·万章下》)。(3)经权智慧是对适度、适时的补充说明。适度与适时追求平衡和妥协,但是,适时适度也并非完全没有原则的机会主义或相对主义、虚无主义。真正的适度、适时是在坚持原则的前提下保持一定的灵活性。孔子主张"君子贞而不谅",即坚守正义而不拘泥于小信。③孔子既强调道德原则的学习和坚守,朝闻道夕死可也,甚至可以杀身成仁,同时,又主张在现实生活中要学会见机行事,权衡利弊。孔子甚至把权衡的实践智慧视为至高无上的艺术。经权智慧由名字明确提出,但在孔子那里,"权"已经被视为一个重要境界。《论语·子罕》曰:"可与共学,未可与适道;可与适道,未可与立;可与立,未可与权。"

正因为儒家重视"经权智慧",所以特别看重"勇"。《论语》常以"刚"代"勇",无欲则刚。《子路》曰:"刚、毅、木、讷,近仁。"④《中庸》第十章以"强"代"勇"。"勇"或"刚"、"强"之所以重要,原因就在于,在"经权智慧"中,求权之灵活性容易,持经之原则性艰难。若无"勇"或"刚"、"强",则"经权智慧"容易堕落为丧失原则的"权变"、"圆滑"。西方哲学也谈"勇"(或"激情")。这是中西哲学相通之处。但是,西方哲学普遍防范和抵制"勇"(或"激情"),而中国哲学普遍欣赏和维护"勇"。

三、尊德性而道问学

下篇也分为三部分。第二十章为第一部分,以"劝学"为主题。第二十一至第二十八章为第二部分,强调"尊德性而道问学"。第二十九至第三十三章为第三部分,重新讨论"诚"与"圣人"的问题。《中庸》上篇的主旨是"中庸之道"。下篇的主旨是"诚明之道"。"诚明篇"貌似把"天道"摆在至高无上的地位,但那只是作为一种参照,真正重要的是"人道","人道"做到极致,便可与"天道"齐平。"圣人之道"即"天地之道","天地之道"即"圣人之道"。这也体现了《中庸》"劝学"的思想性格。

《中庸》第二十章明确提出"三达德":"知、仁、勇三者,天下之达德也。"⑤接下来讨论修身("五达道"与"三达德")的三个类型:一是生而知之者,二是学而知之者,三是困而知之者。由仁智勇三达德引出"人道"与"天道"关系的讨论:"诚者,天之道也。诚之者,人之道也。诚者,不勉而中不思而得;从容中道,圣人也。诚之者,择善而固执之者也。""博学之,审问之,慎思之,明辨之,笃行之。……人一能之,己百之;人十能之,己千

---

① 语出日人竹添光鸿的《论语会笺》,转引自:韦政通.孔子的性格[A].周予同,朱维铮,等.论语二十讲[C].傅杰,选编.北京:华夏出版社,2009:86.

② 许仁图.一代大儒爱新觉罗·毓鋆[M].上海:上海三联书店,2014:5.

③ 详见:《论语·卫灵公》。

④ 但《卫灵公》亦曰:"可与言而不与言,失人;不可与言而与之言,失言。知者不失人亦不失言。"

⑤ 相关讨论,参见:陈柱.中庸注参[M].桂林:广西师范大学出版社,2010:32.

之。果能此道矣,虽愚必明,虽柔必强。"这段话显示《中庸》的核心精神是"劝学"。在"诚"、"明"之间,《中庸》更看重"明"。或者说,在"自诚明"与"自明诚"之间,《中庸》更重视"自明诚"。有了"自明诚"(孟子称之为"反之"①)这条道路,属于"绝大多数"阵营的普通人才有希望。第二十一章至第二十八章的主题由"诚明"关系转向"尊德性而道问学"的"为学"途径。在"尊德性"和"道问学"之间,究竟何者更重要? 甚至,是否可以不经过"道问学"而直接抵达"尊德性"? 后来引发种种争议。总体而言,将"尊德性"视为"道问学"的前提条件和终极目标,这是中国教育的一大特色。第二十九章至第三十三章描绘"圣人之道"的美好愿景。

《中庸》以"衣锦尚絅"、"不大声以色"和"无声无臭"作为全书结语。"中庸之道"由此而呈现为外柔内刚、低调的奢华、不动声色的高贵。

---

① "尧、舜,性者也;汤、武,反之也。"(《孟子·尽心下》)。

第 5 章

墨道法的
"道法自然"

儒家教育哲学长期被官方认定为主流意识形态。不过,儒家教育哲学在其发展过程中也不断受到墨家、法家、道家和佛家的挑战。墨家、法家、道家或佛家不仅作为儒家的分歧者而独立门户,在某些特定的时期甚至成为取代儒家而独领风骚的主流哲学。

这里重点讨论墨家、道家和法家的教育哲学。鉴于有关佛家教育哲学的研究和出版比较特别,将另文讨论。

儒家推崇周代的"德主刑辅",而墨家、道家与法家继承了更早时代(夏代或商代)的道法自然与以法治国的传统。但总体而言,儒家原本也包含了墨家、道家和法家精神。就此而言,墨家、道家和法家也可视为"新儒家"。墨家、道家和法家主要适用于乱世,儒家主要适用于治世。

第 1 节　墨家的功利主义

《墨子》的核心精神是"交相利"之功利主义。为了实现功利目标,墨子既强调爱,提倡互爱互利,同时又强调怕,重视法制威仪。墨家以其对法制的推崇而区别于原始儒家并由此而接近法家。作为与儒学并驾齐驱的显学,墨学后来貌似默默无闻,其实墨学思想大量融入法家传统之中。有人认为,墨学是法家思想的重要源头,墨学对法学的形成和发展产生了深刻影响。墨家的节用及其功利主义、"尚同"与"尚贤"及其专制论、任法赏刑等,皆为法家所继承。① 也有人认为,墨子哲学实际上是继承并发展了孔子的哲学精神。墨子坚持了孔子的正道而反对儒学的教条化和庸俗化。因而墨子所开创的"墨学"实质上是一种"新儒学"。② 准确地说,墨家与法家一样,都是"新儒学"。

据《史记·孟子荀卿列传》,墨子乃"宋之大夫"。③ 有人注意到,"宋人以愚著称,诸子中言及愚人,常以宋人为代表。"④《孟子·公孙丑上》之"揠苗助长",《韩非子·五蠹》之"守株待兔",《庄子·逍遥游》之"断发文身",《左传》之"子鱼论战",皆述宋人故事。但是,这并不意味着宋人愚昧,恰恰因为宋国在当时乃高度发达的礼仪之邦。在野蛮者看来,文明民族或文明国家未免文弱迂腐,如此而已。墨子总体上延续了宋国传统以及与之相关的夏商法制文明。《淮南子·要略》云:"墨子学儒者之业,受孔子之术,以为其礼烦扰而不悦,厚葬靡财而贫民,服伤生而害事,故背周道而行夏政。"《墨子·公孟》亦指证儒者:"子法周而未法夏也,子之古,非古也。"

据《汉书·艺文志》,《墨子》71 篇。后遗失 18 篇,今本《墨子》仅存 53 篇。《墨子》的核心思想有三:一是兼爱与非攻。二是节用与非乐。三是法仪与尚贤。三者一起构成独特的互爱互利主义,有人称之为墨家社会主义。⑤

---

① 详见:马腾.法家思想之墨学源头[J].中山大学法律评论,2010(1):1—12.

② 详见:刘绪义.墨子是先秦"新儒家"论——从墨子"非儒"看儒墨关系[J].云梦学刊,2010(2):32—37.

③ 也有人认为孙诒让认为墨子是鲁国人.详见:孙诒让.墨子间诂(下)[M].孙启治,点校.北京:中华书局,2001:681.

④ 冯友兰.中国哲学史(上)[M].上海:华东师范大学出版社,2000:66—67.

⑤ 详见:易中天.百家争鸣[M].杭州:浙江文艺出版社,2016:44—47.

一、交相利与兼相爱

兼爱与节用是《墨子》的核心。有人认为,墨子志在救世,而世人之争斗有二。一是物力不足供求,于是人与人争夺食物;二是国家之间界限分明,于是有战争。墨子有见于此,以节用和兼爱分别救之,并因节用而非乐。①

(一) 兼爱

《兼爱》分上中下三篇,内容大同小异,《兼爱中》和《兼爱下》显得比较完整明晰。墨子之所以提倡"兼爱",并非否认人的自私本性。相反,墨子正是从人的自私本性出发,主张利用人的自私本性以便实现"兼相爱,交相利"。《兼爱中》曰:"夫爱人者,人必从而爱之;利人者,人必从而利之;恶人者,人必从而恶之;害人者,人必从而害之。"墨子的结论是:少吃饭、穿坏衣、杀身成名,这都是天下百姓难于做到的事。但是,假如君主喜欢它,那么士众就能做到。只要君主提倡兼相爱、交相利,民众就能做到。

《兼爱》之外,还有《耕柱》,后者提供"不兼爱"的后果。按照墨子的思路,不兼爱的反面是极端自私。极端自私必招致杀身之祸。"我只会杀他人以利于我,而不会杀自己以利于他人。"

表面上看,墨子之"兼爱"理想,接近《礼记》之"大同":"大道之行也,大下为公。选贤与能,讲信修睦。故人不独亲其亲,不独子其子,使老有所终,壮有所用,幼有所长,矜、寡、孤、独、废疾者皆有所养。"也因此有人讥之为小生产劳动者的"乌托邦"幻想。②实际上,墨子之"兼爱",类似霍布斯之"契约"。在墨子那里,"兼相爱"的目的是为了"交相利"。

(二) 非攻

"兼爱"是解决纷争的积极办法,其消极思路是"非攻"与"节用"、"节葬"、"非乐"。与《兼爱》一样,《非攻》也分上中下三篇。《非攻上》与《非攻下》论证严谨,《非攻中》略为逊色。

《非攻上》逐层推理,凸显墨家的逻辑思辨技巧。偷窃鸡犬比偷窃桃李的罪过更严重,偷窃马牛又比偷窃鸡犬更严重,偷窃愈多,罪越大。按说,杀一人死罪,杀很多人比杀一人的罪过更严重,"杀百人,百重不义,必有百死罪矣",奇怪的是,国与国之间攻城略地,杀人无数,人们竟然非但不视为大罪,反而称誉,大书特书其功绩。如果有人见到少许黑便视之为黑,见到许多黑便视之为白,人们必认为此人白黑不分。同样,少尝苦曰苦,多尝苦曰甘,则知此人甘苦不辩。现在人们见到小偷则视之为不义,而将国与国之间的攻城杀人视为大义大雄,可见人们不知何谓义与不义。墨子的结论是:"是以知天下之君子也,辩义与不义之乱也。"

《非攻下》的贡献是对攻与屠作出区分并由此而解释圣王诛杀与今人攻伐的差异。上古圣王攻伐乃替天行道,上利天志,中利鬼神,下利百姓;今人攻伐乃兼并营私。昔者禹征有苗,汤伐桀,武王伐纣,属于"诛"而非"攻"。三苗大乱,天命诛之,禹因此而克三苗,天下乃静。夏桀淫乱,天乃命汤诛桀。商纣沉于酒色,天命武王诛纣。此谓"诛"也,

---

① 详见:陈柱.墨学十论[M].上海:华东师范大学出版社,2015:36.
② 详见:李泽厚.中国思想史论(上)[M].合肥:安徽文艺出版社,1999:64—65.

非所谓"攻"也。《孟子·梁惠王下》亦模仿《墨子·非攻》区分弑君与诛杀。

墨子主张"非攻",但并非完全拒绝军事。墨子不仅主张诛伐无道昏君,而且强调军事训练。墨家既是一个学派和宗教组织,也是"军事组织"。《淮南子·泰族训》云:"墨子服役者百八十人,皆可使赴火蹈刃,死不还踵。"就军事而言,《公输》、《备城门》、《备高临》等篇可作为《非攻》的补充。墨家的军事本领除了"大无畏"之外,更重要的是军事技术。《公输》呈现了墨家的攻城与守城技术。《备城门》和《备高临》记载了墨家发明的"藉车"、"转射机"、"连弩车"(或"轴转车")等攻击性武器。这样看来,墨家的军事以高科技见长。或者说,墨子主张"非攻",以高科技之威慑力(类似现代战争之核武器威慑)为前提。

(三) 非儒

《兼爱》提出爱的哲学,提倡博爱,无论亲疏贵贱一视同仁,互爱互利。儒家也提出爱的哲学,提倡仁爱,"仁者爱人"。但儒家所提倡的仁爱是等级之爱,重视血亲的亲疏与君臣、夫妇的等级。因此,提倡"兼爱",必导致"非儒"。

《非儒》分上下篇,今本仅存《非儒下》。《非儒下》开篇直指儒家等级之爱:儒者曰:亲亲有术,尊贤有等。言亲疏尊卑之异也。接下来墨子针对儒家的婚礼观、丧礼观、天命观、因循守旧(循而不作)的复古观、军事观(不追逃兵,不射困兵,助之逃跑)[1]、谦逊观(击之则鸣,弗击不鸣)、孔子及其弟子的为人等七个方面提出反驳。其中有关孔子及其弟子的为人的议论接近人身攻击,可能为墨子后学所增加。墨学研究者不忍,将文中"孔子"或"孔丘"指名道姓的词语一律置换为"孔某"。[2]

《非儒》与《公孟》篇相呼应。《公孟》列举儒者四宗罪:(1)不信鬼神。"儒以天为不明,以鬼为不神,天、鬼不说,此足以丧天下。"(2)厚葬久丧。"重为棺椁,多为衣衾,送死若徙,三年哭泣,扶后起,杖后行,耳无闻,目无见,此足以丧天下。"(3)重礼乐。"弦歌鼓舞,习为声乐,此足以丧天下。"(4)信天命。"以命为有,贫富寿夭,治乱安危有极矣,不可损益也。为上者行之,必不听治矣;为下者行之,必不从事矣。此足以丧天下。"也有人认为,墨子在《公孟》中反对的儒者"四政",并非反对原始儒家,而反对假儒、小人儒。[3]

二、节用与非乐

为了实现"兼爱"的目的,墨子不仅提供了"非攻"的消极思路,同时也推荐了"节用"、"节葬"与"非乐"的途径。司马迁以24字概括墨家,将"节用"视为墨家的核心思想。《史记·孟子荀卿列传》云:"盖墨翟,宋之大夫,善守御,为节用。或曰并孔子时,或曰在其后。"

(一) 节用

《节用》分上中下三篇。下篇较长,上篇与中篇接近,言简意赅。

---

① 有关"胜不逐奔,掩函弗射,施则助之胥车"的解释,详见:孙诒让.墨子间诂(上)[M].孙启治,点校.北京:中华书局,2001:294—295.另参见:王焕镳.墨子集诂(下)[M].上海:上海古籍出版社,2005:948—952.

② 详见:孙诒让.墨子间诂(上)[M].孙启治,点校.北京:中华书局,2001:298.另参见:王焕镳.墨子集诂(下)[M].上海:上海古籍出版社,2005:963.

③ 详见:刘绪义.墨子是先秦"新儒家"论——从墨子"非儒"看儒墨关系[J].云梦学刊,2010(2):32—37.

"节用"即节约用度,拒绝奢侈品消费。《节用上》与《节用中》一致强调:制造衣裳的目的在于冬天御寒,夏天防暑。凡是不能冬天加温、夏天增凉的,就去掉。建造房子的目的在于冬天抵御风寒,夏天防御炎热和下雨,抵御盗贼,尽量减少多余的装饰。与之类似,《辞过》曰:"室高足以辟润湿,边足以圉风寒,上足以待雪霜雨露,宫墙之高足以别男女之礼……故圣人为衣服,适身体,和肌肤而足矣,非荣耳目而观愚民也。"

针对物质资源的有限,现代人开发的策略是节用和节育双管齐下。墨家只提倡节用而不鼓励节育。在墨家看来,只要人不贪婪纵欲,大自然能够满足人类的一切基本需要。古代圣王制订法则:"丈夫年二十,毋敢不处家,女子年十五,毋敢不事人。"圣王之后,听任百姓放纵自己,成家或早或晚,而且由于丈夫服兵役,夫妻长时间分隔不见,人口因之减少。所以,墨子说:"去无用之费,圣王之道,天下之大利也。"

(二) 节葬

与《节用》相关的是《节葬》。墨子在《节葬》中提出:好的制度总是使人富裕,增加人口,促进治理。而"厚葬"无法带来这三种利益。如果棺椁必重,葬埋必厚,衣衾必多,文绣必繁,丘陇必巨,杀人殉葬,必导致贫者倾家荡产,甚至导致国库空虚。

"厚葬"是对物资的浪费,"久丧"则导致农工荒废劳作。若守丧三年,必导致身体羸弱,"败男女之交",人口减少。"以厚葬久丧者为政。国家必贫,人民必寡,刑政必乱。"因此,古圣王订立埋葬之法:棺材厚三寸,衣衾三件,足以使死者的骨肉在里面腐烂。掘地不必太深,下无湿漏上不泄露尸体气味即可。坟堆不必太大,可辨识即可。哭着送去,哭着回来。回来以后就从事谋生的劳作。墨子的原则是不损害生者和死者两方的利益。

(三) 非乐

《非乐》分上中下三篇,今本仅存《非乐上》。墨子承认音乐、美色与美食给人带来快乐,但是,他认为纵欲将带来灾害,所以墨子"非乐"。古者圣王花费财力制造舟车,给万民带来利益,因此墨子不反对制造舟车。而制造乐器却为了奢靡之音而劳民伤财。一旦沉迷于音乐,大人听音则荒废政事,农人听音则荒废农事。好逸恶劳,玩物丧志。墨子的结论是:"今天下士君子,请将欲求兴天下之利,除天下之害,当在乐之为物,将不可不禁而止也。"

《非乐上》提出关于劳动的两个重要观念:一是自食其力者生,不自食其力者死。每个人都必须劳动,不劳者不得食。"赖其力者生,不赖其力者不生。"二是"分工",墨子称之为"分事"。"王公大人蚤朝晏退,听狱治政,此其分事也。士君子竭股肱之力,亶其思虑之智,内治官府,外收敛关市、山林、泽梁之利,以实仓廪府库,此其分事也。农夫蚤出暮入,耕稼树艺,多聚叔粟,此其分事也。妇人夙兴夜寐,纺绩织纴,多治麻丝葛绪、綑布缲,此其分事也。"与之类似,《耕柱》提出各尽所能,分工合作的问题:"譬若筑墙然,能筑者筑,能实壤者实壤,能欣者欣,然后墙成也。为义犹是也,能谈辩者谈辩,能说书者说书,能从事者从事,然后义事成也。"[①]

墨子节用、节葬、非乐,似乎以吃苦为乐。《庄子·天下》曰:"将使后世之墨者,必以

---

① 有关墨子分工合作的教育思想,详见:陈柱.墨学十论[M].上海:华东师范大学出版社,2015:100.

自苦腓无胈、胫无毛相进而已矣。"《庄子·天下》由此感叹:"以此教人,恐不爱人;以此自行,固不爱己……墨子虽独能任,奈天下何!"但是,墨子只是鼓励墨家弟子吃苦。"墨子兼爱,摩顶放踵,利天下,为之。"①"墨者"多勤劳而简朴,"以裘褐为衣,以跂蹻为服,日夜不休,以自苦为极,曰:不能如此,非禹之道也,不足谓墨。"墨子并不主张天下所有人皆"腓无胈、胫无毛",以吃苦为乐。相反,《非乐上》提出:"饥者不得食,寒者不得衣,劳者不得息,三者民之巨患也。"可见墨子原本看重民众休养生息,并将休息与温饱问题并列为三个基本需要。墨子"非乐",重点在于反对过度纵欲,警惕玩物丧志。

三、法仪与尚贤

《兼爱》与《非攻》的主题是爱,提倡互爱互利,而《法仪》、《尚贤》、《明鬼》的主题是怕,强调法治与权威。而且,强调法治与权威依然立足于"功利"。于是,《尚贤下》反复追问:"今天下之士君子,皆欲富贵而恶贫贱,然女何为而得富贵而辟贫贱哉?"

(一) 法仪与天志

《法仪》其实是法天。也因此,《法仪》与《天志》相呼应和。

《法仪》开篇云:"天下从事者,不可以无法仪。无法仪而其事能成者,无有也。"王者将相皆有法度,百工亦有规矩。父母、学者、君王皆有仁也有不仁,故父母、学者、君王三者皆不可以为法之标准。"天"为法之唯一标准:"天之行广而无私,其施厚而不德,其明久而不衰,故圣王法之。既以天为法,动作有为必度于天,天之所欲则为之,天所不欲则止。"墨子认为,昔之圣王禹、汤、文、武,兼爱天下百姓,率以尊天事鬼,故天佑之,使立为天子。相反,暴王桀、纣、幽、厉,兼恶天下百姓,侮辱鬼神,故天祸之,使遂失其国家。

《天志》继《法仪》之后强调顺从天意。《天志》分上中下三篇。内容大体相同。《天志上》曰:"顺天意者,兼相爱、交相利,必得赏;反天意者,别相恶、交相贼,必得罚。"昔三代圣王,夏禹、商汤、周文王与武王,顺天意而得赏。昔三代之暴王,夏桀、商纣、周幽王和厉王,反天意而得罚。《天志上》最后重复《法仪》开篇有关规矩的议论:"我有天志,譬若轮人之有规,匠人之有矩,轮匠执其规矩,以度天下之方圆。"一切言论,皆以"天下之明法"为标准。《天志中》则曰:"顺天之意者,义之法也。"《天志下》则称:"天之志者,义之经也。"

(二) 尚贤与尚同

有了"法仪"和"天志"作为前提性条件,接下来就可以通过"尚贤"和"尚同"来治理天下。而且,《尚贤》和《尚同》多次援引《尚书·吕刑》,讨论刑法惩戒问题。

《尚贤》分上中下三篇,内容几乎相同。《尚贤上》开篇强调善待贤良之士,富之、贵之、敬之、誉之,举义不辟贫贱,不辟疏远。墨子总结:"夫尚贤者,政之本也。"与之类似,《亲士》曰:入国而不存其士,则亡国矣;归国宝,不若献贤而进士。良弓难张,然可以及高入深;良马难乘,然可以任重致远;良才难令,然可以致君见尊。《亲士》论尚贤,依然以功利为基本依据:"故虽有贤君,不爱无功之臣;虽有慈父,不爱无益之子。"

《尚同》也分上中下三篇,《尚同上》比较通达。《尚同上》开篇提出:"天下之所以乱

---

① 此为孟子的概括。详见:《孟子·尽心上》。

者,生于无政长。是故选天下之贤可者,立以为天子。天子立,以其力为未足,又选天下之贤可者,置立之以为三公。天子、三公既以立,以天下为博大,远国异土之民,是非利害之辩,不可一二而明知,故画分万国,立诸侯国君。诸侯国君既已立,以其力为未足,又选择其国之贤可者,置立之以为正长。"

正长(好领导)已立,则天子发政于天下百姓,统一意见,令行禁止。若发现上有过错,则进谏之。若发现下有贤人,则推荐之。"上有过则规谏之,下有善则傍荐之。"作为天子,国君号令天下,但天子也受天约束。若天下之百姓只同于"天子"而不同于"天",必受天子惩戒。"今若天飘风苦雨,溱溱而至者,此天之所以罚百姓之不上同于天者也。"

《尚同》即上同或同于上,以便统一言行,令行禁止。《尚同》貌似君主独裁,实则类似总统制或内阁制:先举一人代行天命,然后通过尚贤的途径逐层举贤使能。也有人认为墨子之政制乃"民选"政府。①

(三) 明鬼与非命

为了便于百姓安居乐业,行侠仗义,也为了执政者勤政,墨家以鬼神信仰建立宗教,以鬼神的"赏贤罚暴"威慑天下。《法仪》与《天志》已经提出了《明鬼》所讨论的问题。《明鬼》有上中下的篇目,但今本仅存《明鬼下》。

《明鬼下》开篇直奔主题:昔三代圣王既没,天下失义,天下大乱。何故如此?因为,"皆以疑惑鬼神之有与无之别,不明乎鬼神之能赏贤而罚暴也。今若使天下之人,偕若信鬼神之能赏贤而罚暴也,则夫天下岂乱哉!"

《非命》分上中下,《非命上》比较严整。《非命上》开篇云:天下乱而不治,是因为民间有人相信"天命"。为了论证"命"是否存在,墨子提出"三表"法:"有本之者,有原之者,有用之者。"也就是说,第一表为本之于古者圣王之事,这是历史证据。第二表为原察百姓耳目之实,这是调查证据。第三表是实地应用,这是实验证据。②墨子常用的是历史证据:先王之书显示,发宪出令,赏罚劝贤,故天下大治,而非命定。

《非命》与《明鬼》、《非儒》彼此呼应。"明鬼"以反对儒家的天命观为前提。但是,墨家"非儒",也只是反对那些不信鬼神的部分儒家而非孔子那样的原始儒家。孔子"敬鬼神而远之",但"远之"而已,并非怀疑。正如孔子"罕言"性与天道或命,"子不语怪、力、乱、神",但是,罕言并非不言。"夫子只是不语,非谓无也。"③孔子讨论性与天道或怪、力、乱、神,尽在《易》中。④《易经》所谈性与天道或乱、力、怪、神,孔子称之为"神道设教"。"君子自明其德,百姓不能自明其德,而神道设教以明其德。"⑤这样看来,墨家虽然"非儒",但依然在儒家的范围之内,属"新儒家"。

总之,作为"新儒家",墨家与原始儒家的差异在于,原始儒家重视"周礼"及其德治。

---

① 详见:陈柱.墨学十论[M].上海:华东师范大学出版社,2015:200—204.
② 从杜威的"实验主义",胡适最看重第三表"实地应用"。详见:胡适.中国哲学史大纲[M].上海:上海古籍出版社,1997:115.
③ [宋]陆九渊.象山先生全集(卷三四)[M].上海:商务印书馆,1935:400.
④ 有人认为:"夫性与天道之言,莫详于《易》。"详见:熊十力.读经示要[M].长沙:岳麓书社,2013:242.
⑤ 详见:[清]焦循.易学三书:易通释、易章句、易图略[M].北京:九州出版社,2003:116—117.相关讨论,亦可参见:刘师培.经学教科书[M].长沙:岳麓书店,2013:107—108.

《礼记·中庸》曰:"仲尼祖述尧舜,宪章文武。"《论语·八佾》则曰:"周监于二代,郁郁乎文哉,吾从周。"孔子认为周朝的礼仪制度虽然借鉴夏商二代但高于夏商二代。因此,孔子追随周礼及其德治。墨子虽学习孔子之术,却更爱周礼之前的夏商二代之法治。墨家思想,以功利为核心,以兼爱和法制为辅助。而在兼爱与法制之间,墨家貌似偏重兼爱,实则更重法制。墨子创建墨教,教规森严,巨子一声令下,信徒赴汤蹈火。以此观之,在怕与爱之间,墨子重视"法仪"之怕甚于"兼爱"之爱。或者说,墨家的核心思想是在法仪前提下的兼爱。墨子在《七患》中将"畜种菽粟不足以食之,大臣不足以事之。赏赐不能喜,诛罚不能威"视为七患之一。这样看来,墨家与法家已经融为一体,很难说墨家已经消失。法家在,墨家在。[①]

第2节　道家的"无为而治"

道家哲学的核心概念是"道",其核心精神是道法自然[②]、无为而无不为。道家在其发展过程中先后与儒家和佛教融合。汉代出现的《周易参同契》既是儒家经典,亦是道家基本文献。魏晋时期的"新道家"则将《易经》与《老子》、《庄子》一起构成"三玄"。有人认为"道家源出于《大易》"。[③]

道家哲学直接导致了中国本土宗教"道教"的产生。道教尊老子为"太上老君",《道德经》被奉为道教基本经典;《庄子》被奉为《南华真经》。除《道德经》和《南华真经》之外,《黄帝内经》亦与道家相关。之所以将《黄帝内经》纳入"道家",主要因为《黄帝内经》与《老子》、《庄子》皆信奉"道法自然"的道家哲学而并不因为《黄帝内经》的作者是黄帝。有人甚至认为:"内经作者的哲学思想,全部发展老子的思想,且有意于轻视尧舜。"[④]

一、《黄帝内经》的天人合一

《黄帝内经》是中医四大经典之一。[⑤] 由于《黄帝内经》是黄帝与岐伯之间的对话,不少研究者如晋代皇甫谧、唐代王冰、明代张介宾、清代张志聪等人坚信黄帝就是此书的作者。就此而言,《黄帝内经》属"黄老哲学"著作。但是,后人普遍认为《黄帝内经》为战国时期或西汉早期的作品,非一人一时所作。《淮南子·修务训》云:"世俗之人,多尊古而贱今,故为道者必托之于神农、黄帝而后能入说。"

---

① 有人甚至认为,历来农民战争,尤其是类似陈胜所提处的"王侯将相宁有种乎",与墨家"官无常贵而民无终贱",一脉相承。详见:李泽厚.中国思想史论(上)[M].合肥:安徽文艺出版社,1999:72—74.

② 《老子》第二十五章曰:"人法地,地法天,天法道,道法自然。"

③ 详见:熊十力.乾坤衍[M].上海:上海书店出版社,2008:57.

④ 潘雨廷.《黄帝内经》与《老》《庄》[A].道家文化研究(第四辑)[C].上海:上海古籍出版社,1994:160.

⑤ 中医四大经典为:《黄帝内经》、《难经》、《伤寒杂病论》、《神农本草经》。四大经典之中,《难经》和《伤寒杂病论》皆由黄帝内经派生。《难经》原名《黄帝八十一难经》,以问答形式阐释《黄帝内经》精义,相传为扁鹊所作。《伤寒杂病论》由张仲景根据《黄帝内经》之六经受寒的伤寒理论发展而成。《神农本草经》虽然与《黄帝内经》无直接联系,但"本草论"与《黄帝内经》之道法自然暗合。李时珍后来依据《神农本草经》发展出《本草纲目》。

《黄帝内经》分《素问》和《灵枢》两个部分，各 18 卷①，81 篇，共计 162 篇。"素问"即
"平素问答"之书。"灵枢"即"神灵之枢要"，也有人认为"灵枢"来自道家之《玉枢》、《神
枢》、《灵轴》等经。②《黄帝内经》"注述"较多，以唐代王冰的《黄帝内经素问注》和明代张
介宾的《类经》影响较大。③ 王冰只注《素问》不注《灵枢》。张介宾比较两经，合二为一，
分门别类，以《类经》名世。④

《黄帝内经》重点不在"治已病"而在"治未病"。⑤"治未病"的主要途径是"道法自
然"。道法自然是《黄帝内经》的第一原理。道法自然则生，背道而驰则死。道法自然的
具体内容主要包括三个理论：一是天人相应（或天人合一）；二是阴阳五行；三是藏象
论。《黄帝内经》博大精深，但有关天人相应、阴阳五行、藏象论的身体教育哲学讨论，主
要集中于《素问》的前三卷尤其是第一卷（共四篇）。《黄帝内经》的基本思路是先讲天地
（自然）如何，然后以类似"故人亦应之"的修辞，劝告人类必须守护天人相应的养生大
法。在《黄帝内经》第一卷中，《上古天真论》重点讨论"天人相应"。《四气调神大论》和
《生气通天论》在讨论天人相应的同时，增加了有关"阴阳哲学"的讨论。《金匮真言论》
则在天人相应、阴阳哲学的基础之上，又增加了"藏象理论"的讨论。

（一）天人相应

《素问·上古天真论》是《黄帝内经》的开篇。《素问·上古天真论》重点讨论"天人
相应"身体教育哲学，并将天人相应聚焦于自然与人体（尤其是男女的差别）的互动。

《素问·上古天真论》分三章。前言介绍黄帝的德性与智慧。"昔在黄帝，生而神
灵，弱而能言，幼而徇齐，长而敦敏，成而登天。"第一章讨论如何道法自然，"百岁而动作
不衰"，避免背道而驰，"年半百而动作皆衰"。第二章讨论女人的精气神及其年龄特征。
第三章讨论男人的精气神及其年龄特征。最后以真人、至人、圣人与贤人的养生之道作
为小结。

第一章论为道法自然、天人相应之"总论"，讨论如何减少人过度的食欲、性欲和功
利欲。重点讨论"虚邪贼风"与"精神内守"（主要是"恬淡虚无"）的关系。"虚邪贼风"主
要来自外部自然的风、寒、暑、湿、燥、火等"六淫"。六淫之中，风与寒最容易致病。《素
问·生气通天论》云："风者，百病之始也。"《素问·玉机真藏论》曰："风者，百病之长
也。"中医视邪风为百病之长，强调"圣人避风，如避矢石"。风从其所居之乡而来，即为
"实风"。"实风"有利于万物生养，比如春天之东风，夏天之南风，秋天之西风，冬天之北
风。而"虚风"与时令季节相冲突，为反季节、反常之风。现代人所开发的电风扇、空调
之冷风、冷气或暖风、暖气，皆为"虚风"。"虚风"为有害于万物的不正之风。

避开"虚邪贼风"的直接办法是在时间上和空间上避开风头。但是，《黄帝内经》推

① 每卷大致围绕某个主题，《素问》每卷一般为四篇，最多六篇，偶尔也单篇作为一卷。而《灵枢》每卷最少三
　篇，最多十二篇。
② 也有人认为，有形者生于无形，故有太易、太初、太始、太素之说。"太素，质之始也。"《素问》之名与此有关。
　详见：黄帝内经[M].姚春鹏，译注.北京：中华书局，2010(前言).
③ 其他各家注释，可参见：王洪图.黄帝内经研究大成[M].北京：北京出版社，1995.
④ 王冰重视"运气"七篇，对运气学说影响较大；张介宾针对丹溪学派的滋阴降火及其阳气有余阴气不足的思
　路，强调温养脾胃，以"阳非有余"理论延续并推进"温补学派"的发展。
⑤《黄帝内经·四气调神大论》云："圣人不治已病治未病。"

荐的主要方法是内心强大、恬淡虚无:"恬恢虚无,真气从之;精神内守,病安从来。"《素问·刺法论篇》则云:"其气不正,故有邪干";"正气存内,邪不可干"。在时间和空间上避开"虚邪贼风"固然重要,但"虚邪贼风"随时发生,防不胜防,无处躲避。与其东躲西藏,不如内心强大。任尔东南西北风,我自岿然不动。①

第二章论女子之精气神及其年龄特征。黄帝的提问是:"人年老而无子者,材力尽邪? 将天数然也?"岐伯曰:"女子七岁,肾气盛,齿更发长。二七,而天癸至,任脉通,太冲脉盛,月事以时下,故有子。三七,肾气平均,故真牙生而长极。四七,筋骨坚,发长极,身体盛壮。五七,阳明脉衰,面始焦,发始堕。六七,三阳脉衰于上,面皆焦,发始白。七七,任脉虚,太冲脉衰少,天癸竭,地道不通,故形坏而无子也。"女子精气神的变化以七为单位。每增长七岁,则精气神出现阶段性的变化。精气神的变化取决于五脏六腑以及相关的奇经八脉。女子二十八岁身体达到顶点,三十五岁开始衰老。女子一般在四十九岁绝经而不能生育。

第三章论男子之精气神及其年龄特征。男子精气神的变化以八为单位。

《素问·上古天真论》与《灵枢·天年》相呼应。前者以女子七年和男子八年为生长或衰老阶段,后者不论男女,皆以十年为生长或衰老阶段。

(二)阴阳五行

阴阳的核心是气,包括阴气和阳气。阴阳平衡则安,阴阳失调则危。五行的核心也是气,包括木、火、土、金、水,五气之间相生相克。气是《黄帝内经》的关键要素。有人甚至认为气论是中国哲学不同于西方哲学的重要特色。②《素问·上古天真论》将道法自然聚焦于自然与人体的互动,《素问·四气调神大论》与《素问·生气通天论》则将道法自然落实为四季与人体的呼应,并进一步提出"阴阳五行"的问题。按照张介宾的说法,"阴阳即道,道即阴阳"。③《素问·上古天真论》在讨论天人相应的同时偶尔也提及"阴阳"问题,但阴阳五行的详细论述集中于《素问·四气调神大论》。《素问·四气调神大论》分四章,分别论四季与四气(最后为本章的小结):春生、夏长、秋收、冬藏。每季三个月,每个月分两个"节气"(十五天为一个节气)。按照太阳的变化(阳历)④,分 24 个节气。

第一章为"春三月"。春三月始于立春而终于立夏。春主"生","此谓发陈",逆之则伤肝。冬藏之后万物复苏,推陈出新。"春三月,此谓发陈,天地俱生,万物以荣。夜卧早起,广步于庭。被发缓形,以使志生。生而勿杀,予而勿夺,赏而勿罚。此春气之应,养生之道也。逆之则伤肝,夏为寒变,奉长者少。"

第二章为"夏三月",始于立夏终于立秋。夏主"长","此谓蕃秀",草木茂盛而秀美,逆之则伤心。"夏三月,此谓蕃秀,天地气交,万物华实。夜卧早起,无厌于日。使志勿

---

① 郑板桥《竹石》云:"咬定青山不放松,立根原在破岩中。千磨万击还坚劲,任尔东西南北风。"
② 详见:姚春鹏.黄帝内经:气观念下的天人医学[M].北京:中华书局,2008:20.
③ 详见:张介宾.类经[M].北京:中国中医药出版社,1997:6.
④ 阳历以太阳变化为根据,中国人以阳历(公历)作为劳作(耕种)的节奏。阴历以月亮的变化为依据,中国人以阴历(农历)作为情感生活的节奏,以此划定春节、元宵节、端午节、中秋节等节日。劳动为阳,情感为阴。阴历的闰月是为了使阳历之立春与阴历之春节的日期接近。

怒,使华英成秀。使气得泄,若所爱在外。此夏气之应,养长之道也。逆之则伤心,秋为痎疟,奉收者少,冬至重病。"

第三章为"秋三月",始于立秋而终于立冬。秋主"收"。秋天是收获满满的季节,"此谓容平"。物极必反,秋收之后,秋风扫落叶,万物凋敝,因而秋亦主"杀",逆之则伤肺。"秋三月,此谓容平,天气以急,地气以明,早卧早起,与鸡俱兴,使志安宁,以缓秋刑,收敛神气,使秋气平,无外其志,使肺气清,此秋气之应,养收之道也;逆之则伤肺,冬为飧泄,奉藏者少。"

第四章为"冬三月"。始于冬至而终于立春。冬主藏,"此谓闭藏",逆之则伤肾。"冬三月,此谓闭藏,水冰地坼,无扰乎阳。早卧晚起,必待日光。使志若伏若匿,若有私意,若已有得,去寒就温,无泄皮肤,使气极夺。此冬气之应,养藏之道也。逆之则伤肾,春为痿厥,奉生者少。"

(三) 藏象理论

所谓藏象,指藏与象的呼应关系。"藏"即藏于体内的内脏,包括五脏六腑。[①] "象"主要指体内的五脏六腑的生理病理在体外所表现的征象,比如《素问·脏气法时论》云:"肝病者,两胁下痛引少腹,令人发怒。"另外,"象"也指体内的五脏六腑的生理病理与外界自然环境的某种征象。藏象理论主要根据外部征象来诊断人体内部的生理或病理,但也并非完全没有解剖学的根据。

《黄帝内经·素问》前三篇虽然也偶尔讨论"藏象理论",但有关藏象理论的讨论主要集中于《素问·金匮真言论》。[②]

《素问·金匮真言论》分三章。第一章讨论五脏与一年之五时的藏象关系,第二章讨论五脏与一日之五段的藏象关系。经过前两章的准备和铺垫,最后一章为本篇的重点,全面讨论五脏与五方、五色、五畜、五谷、五音、五数、五味的藏象关系。最后为本篇小结,重点向有志于学医问道者(而非患者)提供建议。"故善为脉者,谨察五脏六腑,一逆一从,阴阳表里,雌雄之纪。藏之心意,合心于精,非其人勿教,非其真勿授,是谓得道。"在诊断病情时,西医重视"解剖"、"验尿验血"、"透视",而以《黄帝内经》为代表的中医传统强调"诊脉"。诊脉的重点在于"谨察五脏六腑"。《素问·阴阳应象大论》云:"按尺寸,观浮沉滑涩,而知病所生。"善用针刺作者,由此及彼,由表及里,通过切脉(按尺寸)的方法,观"浮、沉、滑、涩"不同的脉象,然后辨证施治:"阳病阴治,阴病阳治","以右治左,以左治右"。[③] 中医强调天人感应、阴阳五行与藏象论,有志于此者,其人可教,使得真传。怀疑者,勿教勿授。"非其人勿教,非其真勿授。"此为中医之道,亦为中医教育之道。

二、《老子》与"野蛮的文明"

《老子》也称《道德经》,其作者姓李,名耳,字聃。《史记·老庄申韩列传》云:"孔子

---

① 中医"五藏"与心、肝、脾、肺、肾五脏相应,但"五藏"不同于"五脏"。"五脏"是实体器官,而"五藏"是五脏的运作系统(主要是五脏之气)。在《黄帝内经》各种版本中,一般采用"五脏",但也有人采用"五藏"。
② 除此之外,《灵枢》亦有几篇涉及藏象问题的讨论,比如《灵枢·邪气脏腑病形》《灵枢·肠胃》《灵枢·平人绝谷》《灵枢·本脏》《灵枢·五音五味》,等等。
③ 《素问·缪刺论》称之为"缪刺"。

适周,将问礼于老子……李耳无为自化,清静自正。"一般认为老子其人早于孔子,但其书的面世则晚于《论语》。《孟子》骂杨朱,对《老子》只字不提。由此推断,《老子》其书可能晚于《孟子》。

历史上无数人为《老子》作注,先秦韩非的《韩非子·解老》和《韩非子·喻老》最早,而以汉代的河上公本、曹魏时代的王弼本和唐代的傅奕本影响较大。今本一般指河上公本和王弼本。河上公本和王弼本在其流传过程中不断被调整或改写,其原始面貌不复得见。作为今本的王弼本之所以呈现八十一章,可能参考了河上公注本。① 郭店楚简本《老子》和马王堆帛书本《老子》出土之后,不少学者以简本和帛书本这两个古本质疑今本。简本较早,但只是"摘录本"②,只有今本的三分之一,无法代替今本。帛书影响较大,有人甚至主张采用帛书本而放弃今本:"帛书本出来,大部分都可废而不读。"③不过,一般研究者仍然愿意以今本为主并根据帛书本对今本进行微调。

老子重点发挥了《易经》的阴阳哲学以及"反者道之动"的否定之否定哲学。④《易经》之对立统一关系及其否定之否定"三分法"思维成为《道德经》的基本思维。为了解释的方便,可将《老子》八十一章适度编码:全书分三册,每册三部分(共九部),每部分三篇(共二十七篇),每篇三章(共八十一章)。就二十七篇而言,今本《老子》的谋篇中有三个"关键篇"。一是开篇三章(第一篇)。二是中间篇三章(由第四十至四十二章构成的第十四篇)。三是终结篇三章(第七十九至八十一章构成的第二十七篇)。《老子》全书的核心思想是道法自然与中庸之道。道法自然并非让人完全回到自然状态,而是在文明与野蛮之间保持适度的张力。先拥有大国、文明、武器、车马、文字,然后超越文明,进入"含有野蛮之文明境界"。按照冯友兰的解释,"野蛮的文明,乃最能持久之文明也"。⑤

(一) 文明与野蛮的中庸之道

上册共三部分,每部分三篇,共九篇。第一部讨论人与动物的异同,以文明与野蛮、人为与自然的中庸之道作为全书的总纲。第二部重点讨论"有无"关系。第三部以"绝圣弃智"、"道法自然"回应开篇的总纲。

上册第一部分共三篇。第一篇(开篇)三章最重要,可视为全书的核心篇。

第一章是《老子》全书的重点:"道可道,非常道。名可名,非常名。无名,天地之始。有名,万物之母。故常无欲,以观其妙。常有欲,以观其徼。此两者同出而异名,同谓之玄。玄之又玄,众妙之门。"第一章帛书本与今本差异较大。第一节帛书本显示:"道可道也,非恒道也;名可名也,非恒名也。"因避汉文帝讳,今本改"恒"为"常"。由于"常"更符合现代汉语习惯,故各种今本普遍呈现为:"道可道,非常道。名可名,非常名。"

有关此章的解释,争讼不断,莫衷一是。清代学者俞正燮的解释比较特别。俞正燮

---

① 有关《老子》古本和今本的流传与演变的讨论,详见:刘笑敢.老子古今:五种对勘与析评引论(上)[M].北京:中国社会科学出版社,2006:2—4.

② 详见:杨义.老子还原[M].北京:中华书局,2011:53—54.

③ 详见:李零.人往低处走:《老子》天下第一[M].北京:生活·读书·新知三联书店,2008:16—18.

④ 钱钟书认为"反者道之动"接近黑格尔的否定之否定哲学。详见:钱钟书.管锥编(第二册)[M].北京:中华书局,1986:446.

⑤ 冯友兰.中国哲学史(上)[M].上海:华东师范大学出版社,2000:146.

认为，"道"为言词（口语），"名"为文字（书面语）。① 也就是说，真正的道理只能心领神会，而能够说出来或写出来的道理，都不是深刻的道理。与之类似，《老子》第五十六章云："知者不言，言者不知。"俞正燮注意到《淮南子》至少有三处为此章提供了重要的解读思路：(1)《淮南子·本经训》云："至人钳口寝说，天下莫知贵其不言也。故道可道，非常道；名可名，非常名。著于竹帛，镂于金石，可传于人者，其粗也。晚世学者博学多闻，而不免于惑。"(2)《淮南子·缪称训》云："道之有篇章形埒者，非其至者也。"(3)《淮南子·道应训》特别提到《庄子》的寓言："桓公读书于堂，轮扁曰：独其糟粕在耳。"除此之外，《淮南子》有一处直接点破这个秘密。《淮南子·本经训》云："昔者仓颉作书，而天雨粟，鬼夜哭。"仓颉造字向来被视为造福人类的英雄行为，为何导致"天雨粟，鬼夜哭"？有人认为，造字虽然使人类文化有了储存与传播的强大工具，但也为人类的偷懒与诈伪提供了方便。"诈伪萌生，则去本趋末，弃耕作之业而务锥刀之利。天知其将饿，故为雨粟。鬼恐为书文所劾，故夜哭也。"②

也就是说，《老子》开篇第一章以"道可道，非常道。名可名，非常名"宣布老子的中庸之道：语言文字虽然给人类提供的思维和交流的便利，但也导致身心的退步和衰败。大道只可意会，不可言传。人和动物的关键差异就在于：动物只有口语，人类不仅有口语，而且有书面语（文字）。语言文字对人类是有用的，但不可滥用。精神可以文明，身体必须野蛮。整部《老子》几乎都在提醒人类关于"语言的用途与滥用"。③

第二节和第三节今本普遍采用司马光、王安石、苏辙等人的断句："无，名天地之始。有，名万物之母。故，常无，欲以观其妙。常有，欲以观其徼。"但是，从第一节"人类因语言文字而进步，也因语言文字而堕落"的视角来看，帛书本所呈现的"无名，天地之始。有名，万物之母。故恒无欲也，以观其妙；恒有欲也，以观其所徼"的语法及其语义更准确、顺畅。

第一章为全书的开篇。严复认为"同谓之玄。玄之又玄，众妙之门"此十二字可以囊括西方哲学。"西国哲学所从事者，不出此十二字。"④所谓"玄之又玄，众妙之门"，亦可理解为：玄之又玄的中庸之道乃众妙之门。后面第十九章则可视为中庸之道的实施细则："绝圣弃智，民利百倍；绝仁弃义，民复孝慈；绝巧弃利，盗贼无有；此三者，以为文不足。故令有所属：见素抱朴，少私寡欲。"第二章提出"居无为之事，行不言之教"。第三章强调"不尚贤"、"无知无欲"。

前三章是《老子》中庸之道大纲。此后所论，皆可视为"居无为之事，行不言之教"、"不尚贤"、"无知无欲"的实施细则或补充说明。

（二）反者道之动（否定之否定）

第四部至第六部为《老子》第二册。第四十至四十二章为《老子》的中间篇（第十四篇）。中间篇所提出的"反者道之动"（亦可称之为"否定之否定"）是第二册的核心主题。

---

① 详见：俞正燮的《癸巳存稿》卷一二。
② ［汉］高诱.淮南子注［M］.上海：上海书店出版社，1986：116—117.
③ "语言的用途与滥用"在尼采那里直接呈现为《历史的用途与滥用》，在杜威的《民主主义与教育》的开篇那里则呈现为"正规教育的用途与滥用"。
④ 严复.《老子》评语［A］.王栻.严复集（第四册）［C］.北京：中华书局，1986：1075.

　　第四十章论"反者道之动"。道的运动按照"否定之否定"的方式循环。钱钟书认为"反者动之道"接近黑格尔的否定之否定哲学。"反"兼有反和返两意。① 而且，当黑格尔谈论对立统一或否定之否定理论时，他本人可能受了周易哲学或老子哲学的影响。② 第四十一章为《老子》全书中间章，为《老子》"著名九章"之七。此章包含两条名言。一则："上士闻道勤而行之，中士闻道若存若亡，下士闻道大笑之，不笑不足以为道。"所谓"下士闻道大笑之，不笑不足以为道"，与第一章"道可道，非常道"呼应。二则："大方无隅，大器晚成，大音希声，大象无形，道隐无名。"两者皆流传于后世，影响广远。第四十二章的名句是："道生一，一生二，二生三，三生万物。万物负阴而抱阳，冲气以为和。"再次强调对立统一与否定之否定。若按数量分类，第四十一章为全书的中间章。前四十章为上册，后四十章为下册。不过，今本第四十一章在帛书本中显示为第四十章，而今本第四十章为帛书本之第四十一章。这样看来，今本之第四十章和第四十一章皆有"中间章"的实力。相比之下，"反者道之动"（否定之否定）更适合作为全书的关键枢纽。就此而言，帛书本将"反者道之动；弱者道之用。天下万物生于有，有生于无"作为第四十一章更合适一些。

　　第四十三至第四十五章，可以视为第四十二章"道生一，一生二，二生三，三生万物"的补充。第四十三章再论"不言之教"与有无关系。第四十四章论"知足不辱，知止不殆"。第四十五章论"大巧若拙"，大智若愚。其"静胜躁，寒胜热。清静为天下正"与第二十六章呼应。

（三）先大一统，然后小国寡民

　　第七至第九部为全书第三册。其中第七十九至八十一章为终结篇（第二十七篇）。终结篇三章与开篇三章首尾呼应，响应寡言少语、不言不语的中庸之道。

　　第七十九章论天"道无亲，常与善人"。动物并不重视血缘亲属关系，一切顺应自然。此章为帛书本第八十一章。此章重点强调以德报怨，掌握债权而不向人讨债，帛书本以此为压轴，别有用意。第八十章将开篇提出的文明与野蛮的中庸之道明确扩展为先文明，然后超越文明："小国寡民。使有什伯之器而不用；使民重死而不远徙；虽有舟舆无所乘之；虽有甲兵无所陈之；使民复结绳而用之。甘其食、美其服、安其居、乐其俗。邻国相望，鸡犬之声相闻，民至老死不相往来。"③有人认为此章乃"陶渊明《桃花源记》的原版"④，但是，《老子》并不赞赏世外桃源。《老子》的总体思路是：先文明，然后超越文明。小国意味着先有大国，在"大一统"的前提下保持小国的共和状态。先有兵器，然后不用；先有发达的舟舆，然后无所乘之。先有强大的甲兵，然后无所陈之。先有发达的语言，然后警惕巧言令色。所谓"邻国相望，鸡犬之声相闻，民至老死不相往来"，也主要指各国之间保持自给自足的独立状态。中国历来有"大一统"的传统，所谓"百代行

① 钱锺书认为"反者动之道"接近黑格尔的否定之否定哲学。反兼有反和返两意。详见：钱锺书.管锥编（第二册）[M].北京：中华书局，1986：446.
② 黑格尔在其《哲学史讲演录》中讨论了他所理解的"易经哲学"和"道家哲学"。详见：[德]黑格尔.哲学史讲演录（第1卷）[M].贺麟，王太庆，译.北京：商务印书馆，1981：120—132.
③ 此章以"甘其食、美其服、安其居、乐其俗"与《黄帝内经·上古天真论》同调。
④ 崔仲平.老子道德经译注[M].哈尔滨：黑龙江人民出版社，2002：82.

秦制"。小国寡民与大一统并不矛盾。所谓"百代行秦制",只说中了一半。"秦制"当然是"大一统"。但"大一统"原本也是先秦儒家的追求。其差别在于,先秦儒家追求的"大一统"是在"王"领导下的诸侯国(类似"美利坚合众国")。各个诸侯国拥有自己独立的治权。"王"并不干涉各个"诸侯国"的内政。中央的"王"对地方的"国"并不拥有"绝对的权力"。分封建国的封建制之所以被儒家认可,并非因为儒家追求"封建专制"。相反,儒家之所以推崇封建制,恰恰因为只有分封建国的封建制(诸侯国制)才有可能实现既有"大一统"的天下体制,又在分封建制的诸侯国之内实现民主制。第八十一章论"信言不美,美言不信"。王国维云:"哲学上之说,大都可爱者不可信,可信者不可爱。"①

终结篇三章、中间篇三章与开篇三章皆以"中庸之道"为其核心精神。首尾呼应,一以贯之。

三、《庄子》的"内圣外王"

据《汉书·艺文志》,《庄子》共五十二篇。魏晋时期郭象为《庄子》作注,并删去十九篇,剩下三十三篇。其中,内篇七、外篇十五、杂篇十一。② 郭象删定的《庄子》篇目流传至今。一般认为内七篇为庄子本人所著,而外篇与杂篇为庄子后学增补。③

《庄子》之论证技巧,别具一格。《庄子·寓言》提出:"寓言十九,重言十七,卮言日出,和以天倪。"④《庄子·天下》则云:"以天下为沈浊,不可与庄语,以卮言为曼衍,以重言为真,以寓言为广。"《庄子》以"寓言"为其重要的论证方式,形成独特的"庄子风格"。⑤所谓"重言",既指引用重要人物或重要经典来论证(主要是引用老子、孔子的观点),也指围绕某个重要观点用同样或类似的话语重复论证,前后呼应,以便突出重点。所谓"卮言",一般释为"无心之言"。⑥ 也有人将"卮言"释为"至言":直接提出论点,亮出自己的观点。⑦

下面重点研究内七篇的教育哲学并附带讨论《天地》、《天道》、《天运》、《秋水》、《至乐》、《山木》、《田子方》、《知北游》、《天下》等外篇和杂篇中的相关主题。《庄子·天下》首次提出"内圣外王"之道。从"内圣外王"的视角来看,《庄子》内七篇以《人间世》为中心,前三篇倾向于出世之内圣学,而后三篇倾向于入世之外王学。《人间世》则在内圣与

---

① 详见:王国维.自序二[A].王国维遗书[C].上海:上海古籍书店,1983:21—22.
② 据《晋书·郭象传》,向秀先注《庄子》,未竟而卒。郭象为人薄情寡义,剽窃向秀之《庄子注》而一举成名。另可参见《世说新语·文学》。
③ 最后一篇《天下》比较特别,因其提供了大量"先秦学术史"且穿插庄子本人的"学术自传"而为后世学者频繁引用。但该篇是否为庄子本人所作,也有争议。
④ 王夫之认为《庄子》杂篇之《寓言》与《天下》两篇,"乃全书之序例"。详见:王夫之.庄子解[A].船山全书[C].北京:中华书局,1986:417.之所以"寓言十九,重言十七"而不是寓言十分之九,重言十分之一,因为《庄子》中的寓言中有重言,重言中有寓言,彼此交叉。
⑤ 接近孔子之"我欲载之空言,不若见之于行事之深切著明也"。详见:《史记·太史公自序》。
⑥ 详见:陈鼓应.庄子今注今译(下)[M].北京:商务印书馆,2007:837.
⑦ 在庄学研究史上,张远山对《庄子》的解读别具一格。他认为至言即"至言"和"支言"(支离其言)。详见:张远山.庄子奥义[M].南京:江苏文艺出版社,2008:20—21.有关"卮言"即"支言"的解释,另参见:钟泰.庄子发微[M].上海:上海古籍出版社,2002:650.

外王、出世与入世之间。①

(一) 内圣学

《庄子》前三篇《逍遥游》、《齐物论》与《养生主》倾向于出世之内圣学。内圣学包括自由逍遥之德、平等齐物之智,健康养身之体。

首篇《逍遥游》,以"自由论"为主题。自由与平等相对,自由竞争必导致不平等。第二篇《齐物论》,以"平等"为主题,实质是"反平等",与首篇《逍遥游》相呼应,两者的共同主题是"精英"论,《庄子》称之为"小大之辩"。《齐物论》貌似论平等,但平等以大小之辨为前提。或者说,《齐物论》以《逍遥游》为其前提。凡道法自然者,皆为大人,大人与大人之间是平等的,皆为自然之子。在《老子》那里,"大"原本就是"道"的别名。《老子》二十五章云:"吾不知其名,字之曰道,强为之名曰大。"凡背离自然者,皆为小人。小人与小人之间是平等的,皆为凡夫俗子。但是,大人与小人永远不平等。《逍遥游》分三章。先讲大鹏鸟;次述许由与接舆。前两者皆为寓言。最后回到现实,以惠子与庄子的"小大之辩"结题。本篇的论证方式主要为寓言。出自本篇的重要成语有:鲲鹏展翅、鹏程万里、凌云之志、扶摇直上、一飞冲天、越俎代庖、吸风饮露、尘垢秕糠、大而无当、偃鼠饮河、不近人情、大相径庭。

第二篇《齐物论》既为"齐物"论,也为齐"物论"。有人认为,除此之外,还有"齐物我"。② 所谓"齐物"论,即万物在自然面前一律平等。所谓齐"物论",即平息各种有关事物的是非争论。《齐物论》貌似以齐"物论"为主,但重点依然在于"齐物"论以及由此带来的"齐物我"("齐物我"必导致"吾丧我")。若不承认万物在自然面前一律平等,平息是非之争便不可能。表面上看,《逍遥游》强调自由而反对平等,而《齐物论》强调万物平等而反对"小大之辩"。事实上,两者皆推崇大人与小人的区分,提倡自然状态之自由竞争。《逍遥游》提出"小大之辩","小知不及大知,小年不及大年",不必强迫"大人"与"小人"平等;《齐物论》则看重大知与小知之别:"大知闲闲,小知閒閒"。③ 二者皆推崇至人、神人、圣人等真正的"大人"。④ "大小之辩"甚至是《庄子》全书一以贯之的主题。《齐物论》貌似"平等论",其实并不否定《逍遥游》之"大小论"。两者的共同思路是:(1)万物在自然面前一律平等。(2)虽然人人在自然面前一律平等,但是,如果有人不顺应自然,那么人就分为不平等的两类人。顺应自然者为大人,不顺应自然者为小人。(3)小人之所以成为小人,是因为小人只有"自我"而忘记了物我同体;大人之所以成为大人,是因为大人可做到"吾丧我"而"物化"(彻底融入自然),"天地与我并生,万物与我为一"。《齐物论》以

---

① 借鉴清代学者屈复、藏云山房主人和当代学者王博等人的解释,这里将"人间世"视为《庄子》内篇的枢纽。详见:王博.庄子哲学[M].北京:北京大学出版社,2013:205—209.中间即中坚。亦可将"人间世"之前的"逍遥游"、"齐物论"、"养生主"三篇视为私德,而将"德充符"、"大宗师"和"应帝王"三篇视为公德。

② 详见:陈少明.《齐物论》及其影响[M].北京:北京大学出版社,2004:19.在庄子那里,物我原本一体,我是物的一个部分,所以,"齐物"已含"齐物我"。

③ 《庄子》原本崇尚"大",以"大"为褒词,反对以小人之标准限制和迫害"大人"。但《齐物论》之"大知小知"、"大言小言"之"大"究竟为褒词还是贬词,历来争议较多。有人认为,无论闲闲之大知,还是閒閒之小知,皆为小人之自以为是,自以为大。也就是说,"大知小知"、"大言小言"之"大"皆为自以为是之"假大"、"伪大",故为贬词。详见:曹础基.庄子浅注[M].北京:中华书局,2014:22。

④ 魏晋"竹林七贤"之一阮籍著《大人先生传》,"大人"一词比较准确地破解了《庄子》的秘密。逍遥游将"大人"称为至人、神人或圣人。"至人无己,神人无功,圣人无名"。

"吾丧我"开篇,以"物化"收尾,首尾照应。《齐物论》分三章。先论"吾丧我",次论各种"物论",最后回到"吾丧我"之"物化"状态。本篇的论证方式是寓言。出自本篇的成语有:形如槁木、心如死灰、万窍怒号、朝三暮四、狙公赋茅、栩栩如生、存而不论、沈鱼落雁、孟浪之言。

第三篇《养生主》名为"养生",实为"人生论"、"处世论"、"养心论"。《庄子》外篇《达生》以及《黄帝内经》皆可视为《养生主》之续篇。《养生主》在内七篇中篇幅最短,500 多字而已,但为后世留下一系列重要成语:庖丁解牛、游刃有余、踌躇满志、薪尽火传、安时处顺、目无全牛、批郤导窾、恢恢有余、新发于硎、泽雉啄饮。《养生主》的核心是"庖丁解牛"。"庖丁解牛"以"缘督以为经"为前言,以"薪尽火传"为结尾。前言为"卮言",正文"庖丁解牛"为"寓言",结尾"薪尽火传"返回"卮言"。"庖丁解牛"貌似谈解牛,其实仍在论"养生"。《庖丁解牛》所隐喻的"养生之道"至少有三:劳力者高于劳心者;养心高于养身;道高于技。三者共同指向"经权智慧"。所谓"乃中《经首》之会"、"臣之所好者道也,进乎技矣"、"技经肯綮",等等,皆暗示"经权智慧"。

(二) 人间世

第四篇《人间世》为全书"中间"或"中坚"。"人间世"者,既可以理解为人"间"于世,也可以理解为人与世之"间隔",保持若即若离的状态。《人间世》分三章。每一章含三节。《人间世》。本篇论证方式以寓言为主,寓言之中穿插大量"重言"和"卮言"。出自本篇的重要成语有:螳臂当车、以火救火、以水救水、与古为徒、执而不化、无用之用、终其天年、山木自寇、膏火自煎。

第一章讲三个寓言,皆讨论臣子如何与君王打交道。第一个寓言主题为"颜回往卫",以内方外曲(外圆内方)应付人间事务。若遇"不得已"之事,则从容应付。"不得已"三字,实乃"人间世"之关键枢纽。《庄子》与《老子》多处言"不得已"。第二章也讲三个寓言,讨论无用之树与有用之树的区别及两者的不同命运。第三章直接讨论身体支离者、狂者。最后一节是对本篇的总结,且夫子自况。"山木①,自寇也;膏火,自煎也。桂可食,故伐之;漆可用,故割之。人皆知有用之用,而莫知无用之用也。"山木因自己有用而自招砍伐。膏脂因其有用而自招火之煎熬。桂树因其可吃而遭砍伐。漆树因其可用而遭刀割。总的结论是:"人皆知有用之用,而莫知无用之用也。"

(三) 外王学

《庄子》后三篇《德充符》、《大宗师》与《应帝王》倾向于入世之外王学。外王学包括不动心之充德,一代宗师之大教,顺应自然之帝王。

第五篇《德充符》以孔子为主角。苏轼认为"庄子盖助孔子者",庄子之助孔子者,"皆实予,而文不予,阳挤而阴助之。"②亦有人认为,孔子传子夏,子夏之徒有田子方,田子方之后有庄子。或曰:庄子貌似道家,实为儒者。即便《庄子》偶尔贬儒者,也是为了区分真儒与假儒。庄子贬假儒而存真儒。③ 此类假设,在《德充符》这一章中大体可以

① 此处"山木"与《庄子·山木》开篇的两则寓言暗合。
② 详见:苏轼.庄子祠堂记[A].苏轼文集[C].北京:中华书局,1986:347—348.
③ 详见:钟泰.庄子发微[M].上海:上海古籍出版社,2002:1—3(序).据《庄子·田子方》,庄子见鲁哀公。哀公曰:"鲁国多儒士,很少有人信你的学术。"庄子曰:"这说明鲁国少儒士。"哀公曰:"举鲁国而儒服,何谓少乎?"庄子曰:"君子有其道者,未必为其服也;为其服者,未必知其道也。公固以为不然,何不号于国中曰:无此道而为此服者,其罪死!"于是哀公号之五日,而鲁国无敢儒服者。独有一丈夫,儒服而立乎公门。公即召而问以国事,千转万变而不穷。庄子曰:"以鲁国而儒者一人耳,可谓多乎?"一般认为,"独有一丈夫"者,孔子也。

得到印证。《德充符》分三章。第一章为三则寓言,分述三个刖足者。第二章以两则寓言呈现三个"恶人"。前两章穿插大量"重言"。第三章以卮言论述"无情之人"。出自本篇的重要成语有:虚往实归、无可奈何、改容更貌、和而不唱。

第六篇《大宗师》提出"以天为师"、"以自然为师"、"与天为徒"。出自本篇的重要成语有:泉涸之鱼、相濡以沫、相忘江湖、藏舟于壑、藏山于泽、善始善终、相视而笑、莫逆之交、相视莫逆、游方之外、附赘县疣(附赘悬疣)、决疣溃痈。

第七篇《应帝王》提出的重要成语有:蚊虻负山(使蚊负山)、涉海凿河、虚与委蛇、用心若镜、混沌凿窍。《应帝王》以"混沌凿窍"作为本篇小结,也为"内七篇"甚至《庄子》全书之终结。混沌之好,好在不开窍。不开窍接近"吾丧我",且高于和优先于"吾丧我"。吾丧我是开窍之后的补救办法。开窍便有仁义智谋。《老子》第十八章曰:"大道废,有仁义;智慧出,有大伪。"混沌则处于尚未开窍之"前开窍"状态。或者,不得已而开窍,然后又以"吾丧我"闭关。《老子》第二十八章曰:"知其雄,守其雌,为天下溪,常德不离,复归于婴儿。"尚未开窍者或重新闭关者,被他人日凿一窍,七日而死。问题是,谁是"混沌凿窍"者? 即便不是启蒙亦或教育,至少也是过度启蒙抑或过度教育。

《庄子》内七篇,其中心为《人间世》,前三篇倾向于内圣,后三篇倾向于外王。"人间世"者,在无为与有为之间,与世俗社会保持若即若离、不即不离的距离。庄子虽崇尚逍遥之自由,但依然不放弃"人间世"之现实。道家推崇隐士,但隐士之隐,既可归隐山林,也可隐于闹市。归隐山林未尝不可,"美则美矣,了则未了"。[①] 小隐隐于野,中隐隐于市,大隐隐于朝。不得已混迹于俗世之中,吾丧我游心于九霄之外。

第3节　法家的法势术

先秦法家的重要代表人物有管仲、吴起、慎到、商鞅、申不害、乐毅、李斯、韩非子等。[②] 流传于后世的法家著作主要有三部:一是《管子》;二是《商君书》;三是《韩非子》。三者之中,《管子》成书最早,对《商君书》、《韩非子》均产生了直接影响。[③]

法家对儒家构成严重的挑战,但构成挑战的法家主要不是以《管子》为代表的东方"齐法家",而是以《商君书》与《韩非子》为代表的西方"三晋法家"传统。《管子》受《尚书》、《周礼》的影响,倡导"礼义廉耻",主张"礼法兼治,教化为先",延续了《尚书》"德主刑辅"的思路。以《商君书》与《韩非子》为代表的西方"三晋法家"以及与之相关的秦国文化对东方儒家文化的影响,是中国历史上第一次重要的"西学东渐"。汉代开始传入的佛教文化以及近代欧美文化的传入则为第二次和第三次"西学东渐"。

---

① 这里借用禅宗的说法,据说这个说法出自慧能对神秀偈语的评价。详见:[宋]普济.五灯会元(卷第一)[M].北京:中华书局,1984:52.

② 流传于后世的与法家相关的称呼有"刑名之学"、"申韩之学"(申不害、韩非子)、"管仲乐毅之学"(诸葛亮"自比于管仲、乐毅",详见:《隆中对》)。后来的王安石变法、康有为变法亦与法家相关。参与戊戌变法的梁启超以及此前的严复亦被视为"新法家"。

③ 《商君书》偏重"国家本位",《韩非子》偏重"君权本位",《管子》更注重关注"牧民"(也即"治民")问题。

一、《管子》的礼法并用

《管子》最初被认为是管仲(约公元前 719~645)的著作。《汉书·艺文志》、《史记·管晏列传》均认为管仲为《管子》的作者。晋代傅玄较早开始对《管子》的作者提出质疑,后来疑者甚众,普遍认为《管子》非一人一时所作。比较可靠的说法是,《管子》部分篇章比如"经言"九篇(类似《庄子》内七篇)可能由管仲本人所著,其他内容为后人添加。①

《管子》与《商君书》、《韩非子》并列为"法家"名著。但《管子》只是以法家为主,兼有儒家、道家思想,也因此,《汉书·艺文志》甚至将《管子》与《老子》、《庄子》等并列为"道家"。

今本《管子》均由刘向删定的版本演变而来。现存《管子》共 76 篇。②《经言》作为《管子》第一卷,被赋予"经"的地位,一般认为是全书的"总纲"。《经言》9 篇之中,前 3 篇为核心篇。下面重点解读《牧民》、《形势》和《权修》三篇。《牧民》谈"道",《形势》谈"势",《权修》谈"礼法并用"。

(一)"牧民"之道

《牧民》是《经言》的首篇,也是《管子》全书的首篇。《牧民》为《经言》9 篇的"总纲",其余 8 篇,均围绕《牧民》的相关话题展开。所谓"牧民",即治理百姓。③《管子·七法》云:"养人如养六畜"。"牧民"与现代民主观念似乎有违,令人不堪。不过,现代民主社会也承认上帝之于民众类似牧人之于羊群。如此看,"牧民"隐喻并不必然与民主相违。明确将"顺民心"作为统治之道者,恰恰始于《牧民》。

《牧民》篇共五章,分别为国颂、四维、四顺、士经和六亲五法。其核心为前三章"国颂"、"四维"和"四颂"。

"国颂"讨论如何通过刑治与德治两种途径建立"国之四维"的问题。"牧民"(治国)的首要任务在于解决吃饭(食欲)问题。"仓廪实则知礼节,衣食足则知荣辱。"又曰:礼义廉耻,国之四维。"四维不张,国乃灭亡"。

"四维"正式提出"礼义廉耻"四维并给出解释。④ 礼者,"不逾节",不逾越名分。义者,"不自进",不自以为是、不擅自冒进。廉者,"不蔽恶",不遮蔽过错,不放纵罪恶。耻者,"不从枉",不罔顾是非,不违心顺从错误与虚妄的观念。《管子》之礼义廉耻四维,类似《论语》之"智仁勇"与"中庸"、柏拉图《理想国》之"智慧、勇敢、节制"与"正义"。在孔子那里,若具备"智仁勇"这天下之三达德,则配称"中庸"之君子。在柏拉图那里,若具备智慧、勇敢、节制,则称得上"正义"之好人。在《管子》这里,若具备礼、义、廉,则堪称有"耻"之国士。

"四顺"明确提出为政之道,在于"顺民心"。"四顺"再次回到民众的基本需要问题。"四顺"即顺应民众的四种基本需要或欲望。顺民心则政兴,逆民心则政废。民众有四

---

① 详见:魏承思.管子解读[M].上海:上海人民出版社,2014:9—14.胡适认为《管子》为"假书":"大概是前 3 世纪的人假造的,其后又被加入许多不相干的材料。"详见:胡适.中国哲学史大纲[M].北京:中华书局,2015:312.

② 其中《封禅》亡佚后,有人据司马迁《史记·封禅书》篇补入。

③ 详见:黎翔凤.管子校注[M].梁运华,整理.北京:中华书局,2004:1.

④ 浙江奉化武岭中学的校训即为"礼义廉耻"。

种欲望：一是好逸恶劳，二是好富贵而恶贫贱，三是好安全而恶危险，四是好生育而恶灭绝。

总体而言，《管子·牧民》主要讨论三个问题。一是立国之本。礼义廉耻，国之四维，"四维不张，国乃灭亡"。二是通过刑治与德治两个途径建立"国之四维"。三是无论刑治还是德治，皆以"顺民心"为基本前提。

(二)"形势"之势

《史记·管晏列传》载有《山高》篇，"山高"乃《形势》篇开篇二字。今本以《形势》为题，乃因本篇主旨在"形势"。《管子·形势解》是对《管子·形势》的解读。《形势》与《韩非子·难势》篇名与内容相近，但前者强调"以道摄势"或"任贤摄势"，而后者侧重"以势摄道"或"任势轻贤"。① 《形势》重点讨论统治者的"权势"以及"权"与"势"的关系。《牧民》论"道"(以及与之相关的刑治与德治)，《形势》论"势"。

《形势》共分为七章。② 其核心是开篇第一章和最后第七章。

第一章重点讨论因"有权"而"有势"。山势在高，水势在深。③ 高深莫测，则有朝拜祭祀。天地运行，四季节气，势不可挡。蛟龙得水而有神性，虎豹得幽而有威风。所谓"势"，来自"权"(名分)。掌握他人生杀、贵贱、贫富的大权则有"势"，无"权"则无"势"。

第二至第六章讨论得势之后，无为而治，"以法治国"。人尽其才，各尽其能，上下分工，各尽其责，不越俎代庖。得道者多助，失道者寡助。统治者不能与民同乐，则民不会与统治者分忧；统治者不能让民生活美好，则民不会为统治者赴死；统治者不能予民("往者不至")，则民不会报恩("来者不极")。④ 此篇频繁论"道"，大谈无为而治，无论持论立场还是论述风格，皆接近老子之"道德经"。

第七章讨论君主如何建立威信。一言九鼎，令出必行。如果说出来的话，有逆于民心，有悖于义理，君主就不要说出来；如果所做的事不能成为常规，君主就不要做。言而无信、行而无果，这是国君的大忌。《管子·法法》强调令出必行，不姑息养奸，不宽赦，"凡赦者，小利而大害者也，故久而不胜其祸。"

(三)"权修"之礼法兼用

《牧民》论"道"，《形势》论"势"，《权修》论"礼法兼用"。"礼法兼治"延续了《尚书》"德主刑辅"的传统。《商君书》中也有《修权》篇。《商君书·修权》与《管子·权修》篇名相近，但传达的意旨有所不同。《商君书·修权》讲述君主治国的"法、信、权"；《管子·修权》更侧重于对"治民轻重"问题的讨论。

权者，权衡也，权衡轻重缓急。所谓"权修"，即统治者考虑治国之轻重缓急。⑤ 治

---

① 有关"任贤轻势"与"任势轻贤"的讨论，详见：陈鼓应.管子四篇诠释[M].北京：商务印书馆，2006：223.

② 有关此篇章节的划分，主要参考黎翔凤的思路。详见：黎翔凤.管子校注[M].梁运华，整理.北京：中华书局，2004：20—46.

③ 刘禹锡之《陋室铭》云："山不在高，有仙则名。水不在深，有龙则灵。"但比较而言，《管子》之说，更加可信。山若不高，名人不来。水若不深，蛟龙无处藏身。

④ 一般将"莫乐之则莫哀之，莫生之则莫死之。往者不至，来者不极"作为下一章的首句，但也有人根据"且怀且威"与"莫乐之则莫哀之"之间的因果关系，将之提前到上一章末尾一起解释，详见：魏承思.管子解读[M].上海：上海人民出版社，2014：92.

⑤ 《商君书·算地》警告："今则不然，世主之所以加务者，皆非国之急也。"

国之轻重,在于礼法兼用。

《权修》共七章。① 其核心为第一章和第五章。第一章论立法与执法。赏罚不信,则民无耻。军事需要严明军纪,农事需要严明税法。第五章论礼法并用,教化为主,刑罚为辅。第七章是整篇的总结,重申立法,严明奖惩,谨慎授官和俸禄。统治者都希望民众服从管理。要民众服从管理,就不可不重视法的作用。法,是用来建立朝廷权威的。要建立朝廷权威,就不可不重视爵位。爵位被鄙视,俸禄被轻视,民众背离统治,贼臣发动叛乱,这些都是败国的教训。

二、《商君书》的"奖励农战"

据考证,《商君书》部分篇章由商鞅(约公元前 390～前 338)所著,部分篇章为商鞅后学所编。② 商鞅,原名公孙鞅,卫国公子,年少好刑名之学,早年为魏国宰相公叔痤门客。公叔痤死后,鞅在魏不得用。秦孝公颁"求贤令",商鞅投奔秦国,辅助秦孝公先后两次变法,史称"商鞅变法"。后因军功而被封为列侯,号商君。《史记·商君列传》云:商君相秦十年后,"秦民大悦,道不拾遗,山无盗贼,家给人足,民勇于公战,怯于私斗,乡邑大治。"

《商君书》因身处乱世而"尚力",强调"农战"与"法治"。不过,商鞅同时强调"当时而立法,因事而制礼,礼法以时而定",《开塞》则提醒君主"取之以力,持之以义"、"世事变而行道异"。也就是说,从"乱世"过渡到"升平世"之后,必须由"尚力"转向"仁义"。有人由此认为,汉代尊儒的思想,始于《商君书》。③ 遗憾的是,秦国统治者仅重视"取之以力"而疏于"持之以义"。秦始皇平天下之后,因继续推行"以力持之"而速亡。

《商君书》全书现存二十四篇,主要谈论三个主题:一是推行"农战"(一般称为"奖励耕战"),二是以刑赏推行农战,三是以严刑峻法推行刑赏。有人认为:"商君之道,农战而已矣。致民农战,刑赏而已矣。使刑赏必行,行而必得所求,定分明法而已矣。他无事矣。"④也因此,《商君书》全书二十四篇之中,《赏刑》为全书的灵魂。

(一) 农战与法制

秦处西陲之地,与戎族杂居和对抗,逐渐形成秦人尚武精神,秦国亦素称"虎狼之国"。⑤《诗经》之《小戎》、《驷驖》诸篇尽显"剽悍尚武"之秦风。刘安在《淮南子·要略》中则认为:"孝公欲以虎狼之势而吞诸侯,故商鞅之法生焉。"也有人认为,商鞅变法顺应了秦人尚武传统,⑥商鞅只是在"尚武"的基础上增加了"尚农",并以"严刑峻法"推进"农战"。

---

① 有关《权修》章节的划分,主要参见:黎翔凤.管子校注[M].梁运华,整理.北京:中华书局,2004:47—58.[唐]房玄龄,注,[明]刘绩,补注.管子[M].刘晓艺,校点.上海:上海古籍出版社,2015:11—16.
② 高亨.商君书注译[M].北京:中华书局,1974:10—11.相关争议,详见:郑良树.商鞅及其学派[M].上海:上海古籍出版社,1989:1—8.
③ 详见:李存山.《商君书》与汉代尊儒——兼论商鞅及其学派与儒学的冲突[J].中国社会科学院研究生院学报,1998(1):35—40.
④ 蒋礼鸿.商君书锥指[M].北京:中华书局,2014:19.
⑤ 详见:《战国策·西周策》.
⑥ 详见:王绍东.论商鞅变法对秦文化传统的顺应与整合[J].内蒙古大学学报(人文社会科学版),2002,(5):94—99.

　　《商君书》中直接讨论"农战"的共十篇:《更法》、《垦令》、《徕民》、《农战》、《算地》、《战法》、《立本》、《兵守》、《境内》、《外内》。

　　奖励农战(后世称为"奖励耕战")的核心篇目是《商君书》的开篇三部曲:由《更法》引出《垦令》,再由《垦令》引出《农战》。①

　　《更法》共三章,是《商君书》中唯一的辩论篇。有关《更法》最大的争议是《更法》与《战国策·赵策》大量文字的重合,两者极为相似。究竟《更法》抄录《战国策·赵策》,还是《战国策·赵策》抄录《更法》,至今没有定论。②

　　《垦令》为"垦草令",其"令"共二十条,可归纳为三章。《商君书》重农战而抑官商,《垦令》前两章重点讨论如何抑制官商的问题。《垦令》主要讨论如何激励国内的民众从事农垦。《徕民》则重点讨论如何激发国外的民众来秦国农垦。《徕民》可视为《垦令》的续篇。秦国不断征战,疆土扩大,但人口不足。为了吸引三晋之民到秦国,《徕民》云:"今王发明惠,诸侯之士来归义者,今使复之三世,无知军事。"就是说,凡来到秦国的新民,均免三代的赋税和徭役,使其不参与军事。使新民专心务农。而使原来的秦国百姓,专心务战。《徕民》认为,这种"徕民"手段比三次战争的胜利都更为可贵。"其弱晋强秦,有过三战之胜。"

　　《农战》是对前两篇的总结。《垦令》强调"农垦",《农战》则在农垦的基础上增加了"战争"。而《更法》所谓变法,其实就是为奖励"农战"立法。《农战》共五章。③ 全篇强调"农战"而鄙视空谈。"农战"即"农业"和"战争"。本篇虽以"农战"为主题,但并不具体讨论如何农垦、如何征战。有关征战的讨论,主要见之于《立本》。《立本》与《战法》、《兵守》和《境内》等四篇,一起构成《商君书》的"兵法"思想。④

(二) 重刑轻赏与重刑重赏

　　《商君书》首先提出"农战",然后以"刑赏"落实"农战"。《商君书》中直接讨论"农战"者十二篇,而讨论"刑赏"问题十一篇:《去强》、《说民》、《开塞》、《壹言》、《错法》、《靳令》、《赏刑》、《画策》、《弱民》、《君臣》、《慎法》。"重刑轻赏"的核心篇目是《去强》、《壹言》和《赏刑》。三者之中,《去强》内容比较驳杂,但提出了以"弱民"、"重刑轻赏"、"以刑去刑"等重要思想。《壹言》主题清晰,但观点平淡。《赏刑》不仅主题清晰,观点也深刻。

　　《去强》为《商君书》第四篇。该篇内容驳杂,但主要讨论三个问题:一是加强"农战";二是排斥儒墨之学;三是推行"以刑去刑"的政策。由于本篇提出"弱民"、"令贫者富,富者贫"等治国策略,后世为之不齿。其实,所谓"弱民"、"富者贫",并非让民众处于赤贫状态,而是让民众不犯上作乱。《商君书》不仅不主张让民众赤贫,反而强调让民众因农战而富。《算地》云:"民之农勉则资重。"《壹言》则云:"故民壹务,其家必富。"据考

---

① 《吕氏春秋·上农》云:"先圣王之所以导其民者,先务於农。民农非徒为地利也,贵其志也。民农则朴,朴则易用,易用则边境安,主位尊。民农则重,重则少私义。少私义则公法立,力专一。……民舍本而事末业则好智,好智则多诈,多诈则巧法令,以是为非,以非为是。"这与《商君书·农战》的思路完全一致。

② 详见:郑良树.商鞅及其学派[M].上海:上海古籍出版社,1989:9—19.

③ 有关《商君书·农战》的章节划分,主要参考高亨和蒋礼鸿的思路。详见:高亨.商君书注译[M].北京:中华书局,1974:31—41.蒋礼鸿.商君书锥指[M].北京:中华书局,2014:19—25.

④ 《汉书·艺文志》云"《公孙鞅》二十七篇",并将《公孙鞅》与孙武的《孙子兵法》、孙膑的《齐孙子》等并列为"兵家权谋家"。

证,《说民》、《弱民》篇与《去强》在主旨上显示出一致性,多处重合。有人认为三者"同出一手"。① 也有人认为《去强》与《说民》、《弱民》篇呈现为"经—注"关系:《去强篇》是经,《说民篇》、《弱民篇》是注。②

《壹言》延续《去强》的主题,重点讨论以"壹"治国。壹者,农战也。治国的关键在于立法,立法的关键在于"国务壹"而实现"民喜农而乐战"。只要民众一心农战,则既富且贵。"故民壹务,其家必富,而身显于国。"国家一心农战则国强,国家禁止工商业则国富。《壹言》论刑赏统一于农战,但是,真正聚焦于"壹"者,并非《壹言》,而是《赏刑》。

《赏刑》重点论述三个主题:"壹赏"、"壹刑"、"壹教"。以统一奖赏、统一刑罚、统一教育的办法使民归心于农战。《赏刑》为《商君书》的核心篇,强调奖赏、刑罚、教育三件事。圣人治国,只是考虑统一奖赏、统一刑罚、统一教育而已。结尾突然插入"圣人不必加,凡主不必废",似有深意。或许暗示,只要垂法而治,以法治国,即便君主智力平庸,照样国泰民安。

(三) 法、信、权

《商君书》的核心思想是奖励"农战"。为了推行"农战",《商君书》强调"法"、"信"、"权",后来韩非子进一步提出"法"、"术"、"势"。《商君书》讨论法、信、权的篇目主要集中于《修权》、《禁使》和《定分》三篇。《修权》和《定分》重点论"法",而《禁使》关注"势"与"术"。

《修权》是《商君书》中最有文采的一篇。有人认为该篇"是《商君书》议论非常完整及周密的短篇论文"。更重要的是,该篇明显呈现出"法治主义",甚至是"极端的法治主义"。③《修权》共三章,重点论述君主治国的三个要素:法度、信用、权柄。并由此明确提出"不以私害法"、"公私分明"的问题。公私界限分明,小人就不会忌贤,无能的人也不会忌妒功臣。

《定分》为《商君书》最后一篇,因其中所述"郡县、诸侯、天子、天子之吏等语,似秦统一后之记载",故学界一致认为该篇非商鞅所作。④《定分》为强调以法律正"名分",重点讨论三个方面:一是设置法官,二是"为法令置官也,置吏也,为天下师"⑤,三是使法律条文明白易知。

《禁使》篇,为《商君书》第二十四篇。本篇在《商君书》中最有特色。一是篇幅短小;二是比喻较多,一连使用"飞蓬"、"探渊"、"骀虞"、"离娄"等四个比喻;三是出现丞、监等特别官职,有人因而认为此篇绝非商鞅本人所作。⑥ 全篇分为两个部分,重点讨论法家的"势"与"术"的问题。《禁使》强调"先王贵势"。关于"术"所论不多,主要建议君主要使不同利益者互相监督,以使君主不被蒙蔽。除了《禁使》之外,《算地》更直接讨论"术"的问题:"主操名利之柄而能致功名者,数也。圣人审权以操柄,审数以使民。数者,臣

① 详见:郑良树.商鞅及其学派[M].上海:上海古籍出版社,1989:20,41—43.
② 详见:蒋礼鸿.商君书锥指[M].北京:中华书局,2014:152—161.
③ 郑良树.商鞅及其学派[M].上海:上海古籍出版社,1989:104.
④ 详见:郑良树.商鞅及其学派[M].上海:上海古籍出版社,1989:129.
⑤ 后来韩非子概括为"以法为教"、"以吏为师"。《韩非子·五蠹》云:"明主之国,无书简之文,以法为教;无先王之语,以吏为师。"
⑥ 详见:郑良树.商鞅及其学派[M].上海:上海古籍出版社,1989:124—125.

主之术,而国之要也。故万乘失数而不危、臣主失术而不乱者,未之有也。今世主欲辟地治民而不审数,臣欲尽其事而不立术,故国有不服之民,主有不令之臣。"

总体而言,"商鞅变法"适应了秦国"尚武好战"的传统。以"霸道"之术,取悦秦孝公,毁井田,开阡陌,废分封,设郡县,推行"农战政策",重农抑商,排斥儒墨之学,奖励军功。并在管仲"保甲"制度的基础上,追加"连坐"。秦国以此在短时间内迅速崛起,并最终完成统一六国的大业。

围绕"农战"、"刑赏"与"立法",《商君书》提出了一整套"治国术"。遗憾的是,《商君书》的治国术容易被误解为"愚民术"和"弱民术"。《商君书》也的确提出了"愚民"、"弱民"的概念。但是,《商君书》所谓"愚民",并非愚弄民众或使民众愚蠢,而主要指使民众服从法律、专心农战、不玩弄机巧;《商君书》所谓"弱民"、"贫民",也并非让民众处于赤贫状态,而主要指使民众不犯上作乱。按《商君书·算地》的说法,商鞅不仅不主张让民众赤贫,反而强调让民众有足够的资产。"民之农勉则资重,战戢则邻危。资重则不可负而逃,邻危则不归于外。"《商君书·壹言》则云:"治国者贵民壹,民壹则朴,朴则农,农则易勤,勤则富。"至于《商君书》主张以法治国、重刑少赏,也并非因为商鞅"天资刻薄"而推崇独裁统治,亦不必为商鞅被车裂而幸灾乐祸。按《商君书·开塞》的说法,"上世亲亲而爱私,中世上贤而说仁,下世贵贵而尊官。……世事变而行道异也。"这样看来,《商君书》之所以推行以法治国,奖励农战,其思路与《公羊春秋》遥相呼应。太平世以道(从心所欲不逾矩)治国,升平世以德(德主刑辅)治国,乱世则必须以法治国。

三、《韩非子》的法术势

《韩非子》代表着先秦法家思想发展的巅峰,延续了法家"以法治国"、"富国强兵"、"重农抑商"的一贯主张,但重点讨论"帝王统治术",显示为对商鞅之"法",申不害之"术",慎到之"势"的继承与发展。[①] 就此而言,《韩非子》相当于东方的《君主论》[②]。有人认为,《韩非子》长于"持论",有立有破,甚为深刻,乃《商君书》、《管子》二书之文所不及者。[③]

《韩非子》主要为韩非(公元前298~233年)所著,后人有所增补。《韩非子》最初称《韩子》,此说一直延续至宋代。宋人尊韩愈为"韩子",为区分二者,始称韩非之书为《韩非子》。[④]《韩非子》约成书于战国末期。最初以散篇形式流传,后经汉代刘向删定成册,定为55篇。[⑤] 刘向删定的版本流传至今。《汉书·艺文志·法家类》载:"韩子五十五篇。名非,韩诸公子,使秦,李斯害而杀之。"《史记·老庄申韩列传》云:"韩非者,韩之

---

① 申不害(约前400~前337)重"术",《韩非子·定法》提及其"术"。慎到(约前350~前275)重"势",《韩非子·难势》提及慎到关于"势"的讨论及韩非的评论。

② 在《君主论》中,马基雅维利(N. Machiavelli, 1469~1527)认为军队和法律是国家的两大支柱,这与先秦法家"奖励耕战"、"以法治国"的主张一致。详见:刘良华.西方哲学[M].上海:华东师范大学出版社,2015:294—306.

③ 详见:唐君毅.中国哲学原论(原道篇卷一)[M].台北:台湾学生书局,1976:504.

④ 详见:蔡元培.中国伦理学史[M].北京:中华书局,2014:43.谢云飞.韩非子析论[M].台北:东大图书公司,1980:2.

⑤ 详见:[清]王先慎.韩非子集解[M].钟哲,点校.北京:中华书局,2013.

诸公子也。喜刑名法术之学,而其归本于黄老。非为人口吃,不能道说,而善著书。与李斯俱事荀卿,斯自以为不如非。……作孤愤、五蠹、内外储、说林、说难十余万言。……人或传其书至秦。秦王见孤愤、五蠹之书,曰:嗟乎,寡人得见此人与之游,死不恨矣!"

《韩非子》55 篇之中,《孤愤》、《五蠹》、《内外储》、《说林》、《说难》五篇因《史记》记之而成为名篇,可称之为"《史记》五篇"。后来,有人推出《诡使》、《六反》、《八说》、《五蠹》和《亡征》"新五篇",视之为"波澜壮阔的文章"、"不愧为"奇文。① 之所以被称为"波澜壮阔的文章"、"不愧为"奇文,并非因其文采,主要因为此五篇皆谈法治。以法治国,厚赏重罚,这正是《韩非子》的核心精神。但是,君主"以法治国"的前提是拥有"权势",而长期拥有权势的前提是懂得御臣之"术"。无术则失势,失势则不能推行法治。理想状态是以法治为体,以势与术为两翼。《五蠹》等篇重点论"法"。《难势》、《功名》、《三守》等篇侧重论"势"。《主道》、《扬权》、《八经》等篇侧重论"术"。

(一) 抱"法"处势

《韩非子》延续了《管子》、《商君书》的"以法治国"传统。"国无常强,无常弱。奉法者强,则国强;奉法者弱,则国弱……其国乱弱矣,又皆释国法而私其外,则是负薪而救火也,乱弱甚矣。"②《商君书》重法治实践,明确涉及法律条文的规定。而《韩非子》侧重在理论上阐释"法"之于治国的重要性。其立论的思路,更接近《管子》。《韩非子》与《管子》在对"道体"的改造上,均延续了黄老道家以"道"为体,以"法"为用的思路。

《韩非子》之中,《诡使》、《六反》、《八说》、《五蠹》和《亡征》等篇皆侧重论"法"。而五篇之中,"五蠹"为甚。

《五蠹》为《韩非子》第四十九篇,共三章,重点讨论危害国家法治的五种蛀虫。前两个蛀虫是儒家和墨家。儒家尚文学,墨家尚侠义。"儒以文乱法,侠以武犯禁"。《五蠹》认为儒墨的另外一个问题在于,二者皆好"微妙之言"。微妙之言唯上智(少数精英)可知或可行,而一般民众既不可知亦不可行。治国只能针对大众而不能针对少数智者。《韩非子·外储说左上》则认为明主治国,不能只相信书本而不相信时势,不能像"郑人买履"那样"宁信度,无自信也"。第三个蛀虫是言谈者,鼓动合纵与连横之纵横家。第四个蛀虫是工商业和手工业者。第五个蛀虫是攀附豪门的逃避兵役者。

《韩非子》教育哲学的核心在于"以法为教,以吏为师"。不过,韩非只是在理论上提出"以法为教,以吏为师"的主张,真正将其付诸实践的则是李斯。

(二) 抱法处"势"

除了以"法"治国,《韩非子》同时强调"势"与"术"。"法治"是治国的主体,"势"与"术"是辅助"法治"的两翼。《韩非子》论"势"集中于《难势》、《三守》和《忠孝》三篇。

《难势》为《韩非子》第四十篇,《难势》对儒家"任贤"思想进行驳难③,主张君主"任势

---

① 详见:郭沫若.十批判书[M].北京:东方出版社,1996:369.

② 详见:《韩非子·有度》。

③ 一般认为,韩非开创了"驳难"文体。"其具体写法是将许多独立成篇的历史传说故事与言行连缀在一起,并在每则后附上驳责诘难的文字,以此来申述自己的思想观点与主张。"详见:马世年.韩非生平与《韩非子》文体研究[D].西北师范大学,2011:20.

不任贤"。韩非对慎子和儒家双方各执一词,貌似都有道理,其实就像有人既卖矛又卖盾。卖盾时,誉其盾之坚,"物莫能陷也"。卖矛时却又誉其矛曰:"吾矛之利,物无不陷也。"有人反问:"以子之矛,陷子之盾,何如?"①解决"自相矛盾"的办法是:只卖矛不卖盾,或者只卖盾不卖矛。势治和贤治(或以法治国与以德治国)是一对矛盾。要么势治,要么贤治,只能选其一。韩非反对贤治而选择势治。在他看来,贤治的基础是仁爱与礼乐。既然仁义是好的,就不要礼乐来装饰。如果重视礼乐的装饰效果,就说明仁义本身是不好的。过度装饰就会发生"买椟还珠"、"秦伯嫁女"的后果。而且,韩非认为,尧、舜、桀、纣几千年才出一个,尧舜不受约束也许可以治理,但是,对于一般"中材"的君主而言,不受约束就无法治理国家。问题在于,世上治理国家的大都是"中材",所以,只能抱法处势。势治实际上显示为抱"法"而处"势"。平庸的君主(中材)"抱法处势",垂法而治,则天下太平。相反,儒家之贤治犹如"守株待兔"。②《韩非子·忠孝》则强调"上(尚)法而不上(尚)贤"。《难势》所提出的"中材"观念,在《韩非子》整个理论体系中意义重大。《韩非子》之所以强调法治,正是为了让"中材"之君主亦能平稳、顺利地治理国家而不出现暴乱。《韩非子·守道》则直接提出法治可帮助"庸主"治国的思路。"法"最根本的目的不在于防范忠孝之士,而是帮助"庸主"禁止奸臣篡权行为的发生,守住自己的"威势"。"故设柙非所以备鼠也,所以能使怯弱能服虎也;立法非所以避曾史也,所以使庸主能止盗跖也。"③《忠孝》则进一步提出只要抱法处势,则"人主虽不肖,臣不敢侵也"。

《三守》为《韩非子》第十六篇。《难势》重点论势治的必要性。《三守》重点论势治尤其是保护"权势"而警惕"失势"的具体策略。《三守》共两章,重点讨论两个问题:一是君主如何从三个方面守住自己的"权势";二是君主的"权势"被劫持的三种可能。《三守》强调君主"独揽权势",建立威势。君主"三守不完"则造成"三劫":明(名)劫、事劫、刑劫。"三守不完,则三劫者起;三守完,则三劫者止。"④"三劫"的存在是对君主权势的最大威胁。因此他劝诫君主要严加提防,"三劫止塞,则可以王矣"。

《忠孝》为《韩非子》第五十一篇。《难势》和《三守》主要讨君主为何势治以及如何维护自己的权势。《忠孝》则对臣子提出要求,讨论臣子如何对君主保持忠诚,强调臣子对君主绝对地尽忠。《忠孝》从法家的视角质疑"尧舜之道"和"汤武革命"的合理性与合法性。即便君主中出现桀纣式的"暴君庸主",也反对汤武式的"以下犯上"的暴乱行为。尧为人君却把他的臣子奉为君主,舜为人臣却把他的君主当作臣子,汤、武为人臣却杀害他们的君主、斩断他们的尸体,竟然得到天下人的称颂,这正是天下所以至今不治的原因。《韩非子·说疑》则云:"舜逼尧,禹逼舜,汤放桀,武王伐纣,此四王者,人臣弑其君者也,而天下誉之。察四王之情,贪得人之意也;度其行,暴乱之兵也。"为了保卫自己的"权势",《韩非子》建议君主时刻警惕那些位高权重的"重臣"、"当涂者"。

---

① 除《韩非子·难势》之外,《韩非子·难一》重复叙述"自相矛盾"的寓言。
② 有关"守株待兔"的解释,详见:《韩非子·五蠹》。
③ 这里的"曾史"即指曾参与史鲭,曾参"孝廉",史鲭"忠直",二人常并称,是忠孝之士的代表。盗跖,善"盗"。韩非以"盗跖"暗喻那些篡盗君权的奸臣。
④ 有人认为:"守固密,毋漏言;守独威独福,不听他人毁誉;守自亲政,毋移大臣。此即所谓三守也。"陈启天.韩非子校释[M].台北:台湾商务印书馆,1969:801.

《难势》、《三守》和《忠孝》等篇皆论权势,且涉及"君臣"关系。从势论的视角来看,君臣关系主要呈现为"君势"与"臣势"的关系。① 在《管子》、《商君书》和《韩非子》三者之间,《韩非子》有关势论以及"君臣"关系的看法显得与众不同。有人甚至认为,《韩非子》的核心是势而不是法或术。②

(三) 治国之"术"

《韩非子》的中心是法治,但必须辅之以权势与权术,才构成治国的一体两翼。有人认为:"韩非之书,千言万语,壹归于任术而严法,虽法术兼持,而究以术为先。先者,扼重义,非时间义。"③在法、势、术三者之间,势只是法与术的前提和结果,真正处于运作之中的是法与术。也因此,《韩非子》处处显示为法术并重。"法术互补的思想,乃是韩非的一大发明。"④《韩非子》中关于"术"的讨论,集中于《主道》、《扬权》、《八经》三篇。

《主道》为《韩非子》第五篇。全篇都在论述君主具体的"为君之道",故取名"主道"。《主道》与《扬权》主题一致,在《韩非子》一书中彼此呼应。《主道》共三章,讨论三个"为君"之道:"一守虚静,二合刑名,三正赏罚,盖会通道、名、法三家以为言也。"⑤第一章论君主"无为而治"。第二章论君主如何防止被臣子蒙蔽而"失势"。第三章论"虚静之道"。君主以静退为贵。君主不亲自做事就可以知道臣子办事的好坏,君主不亲自出主意就可以知晓臣子谋事的祸福。君主不多说话,臣子就会用心谋事,君主不作规定,臣子就会很好地做事。

《扬权》为《韩非子》第八篇,旨在宣扬君权,并以道家之说,论"帝王之术"尤其是君主"御臣之术"。有人认为:"扬权(者),犹言纲要,谓人主治国御臣之要义也。"⑥《扬权》共两章。⑦ 第一章重点论"君臣不同道",君臣各守其职。"事在四方,要在中央。圣人执要,四方来效。"第二章强调君主虚静无为,对臣下赏罚必信。要探测臣下的阴谋,剥夺臣下的威势。君主一旦发威,势若雷电。《扬权》在《韩非子》中的特殊地位就在于,它将黄老之"道"引入法家的治国理论,从而在理论上解决了"尊君卑臣"的合法性问题。道家认为"万物"乃由"道"所生,一举奠定"道主万物"的格局。"圣人"便凭借这种"体道"的优越性,在根源上与"众人"建立起了一种"不平等关系"。⑧

《八经》为《韩非子》第四十八篇。《八经》全篇讲述君主"御臣"的八种术。因其是不可随意改变的,故取名"八经"。"凡理法之不可易者,通称曰经。又凡以经名者,皆词约而义博。"⑨也有人认为,《八经》篇类似于韩非政治哲学的"总纲"。⑩《八经》共八章,分别讨论八种治国之"术"。其中有关"主道"的讨论,与《韩非子》第五篇《主道》,二者大量

---

① 这种"君势"与"臣势"之间的矛盾,在宋代显示为"君权"与"相权"之争。
② 详见:蔡尚思.中国古代学术思想史论[M].广州:广东人民出版社,1990:302—303.
③ 熊十力.韩非子评论:与友人论张江陵[M].上海:上海书店出版社,2007:22.
④ 杨义.韩非子还原[M].北京:中华书局,2011:34.
⑤ 陈启天.韩非子校释[M].台北:台湾商务印书馆,1969:685.
⑥ 陈启天.韩非子校释[M].台北:台湾商务印书馆,1969:696.
⑦ 这里采用王先慎的思路。王先慎将《扬权》分为两章。详见:[清]王先慎.韩非子集解[M].钟哲,点校.北京:中华书局,2013:43—53.
⑧ 详见:李玉诚.《韩非子》历史思想研究[D].山东大学,2014:47—51.
⑨ 陈启天.韩非子校释[M].台北:台湾商务印书馆,1969:150.
⑩ 详见:李玉诚.《韩非子》历史思想研究[D].山东大学,2014:3.

重合。

　　《韩非子》的"帝王之术"聚焦于君臣之间对"权势"的争夺,类似于黑格尔的"主奴之争"。不过,在黑格尔那里,"主奴之争"的最终结果是主奴易位,而《韩非子》期待长期的君尊臣卑,警惕君臣易位。在《韩非子》那里,只要君主懂得法、势、术,则可保持"尊君卑臣"的不变甚至长期不变的状态。

　　总之,《韩非子》强调以"法"为治国之主道,辅之以"势"与"术"。就《管子》、《商君书》和《韩非子》三者而言,法家教育哲学的核心观点主要呈现为三个特点。第一,以法治国,厚赏重罚,且法律面前一律平等。法治的主要内容是奖励"农战"和惩罚逃避农战的国之蛀虫。不仅重视立法、执法,而且以法为教,以吏为师。第二,重视法、势、术三者的配合。《管子·形势》与《韩非子·难势》不仅篇名接近,其内容亦有共鸣。前者强调"以道摄势"或"任贤摄势",而后者侧重"以势摄道"或"任势轻贤"。第三,强调精英治国,顺应民心而慎用民智。法家强调"圣人"与"众人"之间的不平等格局。圣人有智,民众无智而有力。《管子·君臣上》云:"民别而听之则愚,合而听之则圣。"单个的小民是平庸而愚蠢的,但整体的民意却是智慧而神圣的。

第 6 章

从儒家到
新儒家

由孔子开创的原始儒学已经隐含了道家和法家的方向。颜回倾向于道家。颜回追求的境界是:"一箪食,一瓢饮,在陋巷,人不堪其忧,回也不改其乐。"(《论语·雍也》)与颜回境界类似的是曾点气象:"莫春者,春服既成,冠者五六人,童子六七人,浴乎沂,风乎舞雩,咏而归。"[1]颜回与曾点所代表的道家方向后来成为心学的基本追求,有人将颜回与孟子并列[2],王阳明则自比于曾点:"点也虽狂得我情"[3]。与颜回、曾点不同,子路倾向于法家,其理想是治理国家:只要三年,就可以使民众勇敢善战且懂得礼仪(《论语·先进》)。

颜回学与子路学的分歧后来发展为孟子和荀子之争,在宋明时代则演化为程朱理学与陆王心学之争。陆王心学延续颜回、孟子的传统[4],而程朱理学更接近子贡、荀子的传统。

如果说由孔子开创的儒学为原始儒学,那么,孟子和荀子开启的儒学可称为第一代新儒学;汉代董仲舒、郑玄等人展开的政治儒学和考证训诂的"汉学"可视为第二代新儒学。[5] 由宋代"朱陆之争"发展出来的程朱理学与陆王心学一起构成第三代新儒学。[6] 由康有为、熊十力、冯友兰等人开启的新儒学则为第四代新儒学或现代新儒学。[7]

第1节　孟荀之争

孟荀之争属于儒学第一期的内部之争。争论的主要问题是"学"与"思"的关系,并由此引出"心思派"和"博学派"两条道路。"心思派"强调先尊德性然后道问学,"先立乎其大者",显示出强大的主体主义哲学倾向。"博学派"即荀子所谓"为学"以及宋儒朱熹之"读书",通过"学"("读书")来增进人的知识,强调"学不可以已"。这两条道路的基本分歧聚焦于三个关系:一是德性与事功的关系,二是学与思的关系,三是知与行的关系。冯友兰认为,"荀子攻孟子,盖二人之气质学说,本不同也。战国时儒家中有孟荀二学派之争,亦犹宋明时代新儒家中有程朱、陆王二学派之争也"。[8]

---

① 详见:《论语·先进》。

② 详见:牟宗三.从陆象山到刘蕺山[M].上海:上海古籍出版社,2001:16.

③ 详见:《传习录》下。与颜回、曾点不同,子贡与子夏比较重视博文多记之"道问学"。子贡以言语科著称,擅长外交、商业。子夏长于经艺,传《诗》和《春秋》。清代一度有人认为,"颜子殁而圣人之学亡。后世所传是子贡多闻多见一派学问,非圣人也。"详见:余英时.论戴震与章学诚:清代中期学术思想史研究[M].北京:三联书店,2005:314.

④ 王阳明感叹"点也虽狂得我情",又说:"以前尚有乡愿的意思,今得狂者的胸次"。详见:《传习录》下。

⑤ 道家亦可视为"新儒家"。有人认为,庄子对儒家貌似批评实则褒扬,"实予而文不予,阳挤而阴助之。"详见:苏轼.庄子祠堂记[A].苏轼文集[C].北京:中华书局,1986:347—348.

⑥ 牟宗三认为宋明儒学分为三系:一是由程颢开启的胡五峰刘蕺山系;二是由程颐开启的程颐朱熹系;三是由陆九渊承接孟子学而来的陆王心学系。详见:牟宗三.心体与性体(上)[M].长春:吉林出版集团有限责任公司,2013:44—47.

⑦ 这里借鉴李泽厚关于"儒学四期"的思路,但对具体的分期略有调整。详见:李泽厚.说儒学四期[M].上海:上海译文出版社,2012:5—17.

⑧ 参见:冯友兰.中国哲学史(上)[M].上海:华东师范大学出版社,2000:213.

一、心性儒学与政治儒学

"孟荀之争"①首先呈现为心性儒学和政治儒学的分歧。孟子与荀子皆推崇孔子,孟子发挥了孔子的心性儒学,荀子"精于制度典章之学",更重视孔子的政治儒学。《论语》始于《学而》而终于《尧曰》,暗示尧帝事业,学而优则可达。《荀子》模仿《论语》,始于《劝学》而终于《尧问》。以"尧帝"事业作为压轴,可见荀子对政治儒学的偏重。孟子也谈政治,但其所论之"仁政"过于简单,甚至被认为"简陋不堪"。②

心性儒学与政治儒学属于儒学的两个不同方向。与之相关,孟荀之争也显示为人性善与人性恶的分歧。孟子"道性善",倾向于性善论,重视《诗》《书》,强调"先立乎其大者";荀子明确提出"性恶论",重视《礼》,强调礼仪,并由此而强调"化性起伪"。《荀子·性恶》曰:"人之性恶,其善者伪也。"有人认为,孟子教育哲学代表儒家理想主义的一翼;荀子教育哲学代表儒家现实主义的一翼。③

孟子以"人皆有不忍人之心"讨论"性善"。《孟子·公孙丑上》曰:"今人乍见孺子将入于井,皆有怵惕恻隐之心。"既然性本善,教育就不需要学习太多外部知识,而只需要"求其放心"而"自得之"。《孟子·尽心上》的说法是:"万物皆备于我矣,反身而诚,乐莫大焉。"孟子走的是"由内而外"的路线。

与孟子"由内而外"的性善论相反,荀子以"好利恶害"、"化性起伪"展开其"性恶"论。在《荀子·非十二子》中,荀子对孟子学说直接提出批判:"略法先王而不知其统,犹然而材剧志大,闻见杂博。案往旧造说,谓之五行。甚僻违而无类,幽隐而无说,闭约而无解。案饰其辞而祗敬畏之,曰:此真先君子之言也。子思唱之,孟轲和之,世俗之沟犹瞀儒嚾嚾然不知其所非也,遂受而传之,以为仲尼、子游为兹厚于后世。是则子思、孟轲之罪也。"在荀子看来,孟子的罪过就在于其"性善论",将"五行"(仁义礼智圣)视为"内在"的人性,造成对后世学者的误导。④

由于荀子坚持"性恶论"的思路,其教育观念强调改造人性、"化性起伪":以"人为之教"的手段来"改造"、"雕琢"、"控制"人的本性;以圣贤之言("读书")和"礼"使人"改过迁善"。荀子延续和扩展了孔子的"礼教",强调"隆礼重法",以此限制欲望的膨胀。《荀子·修身》曰:"人无礼则不生,事无礼则不成,国家无礼则不宁。""礼"在《荀子》中频繁出现,达 339 处之多。

孟子与荀子对人性善恶的理解,直接影响其政治观念。孟子倾向于性善,故强调民本、民权、民主,谴责"民贼"、"独夫"。荀子倾向于性恶,故强调精英(统治者)对民众的改造与约束。康有为认为孟子"乃孔门之龙树、保罗"。荀子传小康世、据乱世之道,而孟子传大同、太平世之道。⑤

---

① 荀子(约公元前 313—前 238 年)成年时,孟子(约公元前 372~前 289)已经去世。可见"孟荀之争"其实只是荀子针对孟子文本提出批评,两人并未发生面对面的争论。
② 参见:章太炎.国学概论·国故论衡[M].北京:中华书局,2015:41.
③ 参见:冯友兰.中国哲学简史[M].涂又光,译.北京:北京大学出版社,1985:60.
④ 有关孟子的"五行"说,详见:冯达文,郭齐勇.新编中国哲学史(上册)[M].北京:人民出版社,2004:188.
⑤ 详见:康有为.孟子微[A].康有为全集(第五集)[C].北京:中国人民大学出版社,2007:411—412.

二、思与学

孔子原本是"学"、"思"并重的。孔子的教育名言是"学而不思则罔，思而不学则殆"。这条教育名言一直为后人称道。但孔子又以自己的亲身经历来告诫后人："吾尝终日不食，终夜不寝，以思，无益，不如学也。"这句话实际上使"思"在"学而不思则罔，思而不学则殆"的教育名言中落空。

人们往往记住了孔子的"学而不思则罔，思而不学则殆"，殊不知孔子尚有"吾尝终日不食，终夜不寝，以思，无益，不如学也"的另一种说法。荀子对孔子的这句话似乎心领神会，并将"吾尝终日不食，终夜不寝，以思，无益，不如学也"进一步转换成简洁明了的"吾尝终日而思矣，不如须臾之所学也"。荀子的话使"思"的含量进一步减轻，"学"的含量进一步增加。《劝学》置于《荀子》的首篇，看来并非偶然。所谓"劝学"者，意在劝"学"而不在劝"思"。在《劝学》中，荀子提出一系列"为学"的忠告："吾尝终日而思矣，不如须臾之所学也。……君子生非异也，善假于物也。"在荀子看来，"学"（读书）能让人借助前人的文化与道德成果而提升自己，少走弯路。"读书"之于荀子，犹如英国人牛顿所谓"巨人的肩膀"。荀子讲"高地"、"风"、"马"、"舟"，牛顿讲"肩膀"。不过，这并不意味着荀子不承认思考的重要。与孟子一样，荀子也承认"心"的思考功能。《荀子·正名》曰："心有征知。征知则缘耳而知声可也，缘目而知形可也，然而征知必待天官之当薄其类然后可也。"《荀子·解蔽》则曰："人何以知道？曰：心。心何以知道？曰：虚壹而静。"在荀子看来，人的心具有天然的认识功能，它是认识世界辨别是非的"天官"。人凭借耳目可以感知现象，然后凭借心辨别真伪。辨别真伪的办法是一心一意地专注于对象，不让原有的偏见或其他事物干扰认识。

如果说荀子选择了孔子的"思而不学则殆"与"吾尝终日不食，终夜不寝，以思，无益，不如学也"这句话，那么，孟子似乎更愿意接受孔子的"学而不思则罔"的训示。孟子首先看重的是"思"而不是"学"，而且以"心之官则思"来证明"思"不仅重要而且可能。《孟子·告子上》曰："心之官则思，思则得之，不思则不得也。此天之所与我者，先立乎其大者，则其小者弗能夺也。"孟子所谓"思"，就是"自求自得"、"求其放心"，是将"流放"、丢失了的"良心"寻找回来。只需要停止放纵和破坏，就能够成为圣人，"人皆可以为尧舜"。

三、知与行

"心思派"教学传统往往提倡以"简约"的知识与亲身实践（"行"）来发展儿童的思维，所以"心思派"教学传统往往主张"知行合一"并强调生活实践。"心思派"倡导者一般为"简约"论者、"知行合一"论者，如孟子、陆九渊、王阳明。"博学派"教学传统往往提倡"博览群书"，让学生记住、延续社会已经积累的文化知识，所以"博学派"教学传统往往主张"知先行后"并强调知识学习。"博学派"倡导者一般为"读书"论者、"知识教学"论者，如荀子、朱熹。

《尚书·说命中》曰："非知之艰，行之惟艰。"类似的说法倾向于"知易行难"。究竟"知难行易"还是"知易行难"，一直成为悬而未决的议题。后来孙中山出于革命的需要而重提"知难行易"的说法。除了"知行"的"难易"问题，争论更多的是"知行"的"先后"

问题。由于"知行"的"先后"问题涉及知识的来源与标准问题,因而它显得比知行的"难易"问题更为重要。这个问题后来以"理论与实践"的名义不断重新被讨论。

总体而言,孔子比较看重"行"。《论语·里仁》曰:"君子欲讷于言而敏于行。"《论语·季氏》则曰:"生而知之者,上也;学而知之者,次也;困而学之者,又其次也;困而不学,民斯为下矣。"

孟子延续孔子的"生而知之"的思路。《孟子·尽心上》曰:"人之所不学而能者,其良能也;所不虑而知者,其良知也。"其实孟子所谓"良能"、"良知",主要是人的与生俱来之"德"性或"善"端。《孟子·尽心上》的说法是:"强恕而行,求仁莫近焉。"所谓"强恕而行,求仁莫近焉",已经接近"知行合一"的意味,虽然还不能说孟子已经是"知行合一"论者。

荀子将学习分为闻、见、知、行四个阶段。《荀子·儒效》云:"不闻不若闻之,闻之不若见之,见之不若知之,知之不若行之。学至于行而止矣。行之,明也。明之为圣人。就"学至于行而止矣"来看,荀子虽重视"行",但仍然只是先"知"而后"行"。近似于《中庸》所倡导的"博学之、审问之、慎思之、明辨之、笃行之"。

其实,先秦诸子在讨论"知行"关系问题时,只是浅尝辄止,并不深刻。"知行"关系只是到了宋明新儒家那里,才成为争论的中心议题之一。

总体上看,"孟荀之争"缘自孟子尊"德"而荀子主"知"。二者的分歧首先显示为人性论的不同解释。由人性论的不同解释演绎出二者在"思"与"学"、"自然之教"与"人为之教"、"知"与"行"等方面保持了不同的意见。

第 2 节　朱陆之争

朱陆之争是孟荀之争的延续。陆九渊直接引用孟子,"因读《孟子》而自得之"(《象山语录》);而朱熹更接近荀子[①],有人甚至认为:"朱熹是荀学。"[②]

南宋期间朱熹与陆九渊两人在江西鹅湖寺进行学术争论,史称"鹅湖之会"。但这场争论在北宋二程(程颢和程颐)那里已有预兆。二程长期在洛阳讲学,两人创立的学派被称为"洛学"。二程虽然相提并论,但二者之间颇多分歧。按照冯友兰的说法,兄弟二人开创两个学派。弟弟程颐开创的学派由朱熹完成,史称程朱学派或"理学"。哥哥程颢开创的另一个学派由陆九渊继续,王阳明完成,史称陆王学派或"心学"。[③] 程颢和程颐兄弟俩都讲"理",但程颢在承认天理的前提下,更关注"於穆不已"(生生不息)、生意盎然的生命状态。在程颢那里,美好的世界就是鸢飞鱼跃,万物皆有春意,"天地之大德曰生"(《二程全书·遗书》)。而程颐却警惕活泼的生命对天理的干扰。在程颐那里,美好的世界是以理服人。存天理,灭人欲。即便置身春天,程颢爱赏花,程颐可能会推

① 朱熹直接汲取二程(尤其是程颐)及二程的弟子杨时的思想,属"道南学派"。杨时师从二程,学成南归,程颢目送曰:"吾道南矣。"道南学派的基本谱系是:杨时传罗从彦,罗从彦传李侗,李侗传朱熹。详见:程颐. 答杨时论西铭书[A].二程集[C].北京:中华书局,2004:428—429.

② 详见:李泽厚.举孟旗,行荀学[J].探索与争鸣,2017(4):58—62.

③ 详见:冯友兰.中国哲学简史[M].涂又光,译.北京:北京大学出版社,1985:240.

辞:"平生未尝看花"(《伊川文集》附录)。至于学习或读书,程颢赞赏孟子,选择主观主义(主体主义)的路径,自信"万物皆备于我",反身而诚,乃为大乐(《二程全书·遗书》)。而程颐认为孟子过于刚烈,英气害事。他更推崇颜子,强调"欲学圣人,且须学颜子",并由此重视格物和读书。"须是今日格一物,明日又格一物,积习既多,然后脱然有贯通处。"(《二程全书·遗书》)学问方式既不同,生活方式亦有差异。程颢豪放,程颐拘谨。据《宋元学案·伊川学案》载:"二程随侍太中,知汉州,宿一僧寺,明道入门而右,从者皆随之。先生(指)程颐入门而左,独行,至法堂上相会。先生自谓:'此是某不及家兄处。'盖明道和易,人皆亲近,先生直严,人不敢近也。"虽然二程都承认天理、天道,但在如何认识天理、天道的问题上,二程分道扬镳。程颐重视"格物致知",而程颢强调"学要在自得"①。

朱熹更多地承接了程颐的思想,提倡"读书明理"、"泛观博览"、"进学则在致知",其倡导的教学论属"博学派"一脉。朱熹多从《论语》、《大学》那里寻找理论资源。而陆九渊选择了程颢的道路,重视个人"思考"领悟和"发明本心"。其倡导的教学论属"心思派"一脉。陆九渊多从《孟子》、《中庸》那里寻找理论资源。有人注意到,朱熹早期跟从李延平的学习将他引入了道学。之后,朱熹渐渐地走向程颐的洛学。因此,李侗和朱熹思想的不同,其实可以看作是程颢与程颐不同思想的延续。②

与"孟荀之争"类似,"朱陆之争"主要显示为三个议题:一是尊德性与道问学;二是易简与支离(相当于思与学的关系);三是知与行。

一、尊德性与道问学

淳熙二年(1175年),吕祖谦到福建访问朱熹,回程时朱熹送吕祖谦到信州(今江西上饶),入住当地的鹅湖寺。趁此机会,吕祖谦写信邀请陆九渊、陆九龄兄弟来鹅湖寺聚会,希望通过学术讨论的方式辨别朱陆之间的异同。

陆氏兄弟的诗对朱熹的"为学之方"直接提出责难,由此双方主要就"为学之方"即治学和修养方法问题展开辩论。据《陆九渊集》记载:"鹅湖之会,论及教人,元晦之意,欲令人泛观博览而后归之约;二陆之意,欲先发明本心而后使之博览。朱以陆之教人为太简,陆以朱之教人为支离。此颇不合。"

也就是说,双方争论的焦点在于"尊德性"与"道问学",其实还是先秦"孟荀之争"的问题。"孟荀之争"的主题是"学"("读书")与"思"(思维与人格),"朱陆之争"则明确地将"学"转换为"道问学",将"思"转换为"尊德性"。

朱熹之所以强调多"读书"("问学"),因为在朱熹看来圣人之言代表了天理。"读书以观圣贤之意,因圣贤之教以观自然之理。"按照朱熹的说法,"为学之道,莫先于穷理,穷理之要,必先于读书;读书之法,莫贵于循序而致精;而致精之本,则又在于居敬而持志"。朱熹的门人依其"语录",整理成"朱子读书法":"循序渐进、熟读精思、虚心涵泳、

---

① [宋]程颢,[宋]程颐.二程集·遗书·卷十一[M].王孝鱼,点校.北京:中华书局,1981:122.
② 陈来.朱子哲学研究[M].北京:生活·读书·新知三联书店,2010:11.

切己体察、着紧用力、居敬持志。"①就朱熹所代表的"博学派"而言，"朱子读书法"具有某种象征性意义。

与朱熹不同，陆九渊主张"先立乎其大者"，圣人之言只能作为参考而不能作为天理的标准。据《陆九渊集·语录上》卷三十四载，有人曾讥笑陆九渊："除了先立乎大者一句，全无伎俩。"陆九渊听后连忙点头说："诚然！"

"先立乎其大者"最早由孟子提出来。《孟子·告子上》曰："耳目之官不思，而蔽于物。物交物，则引之而已矣。心之官则思，思则得之，不思则不得也，此天之所与我者。先立乎其大者，则其小者不能夺也。"就是说，如果先成全了"大者"，细节问题就可以迎刃而解；如果先把心这种思维的器官发展牢固了，次要的人体五官就无法与它争夺了。

陆九渊的思路是："若某则不识一个字，亦须还我堂堂正正地做个人"；"学苟知本，六经皆我注脚"；"六经当注我，我何注六经！"②当朱熹反复强调读圣人之书时，陆九渊反驳："尧舜之前何书可读？"③

"尧舜之前何书可读"这个质问便是陆九渊在"鹅湖之会"上发出系列宣言的起点。陆九渊在"鹅湖之会"上所有的立论与反驳，几乎都与这个质问相关。不过这也不是说陆九渊拒绝读书，他本人倒是对经典之书如《孟子》了如指掌，熟读而精思。除了从孟子那里承接了"先立乎其大者"以及"浩然之气"之外，陆九渊还接受了读书和学问的方法，《陆九渊全集》，满书尽是"孟子语录"。

陆九渊主张一切从"发明本心"开端，"先立乎其大者"，而后才使之博览。在陆九渊看来，一旦"先立其大者"，则"万物森然于方寸之间"，人可以成为"天地之心"的"主宰者"，可以无所不知、无所不能。《陆九渊集·语录下》卷三十五载："我无事时，只似一个全无知无能的人。及事至方出来，又却似个无所不知、无所不能之人。"又曰："志大，坚强有力，沉重善思。"这种"天地之心"的"主宰者"可以"激厉奋迅，决破罗网，焚烧荆棘，荡夷污泽"。或曰："仰首攀南斗，翻身倚北辰，举头天外望，无我这般人！"陆九渊所立之"大者"，接近孟子的"大丈夫"以及"浩然之气"。亦有人认为陆九渊之"志"，类似德国人尼采所憧憬之"权力意志"。

"先立乎其大者"最先由孟子提出，陆九渊接受之后明确将它作为"为学之方"的核心。至明代王阳明那里，"先立乎其大者"被转化为"致良知"："吾平生讲学，只是'致良知'三字。"④或曰："凡看经书，要在致吾之良知，取其有益于学而已，则千经万典，颠倒纵横，皆为我之所用。"⑤

这样看来，朱陆之间的重要差别是朱熹看重读书，接近现代教育学之知识教育学派；而陆九渊看重做人（涵养、践履），接近现代教育学之人格教育学。不过，这并不意味着朱熹不重视做人（涵养、践履）。在朱熹与吕祖谦合编的《近思录》中，第三卷专门讨论"格物穷理"，紧接着第四卷则专门讨论"存养"（涵养、践履）。朱陆之争有关"尊德性"与

---

① 详见：《读书分年日程》（程端礼著）；《钱穆全集·第十三册·朱子论读书法（上中下）》。
② 详见：《陆九渊集·语录上》卷三十四。
③ 详见：《陆九渊集·年谱》卷三十六。
④ 详见：《王阳明集·续编一·寄正宪男手墨二卷》卷二十六。
⑤ 详见：《王阳明全集·答季明德》卷六。

"道问学"的问题,在朱熹这里就是"存养"(尊德性)与"格物穷理"(道问学)的问题。陆九渊偏重存养功夫,而朱熹则强调格物穷理与存养两者并重。不仅两者并重,而且用法不同。在两者的用法上,朱熹延续了程颐的思路:"涵养须用敬,进学则在致知。"①

为了应对陆九渊的批评,朱熹后来在与人书信中作了反思并打算调整、改进自己的为学方法。朱熹说:"大抵子思以来教人之法,尊德性道问学两事,为用力之要。今子静所说尊德性,而某平日所闻,却是道问学上多。所以为彼学者,多持守可观,而看道理全不仔细。而熹自觉于义理上不乱说,却于紧要事上多不得力,今当反身用力,去短集长,庶不堕一边耳。"即便如此,陆九渊并不买账。他认为:"朱元晦欲去两短,合两长,然吾以为不可。既不知尊德性,焉有所谓道问学?"②

陆九渊的提醒或许是对的。在道问学与尊德性之间,总有一个优先性的问题。尊德性虽不如道问学有立竿见影的效果,但尊德性却是提供安身立命的方向。失去了方向,无论如何道问学,都不免失之支离破碎。而且,道问学主要限于现象世界,追求因果关系;而尊德性却属于超越现象界的实体世界。涵养与进学原本殊途,很难同归。

二、易简与支离

"鹅湖之会"上关于"尊德性"与"道问学"("思"与"学")的争论实际上涉及"易简"与"支离"的方法。有学者甚至认为"朱陆的'鹅湖之会'、'尊德性与道问学之辩',其为学之方的争论只是表象,其争论的核心既非是否读书,也非在'尊德性'和'道问学'关系问题上孰先孰后、孰轻孰重,而是在教育、为学和修养中是否坚持易简原则的问题"。③

"易简"与"支离"之争实际上预设了两条不同的为学道路,比如"血脉"与"章句"("血脉"相当于"孟荀之争"中的"整体思维";相比之下,"章句"显得"支离");"减担"与"增担";"顿悟"与"渐修";"乐学"与"苦学",等等。也有人认为:"陆主演绎,执简驭繁;朱主归纳,由博返约。"④

陆九渊不满于朱熹所倡导的"字求其训,句索其旨";"句句而论,字字而议"等学习方式,他由此而质问:"今之学者读书,只是解字,更不求血脉……血脉不明,沉溺词章何益?"⑤在陆九渊看来,"疲精神,劳思虑,皓首穷年,以求通经学古,而内无益于身,外无益于人"。⑥ 陆九渊强调"自立自重,不可随人脚跟,学人言语";"卓然不为流俗所移,乃为有立"。陆九渊常告戒求学者:"汝耳自聪,目自明,事父自能孝,事兄自能弟,本无少缺,不必他求,在乎自立而已。"⑦陆九渊对自己的教学方法很自信:"某平时未尝立学规,但常就本上理会,有本自然有末。若全去末上理会,非惟无益。"他给学生讲课,往往

---

① 在程颐和朱熹看来,德育的途径似乎持敬,智育的途径是科学研究。据说,胡适特别看重"涵养须用敬,进学则在致知",认为这两句话是宋明理学的精华。详见:胡适.胡适口述自传[M].唐德刚,译注.桂林:广西师范大学出版社,2005:261.
② 陆九渊.陆九渊集[M].北京:中华书局,1980:494.
③ 顾春.来源·争论·特性——陆九渊教育思想三论[M].北京:教育科学出版社,2003:2.
④ 周予同.经学和经学史[M].上海:上海人民出版社,2012:25.
⑤ 《陆九渊集·语录下》卷三十五。
⑥ 《陆九渊集·取二三策而已矣》卷三十二。
⑦ 《陆九渊集·语录上》卷三十四。

"从天而下，从肝肺中流出"。陆九渊的说法是："吾与人言，多就血脉上感移他，故人之听之者易，非若法令者之为也。"①

求学不仅须自立自得，还要有"血脉"意识、"大纲"意识。"有一段血气，便有一段精神。有此精神，却不能用，反以害之。非是精神能害之，但以此精神，居广居，立正位，行大道。"为学的血脉也就是为学的大纲："大纲提掇来，细细理会去，如鱼龙游于江海之中，沛然无碍。"②

有"血脉"意识的人，不迷失于"传注"、"章句"而追本溯源。据《陆九渊集》记载："某读书只看古注，圣人之言自明白。且如'弟子入则孝，出则弟'，是分明说与你入便孝，出便弟，何须得传注？学者疲精神于此，是以担子越重。到某这里，只是与他减担，只此便是格物。"③

朱熹与陆九渊在这个问题上的争论，源于对程颐的"格物致知"说的不同的阅读理解。程颐的学生曾问他："格物须物物格之？还只格一物而万物万理皆知？"程颐回答说："怎生便会该通？若只格一物便通众理，虽颜子亦不敢如此道。须是今日格一件，明日又格一件，积习既多，然后脱然自有贯通处。"学生又问："只穷一物，只此一物？还便见得诸理否？"程颐回答说："须是遍求。虽颜子只能闻一知十，若到后来达理了，虽亿万亦可通。"又说："人要明理，若止一物上明之，亦未济事。须是集众理，然后脱然自有悟处。"④

朱熹对这段话的阅读理解是："一物格而万理通。虽颜子亦未至此，惟今日而格一物焉，明日又格一物焉，积习既多，然后聪然有贯通处耳。"又说："铢积寸累，工夫到后，自然贯通。"⑤朱熹的话几乎是程颐话语的复制版本，他与程颐一致，都倡导多"格物"（实际上是"多读书"）。

而陆九渊阅读了程颐的这段话之后却得出相反的结论。陆九渊的学生碰巧也和程颐的学生提出了同样的问题："天下万物不胜其烦，如何尽研究得？"这句话的另外一个意思是说：天下那么多书，如何看得完呢？陆九渊告诉弟子，其实，"万物皆备于我"，只要明心明理，就可以把握一切。言外之意，是说"学苟知本，六经皆我注脚"。他觉得很多士人把精力耗费在经典知识的学习上，而朱熹一派更是把圣人之言看成是体验真理的途径，所以他说："学者疲精神于此，是以担子越重，到某这里，只是与他减担。"又曰："今之论学者只务添人底，自家只是减他底。"⑥后来王阳明讲"吾辈为功，只求日减，不求日增"，明显受陆九渊、湛甘泉⑦等人的影响。王阳明在《传习录》中的说法是："删述六经，孔子不得已也。"

---

① 《陆九渊集·语录上》卷三十四。
② 《陆九渊集·语录下》卷三十五。
③ 《陆九渊集·语录下》卷三十五。
④ 《二程遗书》卷十七。
⑤ 《朱子语类》卷九。
⑥ 《陆九渊集·语录上》卷三十四。
⑦ 有关湛甘泉对王阳明的影响，详见：［日］志贺一郎．王阳明与湛甘泉的友情［J］．浙江学刊，1989(4)：14—19.

三、从"知与行常相须"到"知行合一"

"鹅湖之会"后,朱熹致信友人说:"子寿兄弟气象甚好,其病却是尽废讲学而专务践履,却于践履之中要人提撕省察,悟得本心,此为病之大者。要其操持谨质,表里不二,实有以国人者。惜乎其自信太过,规模窄狭,不复取人之善,将流于异学而不自知耳。"①朱熹对陆九渊主要提出两个批评:一是陆九渊过于看重实践而不重视读书;二是落入禅学(异学)而不自知。由于禅宗的核心精神也是"生活"、"实践",推崇"担水砍柴,无非妙道",所以,朱熹对陆九渊的批评其实只有一条:"专务践履"而忽视读书。

若从细节上追究,陆九渊的"知行"说仍有"知先行后"的痕迹,比如陆九渊讲:"《大学》言明明德之序,先于致知;孟子言诚身之道,在于明善。今善之未明,知之未至,而循诵习传,阴储密积,廑身以从事,喻诸登山而陷谷,愈入而愈深,适越而北辕,愈骛而愈远。"②陆九渊这段话与他的"先立乎其大者"的主张是一贯的。他的"先立乎其大者"不仅在"学"之先,而且也在"行"之先。在他看来,如果不"先立乎其大者",就会导致"登山而陷谷,愈入愈深,适越而北辕,愈骛而愈远"。

不过,若再往前追究,"先立乎其大者"从哪里"立"起来?就不难发现陆九渊的"知行"观已经接近"知行合一"。陆九渊重视在"日用"生活行动中发明本心。他提出:"圣人教人,只是就日用处开端。"③这条思路后来在王阳明那里得到发挥。

朱熹虽承认"知与行常相须",但又明确提出"知先行后":"知与行常相须,如目无足不行,足无目不见。论先后,知为先;论轻重,行为重。"④因为坚持"知为先",所以对于求学者而言,还是以博"学"、读"书"。在王阳明那里,"知与行常相须"的命题才正式转换为知行合一:"知行合一说,专为近世学者分知行两事,必欲先用知之功而后行,遂致终身不行,故不得已而为此补偏救弊之言。"⑤也正是在这点上,王阳明对陆九渊的学说作了重要的"补充说明"。

总体上看,"朱陆之争"中陆九渊所强调的"自求自得",相当于近现代教学论所谓"主动学习"。陆九渊所强调的"血脉"之说,相当于近现代教学论所谓"整体教学"。陆九渊所强调的"尊德性",接近现代教学论所谓"道德教育"、"情感教育"或"意志教育"。陆九渊、王阳明所倡导的"知行合一",则相当于近现代教学论所谓"做中学"、"教学做合一"、"教育即生活"或"综合实践活动课程"。

"朱陆之争"中朱熹虽一直处于防守而被动辩护的位置,也不说明朱熹就一定如陆九渊所批评的那样完全不讲"立志"、"自求自得"与文章"血脉"。朱熹本人倒是一直强调"书要少看,要极熟"、"泛观博取,不若熟读而精思"、"虚心涵养,切己体察"、"为学须是先立大本";"读书是自己读书,为学是自己为学,不干别人一线事,别人助自家不得"。陆九渊之所以抱怨朱熹治学"支离",主要是针对朱熹的总体偏向。王阳明则视之为"朱

---

① 《陆九渊集·答张南轩》卷三一。
② 《陆九渊集·与曾宅之书》卷一。
③ 这与"顿悟"说有相通之处,"顿悟"说往往倡导在日用生活中领悟。所谓"担水砍柴,无非妙道";"青青翠竹,尽是法身,郁郁黄花,无非般若"。人在形而下的世间生活中可以直接顿悟形而上的东西。参见:朱志良.禅门"青青翠竹总是法身"辨义[J].江西社会科学,2005(4):35—44.
④ 《朱子语类》卷九。
⑤ 《王阳明全集·与道通书》。

子晚年定论"。① 有人注意到："在明代,朱陆早异晚同之说乃是合同朱陆的一个较巧的说法,也是朱学成为官方正统哲学情况下心学的护身符。"而朱学则强调朱陆早同晚异,"所谓冰炭之相反"。②

即使将陆九渊所代表的"心思派"教学传统比附为近现代之"建构主义"教学论,也并不意味着朱熹所代表的"博学派"教学传统就一无是处。现实的状况很可能恰恰是以朱熹所代表的"博学派"成为教学实践与教学制度的主流。陆九渊所代表的"心思派"一般显示为教学的理想状态,代表改革派的声音,成为"在野"的、看不见的教学传统。朱熹所代表的"博学派"既是现实制度的维护者,也是制度化的、看得见的教学传统。

第 3 节　古今之争

"孟荀之争"、"朱陆之争"所凸显的学与思(博学派与心思派)的分歧,在后来出现的"古今之争"中再次成为基本主题。汉学与宋学可视为"古今之争"的前奏,"科玄论战"将古今问题转换为"科学"与"人生观"的冲突。此后的科学主义与人文主义之争,则可视为"古今之争"的尾声。

一、汉学与宋学之争

汉学与宋学的主要差异在于:汉学重视"六经",宋学侧重"四书"。汉学重视考据训诂,宋学更重视义理的解释。

尽管汉学内部存在古文经学与今文经学的争议,但就整体而言,汉学的基本精神是考据训诂。古今之争源于汉代经学研究。秦始皇焚书,汉初由老儒凭记忆口传经典,弟子以当时流行的"今文"(隶书)记录,形成"今文经学"。后来,民间发现的用先秦古文写成的经籍,形成"古文经学"。今文经学最初凭借个人的记忆与复述,逐步形成强调通经致用、重视义理解释的解经传统。董仲舒等人尤其重视《春秋公羊传》及其微言大义。古文经学更关注不同版本的比较,偏重考据训诂。

尽管宋学内部存在"朱陆之争",朱熹重视考据训诂而陆九渊强调义理阐释,但就整体而言,宋学普遍重视义理阐释与行动践履。宋学所推崇的义理阐释与行动践履在王阳明那里发展成为"知行合一"。

问题在于,宋学(含明代儒学尤其是王学)后来发生蜕变,不少明代学者只游乐而不读书,满足于"满街都是圣人"的高调,成为"束书不观,游谈无根"的狂禅。陆九渊不看重读书,但尚守礼教。王阳明的不少弟子越来越倾向于不仅不读书,而且不受礼法。"守礼教与不守礼教,便是宋明学者的大别。"③在明末清初不少学者看来,宋明理学所推崇的"心性儒学"乃是明之灭亡的罪魁祸首。于是,顾炎武等人"起而矫之",重新提倡通经致用,强调"实事求是"、"无征不信"。清代前期发展出以乾嘉学派为代表的"考据

---

① [明]王守仁.朱子晚年定论[A].王阳明全集(上)[C].上海:上海古籍出版社,2012:112—113.
② 陈来.朱子哲学研究[M].北京:生活·读书·新知三联书店,2010:398.
③ 章太炎.国学概论·国故论衡[M].北京:中华书局,2015:55.

学"或"考证学"。清代前期之考据学或考证学显示出反对"宋学"而恢复"汉学"的倾向,"引证取材,多极于两汉"。正因为清初学术呈现出恢复"汉学"的总体气象,梁启超认为清代学术类似欧洲之文艺复兴运动。①

清代前期的考据学或考证学虽然对晚明"不学无术"的狂禅习气有所矫正,但是,考据学或考证学发展到极致,反过来也成为问题。问题之一是研究范围过于拘谨狭小。"考证学之研究方法虽甚精善,其研究范围却甚拘迂。"②问题之二是过于满足于研究对象的客观分析而失去主观的价值判断,缺少经世致用的社会关怀。在这点上,清代儒者反不如宋明儒家。在刘师培看来,明代学者直爽朴实,清代学者机智而圆滑。"明儒之学以致用为宗,而武断之风盛。清儒之学以求是为宗,而卑者或沦于稗贩。"清初学者尚强调"修身践行",其后学则投机取巧,以学术为进身之工具。"盖处清廷之下,其学愈实,其实愈乖。"③于是,明末清初兴起的"考证学"在清末民初再次转向侧重义理阐释的义理之学或今文经学。康有为、梁启超等人视古文经学为"新学伪经",重点发挥孔子托古改制的微言大义。明末清初,宋学(主要指宋明心性儒学)一度被视为清谈亡国的祸首。而在清末民初,陈寅恪等人重新表彰宋学并提倡"新宋学"。④ 熊十力则直接将清代汉学视为亡国的毒素。"中国人经三百年汉学风气,斫丧性灵,生命力空虚,已致极度。"⑤熊十力并不反对汉学,因为真正的汉学尚重视保存经学的先秦古义,且能身体力行,通经致用。而清代学术"自标榜其学术为汉学","以汉学自鸣",却丢失汉学的通经致用的精神,甚至自我"奴化",甘于帝制,乐受豢养。"清人托于汉学,实已丧尽汉学血脉也。"⑥

也就是说,在古文经学与今文经学之间,古文经学重视考据训诂,而今文经学关注微言大义的发挥。与之类似,在汉学与宋学之间,汉学重视考据,而宋学侧重义理阐释。"科玄论战"中的科学派倾向于古文经学与汉学所推崇的考据训诂方法;而玄学派接近今文经学与宋学所推崇的义理阐释。也因此,玄学派赞赏陆九渊等宋儒的"内心修养"道路:"人生观之特点所在,曰主观的,曰直觉的,曰综合的,曰自由意志的,曰单一性的。惟其有此五点,故科学无论如何发达,而人生观问题之解决,决非科学所能为力,惟赖诸人类之自身而已……自孔孟以至宋元明之理学家,侧重内心生活之修养,其结果为精神文明。三百年来之欧洲,侧重以人力支配自然界,故其结果为物质文明。"⑦与玄学派针锋相对,科学派则对陆九渊等宋儒的"内心修养"路线提出批评:"提倡内功的理学家,宋朝不止一个,最明显的是陆象山一派,不过当时的学者还主张读书,还不是完全空疏……明朝陆象山的嫡派是王阳明、陈白沙。到了明末,陆王学派,风行天下。他们比

---

① 详见:梁启超.清代学术概论[M].北京:中华书局,2010:5.
② 梁启超.清代学术概论[M].北京:中华书局,2010:105.
③ 刘师培.清儒得失论[A].刘梦溪.中国现代学术经典·黄侃刘师培卷[C].石家庄:河北教育出版社,1996:764—774.
④ 详见:李清良.熊十力陈寅恪钱锺书阐释思想研究[M].北京:中华书局,2007:97—103.陈寅恪、熊十力等人反对清点汉学而提倡宋学,虽在1923年"科玄论战"之后,所批评的对象与事实却在论战之前,故可视为论战的前奏。
⑤ 熊十力.读经示要[A].萧萐父,郭齐勇.熊十力全集[C].武汉:湖北教育出版社,2001:724.
⑥ 熊十力.读经示要[A].萧萐父,郭齐勇.熊十力全集[C].武汉:湖北教育出版社,2001:815.
⑦ 张君劢.人生观[A].张君劢等.科学与人生观[C].济南:山东人民出版社,1997:38.

南宋的人更要退化：读书是玩物丧志，治事是有伤风雅。"①

二、科学与人生观

中国近代以来，"科学"一直受到至高无上的崇拜和尊重。按胡适的说法："这三十年来，有一个名词在国内几乎做到了无上尊严的地位；无论懂与不懂的人，无论守旧和维新的人，都不敢公然对他表示轻视或戏侮的态度。那个名词就是'科学'。这样几乎全国一致的崇信，究竟有无价值，那是另一个问题。我们至少可以说，自从中国维新变法以来，没有一个自命为新人物的人敢公然诽谤'科学'的。"②

"科玄论战"缘自当时文化界对"科学万能"论的反思。1919 年初梁启超、张君劢等人赴巴黎参加"巴黎和会"。随后他们在欧洲各大城市考察访问。战后的欧洲国民生计的困窘、思想界的混乱使梁启超等人思索社会危机的根源。梁启超认为社会危机的根源是受"科学万能"论的影响，回国后，梁启超发表《欧游心影录》，张君劢则发表《人生观》。两者一起宣告科学的"破产"和"东方文化救世"论。

梁启超在《欧游心影录》里讲："当时讴歌科学万能的人，满望着科学成功，黄金世界便指日出现。如今功总算成了，一百年物质的进步，比从前三千年所得还加几倍。我们人类不惟没有得着幸福，倒反来许多灾难……欧洲人做了一场科学万能的大梦，到如今却叫起科学破产来。"③梁启超认定这是欧洲多数人的心理。所以他在《欧游心影录》的最后说："我们可爱的青年啊，立正，开步走！大海对岸那边有好几万万人，愁着物质文明破产，哀哀欲绝的喊救命，等着你来超拔他哩！我们在天的祖宗三大圣（孔子、老子、墨子）和许多前辈，眼巴巴盼望你完成他的事业，正在拿他的精神来加佑你哩！"④当然，梁启超并不简单地认为"东方文化救世"。他认为能够"救世"的既非西洋文明，也非中国文明，而是中西结合的"新文明"。

张君劢回国后，于 1923 年 2 月在清华大学作题为《人生观》的演讲，认为人生观有不同于科学的特点，人生观受"自由意志"之支配，而科学受"因果关系"的支配，所以"人生观问题之解决，决非科学所能为力"；"教育有五方面：曰形上，曰艺术，曰意志，曰理智，曰体质。科学教育偏重于理智与体质，而忽略其它三者"；又认为"欧战终后，有结算二三百年之总账者，对于物质文明，厌恶之论已屡见矣"。⑤

梁启超、张君劢等人的科学"破产"论以及"人生观问题之解决，决非科学所能为力"等观点迅速引发争议。主张科学有能力解决人生观问题的地质学家丁文江首先站出来应战。1923 年 4 月丁文江在《努力周报》上发表题为《玄学与科学》的文章，提出科学方法是普遍适用的，科学可以支配人生观，文章称张君劢为玄学鬼，呼吁人们打玄学鬼。

接着张君劢在《晨报副刊》分上中下三篇发表《再论人生观与科学并答丁在君》一文，提出教育方针应作三点改良："学科中应加超官觉超自然之条目，使学生知宇宙之

① 丁文江.玄学与科学[A].张君劢等.科学与人生观[C].济南：山东人民出版社，1997：58.
② 胡适.《科学与人生观》序[A].张君劢等.科学与人生观[C].济南：山东人民出版社，1997：10.
③ 梁启超.欧游心影录[A].张品兴.梁启超全集（第 10 卷）[C].北京：北京出版社，1999：2974.
④ 梁启超.欧游心影录[A].张品兴.梁启超全集（第 10 卷）[C].北京：北京出版社，1999：2987.
⑤ 张君劢.人生观[A].张君劢，等.科学与人生观[C].济南：山东人民出版社，1997：39.

大,庶几减少其物质欲望,算账心思,而发达其舍己为人,为全体努力之精神。学科中应增加艺术上之训练。就享受言之,使有悠悠自得之乐;就创作言之,使人类精神生活益趋于丰富。学科中应发挥人类自由意志之大义,以鼓其社会改造之勇气。"①

张君劢提出的三点改良以"科学不能支配人生"为前提,这使丁文江感到不满。丁文江很快又在《努力周刊》上发表《玄学与科学——答张君劢》,反驳张君劢的意见。"张丁之争"迅速引起文化界的关注,后来胡适、梁启超、陈独秀、张东荪、吴稚晖、范寿康、菊农等 20 余位文化界名人参与论战。

"科玄论战"延续了"朱陆之争"的相关主题。"朱陆之争"中陆九渊所主张的"先发明本心"主要靠个人实践和"内心修养",走的是"向内"的路线;朱熹所主张的"泛观博览",主要靠读书、考证来明理,走的是"向外"的路线。在"科玄论战"中,梁启超、张君劢作为玄学派代表走的是"向内"的路线;胡适、丁文江等人作为科学派代表走的是"向外"的路线。

胡适肯定了科学能够给人生观带来影响,并由此而提出十条"科学的人生观"(被外国传教士讽为"胡适十诫")。②

人生观与科学("尊德性"与"道问学")是否属同一条道路,看来似乎不像丁文江、胡适等人想象的那样简单。张君劢认为人生观为"自由意志"而不是"因果律"所支配,不能说没有道理。《孟子·告子上》云:"鱼,我所欲也;熊掌,亦我所欲也,二者不可得兼,舍鱼而取熊掌者也。生,亦我所欲也;义,亦我所欲也,二者不可得兼,舍生而取义者也。"至于人为什么"舍生而取义",其间并无多少因果关系可言。

"科学"与"人生观"的确分属两条不同的道路。后来胡适似乎也承认科学知识的获得与人生观的养成是两条道路。据唐德刚说,他一直很赞赏程颐的"涵养须用敬,进学在致知"说法。③

遗憾的是,"科玄论战"虽然最初以"科学"不能解决"人生观"问题开始,最后却几乎以提倡"科学的人生观"(实质是"科学精神")结束。"科玄论战"的积极成果是它使"科学精神"进一步深入人心,但以张君劢为代表的"人生观"之说在当时尚未引起足够的重视。

"科玄论战"亦属于儒家的内部之争。科学派的主将胡适虽然受西学影响甚大,同时也置身于中国儒家传统之中。有人认为,胡适表面上提倡西方的实验主义,实际上是典型的中国儒者,"骨子里实在是位理学家"。④ 也有人认为,胡适与其说是用西洋的思想来整理国故,不如说融合了中国固有的学术方法。胡适继承了宋学的精神和汉学以及乾嘉学派的考证方法。胡适平素称誉朱熹、戴震,也因为这两人的治学方法切近西方的科学方法。不仅如此,胡适与今文经学也一脉相承。⑤

---

① 张君劢.再论人生观与科学并答丁在君[A].张君劢等.科学与人生观[C].济南:山东人民出版社,1997:106.

② [美]郭颖颐.中国现代思想中的唯科学主义[M].雷颐,译.南京:江苏人民出版社,1995:87.

③ 胡适.胡适口述自传[M].唐德刚,译注.桂林:广西师范大学出版社,2005:261.

④ 胡适.胡适口述自传[M].唐德刚,译注.桂林:广西师范大学出版社,2005:261.

⑤ 周予同.经学和经学史[M].上海:上海人民出版社,2012:190—191.

三、科学主义与人文主义之争

正式的"科玄论战"始于 1923 年。几乎与此同时，由《学衡》杂志创刊（1922 年 1 月创办）所引发的学术论战，使"科玄论战"转化为科学主义与人文主义之争。

学衡派宣扬美国导师白璧德的新人文主义教育哲学。[①] 科学派则坚持其美国导师杜威的教育哲学。杜威和白璧德之争通过他们的中国学生引向中国。

杜威的中国学生主要聚集在哥伦比亚大学。胡适、陶行知、蒋梦麟、郭秉文、张伯苓、陈鹤琴、郑晓沧、姜琦、任鸿隽、朱经农、廖世承、孟宪承等人皆留学哥伦比亚大学甚至直接师从杜威。这一派强调民主和现代科学，可称为哥大派或科学派。白璧德的中国学生主要聚集在哈佛大学。人文派的主将除了吴宓、梅光迪、胡先骕（与胡适构成南北"二胡"）、林语堂[②]、汤用彤、梁实秋等白璧德的亲炙弟子（后三者为学衡派，出力较少）之外，还有受白璧德影响或同情学衡派的王国维、陈寅恪、钱穆[③]、柳诒徵、刘伯明、竺可桢、汪懋祖等外围的支持者以及吴宓、柳诒徵等人所培养的得意门生如缪凤林、张其昀、徐震堮、贺麟、张荫麟、陈铨、钱钟书，等等。[④] 这一派重视权威和古典文学，可称为哈佛派或人文派。

中国的科学派以北京大学的胡适为代表。中国的人文派以东南大学的吴宓为代表。因吴宓主编《学衡》杂志，中国的人文派也称之为"学衡派"。"自《学衡》杂志出，而学术界之视听以正，人文主义乃得与实验主义分庭而抗礼。"[⑤]科学派重视培养有"学问"的、有专长的"专家"、"学者"；人文派或"学衡派"重视培养有道德的君子、绅士和"通才"。[⑥] 科学派"疑古"，学衡派"信古"。科学派重视白话文、科学、民主以及文献考据。学衡派重视文言文、古典文学与理性主义。吴宓、胡先骕等人追随白璧德所推崇的古典主义传统，坚持文言文的写作方式，坚持写旧体诗而反对新诗。

中国学术界发生的学衡派与科学派之争，几乎复制了美国学术界的白璧德与杜威之争。学衡派与科学派的分歧主要呈现为三个方面。

第一，科学派看重平民的教育，让每个人都平等地享受教育权利。学衡派更重视精英教育，鼓励精英以身垂范，成为大众的领袖。科学派重视民主政制，而学衡派强调精英政制。学衡派坚守白璧德的思路，将精英视为文明的希望。

第二，课程与教学的分歧。科学派强调科学课程，旨在普及科学意识以及科学的思维方式。在这点上，科学派几乎接受了斯宾塞的传统。"什么知识最有价值，一致的答

① 施特劳斯（L. Strauss，1899～1973 年）比白璧德（1865～1933 年）小三十多岁。两者虽无交往，但在学理上前呼后应，构成人文主义教育哲学的双峰。
② 林语堂虽师从白璧德，但他并不赞成白璧德的新人文主义，较少参与"学衡派"的活动，反而与周作人等人一道成为提倡"幽默闲适"的"论语派"的主将。白璧德痛恨浪漫主义，而林语堂偏偏热衷于晚明文学尤其是晚明小品文式的浪漫主义。详见：吕若涵."论语派"论[M].上海：上海三联书店，2002：252—255.
③ 钱穆自述：身在北京大学，"但余之大体意见，与学衡派较近。"详见：沈卫威."学衡派"谱系[M].南昌：江西教育出版社，2007：80.
④ 详见：张源.从"人文主义"到"保守主义"：《学衡》中的白璧德[M].北京：生活·读书·新知三联书店，2009：96—97.
⑤ 胡先骕.朴学之精神[J].国风，1936(1).另参见：沈卫威."学衡派"谱系[M].南昌：江西教育出版社，2007：262.
⑥ 详见：沈卫威."学衡派"谱系[M].南昌：江西教育出版社，2007：261.

案就是科学。"①而学衡派延续了"知识即美德"(不要学习别的知识,应该学习美德知识)和"谦卑"的西方文化传统。在学衡派看来,科学主义教育不仅因为过于看重知识而忽视了美德的传统,而且因为理性的不节制而缺乏"谦卑"的传统。② 为了恢复美德与谦卑的传统,学衡派强调道德课程,通过古典文学培养精英的道德修养。科学派更看重以科学的方法解决社会问题。科学派除了推崇民主与科学,对自然主义、情感主义与浪漫主义持同情的态度,明确反对华而不实的古典式的博雅教育与理性主义。学衡派并不反对科学,但更重视古典语言和古典文学而反对"进步主义"。学衡派推崇古典主义与理性主义道德(以理性克制欲望),明确将卢梭式的自然主义、情感主义和浪漫主义视为死敌。

第三,方法论的分歧。科学派坚持一元论,反对任何形式的二元论。比如,在人性善和人性恶之间,科学派认为并无抽象的人性,人性在人与社会互动的过程中显示出来。在这点上,科学派的导师杜威与卢梭的思路比较接近。在卢梭看来,人性本来是好的,社会导致了人性的堕落。"出自造物主之手的东西,都是好的,而一到了人的手里,就全变坏了。"③自从杜威提出以一元论"克服"和"超越"哲学史上的种种二元论以来,学术界普遍认为杜威式的一元论高于二元论。不少人对杜威哲学将信将疑,但很少有人对杜威的一元论提出批评。学衡派遵奉导师白璧德的思路,认为卢梭、杜威式的一元论是思维的懒汉。这样的一元论容易把个人本该承担的责任推卸给社会或他人。"罪恶和谬误的产生全部归因于社会制度。"④人性存在善与恶两种对立的本性。人需要保持"中庸"(moderation)的思维方式和生活方式,通过自身的理性去克制过度的欲望。

---

① 详见:[英]斯宾塞.教育论:智育、德育和体育[M].王占魁,译.北京:中国轻工业出版社,2016:57.

② 详见:[美]白璧德.民主与领袖[M].张源,张沛,译.北京:北京大学出版社,2011:137.

③ [法]卢梭.爱弥儿——论教育(上)[M].李平沤,译.北京:商务印书馆,1978:5.

④ [美]白璧德.民主与领袖[M].张源,张沛,译.北京:北京大学出版社,2011:58.

本部分首先讨论西方古典教育哲学,然后讨论西方现代知识哲学及其教育哲学。接下来关注西方现代政治哲学及其教育哲学。本书重点关注哲学史上柏拉图式的"三论"哲人。这类哲人的思考往往始于"方法论"(人性论或知识论),终于"政治论"和"教育论"。政治及其美好生命是目的,教育是实现美好生活的途径。比如,柏拉图有多种著作,但总体上呈现为三类:一是以《泰阿泰德篇》为代表的知识哲学;二是以《法律篇》为代表的政治哲学;三是以《理想国》为代表的教育哲学。① 与之类似,洛克的三类著作是《人类理解论》、《政府论》和《教育论》;卢梭的三类著作是《论科学与艺术》(以及《论人类不平等的起源和基础》)、《社会契约论》和《爱弥儿》;康德的三类著作是《纯粹理性批判》、《实践理性批判》②和《教育学》;杜威的三类著作是《我们怎样思维》、《新旧个人主义》和《民主主义与教育》,等等。这类哲人关注的重点是政治哲学,其教育哲学是实现政治哲学的基本途径。

---

① 柏拉图的《理想国》主要讨论精英教育以及相关的政治哲学;柏拉图的《法律篇》主要讨论法律以及相关的大众教育。柏拉图的知识哲学主要集中于《泰阿泰德》,与之相关的"自然哲学"的文本主要集中于《斐多篇》、《蒂迈欧》。
② 有人认为康德的《判断力批判》属于康德的政治哲学。详见:[美]阿伦特.康德政治哲学讲稿[M].曹明,苏婉儿,译.上海:上海人民出版社,2013:92.

第 7 章

古希腊罗马
教育哲学

西方古典哲学主要包括前苏格拉底学派与智者哲学、苏格拉底学派和希腊化罗马哲学。前苏格拉底学派主要关注自然哲学,可视为早期的"自然法"研究。智者与苏格拉底学派"把哲学从天上拉回人间",重点关注政治的教诲。

苏格拉底"自称不建立任何学派"。但苏格拉底的学生从"苏格拉底问题"出发建立多个学派。① 哲学史上素有"希腊三杰"的说法。"希腊三杰"一般指苏格拉底、柏拉图、亚里士多德三人。不过,苏格拉底本人述而不作,后人仅能从与他差不多同时代的阿里斯托芬(Aristophanes,公元前 446~前 385)、色诺芬、柏拉图以及亚里士多德等人的作品中得到了解。就哲学作品及其影响而言,堪当"希腊三杰"大任的是色诺芬、柏拉图和亚里士多德。

苏格拉底学派影响了后来的希腊化罗马时代的教育哲学。希腊化时期一般指从公元前 323 年(马其顿国王亚历山大去世)到公元前 30 年(罗马征服托勒密王朝统治下的埃及)地中海东部诸国的历史。也有人把希腊化哲学以及罗马哲学统称为"希腊化罗马哲学"。②

第 1 节 前苏格拉底哲学与智者哲学

前苏格拉底哲学主要关注"天上"的哲学(自然哲学),而智者"把哲学从天上拉回人间"。苏格拉底学派和希腊化罗马哲学皆可视为"把哲学从天上拉回人间"的延续。

一、前苏格拉底学派的自然

前苏格拉底哲学主要研究万物的本原,从世界的"多"中寻找本原的"一"。前苏格拉底哲学的发展显示出三个阶段和三条道路。

第一个阶段和第一条道路始于泰勒斯(Thales,公元前 624~前 547),坚持认为世界的本原是某种特别的物质。泰勒斯认为世界的本质是"水",阿拉克西曼德(Anaximander,公元前 611~前 547)认为是"不定形",阿那克西美尼(Anaximenes,公元前 588~前 524)认为是"气"。泰勒斯、阿拉克西曼德、阿那克西美尼等人一起开创了米利都学派。三者之中,比较"高级"的是阿拉克西曼德的"不定形",这种"不定形"已经比较接近后来的"存在"。

第二个阶段和第二条道路由毕达哥拉斯(Pythagoras,公元前 584~前 493)、赫拉克利特(Heraclitus,公元前 530~前 470)、巴门尼德(Parmenides,约公元前 570~前 480)等人开创。他们认为万物的本原是某种抽象的"存在"而不是某种具体的物质。毕达哥拉斯学派认为世界的本质是"数"。赫拉克利特学派(爱菲思学派)虽然认为世界的本原是"火",但他同时提出"从一产生一切,从一切产生一"的"逻各斯"。巴门尼德受毕达哥

---

① 也有人认为苏格拉底的学生开创了五个学派:柏拉图学派、麦加拉学派(欧几里得创立)、斐多学派、犬儒学派(安提斯泰尼创立)、昔勒尼学派(阿里斯底波创立)。[德]策勒尔. 古希腊哲学史纲[M]. 翁绍军,译. 上海:上海人民出版社,2007:118.

② 文德尔班在《哲学史教程》中对"希腊化罗马哲学"作了长篇介绍。详见:[德]文德尔班. 哲学史教程(上卷)[M]. 罗达仁,译. 北京:商务印书馆,1987:209—351.

拉斯学派的影响(也有认为巴门尼德是阿拉克西曼德的学生),和他的老师克色诺芬尼(Xenophánes,约公元前565~约前473)、得意弟子芝诺(Zeno,公元前490~前425)一起开创爱利亚学派,认为世界的本质是不变不动、不生不灭的"存在"。毕达哥拉斯学派、赫拉克利特学派和爱利亚学派三者一起影响了柏拉图哲学。

毕达哥拉斯从数学的角度开创了先验哲学的传统,后来的先验哲学几乎都受毕达哥拉斯的影响。有人注意到,数学家易于变为唯理论者。数学家相信逻辑演绎并不需要求助于观察就能获得成功,认为逻辑演绎可以发现物理世界的普遍规律。柏拉图哲学既受惠于毕达哥拉斯,也受惠于巴门尼德。但相比之下,柏拉图从毕达哥拉斯那里受到的影响更大一些。柏拉图的灵魂轮回说以及对数学的重视,都源自毕达哥拉斯。后来的数学家以及数理逻辑学家、物理学家都可以视为毕达哥拉斯学派的传人,比如,当伽利略说"大自然是用数学语言写成的"时,伽利略几乎在重复毕达哥拉斯的话语。①

第三个阶段和第三条道路的影响人物是阿那克萨戈拉(Anaxagoras,公元前500~前428)、恩培多克勒(Empedocles,公元前495~前433)、德谟克利特(Democritus,约公元前460~前370)。他们用"原子论"的思路来讨论一与多的问题。他们的哲学一般称为"原子论"哲学。

德谟克利特等人所坚持的"原子论"哲学接近现代"科学哲学"。从"科学哲学"的角度来看,德谟克利特等人的"原子论"哲学似乎是"最好的哲学"。比如,罗素就认为,德谟克利特是"避免了后来曾经损害过所有古代和中世纪思想的那种错误的最后一个哲学家"。此后的哲学逐渐衰颓,"德谟克利特以后的哲学——哪怕是最好的哲学——的错误之点就在于和宇宙对比之下不恰当地强调了人。首先和智者们一起出现的怀疑主义,就是引导人去研究我们是如何知道的,而不是去努力获得新知识的。然后随着苏格拉底而出现了对于伦理的强调;随着柏拉图又出现了否定感性世界而偏重那个自我创造出来的纯粹思维世界;随着亚里士多德又出现了对于目的的信仰,把目的当作是科学中的基本观念。尽管有柏拉图和亚里士多德的天才,但他们的思想却有着结果证明了是危害无穷的缺点。从他们那时候以后,生气就萎缩了,而流俗的迷信便逐渐兴起……要一直等到文艺复兴,哲学才又获得苏格拉底的前任所特有的那种生气和独立性"②。

不过,如果从"纯粹哲学"而不是从"科学哲学"来看,坚持世界是"一"的哲学道路似乎享有更高的哲学地位。后来的苏格拉底学派虽然存在内部分歧,但苏格拉底学派的主流仍然坚持世界是"一",并以此对抗智者哲学。智者哲学坚持"多"的世界。

苏格拉底学派不仅延续了世界是"一"的讨论,而且,苏格拉底学派与智者学派一道,将哲学的主题从天上拉回人间,从关注宇宙本质的自然哲学转向关注人间事务的实践哲学。

---

① 详见:[法]刘易斯.笛卡尔和理性主义[M].管震湖,译.北京:商务印书馆,1997:14.后来的神秘主义也与毕达哥拉斯相关。毕达哥拉斯学派与后来的伊壁鸠鲁学派一样建立了某种宗教般的仪式并制定了一些神秘的禁忌。比如,"祖师教导他们说,在床上留下睡过的印痕是危险的,早晨起床时必须把床褥拉直摩平。"详见:[德]赖欣巴哈.科学哲学的兴起[M].伯尼,译.北京:商务印书馆,1983:30.
② [英]罗素.西方哲学史(上卷)[M].何兆武,李约瑟,译.北京:商务印书馆,1963:106—107.

二、智者的经验与民主

古希腊有影响的智者(sophistes)有普罗塔戈拉(Protagoras,约公元前 490～前 421)①、高尔吉亚(Gorgias,约公元前 485～前 380)和安提丰(Antiphon,公元前 470～前 411)等人。而按照阿里斯托芬的说法,青年苏格拉底也是典型的智者。作为智者的青年苏格拉底与普罗塔戈拉几乎分享了同样的哲学追求,作为智者的青年苏格拉底完全不同于柏拉图笔下的苏格拉底,青年苏格拉底在哲学上恰恰站在柏拉图所反对的普罗塔戈拉这边。有人认为,"全部哲学的一个基本的对立"就是柏拉图与普罗塔戈拉之间的对立。② 而这个基本对立也可以理解为青年苏格拉底与晚年苏格拉底之间的对立。它预演了后来出现的柏拉图与亚里士多德的师徒之争。

从智者哲学的角度来看,一度归功于苏格拉底的"辩证法"、"美德是否可教"以及"把哲学从天上拉回人间"等重要的哲学命题或教育问题,都在普罗塔戈拉等智者那里已经得到先行的讨论和发展。苏格拉底只是在"辩证法"、"美德是否可教"以及"把哲学从天上拉回人间"等问题上坚持了自己的做法。

智者哲学的核心精神首先显示为知识论上的经验主义(以及相对主义或怀疑主义)。普罗塔哥拉的相对论本身就是对一切独断论的怀疑和不信任。这种怀疑论在"高尔吉亚问题"中获得"更大的深度"的发展。高尔吉亚的《论自然》包括三个部分,这三个部分分别提出三个论点:"第一,无物存在;第二,即便有物存在,也不能被认识;第三,即便能被认识,也不能被言说。"③高尔吉亚的这三个命题在后来的哲学中不断被人回忆和引用。

这种知识论上的经验主义(以及相对主义或怀疑主义)扩展到伦理学,则成为伦理学的习俗主义。于是,在"自然"与"习俗"之间,智者作出了不同于柏拉图哲学的选择:柏拉图(以及柏拉图笔下的苏格拉底)站在"自然"那边,而智者更关注"习俗"(世俗的道德法律和政治)。

就知识论而言,智者哲学是经验论哲学的古典形态。后来的经验主义哲学家如贝克莱、休谟、杜威、康德、孔德,几乎都可以视为现代智者。由于坚持经验主义(或相对主义、怀疑主义)知识观,智者哲学不仅引入了自然(physis)与习俗(nomos)的评价标准,而且在政治哲学和伦理学上站在习俗主义这边。在自然与习俗之间,柏拉图哲学站在自然那边,而智者更关注习俗。智者总体上坚持类似"人是万物的尺度"的相对主义标准,"普罗塔戈拉把一切道德和法律都看作只是相对有效……没有绝对的宗教,没有绝对的道德,也没有绝对的正义"。④ 于是,特拉叙马霍斯断言,所谓法律或正义,可能只体现强者的利益。不过,作为智者,特拉叙马霍斯只是在学理上指出强权正义观的可能性而他本人并不会信奉强权正义观。智者的责任是在法庭辩论上获胜,如果特拉叙马

---

① 也译为"普罗泰戈拉"或"普罗塔戈拉"。本书正文中一律采用"普罗塔戈拉"。但在脚注中涉及引文的文献出处时,一律尊重原始文献的题名。

② 详见:[奥]哈勒.新实证主义[M].韩林合,译.北京:商务印书馆,1998:17—18.

③ [德]黑格尔.哲学史讲演录(第二卷)[M].贺麟,王太庆,译.北京:商务印书馆,1960:33.引用时对原文略有调整.另参见[德]策勒尔.古希腊哲学史纲[M].翁绍军,译.上海:上海人民出版社,2007:96.古希腊时期的"高尔吉亚问题"可以与后来的"休谟问题"媲美。

④ [德]策勒尔.古希腊哲学史纲[M].翁绍军,译.上海:上海人民出版社,2007:91.

霍斯在法庭上面对公众而坚持强权正义观,他就不可能获胜。

　　智者和柏拉图都以美德为教育目标,也都认为美德是可教的,但是,两者在何谓美德的问题上出现分歧。智者所理解的美德教育包括那些与实际事物相关的政治教育以及法律教育。智者把政治教育以及法律教育视为最重要的教育任务甚至唯一的教育任务。而柏拉图认为,讨论美德是否可教的前提是必须清楚地知道美德是什么。言外之意,在柏拉图看来,智者所教的美德根本就算不上美德。柏拉图追求的美德是智慧、节制、勇敢、正义(四德)①,后来又加上了"虔敬",一起构成"五德"。② 另外,"美德即知识"在柏拉图那里还意味着:最重要的知识就是美德。美德问题或道德问题应该成为思考的首要问题。或者说,自然科学的知识并不重要,重要的是关于美德的伦理知识。道德哲学(或伦理哲学、政治哲学)应成为第一哲学。就此而言,苏格拉底式的"知识就是美德"(或美德即知识)与培根式的"知识就是力量"成为两种不同的哲学传统。③

　　教学内容上的差异表现为,柏拉图重视哲学(辩证法),但智者以政治或法律等"人间事务"以及相关的"雄辩术"为首要课程。在智者看来,"谁不掌握政治技艺,谁就不可能与人相处,因为,他作为人根本就没有生存能力"。④ 智者之所以成为公开收费的教师,是因为智者认为他们需要承担"政治技艺"教育的责任和使命。几乎每一个智者都是"政治教师"和"辩论大师"。高尔吉亚更以雄辩术而闻名。高尔吉亚的弟子伊索克拉底为了与柏拉图学园竞争而创立的演说学校及其传授的修辞学在当时的影响甚至超过柏拉图学园。⑤

　　智者是古希腊的第一批职业教师,"公开声称自己有智慧"(尤其是辩论的智慧),并通过教青年学会"辩论"而收取费用。这与柏拉图(以及柏拉图笔下的苏格拉底)的教育几乎完全对立。"雄辩术"既是智者的教学内容,也是智者的教学方法。雄辩术与苏格拉底式的"辩证法"(或"启发术")是一致的方法。柏拉图把辩证法或问答法的首创之功归于他的老师苏格拉底,但是,辩证法或启发术最早由智者开发出来,苏格拉底只是分享了这个方法。有人甚至认为普罗塔戈拉是"苏格拉底方法的始作俑者"。⑥ 不同之处只在于:柏拉图给辩证法增加了追求真理的任务,而雄辩术只以法律和事实为依据,至于所依据的法律和事实是否合理、合道德,这不在辩论考虑的范围之内。智者的雄辩术也因此而容易受到道德上的攻击,不过,就法律教育和政治教育而言,智者的"价值中立"式的辩论术也许比柏拉图的辩证法更令人信服。

---

① 详见:[古希腊]柏拉图.理想国[M].郭斌和,张竹明,译.北京:商务印书馆,1986:154.
② [古希腊]柏拉图.普罗泰戈拉[A].柏拉图全集(第一卷)[C].王晓朝,译.北京:人民出版社.2003:473. "虔敬"亦可理解为基督教以及孔子所推崇的"谦卑"、"服从"、"不骄傲"。相关讨论,详见:[美]白璧德.民主与领袖[M].张源,张沛,译.北京:北京大学出版社,2011:124—126.
③ 详见:[美]白璧德.民主与领袖[M].张源,张沛,译.北京:北京大学出版社,2011:124.
④ [瑞士]葛恭.柏拉图《普罗塔戈拉》发微[A].刘小枫,陈少明.美德可教吗[C].北京:华夏出版社,2005:149.
⑤ 详见:[德]策勒尔.古希腊哲学史纲[M].翁绍军,译.上海:上海人民出版社,2007:102.伊索克拉底(Isocrates,译为伊苏格拉底也许更合适)曾跟随苏格拉底学习,他尖锐批评柏拉图而间接批评苏格拉底,详见[美]汉密尔顿.希腊的回声[M].曹博,译.北京:华夏出版社,2008:38—41.
⑥ [美]夏帕.普罗塔戈拉与逻各斯[M].卓新贤,译.长春:吉林出版集团有限责任公司,2014:205—238.拉尔修也认为最早引入辩证法的人是普罗塔戈拉.[古希腊]拉尔修.名哲言行录[M].马永翔,等,译.长春:吉林人民出版社,2003:589.

三、智者与苏格拉底学派的关系

智者哲学与泰勒斯等人的自然哲学不同,泰勒斯等人的自然哲学只研究自然本体,对人间事务并不关心,而智者是第一批把哲学从天上拉回人间的人。以往,人们认为"苏格拉底是把哲学从天上拉回人间"的第一人。① 这个说法大体是对的,因为青年苏格拉底就是一个典型的智者。准确的说法是,古希腊哲学最初只关注自然哲学,后来,普罗塔戈拉、高尔吉亚、苏格拉底等人把关注的焦点由宇宙自然转向人间事务,把哲学从天上拉回了人间。而那时的苏格拉底是青年时期的苏格拉底。青年苏格拉底与普罗塔戈拉一样,是典型的智者形象。

(一)青年苏格拉底的智者形象

阿里斯托芬的《云》叙述了作为智者的青年苏格拉底形象。阿里斯托芬笔下的苏格拉底与柏拉图笔下的苏格拉底完全不同。阿里斯托芬笔下的苏格拉底过着典型的智者生活。与普罗塔戈拉等智者一样,青年苏格拉底给青年人传授"雄辩术",不以追求真理为目的而以在辩论中击败他人为目的。与普罗塔戈拉等智者不同的是,成年苏格拉底开始追求正义和真理并以直言不讳的反讽的方式反对世俗道德和民主政治。苏格拉底后来因此而被处以极刑。

阿里斯托芬的《云》的主要情节是:斯瑞西阿得斯陷入巨债而无法还债。他希望他的儿子去做苏格拉底的学生,以便学会如何在法庭上发言(雄辩术)而赖账。他的儿子学成之后,果然学会了言说的技艺。斯瑞西阿得斯有恃无恐,不仅拒绝还债,而且还侮辱债主。但是,斯瑞西阿得斯没想到,他的儿子在利用自己的言说的技艺帮父亲赖账的同时,也经常与父亲发生争执。更严重的问题是,他不仅总是能够用言说的技艺击败父亲,而且他还动手打他的父亲,然后,再用自己的言说的技艺"证明打父亲合乎正义"。后来,他甚至扬言他也有权打母亲。斯瑞西阿得斯为此感到后悔、恼怒,"并将愤怒转向苏格拉底及其学校"。作为报复,斯瑞西阿得斯焚毁了苏格拉底的思想所。②

阿里斯托芬笔下的苏格拉底只做两件事:一是研究自然(天上的事);二是辩论术(与"正义"无关的诡辩术)。只对这两件事充满激情,这正是"智者"最典型的生活方式。苏格拉底的学生受了这两个方面的训练之后,会遇到两个问题:一是否认人为约定的法律以及诸神的存在(承认诸神就意味着某些约定的法律具有"神性"),只承认知识和自然神(比如"云神")。二是否认一切"美德",比如不承认家庭和城邦(或国家)以及相关的伦理关系和美德。儿子可以打父亲甚至可以凭借苏格拉底式的"辩论术"为之辩护。"苏格拉底完全不关心城邦或家庭。"③青年苏格拉底受到阿里斯托芬以及伊索克拉底等人的批评,成年苏格拉底(柏拉图的代言人)的政治哲人形象则受到亚里士多德

---

① 这个说法最早可能出自西塞罗。详见:[英]罗森.西塞罗传[M].王乃新,王悦,范秀琳,译.北京:商务印书馆,2015:294.另参见:[美]尼科哥斯基.西塞罗的苏格拉底[A].吴明波,译.刘小枫,陈少明.西塞罗的苏格拉底[C].北京:华夏出版社,2011:45.
② 详见:[美]施特劳斯.古典政治理性主义的重生[M].郭振华等,译.北京:华夏出版社,2011:183—185.另参见刘小枫,陈少明.苏格拉底问题[M].北京:华夏出版社,2005:14—16.
③ [美]施特劳斯.苏格拉底与阿里斯托芬[M].李小均,译.北京:华夏出版社,2011:1.

的批判。

青年苏格拉底是一个典型的"智者",把哲学等同于辩论术。那时的苏格拉底"少不更事",为了追求自然知识和辩论术而宁愿牺牲家庭生活和城邦生活,整天沉溺于"云"中漫步式的不切实际的自由想象,只关心"天上的事"而不关心"地上的事",因追求知识而"无法无天"(无视法律和诸神)。

(二) 智者与柏拉图的关系

青年苏格拉底的智者形象似乎也是"青年柏拉图"的形象。曾有人把青年柏拉图的生活编成戏剧小品。有人问:"柏拉图近来如何? 他在研究什么?"回答:"嗨,在那边的操场上有一群少年围着一条黄瓜低头沉思。有人说,黄瓜是一种圆形蔬菜,也有人说,它是一种草本植物,还有人说,它是一棵树。柏拉图神色和蔼,在一旁不断鼓励这些孩子反复进行这类习作。"①

这样看来,柏拉图之所以反感和贬低智者,是因为柏拉图年少时曾经也做过智者,对智者哲学有深切的体验和理解。随着年岁的增长,柏拉图走了另外一条道路(绝对主义哲学、客观主义哲学),并对自己的过去作了清算和自我批判。

柏拉图之所以反感和反对智者,主要因为智者哲学顺应了当时的民主政治生活,而民主制恰恰是柏拉图所反对的。专制社会因崇尚暴力而压制言论,民主社会因崇尚法律而重视辩论。古希腊的智者学派的产生,正因为智者提供的辩论与雄辩术的教育顺应了当时的民主社会的需要。辩论的需要"一部分来自公民大会上的讨论,但更多的是来自陪审法庭的争辩……伯里克利所创立的公众的、经常性的陪审法庭,恰恰为雅典人的才智开辟了一个最适合其自然倾向的发展途径"。② 这种新的司法制度促使雅典人重视雄辩术。"不仅那些想在政治上崭露头角的人必须具备一定的演说能力,而且那些普通公民也必须如此,以便在法庭上维护自己的权利或驳斥他人的控告。"③ 不仅如此,智者还从事某种游说或外交的活动。"早期智者是高尚的、备受尊敬的人,他们常常被所在的城邦委以外交使命。"④

智者哲学也正因为顺应了民主社会的需要而受到伯里克利(Pericles,约公元前495~前429年)等人的支持和赞助。伯里克利执政时,奉普罗塔戈拉等智者为座上宾,多次与他们谈话。⑤ 后来民主政制的失势,智者受到打压。"三十僭主"所采用的第一个重要措施,就是明令禁止讲授雄辩术。柏拉图对智者的攻击,也可以视为对伯里克利等民主派的批评。所谓"项庄舞剑,意在沛公"。

(三) 柏拉图与智者的意气之争

苏格拉底和柏拉图师徒二人曾经也热衷于智者式的辩论和雄辩术的教育。不过,

① [美]汉密尔顿.希腊的回声[M].曹博,译.北京:华夏出版社,2008:38.
② [英]格罗特.格罗特《希腊史》选[M].郭圣铭,译.北京:商务印书馆,1964:47.
③ [英]格罗特.格罗特《希腊史》选[M].郭圣铭,译.北京:商务印书馆,1964:44.辩论与民主之间是有内在关联的,后来尼采也认为苏格拉底和柏拉图为民主(大众革命)种下了"祸根",而苏格拉底之"祸"就在于"他发明了新的争论方式"。苏格拉底式的"辩论法"是大众崛起的根源。详见:[德]尼采.权力意志[M].孙周兴,译.北京:商务印书馆,2007:995.
④ [德]策勒尔.古希腊哲学史纲[M].翁绍军,译.上海:上海人民出版社,2007:89.
⑤ [澳]柯费尔德.智者运动[M].刘开会,徐名驹,译.兰州:兰州大学出版社,1996:21.

苏格拉底和柏拉图后来发生转向,追求"哲人王"的政治哲学和绝对主义、客观主义的知识哲学。柏拉图由此而对智者的相对主义和主观主义哲学发起批判。柏拉图把人分为两种。一种是智者那样的人,那种人一直很忙碌,从小就在法庭这样的地方厮混,被训练成奴隶。一种是柏拉图笔下的苏格拉底那样的人。这样的人在哲学探讨中长大,被训练成自由人,他过从容的沉思的生活。

在柏拉图看来,智者就是忙碌的演讲者。"演讲者总是匆匆忙忙,计时说话",他们不追求真理,只关注个人利益,"心地狭隘,心术不正"。"从青年到成年全无健全观念,最后终于如他自己想象的那样,成为所谓具有难以对付的才智的人。"①

与智者不同,柏拉图把苏格拉底作为自己代言人,柏拉图追求的是从容的自由人的生活。"自由人总是有闲暇,从容悠闲地谈话……只要能获得真理,他不在乎需要讨论多久。"如果说智者的全部兴趣都在于世俗生活尤其在政治生活上,"自由人"的兴趣与智者恰恰相反。"他们自幼不知道去市场、法庭、议事厅,或其他公共场所的路,也从来没有听到过宣读政令,或者读过法律条文。在政治集团的斗争中谋利、集会、宴饮、与吹笛女结婚,这些事对他们来说,甚至连做梦都没有出现过。"②他们不仅对这些事没有兴趣,也常常在这些事情上显得无能。"相传泰勒斯在仰望星辰时不慎落入井中,受到一位机智伶俐的色雷斯女仆的嘲笑,说他渴望知道天上的事,却看不到脚下的东西。任何人献身于哲学就得准备接受这样的嘲笑。"③

柏拉图对智者的批判首先是因为他们在知识哲学、政治哲学以及教育哲学上的分歧,但也很难说没有嫉恨的原因。智者说服优秀青年放弃向他人学习而转投自己的门下,从一开始就不是一件安全的事情。他们赢得了仰慕,也招来了憎恨。不少智者遭受"焚书"之灾,虽不至"坑儒",但因"不敬神"、"败坏青年"等指控而被驱逐(后来苏格拉底也受同样的指控而被处以极刑)。"普罗塔戈拉曾被逐出雅典,他的书被付之一炬。"④

由于柏拉图对智者学派的"有敌意的描述",智者在西方哲学史上一直名声不佳。柏拉图在《普罗塔戈拉》、《高尔吉亚》和《泰阿泰德篇》等作品中以文学的夸张方式诋毁智者哲学,这不仅使后人对智者普遍鄙视,而且也使智者的著作未能完整地保存和传播,只剩下支离破碎的片段和模糊的摘要。受柏拉图的影响,智者被视为"江湖骗子"。⑤

不过,智者尤其是当时的普罗塔戈拉能够成为柏拉图的"大敌"⑥,本身就说明智者学派有足够的实力以至于令柏拉图感到不安和恐惧。柏拉图之后,黑格尔在《哲学史讲演录》中对智者学派有较多的肯定,但是,由于黑格尔只是把智者哲学作为反对泰勒斯等人的自然哲学的"反题",把柏拉图哲学视为自然哲学(正题)和智者哲学(反题)之后

---

① [古希腊]柏拉图.泰阿泰德篇[A].柏拉图全集(第二卷)[C].王晓朝,译.北京:人民出版社,2003:696.
② [古希腊]柏拉图.泰阿泰德篇[A].柏拉图全集(第二卷)[C].王晓朝,译.北京:人民出版社,2003:695—696.
③ [古希腊]柏拉图.泰阿泰德篇[A].柏拉图全集(第二卷)[C].王晓朝,译.北京:人民出版社,2003:696.
④ [澳]柯费尔德.智者运动[M].刘开会,徐名驹,译.兰州:兰州大学出版社,1996:23.苏格拉底之死,也与他早年的智者经历以及他身上所具有的"智者"精神有关系.
⑤ [澳]柯费尔德.智者运动[M].刘开会,徐名驹,译.兰州:兰州大学出版社,1996:6.
⑥ 普罗塔戈拉是柏拉图的"大敌",这是康福德的说法.详见:[意]齐柳利.柏拉图最精巧的敌人[M].文学平,译.北京:中国人民大学出版社,2012:1.

的"合题"，这就默认了柏拉图哲学高于和优先于智者哲学。黑格尔之后，不断有人对智者作出新的评价。比如，英国史学家格罗特(G. Grote，1794～1871)所著的《希腊史》和德国学者策勒尔(E. Zeller，1814～1908)所著的《古希腊哲学史纲》对智者提出完全不同于柏拉图的评价。罗素(B. Russell，1872～1970)在《西方哲学史》中也站在智者这边而对柏拉图的敌视和诋毁表示不满。有人甚至认为，埃斯库罗斯(Aeschylus，约公元前525～前456)的《被缚的普罗米修斯》就是借助神话来叙述智者尤其是普罗塔哥拉如何将知识带给了人间。①

第 2 节　苏格拉底学派

苏格拉底学派是西方古典哲学的成熟状态。以往各种版本的"西方哲学史"主要根据柏拉图的著述想象苏格拉底的形象。不过，学界从来没有停止过对柏拉图的质疑，并由此产生争讼不断的"苏格拉底问题"。所谓"苏格拉底问题"，既指有关苏格拉底的史料的真实性问题，也指哲学与政治的冲突问题。"苏格拉底问题"最初主要显示为"真实的苏格拉底"是什么以及他的观点是什么。后来有关"苏格拉底问题"的研究由判别史料的真伪转向哲学与政治的关系。有人认为，"苏格拉底问题的实质是哲学的政治性质问题，或者说哲学与城邦的根本张力问题"。②

一、色诺芬的中庸哲学

色诺芬(Xenophon，公元前 430～前 354)笔下的苏格拉底与柏拉图式的苏格拉底完全不同。德国学者维兰德(C. Wielands，1733～1813)认为，柏拉图所叙述的苏格拉底的辩论大量地显示为"矫揉造作、完全缺乏艺术性的论证方式和谈话过程"，"柏拉图式的苏格拉底的哲学辩论方式，经常把极端的吹毛求疵与最无聊的傻气结合在一起"。③在柏拉图对话录中，苏格拉底并不代表自由对话的精神。他居于权威的地位，摆出大师的派头，主宰整个对话。与柏拉图的描述相反，色诺芬笔下的苏格拉底是引导对话进程的那一只"看不见的手"。"他的干预仅仅出现在如下时刻：一旦对话的方向受到威胁，亦即可能偏离预定方向——这种偏离有悖于对话性质的交际之理想。此时，他就会设法通过某些不易察觉的艺术技巧恢复对话。"④

色诺芬的作品可分为两类：苏格拉底作品和非苏格拉底作品。色诺芬的"苏格拉底作品"共四部：《回忆苏格拉底》《苏格拉底在法官前的申辩》《会饮》和《齐家》，其中有两部作品与柏拉图的两部作品同名。色诺芬的"非苏格拉底作品"主要有《居鲁士的教育》(又译《居鲁士劝学录》)、《远征记》《希腊志》《希耶罗》《斯巴达政制》《雅典的

① ［美］夏帕.普罗塔戈拉与逻各斯[M].卓新贤，译.长春：吉林出版集团有限责任公司，2014：21.
② 详见：［德］考夫曼.斯特劳斯论苏格拉底问题[J].邓安庆，译.世界哲学，2004(3)：67—87.这里的斯特劳斯也译为施特劳斯。
③ ［德］利茨玛.自我之书——维兰德的《阿里斯底波和他的几个同时代人》[M].莫光华，译.上海：华东师范大学出版社，2006：62—64.
④ ［德］利茨玛.自我之书——维兰德的《阿里斯底波和他的几个同时代人》[M].莫光华，译.上海：华东师范大学出版社，2006：393.

收入》等。《居鲁士的教育》被称为西方文学史上第一部长篇小说,也是一部长篇政治教育小说。《远征记》史称西方自传体小说的开山之作。

色诺芬主要是通过他的四部"苏格拉底作品"①来描述苏格拉底的智慧。在这些作品中,色诺芬虽敬重老师追求真理的精神,但不赞成老师不考虑现实经验的过于理性化的"理论哲学"以及"直言不讳"的"反讽"风格。色诺芬意识到过度追求"理性"和"直言不讳"的"反讽"不仅容易引起统治者的愤怒而招来杀身之祸,而且令一般民众无法忍受。于是,色诺芬无意于记录真实的苏格拉底,他有意识地使自己笔下的苏格拉底"显得"比较虔敬、有政治智慧和教育智慧。但色诺芬对这三点都持保留态度。

"不虔敬"是雅典城邦判给苏格拉底的罪名之一。控告者称苏格拉底引进新神而不敬城邦的神。色诺芬争辩说,苏格拉底绝没有不敬神,他常常在家中和公共祭坛上献祭,并且占卜。②但是,雅典人指控苏格拉底不虔敬也确有其事:苏格拉底引入了新神,他认为自己有"守护神"(精灵)。苏格拉底多次宣称有一个"精灵"(守护神)总是警醒他,告诉他言谈行事的正确方式。③尽管人们对苏格拉底的"精灵"有多重解释,④但是,苏格拉底只听从自己的精灵的声音,本身就是不虔敬。

败坏民主政治("政治不正确")是苏格拉底的罪名之二。色诺芬笔下的苏格拉底坚持最佳的统治者是那些"懂得怎样统治的人",即在政治统治方面的专家。苏格拉底将政治统治与其他职业(如舵手、医生、体育家、纺织工等)类比,认为政治与那些职业一样,也是一门技艺,只有懂得"统治专业"的人才配做统治者。"在一只船上,懂得(业务)的人是统治者,而船主和所有其他在船上的人都听命于这个懂得的人。"⑤在《齐家》中,色诺芬再次解释了什么是真正的"治人之才":"最强的统帅不是那些在身体上比士兵强健的人,不是掷标枪、射箭方面远胜士兵的人,也不是骑着最好的马、率先带领骑兵或持盾兵冲锋陷阵的人,而是那些有能力激励士兵跟着他们去赴汤蹈火的人。"⑥相反,如果主人亲自到了田地里,而工人们的劳动却没有起色,那就是错误的。王者气度应该使工人们一看见他就振作起来,"每个人心中都生气勃勃,充满了对胜利的热爱,还有一种要超过他人的志气"。⑦这点后来在马基雅维利那里得到延续。

苏格拉底的教育方式主要包括三个方面:一是"无知之知";二是"问答法";三是"反讽"。"苏格拉底的无知"是哲学上的一个重要命题,历来争议不断。一种观点认为,苏格拉底是假装无知,他是在装样子,其目的是诱使他的谈话对象说出自己的观点,然

① 《回忆苏格拉底》、《苏格拉底在法官前的申辩》、《会饮》和《齐家》。
② [古希腊]柏拉图.苏格拉底的申辩[M].吴飞,译/疏.北京:华夏出版社,2007:181.
③ [古希腊]色诺芬.回忆苏格拉底[M].吴永泉,译.北京:商务印书馆,1986:2.
④ 色诺芬认为苏格拉底的"守护神"就是"照着心中的思想说话"、倾听内心的声音。施特劳斯认为苏格拉底的"守护神"是"哲学的理念"。详见:[古希腊]柏拉图.苏格拉底的申辩[M].吴飞,译/疏.北京:华夏出版社,2007:182.黑格尔则认为苏格拉底的"守护神"就是人的主体性。详见:[德]黑格尔.哲学史讲演录·第二卷[M].贺麟,王太庆,译.北京:商务印书馆,1983:85.
⑤ [古希腊]色诺芬.回忆苏格拉底[M].吴永泉,译.北京:商务印书馆,1986:118—119.
⑥ [美]施特劳斯.色诺芬的苏格拉底言辞——《齐家》义疏[M].杜佳,译.上海:华东师范大学出版社,2010:92.
⑦ [美]施特劳斯.色诺芬的苏格拉底言辞——《齐家》义疏[M].杜佳,译.上海:华东师范大学出版社,2010:92—93.

后他才有机会反诘。但是,"苏格拉底的无知"不能简单地理解为"什么都不知道"。苏格拉底确实掌握了某些知识,但他不拥有绝对真理,在"不占有真理"这个意义上,苏格拉底是无知的。苏格拉底以"问答法"著称,苏格拉底本人称之为"产婆术"。依此方法,苏格拉底总是能揭露对方思想中内在的荒谬或矛盾之处。"反讽"是苏格拉底的教育或辩论特色。在"产婆术"和"反讽术"之间,"反讽术"更能代表苏格拉底的教育方法。不过,在色诺芬看来,"反讽术"正是苏格拉底教育方式的致命弱点。

为了与苏格拉底的反讽形成对照,色诺芬创作了《居鲁士的教育》。色诺芬本人的教育哲学隐含在《远征记》之中。与《回忆苏格拉底》和《居鲁士的教育》一样,《远征记》呈现的内容也不全然是真实的历史。它试图描绘理想的实践智慧(政治智慧):为了共同体的整体利益而在"非常时刻"不得不牺牲群众的利益并欺骗群众(这点后来为马基雅维利继承),但是,必须尽可能追求德性且不放弃对德性的追求。

色诺芬意识到,苏格拉底的"反讽"姿态令人生厌,不但教育效果不佳,且容易招来杀身之祸。居鲁士的正义观和他的政治智慧取得了辉煌夺目的实践成效,但他的成功只是昙花一现,因为他实践和教导的美德只是"美德的外衣",所以他建立起来的庞大帝国很快就分崩瓦解。色诺芬在反思二者的基础上提出了自己的理论哲学和实践哲学。

色诺芬珍视哲学,敬重他的老师苏格拉底,认为苏格拉底的美德教育(虔敬教育、自制教育和正义教育)总体上是有益于人的灵魂的。但是,他也意识到苏格拉底的虔敬教育对城邦的传统宗教构成了威胁。他教导的正义观(正义即合法)是有利于政治生活的,但他践行的正义(正义就是丝毫不伤害他人,最大程度地利人)是一种高标准,并不适合普通民众,而且这种正义有一个致命弱点:无法保障正义者自身。在教育方式上,色诺芬非常敬重苏格拉底的"无知之知"的求知态度以及"问答法"所体现出的启发性与开放性,但不赞同苏格拉底的"反讽",色诺芬认为,苏格拉底的"反讽"充满挑衅性,容易惹人厌恶。"反讽"作为一种教育手段过于激进和冒险,既不利于保全自我,又损害政治教育的有效性。

在色诺芬看来,苏格拉底德性卓著,但他忽视了政治现实的复杂性,缺乏对权术的把握和运用。也就是说,苏格拉底不是德性有问题,而是在言说的技术或技巧上出了问题。与之相反,居鲁士在技术和技巧上登峰造极,但在"德性"上却出了问题。理想的政治教育既要"德性",又要"权术",完善的城邦生活既要政治,又要哲学。色诺芬实际上是在苏格拉底与居鲁士之间(或者说在哲学与政治之间)选择了"中庸"智慧。不能像苏格拉底那样,毫无保留、毫无差别地向所有公民披露政治事实和真相,因为并不是所有的公民都有能力消化真理,毫无节制地散布真理可能会引起不必要的恐慌或混乱,甚至对政权的稳定性构成极大的破坏。也不能像居鲁士那样用灌输和恐吓的方式将公民训练成唯唯诺诺的顺民。

苏格拉底与色诺芬的哲学分歧显示了西方古典时代的生命哲学内部的第一次冲突。在群体生命与个体生命(以及与之相关的平民主义与精英主义)之间,色诺芬的选择既不同于苏格拉底哲学,也不同于柏拉图哲学。色诺芬的道路在亚里士多德那里得到延续。亚里士多德与其说是柏拉图的学生,不如说是色诺芬的弟子。苏格拉底与色诺芬的师徒之争,预演了柏拉图与亚里士多德的师徒之争。

二、柏拉图的理想

柏拉图(Plato,公元前 427～前 347)从苏格拉底之死的哲学事件中汲取教训。他既不想放弃他的老师的理论理性,又不想像他的老师那样身陷囹圄。于是,柏拉图既设计了以"哲人王"政制为核心的政治哲学,同时又明言自己的政治方案仅仅限于"言辞中的城邦"而不指望它在地上变成现实。柏拉图是典型的贯通知识哲学、政治哲学和教育哲学三个领域的"三栖哲人"。政治哲学是柏拉图的核心,知识哲学为他的政治哲学提供方法论的支持,教育哲学是实现他的政治哲学的途径。

在《理想国》中,柏拉图先将人的灵魂分为三个成分:理性(reason)、激情(spirit)和欲望(appetite)。在《斐德罗篇》中,柏拉图用"灵魂马车"的比喻来解释三者之间的关系。① 三者之中,理性的地位最高,激情其次,欲望最低。与灵魂的"三成"相应,人有"四德":智慧、勇敢、节制和正义。② 在柏拉图那里,理性、激情与欲望都可统称为"爱欲",并在《普罗塔戈拉》、《会饮》、《斐德若》和《斐多》四本书中集中讨论爱智慧或爱真理之爱欲为何高于其他爱欲(比如身体欲望之爱欲、智者式的爱辩论之爱欲、民主的爱欲)。有人称之为"柏拉图四书"。③

正因为柏拉图相信大众只能追求欲望的满足而不能用理性节制欲望,所以,柏拉图设计了精英主义的理想政制,倾向于哲人王式的统治秩序。柏拉图对精英教育和大众教育的区分构成了古典政治哲学和古典教育哲学的标志性事件。自此以后,有关古典政治哲学或古典教育哲学的讨论皆以区分精英教育与大众教育为其关键前提。

(一)精英教育

柏拉图的精英教育也称为护卫者教育。护卫者包含军人(普通护卫者)和哲人。精英教育的重点是用理性克制人的激情和欲望。为了训练人的理性,柏拉图设计了"七艺"课程理论和以"产婆术"与"反讽术"为核心的教学理论。

对于护卫者教育,柏拉图特别看重音乐和体育。"这种教育就是用体操来训练身体,用音乐来陶冶心灵。"④音乐教育和体育教育从两个不同的方向"改造"人的灵魂。"专搞体育锻炼的人往往变得过度粗暴,那些专搞音乐文艺的人又不免变得过度软弱。"⑤接受了体育、音乐和相关的知识教育之后,他们不会过度追求私产。他们所得的报酬仅够维持简朴的生活。不过,对护卫者也要保持警惕。"尽管他们应该守卫羊群,但是他们也可能以其自肥。"⑥为了防止护卫者(战士、辅助者)由牧羊犬变成吃羊的豺

---

① 柏拉图.斐德罗篇[A].王晓朝,译.[古希腊]柏拉图.柏拉图全集(第二卷)[C].北京:人民出版社,2003:168.柏拉图之黑马貌似并非善良之辈,却极其重要。它给白马带来类似"狼来了"的生态效应。有关"狼来了"的讨论,详见:龙应台.目送[M].桂林:广西师范大学出版社,2014.
② [古希腊]柏拉图.理想国[M].郭斌和,张竹明,译.北京:商务印书馆,1986:154.
③ 详见:刘小枫.柏拉图四书[M].北京:生活·读书·新知三联书店,2015:1—34.
④ [古希腊]柏拉图.理想国[M].郭斌和,张竹明,译.北京:商务印书馆,1986:70.
⑤ [古希腊]柏拉图.理想国[M].郭斌和,张竹明,译.北京:商务印书馆,1986:121.类似的说法是"用体操来训练身体,用音乐来陶冶心灵"。详见:[古希腊]柏拉图.理想国[M].郭斌和,张竹明,译.北京:商务印书馆,1986:71.
⑥ [美]布鲁姆.人应该如何生活——柏拉图《王制》释义[M].刘晨光,译.北京:华夏出版社,2009:76.霍布斯也劝告统治者对"权臣"保持警惕。

狼,柏拉图设计了"共产制"。"辅助者同吃同住,没有私产,他们所共有的财产刚好满足需要。辅助者不会遭受财产私有者的欲望与热情的折磨。"①妇女儿童共有,由统治者决定哪个男人与哪个女人结合。孩子一出生就离开母亲,由公共机构抚养。"妻子儿女都应当是共同的,这样就不会有人知道谁是自己的孩子,而会想象所有人都属于一个大家庭,每个人都把与自己处于同一年龄的人当作自己的兄弟姐妹,把比自己年长的人当作自己的父母和祖父母,把比自己年轻的人当作自己的子女和孙儿。"②

柏拉图的哲人教育包括五个学科:一是算数,二是几何学(含平面几何与立体几何),三是天文学,四是和声学,五是哲学(辩证法)。③ 五者连同普通护卫者教育的体育和音乐,可称为"柏拉图七艺"。④ "柏拉图七艺"不同于后来流行的古希腊"七艺"。后者包括文法、修辞、辩证法、算术、几何、天文和音乐。其中文法、修辞与柏拉图没什么关联。

"柏拉图七艺"几乎都与政治尤其是军事相关。苏格拉底特别提醒,辩证法并不适合所有人学习。只有优秀青年在 30 岁时接受考核合格之后,才可用 5 年的时间来学习辩证法。如果一般人或年轻人过早学习辩证法,他就可能被败坏,会像疯狗一样咬人。⑤

与"六艺"课程理论相应,柏拉图提出"产婆术"作为其教学理论。柏拉图在《泰阿泰德篇》中对苏格拉底式的产婆术有详细的解释,对产婆的资格和产婆的作用作了严格的限定。⑥ 使用产婆术的"教师"的关键素养是:教师必须有求知的经历和获得知识的亲身体验。苏格拉底自认自己无知,并不是说他自己完全没有知识,而是说他没有可以传授的知识。产婆是拥有生产经验的人,但产婆的孩子不能代替孕妇本人的孩子。只能由孕妇本人亲自孕育孩子。苏格拉底自认无知,类似产婆只是接生而不能用自己的孩子冒充产妇的孩子。

除了"产婆术",还有"反讽术"。"产婆术"主要用来与青年或潜在哲人对话。通过询问对方意见的局限的方式将对方的观点引向真理。"反讽术"主要是用来对付那些自以为聪明的人。这种方法不是引向真理,而是直接从对方自认为真理的地方开始发问,一直问到呈现出错误的结果从而达到自身的反讽。前者显示为"讨论",后者显示为"争论"或"辩论"。⑦ 在《理想国》中,苏格拉底主要针对城邦未来统治者——格劳孔式的"潜在哲人"和色拉叙马霍斯式的大众教育的智者(智术师)。格劳孔式的青年是那些虽然缺乏知识但有哲学潜能的人。这类潜在哲人在柏拉图的理想国家这种优异的环境中,经过苏格拉底式哲人的教导,逐渐"回忆"起自身具有的知识美德。这些得到"教导"

① [美]尼柯尔斯.苏格拉底与政治共同体——《王制》义疏:一场古老的论争[M].王双洪,译.北京:华夏出版社,2007:106.
② [古希腊]柏拉图.蒂迈欧篇[A].王晓朝,译.[古希腊]柏拉图.柏拉图全集(第三卷)[C].北京:人民出版社,2003:268—269.
③ 详见:[古希腊]柏拉图.理想国[M].郭斌和,张竹明,译.北京:商务印书馆,1986:283—308.
④ 有关"柏拉图七艺"的说法,得到李长伟博士的指正。谨此致谢。
⑤ [古希腊]柏拉图.理想国[M].郭斌和,张竹明,译.北京:商务印书馆,1986:308.
⑥ [古希腊]柏拉图.泰阿泰德篇[A].王晓朝,译.[古希腊]柏拉图.柏拉图全集(第二卷)[C].北京:人民出版社,2003:661.
⑦ 详见:张志扬."光"与"死":两希精神的开端[A].人文通识讲演录.哲学卷(二)[C].北京:文化艺术出版社,2008:74.

的进步青年将成为未来城邦统治和建设的后备力量。色拉叙马霍斯式的智者或诗人因具有"辩论术"而不同于普通民众。"他知道如何驾驭诡辩的大家,一个用自己的艺术可以调动整个城邦的人。"①苏格拉底式哲人正是看到色拉叙马霍斯这类人所独有的影响力,决定化敌为友,将他们"收编"并为己所用。

(二) 大众教育

柏拉图纵论哲人王和护卫者的教育,似乎忘记了占人口大多数的"低级公民"(农民、手工业者)的教育(亚里士多德亦为此感到不满)。而在统治者与护卫者的教育之间,柏拉图尤其重视后者,"他所称述的教育却又限于卫国之士这个阶层"。② 其实,柏拉图并非不重视低级公民的教育,柏拉图只是认为低级公民需要别的教育。

柏拉图的《理想国》重点讨论精英教育,《法律篇》讨论的重点是大众教育。柏拉图的《法律篇》与其《理想国》似乎出现断裂:《理想国》的主角是苏格拉底,而在《法律篇》中,苏格拉底消失了。这是苏格拉底唯一不在场的对话。以柏拉图和苏格拉底的关系,这种改变非同小可。也因此有人认为《法律篇》"代表着苏格拉底方式与柏拉图方式之间的中断,在本质上,柏拉图方式是苏格拉底方式的一种'修正'"。③《理想国》言之凿凿地认为"把这些规矩订成法律我认为是愚蠢的",④而《法律篇》将法律问题作为核心主题。柏拉图在《理想国》中声言"美德即知识",这种美德为哲人王所独有,一般大众不可企及。而在《法律篇》中,柏拉图却强调要"使听众听从劝告,趋向美德"⑤,要培养大众的"理性"、教导大众有"美德"。《理想国》重视苏格拉底式的"引导"和"产婆术",而《法律篇》看重的是说服和强制。"一部分要靠说服,另一部分要靠对那些不听劝告的人实施强制性的法律。"⑥《法律篇》不再像《理想国》那样高举精英教育式的"哲学教育"的大旗,而主要关注大众教育式的"基础教育"。

但是,这些表面差异的背后隐含了《理想国》和《法律篇》之间内在的延续性和一致性。《法律篇》强调的是法律对大众教育的意义,但这种大众教育本身又需要接受精英(立法家)的指导。柏拉图在《法律篇》中提出,"人类要么制定一部法律并依照法律规范自己的生活,要么过一种最野蛮的野兽般的生活"。⑦ 紧接着又说:"法律的制定属于王权的专门技艺。"⑧也就是说,《法律篇》中的平民所服从的法律,正是由《理想国》中的精英所制定的。《理想国》提出的是一套精英教育方案,主张用理智而不是法律来训练那些有天赋的精英;而《法律篇》设计的是平民教育方案,主张用法律来训练那些资质平庸

① [美]朗佩特.施特劳斯在柏拉图式政治哲学史上的地位[A].刘小枫.施特劳斯与古典政治哲学[C].张新樟,游斌,贺志刚,宗成河,等,译.上海:上海三联书店,2002:665.
② [古希腊]亚里士多德.政治学[M].吴寿彭,译.北京:商务印书馆,1965:59.
③ [法]布舒奇.《法义》导读[M].谭力铸,译.北京:华夏出版社,2006:12.
④ [古希腊]柏拉图.理想国[M].郭斌和,张竹明,译.北京:商务印书馆,1986:140.
⑤ [古希腊]柏拉图.法篇[A].[古希腊]柏拉图.柏拉图全集(第三卷)[C].王晓朝,译.北京:人民出版社,2003:478.
⑥ [古希腊]柏拉图.法篇[A].[古希腊]柏拉图.柏拉图全集(第三卷)[C].王晓朝,译.北京:人民出版社,2003:477.
⑦ [古希腊]柏拉图.法篇[A].[古希腊]柏拉图.柏拉图全集(第三卷)[C].王晓朝,译.北京:人民出版社,2003:636.
⑧ [古希腊]柏拉图.政治家[A].[古希腊]柏拉图.柏拉图全集(第三卷)[C].王晓朝,译.北京:人民出版社,2003:145—146.

的人。"柏拉图的目标是要培养一个哲学家统治者,他应该用训练有素的理智而非法律条文来统治国家,或者,如果那个目标达不到的话,就培养一个哲学家立法者,他应该把明智和悟解的精神渗透于法律条文中。前者是《理想国》的理想,后者是《法律篇》的理想。"①柏拉图的这个思路后来影响了卢梭。卢梭模仿柏拉图,他在《爱弥儿》中提出他的精英教育方案(立法者的教育);同时他又在《社会契约论》中提出他的平民教育方案。

(三) 精英教育与大众教育的整合

按照阿尔法拉比(Al-Farabi,870—950)的说法,柏拉图见证了苏格拉底式方法在面对"无知"大众时的"苍白无力"。他明白理想国家的建设如果只有苏格拉底式方法是行不通的,必须寻找一种新的方法来解决苏格拉底式方法的"短板"。柏拉图成功了,"他搞懂了色拉叙马霍斯在形成青年人的品质和教导大众方面,比苏格拉底更能干:苏格拉底只具有对正义和美德进行科学研究的能力,以及一种爱的力量,却并不具有形成青年和大众的品格的能力。"②柏拉图的这种针对潜在哲人美德的"苏格拉底式方法"和指向大众美德的"智者技艺"的珠联璧合,共同组成建设理想国家所必须的"柏拉图方法"。

既目睹了"苏格拉底式方法"在向城邦民众教授美德时的失败和"无奈",又看到"智者技艺"的"如鱼得水"及所换来的成果,这种"双重落差"在柏拉图那里引发反思:"苏格拉底方法"使苏格拉底本人付出了"血的代价"。苏格拉底在运用苏格拉底式方法进行美德教育时,总是以别人的"无知"作为教育的突破口。尽管他的意图是善良的,但是这种方式导致与他对话的许多人,因在大庭广众之下被"反讽"而感到羞愧和愤怒甚至暴跳如雷。比如,《高尔吉亚篇》中就有人抗议:"你这个人就不能停止胡言乱语吗? 告诉我,苏格拉底,如果有人出现了口误,而你把年纪的人还要在那里吹毛求疵,你不感到可耻吗?"③他们认为苏格拉底把讨论引入这样的死胡同是"可恶至极"。④ 在《美诺篇》中,美诺甚至认为苏格拉底的方法属于"歪门邪道"。⑤ 苏格拉底的反讽也曾经使色拉叙马霍斯怒不可遏。⑥ 这些被羞辱之人(色拉叙马霍斯除外)后来成为苏格拉底被审判时主动控告他的一股势力。

柏拉图认识到智者在城邦中的重要意义。他将智者分为两种:一种是苏格拉底一直批判的传统的智者;另一种是柏拉图理想国家建设中不可或缺的色拉叙马霍斯式的人物。⑦ "色拉叙马霍斯方法"的实质是对修辞学的正确使用。"在民众面前,无论谈论

---

① [英]巴克.希腊政治理论[M].卢华萍,译.长春:吉林人民出版社,2003:157.
② [古阿拉伯]阿尔法拉比.柏拉图的哲学[M].程志敏,译.上海:华东师范大学出版社,2006:51—52.
③ [古希腊]柏拉图.高尔吉亚篇[A].[古希腊]柏拉图.柏拉图全集(第一卷)[C].王晓朝,译.北京:人民出版社,2003:375.
④ [古希腊]柏拉图.高尔吉亚篇[A].[古希腊]柏拉图.柏拉图全集(第一卷)[C].王晓朝,译.北京:人民出版社,2003:337.
⑤ [古希腊]柏拉图.美诺篇[A].[古希腊]柏拉图.柏拉图全集(第一卷)[C].王晓朝,译.北京:人民出版社,2003:505.
⑥ [古希腊]柏拉图.理想国[M].郭斌和,张竹明,译.北京:商务印书馆,1986:16.
⑦ 色拉叙马霍斯式的人物具有两个角色:第一,作为苏格拉底式哲人的教育对象,主要是传统的智者式人物;第二,经苏格拉底式哲人的教导而得以翻身,变成大众美德的教育者的角色。

的是什么主题,修辞学家都要比其他手艺人更具有说服力。"①具有这种修辞学技艺的智者在苏格拉底式哲人的指导下可以担当大众教育的责任,成为"大众的美德教师"。升级为"教育者"的色拉叙马霍斯式的人物是理想国家统治者(哲人)和城邦公民之间的"联络者"。苏格拉底式哲人"撷取所需",看到其在教导民众时的优异表现,将其纳入麾下,使其成为城邦公民美德教育的人选。他们在民众中的影响力和吸引力更是显而易见的。"普罗塔戈拉吸引了他所经过的各个城邦的人,用奥菲斯一样美妙的声音迷惑他们,而人们也像是被符咒镇住了似的跟着来到这里……"②这一类人经过苏格拉底式哲人教导,他们已经成为"另类智者"。柏拉图将原本对"色拉叙马霍斯"式人物厌恶的态度转变为将他们"收为己用",从而使得美德教育的这两种方式得到结合:"苏格拉底的方式只能让哲人与精英们沟通,色拉叙马霍斯的方式则可以让哲人与大众沟通,所以苏格拉底的方式必须和色拉叙马霍斯的方式结合起来。"③按照柏拉图的思路,"哲学家、君主和立法者应该有能力运用两种方法:对特权阶层用苏格拉底的方法,对青年人和大众用色拉叙马霍斯的方法"。④ 色拉叙马霍斯由此而不再是苏格拉底的敌人,"现在成了朋友"。⑤

　　从事大众美德教育的"另一群体"是制造神话的诗人。传统观点认为,柏拉图谴责诗人和否定诗歌是不容掩饰的事实,但"柏拉图这位好诗爱智的诗人哲学家,对于诗歌艺术的态度是复杂而矛盾的"。⑥ 柏拉图并不简单地"驱逐诗人",而是有条件地选择和利用诗人来实现自己的道德与政治理想。⑦ 在柏拉图看来,诗人借助诗歌所产生的强大影响力可以与智者的修辞术技艺相媲美。"诗人迎合的是具有强烈情欲的多数的城邦公民,而这是少数爱善哲人所根本无力对抗和改变的。"⑧诗人的诗歌如同智者的修辞术在理想国城邦美德教育中有异曲同工之用。不过,在柏拉图看来,传统的诗人不应出现在理想国家,在这里存留的诗人必须经过城邦统治者的教导和审查。"'我们要驱赶荷马和索福克勒斯,请来色拉叙马霍斯。'必须赶走悲剧和悲剧之父,为的是建立正义的城邦。这绝不是驱逐诗歌本身,而是要驱逐荷马的诗歌……色拉叙马霍斯这个名字代表一类新的诗歌,这类诗歌由哲人来指导谱写,目的是抚慰民众。"⑨在理想国家的建设中,柏拉图将哲人与诗人、哲学与诗学结合起来。从这个意义上说,哲人需要下降,

---

① [古希腊]柏拉图.高尔吉亚篇[A].柏拉图全集(第一卷)[C].王晓朝,译.北京:人民出版社,2003:331.
② [古希腊]柏拉图.普罗泰戈拉篇[A].[古希腊]柏拉图.柏拉图全集(第一卷)[C].王晓朝,译.北京:人民出版社,2003:435.
③ [德]杜夫曼.苏格拉底:政治哲学的起源和重建[A].胡慧茹,译.刘小枫,陈少明.苏格拉底问题[C].北京:华夏出版社,2005:179.有关色拉叙马霍斯的转化与利用的更多讨论,详见:Strauss, L. The City and Man, Chicago: The University of Chicago Press, 1644:80-129.
④ [古阿拉伯]阿尔法拉比.柏拉图的哲学[M].程志敏,译.上海:华东师范大学出版社,2006:51.引用时对译文略有调整.
⑤ [美]朗佩特.施特劳斯在柏拉图式政治哲学史上的地位[A].刘小枫.施特劳斯与古典政治哲学[C].张新樟,游斌,贺志刚,宗成河,等,译.上海:三联书店,2002:697.
⑥ 王柯平.《理想国》的诗学研究[M].北京:北京大学出版社,2005:287.
⑦ 王柯平.《理想国》的诗学研究[M].北京:北京大学出版社,2005:295.
⑧ 李长伟.古典传统与公民教育[M].北京:教育科学出版社,2010:156.
⑨ [美]朗佩特.施特劳斯在柏拉图式政治哲学史上的地位[A].刘小枫.施特劳斯与古典政治哲学[C].张新樟,游斌,贺志刚,宗成河,等,译.上海:上海三联书店,2002:698.

"需要用神话和诗来教化公民"。①

三、亚里士多德的实践智慧

亚里士多德(Aristotle,公元前 384～前 322)是百科全书式的学者,有人称他是"古代的黑格尔"。不过,亚里士多德在当时并不著名。作为一个"外邦人",他在雅典本来就不受欢迎,再加上他与马其顿王亚历山大大帝有师生关系,更使他成为雅典反马其顿情绪的牺牲品。他的著作和讲稿生前没有出版,手稿和抄本只在少数私人朋友中流传。这些手稿一度失传,"200 年后在故乡友人的地窖中又重新被发现"。② 后来,亚里士多德的手稿传入阿拉伯世界并因阿拉伯学者的"译注"使亚里士多德著名,然后再反过来传入欧洲。其著述数量之多,而被失传的时间之久、被辗转藏匿的过程之复杂以及当时能够承载书写的"纸张"(草纸或羊皮纸)之简陋,使得亚里士多德的著作被重新发现的过程简直像虚构的神话故事。也因此有人认为所有亚里士多德的作品是后人的托古言志式的伪造。③

柏拉图的政治哲学追求"哲人王"式的"君主制"。鉴于柏拉图的政治方案太"理想",又鉴于"居鲁士"太实际而过于奸诈、狡猾、完全不讲"原则"和德性,于是,色诺芬憧憬柏拉图和居鲁士之间的统治类型:既像居鲁士一样立足于"现实",又不放弃柏拉图式的"理想"(哲人德性的光辉)。

亚里士多德本着"吾爱吾师,吾更爱真理"④的哲学精神,直接对柏拉图的理论理性提出批判,以"实践理性"的优先性取而代之。柏拉图与亚里士多德之间的师徒之争是西方教育内部冲突的第一次演示。而且,柏拉图与亚里士多德的师徒之争,在苏格拉底与色诺芬师徒之间已经有了某种预演。

"实践"是古典政治哲学的基本主题,至少在亚里士多德那里,实践已经成为政治哲学的关键词。亚里士多德所理解的实践主要是政治实践、公民生活。在他看来,虽然"求知是人类的本性"⑤,但是,并非所有人都适合"实践"(政治实践)。"一个人无论在年纪上年轻还是在道德上稚嫩,都不适合学习政治学。"⑥莎士比亚在戏剧《特洛伊鲁司与克蕾斯达》中有一句名言:"年轻人并不适合于听政治学",据说这句话是莎士比亚接受了亚里士多德的影响。⑦

亚里士多德的政治学汲取了柏拉图的理想,但更重视现实行动的复杂性而不得不

---

① 李长伟.古典传统与公民教育[M].北京:教育科学出版社,2010:164.
② 详见:靳希平.亚里士多德传[M].石家庄:河北人民出版社,1997:2.
③ 详见:何新.希腊伪史考[M].北京:同心出版社,2013:66—69、125—139.
④ 亚里士多德的原话是:"虽然友爱与真理两者都是我们的所爱,但爱智慧者的责任却首先是追求真理。"详见:[古希腊]亚里士多德.尼各马可伦理学[M].廖申白,译.北京:商务印书馆,2003:13.后来罗马人将这个说法加工为"吾爱吾师,吾更爱真理"。详见:余纪元.亚里士多德伦理学[M].北京:中国人民大学出版社,2011:16.
⑤ [古希腊]亚里士多德.形而上学[M].吴寿彭,译.北京:商务印书馆,1997:1.
⑥ 此处主要采用刘小枫的翻译,兼采廖申白的翻译.详见:刘小枫.施特劳斯的路标[M].北京:华夏出版社,2011:304;[古希腊]亚里士多德.尼各马可伦理学[M].廖申白,译.北京:商务印书馆,2003:7—8.
⑦ [古希腊]亚里士多德.尼各马可伦理学[M].廖申白,译.北京:商务印书馆,2003:7.

采用更务实的态度。他在《形而上学》中将知识分为三种：理论、实践和技术（制作）。[①]
与之对应的三种哲学或三种理性为：理论哲学（也可称为理论理性）、实践哲学（也可称
为实践理性或实践智慧）和技术哲学（也可称为技术理性）。亚里士多德认为，真正能够
帮助实践者解决实际问题的既不是理论也不是技术，而是实践智慧（phronesis，也译为
"审慎"）。[②] 理论或技术是否能够派上用场，取决于实践者是否具有必要的实践智慧。
亚里士多德之后，实践以及实践哲学朝两个方向发展：一个方向是实践与技术接近，实
践活动完全等同于技术活动，而丢失了亚里士多德所强调的自由精神。另一个方向由
康德开创，他使实践哲学成为自由意志，而淡化了亚里士多德式的实践哲学所强调的审
慎、明智的"实践智慧"。

亚里士多德沿着色诺芬开创的方向继续往前走。他将柏拉图开创的理想化的"政
治哲学"（political philosophy）转换为直接面对社会行动的"政治科学"（political
science）。有人认为，柏拉图（以苏格拉底的名义）建立了政治哲学，而亚里士多德建立
了政治学。[③] 亚里士多德与柏拉图的分歧可以理解为政治科学与政治哲学的分歧。柏
拉图的"政治哲学"坚持绝对主义的价值观，绝不与现实妥协，设计了绝对美好的"言辞
中的城邦"（理想国），以此区别于现实行动中的城邦。与之相反，亚里士多德宁愿走"政
治科学"（也称"政治学"）的路子，更重视哲学对现实行动的指导。

亚里士多德主张放弃柏拉图式的"哲人王"统治，而让某些有德者"轮流"执政，由柏
拉图式的"寡头制"走向"民主制"。亚里士多德提倡的轮流执政实际上是对激情的重新
肯定和对理性的有意节制。[④] 亚里士多德并非完全鄙视柏拉图的哲人王统治的理想政
制，但是，他更愿意像他的"师叔"色诺芬那样，既认识善的本质，又在万不得已的情境下
保持变通和妥协。亚里士多德更愿意立足于现实，承认人的自然欲望，以此调整可知的
理想世界和可见的现实世界的冲突以及"好人"（理想的"至善"的人）与"好公民"（积极
参与现实政治生活的人）的冲突。按照实践优先性的思路，亚里士多德在柏拉图的理想
国与现实政治实践中的"自然欲望"之间保持"中庸"（moderation）的立场。也因此有人
认为亚里士多德与孔子的学说"常有惊人的相似之处"。[⑤]

柏拉图哲学具有数学气质和几何式的论证而亚里士多德哲学处处显示出生物学气
味和生物学的类比。[⑥] 按照康德的说法，"亚里士多德可以看作经验主义者的首领，柏
拉图则可以看作理性主义者的首领"。[⑦] 中国人看重经验哲学和实践理性，也因此比较
容易接受亚里士多德而对柏拉图敬而远之，"亚里士多德在我国学界受到重视的程度远
远高于柏拉图"。[⑧] 不过，古今中外依然有大量的学者更愿意站在柏拉图那边。

---

① 也译为：实用、制造和理论。详见：[古希腊]亚里士多德.形而上学[M].吴寿彭，译.北京：商务印书馆，
　1991：118.
② 与 phronesis 相应的英语有 prudence 或 practical wisdom。与之相应的汉语有：智慧、明智或智谋。详见：
　刘宇.实践智慧的概念史研究[M].重庆：重庆出版社，2013：3—5.
③ [美]尼柯尔斯.苏格拉底与政治共同体[M].王双洪，译.北京：华夏出版社，2007：187.
④ [美]尼柯尔斯.苏格拉底与政治共同体[M].王双洪，译.北京：华夏出版社，2007：190.
⑤ 详见：[美]白璧德.民主与领袖[M].张源，张沛，译.北京：北京大学出版社，2011：123.
⑥ 详见：李力研.野蛮的文明：体育的哲学宣言[M].北京：中国社会出版社，1998：144.
⑦ [德]康德.纯粹理性批判[M].邓晓芒，译.北京：人民出版社，2004：643.
⑧ 刘小枫.施特劳斯的路标[M].北京：华夏出版社，2011：192.

第 3 节　希腊化罗马时代的自然法及其教育哲学

苏格拉底学派普遍重视社会化的政治哲学,而希腊化时期更多地显示为"非政治"的个人伦理哲学。希腊化罗马时代的主流教育哲学是斯多葛学派、伊壁鸠鲁学派和怀疑主义学派。罗马时代的斯多葛学派虽然延续了希腊化时代的斯多葛学派的某些追求,但罗马时代的斯多葛学派显示出更多的入世精神。希腊化哲学远离主流政治的主要原因在于当时的政治环境出现了重大变化。民主政制城邦突然陷落,希腊人被"蛮族"(马其顿人、罗马人)征服,处于"亡国奴"的状态,不得不臣服于"外族"的"军阀"统治,这使"政治学"一度成为讨论的禁区。希腊化时期的哲人类似中国魏晋时期的"竹林七贤"①,尤其接近"非汤武而薄周孔"、"越名教而任自然"的嵇康风度。②

希腊化罗马时代的重要哲学流派主要包括伊壁鸠鲁学派、怀疑主义学派和斯多葛学派。此前的小苏格拉底学派尤其是第欧根尼的犬儒主义学派虽然与苏格拉底学派同时产生,但在精神气质上更接近希腊化罗马时代的教育哲学。

一、第欧根尼的犬儒主义

"小苏格拉底学派"在时间上与苏格拉底学派中的柏拉图哲学几乎同时诞生。比较有影响的"小苏格拉底学派"主要有犬儒学派(安提斯泰尼、第欧根尼创立)、昔勒尼学派(阿里斯底波创立)和麦加拉学派(欧几里得创立)、斐多学派,等等。其中,犬儒学派影响较大。

犬儒学派的创始人安提斯泰尼(Antisthenes,公元前 445～前 365)、第欧根尼(Diogenes,公元前 404～前 323)等人与柏拉图同时接受苏格拉底的影响。他们直接师从苏格拉底,甚至声称自己的哲学代表苏格拉底的真传。犬儒学派对柏拉图学派等主流学派构成了某种批判和对抗。黑格尔甚至认为,"在这里开始出现了希腊精神的逆转"。③ 也有人认为,第欧根尼虽然与柏拉图和亚里士多德是同时代人,但是,"他的学说在气质上却属于希腊化时代"。④

以犬儒学派为代表的"小苏格拉底学派"虽然没有形成完整的哲学体系⑤,不像柏拉图学派那样拥有众多的弟子并成为长期影响后世哲学的主流,不过,从古希腊哲学发展的内在逻辑来看,犬儒学派与其他苏格拉底学派(尤其是柏拉图的学园派)构成了彼

---

① 有关"竹林七贤与魏晋风度"的讨论,详见:卫绍生.竹林七贤研究[M].北京:社会科学文献出版社,2016:34—89.

② 详见嵇康的《释私论》和《与山巨源绝交书》。

③ [德]黑格尔.哲学史讲演录(第二卷)[M].贺麟,王太庆,译.北京:商务印书馆,1960:136.

④ [英]罗素.西方哲学史(上卷)[M].何兆武,李约瑟,译.北京:商务印书馆,1963:295.

⑤ 以第欧根尼为代表的犬儒学派追求"自然"和"德性"的生活方式,并不重视建立系统的哲学纲要。按照黑格尔的说法,"犬儒派没有什么哲学的教养,也没有使他们的学说成为一个系统,一门科学;后来才由斯多葛派把他们的学派把他们的学说提高为一个哲学学科。"[德]黑格尔.哲学史讲演录(第二卷)[M].贺麟,王太庆,译.北京:商务印书馆,1960:142.

此对立甚至分庭抗礼的另一种声音和另一条道路。①

(一) 第欧根尼与犬儒学派

犬儒学派由安提斯泰尼首创,但他的学生第欧根尼影响更大。拉斐尔的壁画《雅典学园》描绘了古希腊哲人在一起散步、交谈的场景。壁画中斜倚在台阶上的那个人一般认为是第欧根尼。

犬儒学派是苏格拉底哲学的另类,但犬儒学派的创始人将自己的犬儒学派视为苏格拉底的道统(延续了苏格拉底的朴素衣食、简单生活的传统)。有人认为古希腊犬儒学派由苏格拉底的学生安提斯泰尼创立,也有人认为古希腊犬儒学派由第欧根尼创立,另有人认为真正创立者是第欧根尼的学生克拉底(Crates,公元前 365～前 285)。比较可信的说法是:安提斯泰尼、第欧根尼和克拉底三人一起参与了犬儒派的创建。安提斯泰尼、第欧根尼和克拉底三人之中,安提斯泰尼直接师从苏格拉底,是犬儒学派的第一人。第欧根尼师从安提斯泰尼,但在犬儒行为方式上比他的老师起了更重要的作用。克拉底师从第欧根尼,但他有意识地将第欧根尼的某些过激的犬儒行为软化,为后来犬儒学派的存在与转型打下了基础。②

安提斯泰尼继承了苏格拉底藐视权威、抵制习俗、拒绝家庭生活、鄙视财富的伦理精神。第欧根尼比他的老师走得更远。安提斯泰尼虽然贫困艰苦,但他有一座房子,有少量的财产,常常陪伴苏格拉底到富人家里参加"会饮"。第欧根尼却甘于赤贫,乞讨度日,以天为被,以桶为家。第欧根尼与世俗彻底决裂,对习俗的一切制度规范、道德礼仪不屑一顾,自愿与禽兽为伍,抛弃世俗的一切羞耻感。

也许正因为第欧根尼把犬儒行为推到极致,他的学生克拉底着手对犬儒的调整,使犬儒的生活与习俗的张力趋向缓和。他与第欧根尼一样鄙视世俗的制度和权威,但在必要时仍然愿意与统治者周旋。③

在众多的小苏格拉底学派中,犬儒派是一个惊世骇俗却又影响久远的学派。麦加拉学派、昔勒尼学派等小苏格拉底学派很快就后继无人或融入别的学派而销声匿迹,但犬儒学派源远流长、根深枝茂。"从公元前 4 世纪到公元 5 世纪,犬儒派作为一种社会现象持续时间之久,在古代世界的历史上是罕见的。"④

犬儒学派虽然内部意见并不统一,各个犬儒主义者的行为方式也不完全一致,但是,犬儒派整体上仍然显示出两个共同的精神:锤炼身体,培养德性。用类似锤炼身体

---

① 小苏格拉底学派(比如第欧根尼哲学)之于苏格拉底学派(比如柏拉图哲学),类似中国的道家(比如庄子哲学)之于儒家(比如孔子哲学)。有关第欧根尼哲学与庄子哲学的比较研究,详见:杨巨平.古希腊罗马犬儒现象研究[M].北京:人民出版社,2002:194—231.
② 详见:杨巨平.古希腊罗马犬儒现象研究[M].北京:人民出版社,2002:65.
③ 杨巨平.古希腊罗马犬儒现象研究[M].北京:人民出版社,2002:73.
④ 杨巨平.古希腊罗马犬儒现象研究[M].北京:人民出版社,2002:4.不过,黑格尔在《哲学史讲演录》中对犬儒主义并不看好。不仅不承认它是一种哲学,对其生活方式也冷嘲热讽甚至辱骂。在黑格尔看来,安提斯泰尼和第欧根尼还是算是"很有教养的人",但是,"后来的犬儒派由于一种极突出的无耻,也是同样令人生厌,而他们不过是一些肮脏的恬不知耻的乞丐,在恬不知耻中得到他们的满足。他们向别人显示这种恬不知耻;他们在哲学上是不值得注意的"。详见:[德]黑格尔.哲学史讲演录(第二卷)[M].贺麟,王太庆,译.北京:商务印书馆,1960:150.

的方式锤炼德性。①

　　表面看来，犬儒派似乎玩世不恭而抵制政治，事实上，犬儒派是以愤世嫉俗的批判的方式关怀政治，而且直接以特立独行的生活实践展示了对主流政治生活的拒绝和批判。有学者认为，他们既非赫拉克利特那样的厌世者，也不是伊壁鸠鲁式的避世者。他们依然选择了城市生活，而且出没于热闹的街市、体育场、剧场、运动会等人群密集的地方。他们之所以特别选择了热闹的街市，目的就在于向世人展示另外一种生活方式，以新生活的形象催促世人反省当下的政治生活。② 相比之下，柏拉图和亚里士多德学派倒是退回到政治的幕后，成为远离政治现实的学院派。

（二）第欧根尼的教育哲学

　　第欧根尼的教育思想散见于他的《理想国》、《论德性》、《论善》、《论财富》、《论爱》等作品之中，③而且延续了犬儒学派"身教"重于"言传"的传统。第欧根尼的教育故事在普鲁塔克（Plutarch，46～120）的《名人传》、拉尔修（D. Laertius，200～250）的《主要哲学家的生平与思想》（其中第六卷为九位犬儒立传）等文献中有详细的记录。

　　第欧根尼对当时风行的柏拉图学派式的教育方式极不认同。第欧根尼"激烈地反对柏拉图"。他认为"柏拉图的演讲是浪费时间"，既浪费演讲者自己的时间，也浪费听讲者的时间。他认为"美德是一个行动的问题，并不需要许多的学问，也不需要费许多的口舌"。④

　　第欧根尼信奉自然和自由的生活，重视"身体训练"和"德性训练"两个方面。他认为"训练分为精神训练和体力训练两种"。应该像训练体力那样去训练人的精神。"在这种训练中，光有一半而没有另一半是不完全的。"第欧根尼提醒人们"训练"的艰苦与艰巨。"如果没有艰苦的实践，生活中任何事情都不会有成功的机会；实践可以战胜一切。"⑤

　　在身体训练方面，第欧根尼将物质生活的需要降到最低的限度，风餐露宿，四海为家。第欧根尼认为人应该"顺应自然"，而不做徒劳无益之事。第欧根尼延续了他的老师安提斯泰尼的行头：身穿破烂不堪的短外套，肩背一个破皮袋子，手里拿根象征权杖的木棍或拐杖。"他像一个印度托钵僧那样以行乞为生。"⑥他信奉自然，以动物的生活作为楷模。"在这一点上他类似于道家、卢梭和托尔斯泰，但是要比他们更加彻底。"⑦第欧根尼在卢梭之先就看到政治文明和科学技术的进步不仅不利于人类的幸福，反而导致人类的腐败和堕落。

　　在训练德性方面，第欧根尼把"重新评估现行的种种价值"作为自己的座右铭（尼采

---

① 详见：［德］黑格尔.哲学史讲演录（第二卷）［M］.贺麟，王太庆，译.北京：商务印书馆，1960：146.黑格尔对犬儒学派的解释几乎全部来自拉尔修的《名哲言行录》。
② 详见：杨巨平.古希腊罗马犬儒现象研究［M］.北京：人民出版社，2002：85.
③ 这些作品大多失传，也有人认为"第欧根尼没有留下任何著作"。［古希腊］拉尔修.名哲言行录［M］.马永翔，等，译.长春：吉林人民出版社，2003：375.
④ ［德］策勒尔.古希腊哲学史纲［M］.翁绍军，译.上海：上海人民出版社，2007：121.
⑤ D. Laertius. Lives and Opinions of Eminent Philosophers［M］. tr. by C. Yonge. Bohn's Classical Library, 1853：243.
⑥ ［英］罗素.西方哲学史（上卷）［M］.何兆武，李约瑟，译.北京：商务印书馆，1963：293.
⑦ ［英］罗素.西方哲学史（上卷）［M］.何兆武，李约瑟，译.北京：商务印书馆，1963：295.

的"重估一切价值"也许受其影响)。他所重新评估的种种价值,除了自然的美好生活之外,还有自由以及自由意志。显示第欧根尼的"自由"精神以及"自由意志"的著名事件是第欧根尼与亚历山大大帝的见面。这个故事以第欧根尼的"不要挡住我的阳光"和对方的"如果我不是亚历山大,我就愿意做第欧根尼"闻名后世。① 第欧根尼把不服从任何权贵和权威的自然人或自由人称为"世界公民"。有人问他来自何处,第欧根尼说:"我是世界公民。"②

(三) 第欧根尼的苦行论与阿里斯底波的快乐论的比较

苏格拉底学派的主流是柏拉图哲学。柏拉图不仅借助苏格拉底的名义系统地建立了自己的学说,而且又幸运地遇到了亚里士多德那样勤奋而博学的学生。苏格拉底—柏拉图—亚里士多德成为哲学史上的连体哲人(一般称为"古希腊哲学三杰")。不过,柏拉图学派(以及色诺芬学派)主要局限于学园内部,对当时的日常伦理生活并不产生直接的影响。真正对时人的日常伦理生活产生影响的是犬儒学派和昔勒尼派。"有两个伦理学派兴起,各以苏格拉底的某些学术为基础,这就是由阿里斯普斯在塞仁奈所建立的快乐学派和由安提斯泰奈斯在雅典的塞诺萨尔格体育场所建立的犬儒学派。"③

据德国学者维兰德(C. Wieland,1733～1813)考证,最真实地描述苏格拉底的人是色诺芬(而不是柏拉图),而最熟练掌握苏格拉底的方法的人是阿里斯底波(也不是柏拉图)。阿里斯底波深得苏格拉底对话的真传,懂得如何"促成对话过程的继续",避免人们的谈话"卡壳",或者"预防人们忽视需要讨论的某一方面"。阿里斯底波从他的老师苏格拉底那里学到的"对话"的方法,尤其善于以巧妙的言辞赢得各类统治者的欢心,长期住在狄奥尼修家里,很受宠爱。第欧根尼把阿里斯底波戏称为"御犬"。

表面上看,阿里斯底波与第欧根尼的伦理哲学几乎完全相反,彼此对立。前者追求快乐,后者主张苦行。第欧根尼以自己的苦行主义反对阿里斯底波的快乐论,把成为有德性的人作为座右铭。不过,二者仍有一个重要的相似和相同:他们都看重个人的伦理生活尤其看重个人的自由意志。阿里斯底波与第欧根尼一样对政治并不热心,即便与僭主周旋,他也只是以快乐为目的而不以政治为目的。

二、伊壁鸠鲁学派的快乐主义

有关伊壁鸠鲁(Epicurus,公元前341～前270)哲学以及伊壁鸠鲁学派的主要争议有:伊壁鸠鲁是一个快乐主义者还是节制主义者?伊壁鸠鲁是一个彻底的无神论者但他本人为什么公开承认神是存在的而且亲自参加敬神的活动?伊壁鸠鲁的自然哲学何以表面上看是对德谟克利特的感觉论(经验论)的抄袭而实际上却显示为观念论?为什么德谟克利特说"我发现一个新的因果关系比获得波斯国的王位还要高兴"而伊壁鸠鲁却说"生活在必然性之中,是不幸的"?作为对这些问题的回应,这里重点关注伊壁鸠鲁

① D. Laertius. Lives and Opinions of Eminent Philosophers [M]. tr. by C. Yonge. Bohn's Classical Library,1853:230. 另参见该书第 228 页。
② [古希腊]拉尔修. 名哲言行录[M]. 马永翔,等,译. 长春:吉林人民出版社,2003:365.
③ [美]梯利. 西方哲学史(增补修订版)[M]. 伍德,增补,葛力,译. 北京:商务印书馆,1995:59.

学说的两个核心观念。一是快乐主义，二是观念论。①

（一）身体无痛苦、灵魂无纷扰：伊壁鸠鲁的伦理哲学

伊壁鸠鲁学派的核心追求是过一种无激情的"身体无痛苦"和"灵魂无纷扰"的生活。为了保持灵魂无纷扰，伊壁鸠鲁主张退出世俗的政治生活而回归自然。他认为"智慧之人不会参与政治"。② 伊壁鸠鲁学派既不同于热衷于政治哲学的苏格拉底学派，也不同于热衷于自然法的斯多葛学派。伊壁鸠鲁学派更多地显示为关注个人幸福生活的"菜园哲学"或"治疗哲学"。伊壁鸠鲁把远离政治而"不为人知地活着"作为学派的第一训诫。③ 他为此买了一座花园，他的信徒和朋友都住在这座花园里，"各地的朋友都归附伊壁鸠鲁，和他一起在花园里生活"。④ 伊壁鸠鲁死后立下遗嘱，把他的花园留给他的学生以便承传他的菜园哲学的志业。

为了实现"灵魂无纷扰"，伊壁鸠鲁除了鼓励人们"不为人知地活着"、过简单的自然生活，他还强调对事物的原因进行哲学研究或接受"哲学治疗"，必要时甚至可以辞职而接受哲学治疗，以此避免因无知或迷信而带来恐惧。

为了寻找安全感和幸福感，大众和一般哲学倾向于信神。信神意味着把自己的命运交给神来管理，让神来保护自己。与之相反，伊壁鸠鲁悍然主张人的幸福由人自己负责而不由神主管。人凭借"哲学的治疗"就可以心安理得地面对世界而不再过担惊受怕的生活。把幸福建立在哲学而不是神学之上，伊壁鸠鲁并不是提出这个思路的第一人。前苏格拉底哲学以及苏格拉底学派几乎都有这样的理想。但是，伊壁鸠鲁大概是第一个明确主张哲学具有心理治疗功能的人。伊壁鸠鲁学派几乎就是进行"哲学治疗"的心理咨询学派。

（二）观念论：伊壁鸠鲁的自然哲学

伊壁鸠鲁的自然哲学是为他的"幸福伦理学"服务的，一切为了获得灵魂的安宁。伊壁鸠鲁认为事物由"原子"构成，而原子因其重量而下落并保持持续的运动。原子在运动过程中既可能呈现为直线运动，有时也可能"会从它们的轨道稍稍偏斜"，"略略改变方向"而并非呈机械的直线状态。⑤ 正因为伊壁鸠鲁承认原子有偏斜运动的可能，伊壁鸠鲁才由此而强调世界的偶然性而不是必然性，并由此进一步肯定人的主体性和自由意志而不是受命运的束缚。也正是在这点上，伊壁鸠鲁的自然哲学与德谟克利特出现差异甚至截然对立。虽然伊壁鸠鲁和德谟克利特都重视感觉，但德谟克利特的感觉是为了发现和验证客观的必然性，也因此走向实证主义的道路。为了发现和验证世界的真相（必然性），德谟克利特不得不进行大量的"经验的观察"。为了扩大视野，收集经

---

① 由于伊壁鸠鲁写作时几乎不引述他人的著作，因而攻击伊壁鸠鲁的人认为这两个主题都来自对他人著作的抄袭。比如，前者来自昔勒尼学派，后者来自德谟克利特（德谟克利特哲学除了提倡原子论也倡导快乐主义伦理学）。

② ［古希腊］拉尔修. 名哲言行录［M］. 马永翔，等，译. 长春：吉林人民出版社，2003：688.

③ ［美］克莱. 伊壁鸠鲁学园中的个人与共同体［A］. 罗晓颖，译. 罗晓颖. 菜园哲人伊壁鸠鲁［C］. 北京：华夏出版社，2010：170.

④ ［古希腊］拉尔修. 名哲言行录［M］. 马永翔，等，译. 长春：吉林人民出版社，2003：633. 在这点上，伊壁鸠鲁虽不相信亚里士多德式的人天生就是的政治动物，却也并不像犬儒主义那样完全拒绝共同体生活。相反，伊壁鸠鲁主张过一种新的共同体生活。后来的托尔斯泰庄园也许受了伊壁鸠鲁花园的影响。

⑤ ［古罗马］卢克莱修. 物性论［M］. 方书春，译. 北京：商务印书馆，1981：74.

验证据,德谟克利特热衷于考察,"走遍半个世界"。伊壁鸠鲁却更像一个静观其变的、怡然自得的、宁静的沉思者。伊壁鸠鲁很少离开他在雅典的花园。最后的结果是,"德谟克利特由于对知识感到绝望而弄瞎了自己的眼睛,而伊壁鸠鲁却在感到死亡临近之时洗了一个热水澡,要求喝醇酒,并且嘱咐他的朋友们忠实于哲学"。① 德谟克利特之所以弄瞎自己的眼睛,说明他最后由经验论皈依观念论。伊壁鸠鲁所强调的"忠实于哲学",其实就是拒绝德谟克利特式的经验考察而忠实于观念论的沉思。也正因为如此,德谟克利特说:"我发现一个新的因果关系比获得波斯国的王位还要高兴!"②而伊壁鸠鲁却说:"生活在必然性之中,是不幸的。"③

(三) 从快乐主义到怀疑主义

怀疑主义哲学也称为"悬而不决派"或"研究派"。由于皮浪(Pyrrhon,约公元前360～前270)比前人更加彻底地致力于怀疑论,怀疑主义哲学又被称为"皮浪派"或"皮浪主义"。表面上看,皮浪的怀疑主义哲学对知识问题耿耿于怀,似乎与伊壁鸠鲁的快乐主义相去甚远。实际上,皮浪的怀疑主义哲学依然显示出希腊化哲学的总体意向:摆脱有关知识的意见纷争,并由此悬隔判断,以便保持内心宁静。如果说,怀疑主义教育哲学的基本宗旨就在于教人内心宁静,那么,怀疑主义与伊壁鸠鲁主义和斯多葛学派在教育哲学上保持了一致的追求。

皮浪的怀疑论既分享了希腊化时期的伊壁鸠鲁学派的"灵魂无纷扰"的宁静气质和斯多葛学派的"无动于衷"的时代精神,又显示出对其他所有哲学的批判和反思。后者使皮浪的怀疑论具有某种"元哲学"的精神气质。它以"悬隔判断"的方式开启了哲学反思和哲学批判的新传统。

希腊化哲学的普遍追求是追求内心宁静而远离世俗生活尤其远离世俗的政治生活。与伊壁鸠鲁学派和斯多葛学派一样,皮浪的怀疑主义学派同样是为了获得内心宁静而展开哲学思考,也因此倾向于个人化的生命哲学而尽可能远离世俗政治和世俗的日常生活。皮浪本人在任何时候都镇定自若,泰然安详,冷漠而无动于衷。④

皮浪对自以为是的标榜有理性的人显得比较冷漠,但对非理性的动物反而比较感兴趣。柏拉图在《理想国》中对猪的生活、猪的城邦不屑一顾,可以想象,皮浪并不赞成柏拉图的自负。除了对猪的生活表达赞赏之外,皮浪认为狗也可能比人更强大。⑤ 皮浪之所以赞美猪或狗的生活,主要因为动物并不像人那样自以为是、自作主张而且各执一词而互不相让。在皮浪看来,各种独断论哲学与其坚持自己的一孔之见或门户之见,

① 转引自[德]马克思.德谟克利特的自然哲学和伊壁鸠鲁的自然哲学的差异[A].中央编译局,译.[德]马克思,[德]恩格斯.马克思恩格斯全集·第一卷(上)[C].北京:人民出版社,1995:24—25.这里"中央编译局"的全称是"中共中央马克思恩格斯列宁斯大林著作编译局",下同.
② 北京大学哲学系外国哲学史教研室.古希腊罗马哲学[C].北京:商务印书馆,1961:103.引用时对译文略有调整.另参见:[德]马克思.德谟克利特的自然哲学和伊壁鸠鲁的自然哲学的差异[A].中央编译局,译.[德]马克思,[德]恩格斯.马克思恩格斯全集·第一卷(上)[C].北京:人民出版社,1995:27.
③ 详见塞涅卡的《书信集》第12卷第42页.转引自[德]马克思.德谟克利特的自然哲学和伊壁鸠鲁的自然哲学的差异[A].中央编译局,译.[德]马克思,[德]恩格斯.马克思恩格斯全集·第一卷(上)[C].北京:人民出版社,1995:26.
④ 详见:[古希腊]拉尔修.名哲言行录[M].马永翔,等,译.长春:吉林人民出版社,2003:599.
⑤ [古希腊]恩披里克.悬搁判断与心灵宁静[M].包利民,等,译.北京:中国社会科学出版社,2004:16.

不如悬隔判断。只有彻底悬隔判断,人才赢得内心的宁静。

皮浪的怀疑论在罗马时代的"新学园派"以及现代哲人休谟那里得到延续。柏拉图学派的怀疑论主要显示为对感觉现象和个人意见的怀疑。这种怀疑论在罗马时代得到更充分的发展,罗马时代的柏拉图学派被称为"新学园派"(中期柏拉图主义)。

三、斯多葛学派的意志主义与罗马哲学

斯多葛学派由芝诺(Zeno,公元前 336～前 264)创立。芝诺最初师从犬儒派大师克拉底,后来著书立说,独立门派。他的弟子最初称为芝诺派,后来,因他们的聚会地点在画廊(stoa)(也有认为芝诺习惯于在画廊的大厅讲学或在画廊中边散步边讲学)而被称为"斯多葛学派"(也有人译为"斯多亚学派"或斯多阿学派)。芝诺以他的学说和德性赢得了时人的尊敬,甚至国王也常常拜访他,听他讲课,和他共餐,邀请他去宫廷。但是,斯多葛学派倾向于出世的生活。芝诺对政治并不热心,他甚至拒绝国王的邀请。①

斯多葛学派素有"体系化"的美誉,它把哲学分为"逻辑学"、"物理学"(自然哲学)和"道德学"(伦理学)三个部分。斯多葛学派把哲学类比为花园:"逻辑学是环绕周围的篱笆,伦理学是庄稼,物理学是土壤或树木。"②尽管斯多葛学派最看重它的物理学,但它对后世哲学影响最大的是伦理学。

(一)遵从"自然法"及其有节制的生活

尽管芝诺没有给出自然法的定义,但后人还是把"自然法"视为斯多葛学派的核心纲领。有人认为斯多葛学派创立了全新的自然法或自然权利理论。③

美好的德性一般被理解为符合习俗,但是,斯多葛学派的德性以"自然法"为标准④,追求"与自然相一致的生活","遵照自然的生活"⑤。"德性是指自然引导我们所朝向的那个目标。"⑥与自然相一致的德性,就是好德;违背自然的德性,就是坏德。

斯多葛学派与犬儒学派有近似的精神气质,都把遵从自然的德性修炼放在首位。"斯多葛主义最初表现为犬儒主义的模仿和完成。"⑦学派创始人芝诺最初就师从犬儒学派大师克拉底。但斯多葛学派尚在世俗之中,不像犬儒学派那样彻底地出世。

按照"自然法"的信念,斯多葛学派普遍保持了犬儒主义式的有节制的生活,据说芝诺"只靠清水、面包、无花果、蜂蜜生活"。⑧ 由此,芝诺主张调整教育的方向。他认为"通常的教育是无用的",唯一有用的教育就是成为内心强大的有德性的人。按照"自然法"

① 详见:[古希腊]拉尔修.名哲言行录[M].马永翔,等,译.长春:吉林人民出版社,2003:400—401.
② [古希腊]拉尔修.名哲言行录[M].马永翔,等,译.长春:吉林人民出版社,2003:418.
③ [美]施特劳斯.自然权利与历史[M].彭刚,译.北京:三联出版社,2006:148.
④ 芝诺及其斯多葛学派的"自然法"理论长期被忽视,后来逐渐受关注。有关斯多葛学派的"自然法"被忽视的说法,详见:瓦尔德特.伊壁鸠鲁式的正义[A].罗晓颖,译.罗晓颖.菜园哲人伊壁鸠鲁[C].北京:华夏出版社,2010:101.
⑤ 这是芝诺本人的一本书的书名.[古希腊]拉尔修.名哲言行录[M].马永翔,等,译.长春:吉林人民出版社,2003:398.
⑥ [古希腊]拉尔修.名哲言行录[M].马永翔,等,译.长春:吉林人民出版社,2003:438.
⑦ [德]黑格尔.哲学史讲演录(第三卷)[M].贺麟,王太庆,译.北京:商务印书馆,1959:26.
⑧ [德]黑格尔.哲学史讲演录(第三卷)[M].贺麟,王太庆,译.北京:商务印书馆,1959:11.

的信念,芝诺在《理想国》①中设计了自己的政治改革方案。芝诺的《理想国》与柏拉图的立足于"哲人王"的"理想国"不同,与第欧根尼的立足于世界公民的"理想国"比较接近。②

柏拉图、第欧根尼、芝诺三个人分别著《理想国》。③ 三者之间的观点虽然不尽相同,但前者在后者那里留下了明显的印记。在这点上,芝诺与此前的第欧根尼和柏拉图一样,可能受了斯巴达教育的影响。

(二) 自由意志及其对激情的抵制

斯多葛学派的首要精神是追求"自由意志",成为内心强大的"圣徒",坚守意志主义,追求超凡的"圣人的理想",④甚至把自由意志称为"一个人唯一可以信赖的东西"。⑤在追求"自然"与"自由意志"的方向上,斯多葛学派与犬儒学派是一致的,但斯多葛更重视自然律及其决定论。"这一学派始终坚持不变的主要学说,是有关宇宙决定论与人类自由的。芝诺相信并没有偶然这样一种东西,自然的过程是严格地为自然律所决定的。"⑥由此,善就是顺应天命,服从自然律和法律。他们主张严惩那些触犯法律的人。⑦

表面看来,自然法与个人的自由意志有内在的矛盾。⑧ 实际上,正因为斯多葛学派强调自然法,以自然为标准而不以世俗权威、习俗道德为标准,斯多葛学派才能够显示出与众不同的刚硬的自由意志。以自然为唯一的评价标准,人就可能因此而只听从自然的召唤、服从"天意"而拒绝任何外在的人间威权。⑨ 在斯多葛学派看来,履行了自由意志的人就遵循了自然命令。"每一个人由于履行了自然命令便发展了自己个人本质最内在的幼芽。"⑩

斯多葛学派坚持的自由意志首先显示为对"激情"的抵制并由此显示出"冷漠无情"、"无动于衷",防止激情对理性的干扰。⑪ 这也是希腊化罗马时代哲学的普遍追求。⑫ 自由意志也显示为对权威的无畏和对恐惧的拒绝。按照爱比克泰德的说法:"我不能逃避死亡,难道我还不能逃避对死亡的惧怕吗?"另一个频繁为后人引用的说法是:"除了恐惧本身,没有什么可恐惧的。"⑬为了克服恐惧,斯多葛学派强调用理性理解自

---

① 也译为"国家篇"或"共和国"。
② [古希腊]拉尔修.名哲言行录[M].马永翔,等,译.长春:吉林人民出版社,2003:414—455.
③ 三部《理想国》皆为意译。
④ 有关斯多葛学派的"圣人的理想"详见:[德]文德尔班.哲学史教程(上卷)[M].罗达仁,译.北京:商务印书馆,1987:221—239.
⑤ [古罗马]爱比克泰德.哲学谈话录[M].吴欲波,等,译.北京:中国社会科学出版社,2004:263.
⑥ [英]罗素.西方哲学史(上卷)[M].何兆武,李约瑟,译.北京:商务印书馆,1963:321.
⑦ [古希腊]拉尔修.名哲言行录[M].马永翔,等,译.长春:吉林人民出版社,2003:452.
⑧ 罗素认为"康德的伦理体系非常类似于斯多葛派的伦理体系",并详细地讨论了斯多葛学派的"自由意志与命定论的矛盾"。详见:[英]罗素.西方哲学史(上卷)[M].何兆武,李约瑟,译.北京:商务印书馆,1963:337—340.
⑨ [英]罗素.西方哲学史(上卷)[M].何兆武,李约瑟,译.北京:商务印书馆,1963:322.
⑩ [德]文德尔班.哲学史教程(上卷)[M].罗达仁,译.北京:商务印书馆,1987:232.
⑪ 在"无动于衷"和"冷漠无情"的自由意志的精神追求方面,斯多葛学派类似中国道家尤其是庄子哲学。
⑫ [德]文德尔班.哲学史教程(上卷)[M].罗达仁,译.北京:商务印书馆,1987:223.引用时对译文略有改动。
⑬ [美]斯通普夫.西方哲学史[M].匡宏,等,译.广州:世界图书出版公司,2009:95.这句话后来被美国总统罗斯福引用而成为四处传诵的"罗斯福名言"。爱比克泰德有关"害怕"的讨论,详见:[古罗马]爱比克泰德.哲学谈话录[M].吴欲波,等,译.北京:中国社会科学出版社,2004:303—308.

然的任何变化,遇事镇定,处变不惊,临危不乱。"智慧之人从不对任何看起来奇怪的事物感到奇怪。"①一般认为,这种无畏的圣徒气质和哲学精神源于苏格拉底。"斯多葛主义直接根植于苏格拉底,秉承了苏格拉底坚不可摧的定力以及对身外之物的超然态度。"②

(三) 作为罗马哲学的斯多葛学派

希腊化时代的斯多葛学派在罗马得到延续和发展。罗马时代的斯多葛学派有两个核心人物。一是西塞罗(M. Cicero,公元前 106~前 43),二是塞涅卡(L. Seneca,2~65)。两人一起构成了"罗马双雄",分别开创了演说与写作中的"西塞罗风格"和"塞涅卡风格"。③斯多葛哲学在他们的影响下一度成为罗马的"宫廷哲学"。

西塞罗哲学并不以理论的深刻或创见而著名,西塞罗哲学是"融合"哲学,它既有柏拉图哲学的元素,也有斯多葛哲学和智者哲学的影子。西塞罗哲学虽然一度被视为"旧传统的改头换面",但西塞罗的"融合"哲学代表了不同于希腊哲学和希腊化哲学的另一个方向。他的共和主义政治哲学是罗马哲学的典型。他的政治哲学显示或预示了现代自由民主政制的观念,甚至提供了"宪政"观念。④他的演说与写作则被传颂为"西塞罗风格"。

西塞罗是典型的罗马哲人,有人称之为罗马的"国父"、"名垂千古的罗马人"。西塞罗的共和哲学虽不是罗马精神的全部,但它是罗马精神的典型。西塞罗生于富有的骑士之家。早年在罗马接受严格的哲学和修辞学教育,后来前往雅典遍访名师。"他博采众长,融贯综合,形成了后世追慕效仿的'西塞罗风格'。"⑤西塞罗与昆体良(M. Quintilianus,35~95)同属古罗马著名的演说家、律师和教育家。西塞罗去世将近 80 年之后,昆体良出生。就教育家身份而言,昆体良似乎较西塞罗更著名。但就律师、政治家和演说家身份而言,西塞罗较昆体良更为著名。西塞罗做过律师和执政官,以雄辩著称。凯撒也因其雄辩而畏惧、拉拢他(但西塞罗始终拒绝接受凯撒的示好)。西塞罗的《论演说家》(后来又发表《演说家》)既是法学著作(该书后半部分大量地谈论法律),也是教育学著作。他把培养善辩的演说家视为教育的最终目的。

西塞罗一直追随柏拉图。据说他曾经誓言:"我宁愿与柏拉图一起犯错,也不跟那伙人一起正确。"⑥与柏拉图的《理想国》和《法律篇》遥相呼应,西塞罗也以对话体的方式发表自己的《理想国》⑦和《法律篇》。他的《论责任》、《论友谊》等著作可视为他的系列

---

① [古希腊]拉尔修.名哲言行录[M].马永翔,等,译.长春:吉林人民出版社,2003:452.
② [美]汉密尔顿.希腊的回声[M].曹博,译.北京:华夏出版社,2008:129.
③ 也有人认为凯撒和西塞罗是那个时代两个最睿智的人物。详见:[英]罗森.西塞罗传[M].王乃新,王悦,范秀琳,译.北京:商务印书馆,2015:84.
④ 详见:[古罗马]西塞罗.国家篇·法律篇[M].沈叔平,苏力,译.北京:商务印书馆,2002:53.
⑤ 西塞罗在后世流传的一个说法是:"给我一座花园和一间书房,我就心满意足了。"详见:[德]尼采.权力意志:重估一切价值的尝试(下)[M].孙周兴,译.北京:商务印书馆,2007:679.
⑥ 有人认为那伙人就是"毕达哥拉斯信徒"。详见:刘小枫.这一代人的怕和爱[M].北京:华夏出版社,2007:73.但也有人认为西塞罗以及柏拉图对毕达哥拉斯既赞赏有加又颇有微词。详见:[美]尼科哥斯基.西塞罗的苏格拉底[A].吴明波,译.刘小枫,陈少明.西塞罗的苏格拉底[C].北京:华夏出版社,2011:31—50.[英]罗森.西塞罗传[M].王乃新,王悦,范秀琳,译.北京:商务印书馆,2015:291.
⑦ 也译为"论共和国"或"国家篇"、"论国家"。

"理想"。与柏拉图的"理想国"相比,西塞罗的理想国显得比柏拉图的理想国离现实更近一些。柏拉图的理想国指向言辞中的城邦和遥远的未来,而西塞罗的理想国是对现实的国家的描述与肯定。西塞罗在他所处的时代已经看到了比较美好(理想)的国家。"理想的国家对西塞罗根本不是问题;他不必从他的灵魂中去创造它;他只要环顾四周:罗马就是个理想的国家。"①

除了西塞罗,罗马时代还有一个著名的斯多葛学派哲人塞涅卡。早期斯多葛学派的无动于衷和冷漠无情在罗马时代的斯多葛学派得到延续,塞涅卡尤其抵制"激情"。苏格拉底学派虽提防"欲望",但对"激情"并无恶感,甚至把激情视为理性的重要同盟。塞涅卡则坚决抵制"激情"。"激情"成为以塞涅卡为代表的罗马斯多葛学派的重要主题。

与希腊化时代的斯多葛学派相比,西塞罗、塞涅卡等人所代表的罗马时代的斯多葛哲学呈现出不少重要的差异。希腊化时代斯多葛学派普遍显示出避世或出世的倾向,但罗马时代的斯多葛学派显示出更多的入世倾向。希腊重视哲学、文学、艺术等沉思、文雅品格,而罗马更重视实际的政治生活。在罗马人看来,非政治的闲暇生活是一种堕落,它导致身体萎缩,精神退化。② 罗马人把政治行动和道德义务看得比哲学沉思更重要。

---

① [美]沃格林.希腊化、罗马和早期基督教[M].谢华育,译.上海:华东师范大学出版社,2007:170.沃格林的这段话并不代表沃格林对西塞罗的肯定。相反,沃格林总体上对西塞罗的评价是负面的。
② 这个说法来自普鲁塔克。详见:[古罗马]普鲁塔克."隐秘无闻的生活"是一个好准则吗[A].包利民,等,译.普鲁塔克.古典共和精神的捍卫[C].北京:中国社会科学出版社,2005:50.

第 8 章

西方现代
知识哲学
及其教育哲学

西方现代知识哲学领域分化为两个阵营:一是以洛克、休谟和穆勒等人为代表的经验论。二是以康德、黑格尔和胡塞尔等人为代表的先验论。但更多的哲人如赫尔巴特、杜威、波兰尼等人介于先验论与经验论之间。

传统哲学一般将经验主义(经验论)与理性主义(唯理论)并列。但是,经验主义也隐含了理性主义的精神。与经验论对立的哲学派别并不是理性主义而是先验论(或观念论)。与理性主义哲学对立的哲学并不是经验主义而是浪漫主义哲学(或非理性主义)。

知识哲学与政治哲学只有相对的独立性。事实上,知识哲学往往派生出相应的政治哲学。经验主义知识哲学往往坚持平民主义或民主主义政治哲学。反之,先验主义知识哲学往往倾向于精英主义或专制主义政治哲学。还有一种可能:经验主义因宣扬"王侯将相宁有种乎"、"苟富贵,莫相忘"等平民主义理念而发动政变或军事行动。政变或军事行动成功之后,统治者若继续保持其经验主义的本色,则会坚持其民主主义政制,美国的华盛顿(G. Washington,1732~1799)堪称范例。但是,政变或军事行动成功之后,若其统治者被神化,则原初的经验主义知识哲学会因其"克里斯玛效应"逐步转换为先验主义知识哲学。与之相应,原初的平民主义政治哲学也会转换为精英政治和专制主义政治哲学。

第 1 节　经验论

现代经验论知识哲学由培根(F. Bacon,1561~1626)发端,由洛克总结,由休谟提出质疑,并由穆勒和杜威等人为之提供修补和修复。其中休谟比较特别。休谟虽然倾向于经验论,但他对经验论与先验论两者都提出怀疑。休谟的怀疑使哲学经验论和先验论双方都面临危机。

一、洛克的白板

洛克(J. Locke,1632~1704)被普遍视为现代"经验主义"哲学的奠基者或创始人。洛克之前,比较有影响的经验论哲学家是培根。[①] 洛克之后,比较有影响的经验论哲学家有贝克莱(G. Berkeley,1685~1753)和休谟。贝克莱哲学以其"存在就是被感知"及其对事物存在的否定为洛克的经验哲学提供了补充并使之朝向更加彻底的方向发展。休谟哲学坚持了洛克的经验论却对经验论所倚重的归纳法提出质疑并由此使经验论哲学与先验论哲学一起出现危机。

(一)"人类理解论":洛克的知识论

洛克延续了柏拉图依赖的哲人传统:首先建构自己的知识论;其次按照知识论所提供的方法建构自己的政治哲学;最后,由政治哲学而发展出自己的教育哲学并将教育

---

① 黑格尔称培根为"全部经验哲学的首领"。详见:[德]黑格尔.哲学史讲演录(第四卷)[M].贺麟,王太庆,译.北京:商务印书馆,1978:17.罗素称培根为经验哲学的创始人。详见:[英]罗素.西方哲学史(下卷)[M].马元德,译.北京:商务印书馆,1976:61—62.培根影响了他的同事霍布斯,后者曾做过培根的秘书(霍布斯比培根小27岁)。

哲学作为实现其政治理想的重要途径。与之相应,在洛克所发表的著作中,比较有影响的著作有三部:一是《人类理解论》;二是《政府论》;三是《教育漫话》。① 三者分别构成了洛克的知识哲学(认识论)、政治哲学和教育哲学。②

洛克在《人类理解论》开篇就提出了他的研究目的在于"探讨人类知识的起源、确定性和范围"。③ 第二章紧接着提出"人心中没有天赋的原则"。④ 他认为,知识源于经验,且限于经验。任何超出经验范围的东西,都不可能使人拥有确切的知识。洛克将经验分为外部经验和内部经验,即感觉和反省。又将物体所具有的性质分为两种:第一性质(primary qualities)和第二性质(secondary qualities)。⑤ 洛克的经验论也因此被认为具有不彻底性,甚至有观念论的倾向。

针对笛卡尔式的天赋观念说,洛克提出心灵"白板论"(tabula rasa),认为一切知识都来源于经验而不来自天赋观念。"在理性和知识方面所有的一切材料,都是从哪里来的呢? 我可以一句话答复说,它们都是从'经验'来的,我们的一切知识都是建立在经验上的,而且最后是导源于经验的。"⑥ 不过,洛克虽然只承认感觉经验而否认天赋观念,但他并不否认实体的存在。⑦ 后来,贝克莱把洛克的经验论往前推进,彻底否认物质实体的存在。

洛克的经验哲学是对培根的观察与实验方法的进一步发挥。洛克不加怀疑地接受了培根的归纳法。在休谟对"因—果"推理的有效性提出质疑之前,归纳法一直成为经验哲学的重要推理方式。他的经验论不仅影响了他本人的政治哲学,也直接影响了他的教育哲学。洛克重点考察了"人类理解"能力和分辨善恶的能力。古典哲学关注知识和意见的区分以及有关善恶的知识,并由此区分出哲人和民众。洛克把古典哲学的知识哲学和政治哲学连根拔起,他认为人和人并没有太大的差别。而在善恶问题上,人和人之间的差别更小,几乎每个人都能够作出善恶的正确判断,根本不需要他人"代表"自己作出判断。⑧ 洛克对人性的估计以及有关善恶知识的判断直接影响了他的政治哲学。

(二) 政府论:洛克的政治哲学

在现代哲人中,洛克是少数重视"写作艺术"的哲人之一。他被视为"一个极其谨慎的人"。⑨ 洛克虽然提出了比较激进的政治观点,但他的写作艺术使他整体上显得比较温和。而且,洛克在《政府论》中隐藏了他的"贵族制"的隐微教诲。他的政治观点和他

---

① 洛克与普芬道夫同年出生,洛克出生那年,捷克教育家夸美纽斯发表《大教学论》。
② 宾夕法尼亚州立大学图书馆的洛克资源网站上有比较丰富的有关洛克研究的文献资料。洛克资料被分成了三个部分:洛克参考书目(从 17 世纪至今洛克本人的论著或研究洛克的论著出版物列表)、洛克年表和洛克手稿。
③ [英]洛克.人类理解论[M].关文运,译.北京:商务印书馆,1959:1.
④ [英]洛克.人类理解论[M].关文运,译.北京:商务印书馆,1959:6.
⑤ 详见:[英]洛克.人类理解论[M].关文运,译.北京:商务印书馆,1983:100—101.
⑥ [英]洛克.人类理解论[M].关文运,译.北京:商务印书馆,1959:68.
⑦ [英]洛克.人类理解论[M].关文运,译.北京:商务印书馆,1959:268.
⑧ [英]洛克.人类理解论[M].关文运,译.北京:商务印书馆,1959:199.洛克的这个观点后来被边沁、穆勒等人进一步发展为功利主义。
⑨ [美]施特劳斯.自然权利与历史[M].彭刚,译.北京:三联出版社,2006:168.

的写作艺术使他在 18 世纪的法国有极大的感召力,"稳健派信奉洛克,激进派信奉卢梭"。①

在洛克之前,霍布斯已经明确反对"君权神授",并由此完成了政治与宗教的分离(第一种类型的"政教分离")。不过,霍布斯留下有待解决的两个问题:一是君主的权限问题。二是政教分离的问题。霍布斯虽然解决了政治与宗教的分离,但他并没有考虑政治与教育的分离(第二种类型的"政教分离")。这两个问题由洛克接手解决,洛克从这里出发,进一步完善了霍布斯依赖的"契约论"政治哲学。在有关君主权限和公民权利的问题上,洛克明确主张统治者的权力来自被统治者的同意,建立国家的唯一目的是为了保障人生命、自由和财产等"自然权利"。当政府的所作所为与这一目的相违背时,民众有权采取行动甚至以暴力的方式将权力收回。洛克较早地(据说是"第一个")把政治权力分为立法权、行政权和对外权三种。这方面的理论由后来的法国哲学家孟德斯鸠(Montesquieu,1689~1755)继续发展,并对美国式的政体产生影响。

在政教分离(政治与教育分离)问题上,洛克认为政治社会不能承担德性教育的功能。② 洛克认为统治权的唯一正当来源便是人们共同订立的契约和权利的让渡。获得权力的政府,其职责就在于保障公民的生命、自由和财产等"自然权利"。除此之外,统治者没有别的权力,更没有教化公民的权力。洛克的思路后来在穆勒那里获得延续,但在卢梭那里受到抵制。

(三) 成为有教养的人: 洛克的教育哲学③

表面上看,洛克的教育著述比如《教育漫话》所讨论的对象是所有人的教育。事实上,洛克所关注的只是绅士教育。而且,洛克所关注的并非所有绅士而是政治精英,即未来在政府部门担任要职的人。洛克认为,不同社会阶层的人应该接受不同的教育。绅士子弟与平民子女的教育应该区别开来。1697 年,洛克时任"工业和殖民地事务委员会"委员,曾拟定过一个《贫穷儿童工作学校方案》。在该方案中,洛克建议,凡 3—14 岁的贫穷儿童,只要未另行受雇,都要强迫进入这种工作学校。这种工作学校制度对儿童、贫困家庭以及社区都是十分有益的。④ 将绅士子弟和平民子女的教育区别对待,这是洛克的基本思路。洛克是重视"写作的艺术"的人。出于种种顾虑,洛克并不愿意明说。

《教育漫话》分为上、中、下三篇,分别讨论身体保健与生活教育、道德教育、知识与技能教育。在这三类教育中,道德教育是核心,约占全书篇幅的一半。身体保健与生活教育是前提与保障。知识与技能教育是辅助与补充。洛克明确表示:德行是政治精英教育的重心。教育上难以做到而又极有价值的那部分目标是德行。其余一切的考虑与成就都应该为德行让路,放在德行之后。因为,德行越高的人获得其他的成就也越容易。"一个人如果没有德行,不懂世态人情,没有礼貌,那么他在哪儿也不会有成就,不

---

① 这是罗素的说法。详见:[英]罗素.西方哲学史(下卷)[M].马元德,译.北京:商务印书馆,1976:134.
② 霍布斯与洛克教育思想的另一个差异是:霍布斯重视大学教育改革,而洛克强调教育从娃娃抓起。
③ 梁君参与了"洛克的教育哲学"的撰写。谨此致谢!
④ 详见:[英]洛克.工作学校草案[A].张焕庭.西方资产阶级教育论著选[C].北京:人民教育出版社,1964:90—93.

会有价值。"①

有关身体教育的名言是"健康的精神寓于健康的身体"。② 这个说法虽然不是由洛克首先提出来,但它经过洛克引用之后,就成为与洛克有关的名言。洛克本人是医学专家,他提出了一些具体而又令人惊异的"自然教育"指南。比如,不要让孩子穿得太暖,裹得太紧;冷水洗脚、冷水浴,鞋子要能透水;多进行户外活动,学游泳;早睡早起,保证充足睡眠,睡硬床,用棉质床上用品;按时大便;不滥用药物等。洛克的政治哲学中的自然法在这里转换为教育中的自然法。他所教育的对象不是那些身体已经有病或脆弱的儿童,那不在他考虑的视野之内(洛克也并没有提示是否需要像斯巴达那样淘汰残疾儿童)。洛克看重的是那些在不用医药的情况下能够接受自然考验的自然之子。③ 如果说国家建设的首要任务是军事武装(至少在马基雅维利看来是这样的),那么,个人发展的首要任务是强健身体。

关于道德教育,洛克最看重的是"教养"及其德行。《教育漫话》中专门有一个小节,讲"绅士应具备的四种品质"。在洛克那里,政治精英人物必须是"四有新人":有教养、有德行、有智慧、有学问。"洛克四德"之中,德行与教养其实只是一类。教养与德行是表里关系。可见,"洛克四德"其实只是三个关键素养:一是良好的教养及其德行。二是学问。三是智慧。

第一是良好的教养。教养貌似礼貌与礼仪,其实是德行,具体包括坚忍而有节制、慷慨正直、爱好名誉。有了教养,无论什么个性都将成为美德。如果被别人说"有教养"(well bred),那是对一个人最高的赞赏。

第二是学问。对精英绅士来说,学问最不重要。"学问固然不可少,但应居于第二位,只能作为辅助更重要的品质之用。"④因此,学问的作用仅在于辅佐德行。如果学问不能够成为教养的辅助,那么,学问就不仅无益,反而有害。⑤ 如果被别人说"没有教养"(ill bred),那是对一个人最严厉的指责。

第三是智慧。如果学问能够成为教养的辅助,那么,学问和教养就一起构成洛克所强调的智慧。智慧就是熟知世态人情,就是"知人"(洞悉人性),其目的在于"正确地判断人和聪明地与人相处"。⑥

也就是说,在"洛克四德"之中,貌似教养及其德行最重要;智慧其次;学问最不重要。实际上,洛克最看重熟知世态人情的管理智慧。有人注意到,洛克属于马基雅维利派的哲人。他花了心血去收集马基雅维利的著作,而且在自己的著作中不露痕迹地取材马基雅维利的著作。⑦ 为了使儿童有"礼貌"并深知"世态人情",洛克尤其强调导师(家庭教师)本人必须深知"世态人情"(导师的学问并不怎么重要)。洛克重视对导师的

---

① [英]洛克.教育漫话[M].徐诚,杨汉麟,译.石家庄:河北人民出版社,1998:54—55.
② [英]洛克.教育漫话[M].徐诚,杨汉麟,译.石家庄:河北人民出版社,1998:3.引用时对译文略有调整。
③ [英]洛克的教育类似中国式的"天将降大任于斯人也,必先苦其心志,劳其筋骨"。
④ [英]洛克.教育漫话[M].徐诚,杨汉麟,译.石家庄:河北人民出版社,1998:137—138.
⑤ [英]洛克.教育漫话[M].徐诚,杨汉麟,译.石家庄:河北人民出版社,1998:73—74.
⑥ [英]洛克.教育漫话[M].徐诚,杨汉麟,译.石家庄:河北人民出版社,1998:78.
⑦ 详见:[美]塔科夫.为了自由:洛克的教育思想[M].邓文正,译.北京:生活·读书·新知三联书店,2001:导论:26.

选择和对导师形象的要求,类似选民对统治者的选择和对统治者形象的要求。① 与之相反,洛克提醒,要特别警惕仆人,因为仆人时常会给儿童以负面的影响。洛克常以鄙夷不屑的口气谈论仆人。洛克心中的导师,如同马基雅维利所讨论的"帝王师";而洛克心中的仆人,类似马基雅维利和尼采的大众。在讨论美德时,洛克一再强调培养孩子"诚实"的品质,并因此重视"宗教"的力量。但是,洛克并不认为"诚实"也是家长和导师的美德。恰恰相反,洛克鼓励家长和导师对孩子使用马基雅维利式的欺诈。②

正是从智慧(管理人的艺术智慧)和权谋出发,洛克特别看重两类知识。一是历史学;二是政治学。而且,为了保持历史的真实性与借鉴性,绅士还必须同时学习地理和年代学(要求精通)。③ 对于政治学,洛克认为,年轻绅士应投入大量的精力深入研究。他需要充分消化西塞罗的《职务论》,普芬道夫的《人和公民的自然法义务》以及《自然法与国际法》,还应读格劳秀斯的《战争与和平法》。④ 显然,这不是对一般大众的要求,而是指向政治精英的培养。

洛克在《教育漫话》中不厌其烦地提到父亲权威,提到"畏惧之心"。家长因为年龄的自然优势而拥有某种自然权威,但家长应该最终使得他们不再需要家长的监护。⑤ 洛克在政治哲学中严厉抨击"家长制",在绅士教育中却高扬"父亲权威"。洛克的隐微教诲在这里似乎再次闪现出来。洛克的《教育漫话》表面上看是一部教育学著作,其实可以视为政治哲学著作。同样,洛克的《政府论》表面上看是政治哲学著作,其实也可以视为教育学著作。

二、休谟问题

人们一般认为近代哲学始于笛卡尔,但,从哲学的独创性来看,不如说,近代哲学始于休谟(D. Hume,1711~1776)。休谟哲学的魅力并不在于建构一个新的哲学体系,它的魅力在于对经验论哲学与先验论哲学同时提出质疑并重新提出问题。休谟提出的问题后来被称为"休谟问题"。⑥ 休谟之后的整个现代知识哲学几乎都可以视为对休谟问题的回应。

休谟问题主要包含三个质疑。一是对"因果"关系的推理的有效性的质疑,可简称为"因—果"推理质疑(也有人称之为"归纳问题"⑦或"休谟问题Ⅰ"。二是对"是"与"应该"关系的推理的有效性的质疑,可简称"是—应"推理或"休谟问题Ⅱ"。三是对外部世

---

① [英]洛克.教育漫话[M].徐诚,杨汉麟,译.石家庄:河北人民出版社,1998:72—73.
② 详见:[美]塔科夫.为了自由:洛克的教育思想[M].邓文正,译.北京:生活·读书·新知三联书店,2001:333—334.
③ [英]洛克.教育漫话[M].徐诚,杨汉麟,译.石家庄:河北人民出版社,1998:170.
④ 详见:[英]洛克.教育漫话[M].徐诚,杨汉麟,译.石家庄:河北人民出版社,1998:172.
⑤ 详见:吴增定.利维坦的道德困境[M].北京:生活·读书·新知三联书店,2012:282—283.
⑥ 据说"休谟问题"的提法始于康德.详见:[德]康德.未来形而上学导论[M].庞景仁,译.北京:商务印书馆,1978:82.
⑦ "休谟问题"中的"因果问题"虽然牵涉归纳法的质疑,但休谟本人在《人性论》和他的《人类理解研究》中几乎未提"归纳"一词。有人鉴于历史已经造成的"归纳问题"如此家喻户晓的事实,便将"因果问题"和"归纳问题"称为"休谟问题"的两个方面,分别称为"休谟因果问题"和"休谟归纳问题"。详见:张志林.因果观念与休谟问题[M].北京:中国人民大学出版社,2010:76—77.

界是否客观存在的质疑,可称为"休谟问题Ⅲ"。由于休谟对物质存在的否定早在贝克莱已经成为一个公开的话题,因而,"休谟问题Ⅲ"算不上休谟的原创,也不大为后人关注。

"休谟问题"的核心是休谟对"因—果"推理和"是—应"推理的质疑。"因—果"推理的有效性问题与"是—应"推理(或事实与价值的两分法)的有效性问题分别属于不同的领域。"因—果"推理的有效性问题属于"知识"以及知识哲学的问题,它是休谟对传统的认识论或知识哲学提出的质疑。

"是—应"推理的有效性问题属于"意志"以及道德哲学的问题。它是休谟对传统的道德哲学(以及相关的价值哲学)的质疑。休谟对"是—应"推理的有效性的质疑导致他坚持理性是情感的奴隶。① 休谟伦理学以情感主义影响后世,休谟自信他的发现"会推翻一切通俗的道德学体系"。理性之所以是情感的奴隶,主要是因为人有不可遏制的自由意志。休谟并非发现自由意志的第一人(自由意志至少在斯多葛学派和奥古斯丁哲学那里已经成为一个重要主题),但是,休谟较早地将不受自然规律约束而显示为自由意志的"人类学"(或"人性论")与受自然规律约束的"物理学"相提并论,并由此对"是—应"推理公开提出质疑。

按照休谟的思路,"应该"如何做事或"应该"如何生活虽然在一定程度上受制于现实的条件,虽然人对某个事实的了解会推动人作出某种价值判断或生活行动,但是,人最后作出的"应该"如何的价值判断或生活行为并不完全建立在"是"什么的事实判断之上。即便人们了解某个事情"是"什么,也不一定会作出相应的听命于现实的"应该"如何的价值选择或行动。比如,人的力量不如老虎,这是一个事实或常识;"明知山有虎"②,这也是一个事实。但是,人还是可能作出"偏向虎山行"的决定和行动。按照休谟的说法,人有一种"按照意志的决定而行动或不行动的力量"。③

这样看来,人的社会行为主要受人的情感的影响而并非理性计算的结果。"行为之所以有功,并非因为它们是符合于理性,行为之所以有过,也非因为它们违反了理性……理性既然永不能借着反对或赞美任何行为、直接阻止或引生那种行为,所以它就不能是道德上善恶的源泉……道德上的善恶区别并不是理性的产物。"④

休谟的教育哲学延续了洛克的绅士教育的传统,但是,休谟所追求的"好人"(像他本人那样的"好人"⑤)比洛克的"绅士"显得更文雅(politeness)、更殷勤、更彬彬有礼。在教育史上,休谟即便不是第一个提倡文雅教育或殷勤教育的人,至少可以说,在他之前少有古人,在他之后亦少有来者。问题在于,教育究竟应该让人文明还是应该保持必要的自然野性? 这个问题可以视为教育哲学领域的"休谟问题"。

休谟强调文雅教育和礼仪教育。他把合宜的交谈和交往视为"受过良好教育"的基

---

① [英]休谟.人性论(下册)[M].关文运,译.北京:商务印书馆,1980:453.
② "有"与"是"都属于事实判断,而且可以相互转换。比如,"山有虎"可转化为"山上是有老虎的",或者,"老虎是在山上"。
③ [英]休谟.人类理智研究[M].吕大吉,译.北京:商务印书馆,1999:85.
④ [英]休谟.人性论(下册)[M].关文运,译.北京:商务印书馆,1980:498.
⑤ 休谟在他自传中谈了他自己的性格:"平和而能自制,坦白而又和蔼,愉快而善与人亲昵,最不易发生仇恨,而且,一切感情都十分中和。"详见:[英]休谟.人类理解研究[M].关文运,译.北京:商务印书馆,1957:8.

本标准,而且他把向女性献殷勤视为有教养的标志。① 在休谟看来,教育的目的就在于培养人的文雅并由此而使人从"野蛮"转向"文明"。② 正因为强调文雅与礼貌,休谟拒绝像古典哲人那样将激情和勇敢视为重要美德。他认为激情和勇敢只不过是属于"一切未开化的民族"的美德。③ 野蛮人往往普遍鄙视商人而赞颂勇敢甚至崇拜强盗。④

休谟认为,文明的君主国(当时的法国)以及法国贵妇人主持的沙龙文化最适合培养这种优雅风度和艺术气质。在文明的君主国中,谋求职位升迁的人必须"两眼向上",祈求上层人的恩宠,"使自己取悦于人,依靠自己的机智、殷勤或彬彬有礼",这种机智、殷勤和彬彬有礼导致了"高雅艺术"的出现。⑤

休谟不仅强调文雅和礼仪的修养,而且重视殷勤和尊重女性的品格。在休谟看来,在文明的君主国和共和国之间,文明的君主国更适合培养优雅风度和礼仪,而在女性与男性之间,女性更适合发展出优雅的风度和礼仪。古典哲人一般抵制和鄙视"女子气"而提倡男子气概,以勇敢、血性、坚毅为美(或美德)。但是,休谟认为"勇敢是靠不住的",它只为少数人所拥有且只在少数时间派得上用场,而"勤劳、知识、文雅则可经常和普遍应用,经过数个世代还可成为全体人民的习惯"。⑥ 与古典哲人强调勇敢和激情相反,休谟更看重女性气质和女性化教育。如果说现代教育的关键特征是以女性化的文明取代男性化的野蛮,那么,休谟称得上现代教育的开创性人物。

休谟对殷勤和女性化气质的推崇使他比较彻底地颠覆了柏拉图式的哲人所推崇的理性、勇气、节制和正义等古典美德。休谟改造了古典美德中的理性、勇气和节制,使之趋向情感、殷勤和奢侈。休谟虽然也谈正义,但由于休谟修改了理性、勇气和节制的美德,这使休谟所理解的正义与柏拉图的正义几乎相反。

三、穆勒的方法

约翰·穆勒(J. Mill,1806~1873)受他的父亲詹姆斯·穆勒(J. Mill,1773~1836)的影响,同时也受他父亲的朋友边沁(J. Bentham,1748~1832)、休谟等人的影响。边沁对穆勒的影响尤其深刻。⑦ 穆勒的政治哲学的专著是《论代议制政府》和《政治经济学》。但是,真正体现他的政治哲学主张的是《论自由》和《功利主义》。自由原则和功利原则成为他思考政治问题的两个核心标准。穆勒的知识哲学和政治哲学对其教育理论有直接的影响。穆勒教育哲学可以归纳为三个提倡和三个警惕:一是提倡国家

---

① 休谟提倡"文雅"和"文明"与其"情感主义"伦理学是一脉相承、一以贯之的。
② [英]休谟.道德原则研究[M].曾晓平,译.北京:商务印书馆,2001:107.
③ [英]休谟.道德原则研究[M].曾晓平,译.北京:商务印书馆,2001:96.
④ [英]休谟.道德原则研究[M].曾晓平,译.北京:商务印书馆,2001:107.休谟的朋友亚当·斯密也持同样的观点。亚当·斯密认为,"在富有韧性和教养的时代普遍加以纵容的对爱情的向往,在野蛮人中间被看成是最不能原谅的女人气质";"勇气是最适合于一个野蛮人的处境的品质:灵敏的感觉是最适合于生活在非常文明的社会中的那些人的品质。"详见:[英]斯密.道德情操论[M].蒋自强,译.北京:商务印书馆,1998:260—265.
⑤ [英]休谟.休谟政论论文选[M].张若衡,译.北京:商务印书馆,2010:74—75.
⑥ [英]休谟.休谟政论论文选[M].张若衡,译.北京:商务印书馆,2010:97.
⑦ 另一个对穆勒哲学发生影响的重要人物是他的夫人哈丽雅特(Harriet,1807~1858)。有关穆勒和哈丽雅特的"离经叛道"式的爱情故事,详见:孔凡保.约翰·穆勒[M].南昌:江西人民出版社,2007:80—108.

承担教育民众的责任但警惕国家对教育的过度控制;二是提倡自由教育,但警惕过度的理性主义;三是提倡学校教育承担社会责任但警惕狭义的教育而强调广义的教育,重视社会的教育责任。

(一) 公共教育及对国家过度控制教育的警惕

穆勒在讨论教育问题时,他提出的最有特色的观点是重新确定国家的目的或好政府的评价标准。他认为国家的目的是为了教育民众而不只是为民众提供安全,政府的首要责任也是教育民众而不是负责一般的公共事务。为了保持教育的个性化和多样化,穆勒强调,虽然国家有责任保证国民接受教育,并达到一定的标准,但国家本身不应该过度控制公共教育,公共教育只是家长愿意选择的教育形式之一。家长应该有权确定以何种方式教育自己的孩子,比如家长可以不让孩子进入公共学校而选择在家里接受纯粹的家庭教育。这个观点与他坚持的自由主义立场有关。在穆勒看来,强制统一的公共教育容易导致"塑造出的人都一模一样"和"对心智的暴政"。为了避免这种危险,他主张国家只制定公共考试制度,以此保证公共教育达到最低限度的标准。另外,为了保证教师的质量,"他主张建立师范院校来培养和考核教师,在当时,这种倡议也是超前的"。①

(二) 对过度的理性主义教育的警惕

穆勒的教育观念延续了英国绅士教育的传统,他认为教育的目标是让人成为有教养的人,并因此而重视学生的知性教育(心智训练)、意志教育和审美教育。

穆勒之所以强调自由教育,主要是因为当时英国教育界出现了否定古典人文教育的呼声,有人甚至认为英国对古典人文教育的过度重视导致了英国的衰落。② 与之相反,穆勒强调古典语言对培养"有教养的人"的教育价值。他认为某些学校的古典语言教育之所以效率低下,问题并不在于古典语言教育本身,而是因为"那些糟糕的教学法"。不过,他在强调古典人文教育的同时,也并不反对开设现代科学技术课程。

为了实现自由教育的理想,穆勒将意志教育和审美教育与智育并列。穆勒所说的意志教育主要是指道德教育和宗教教育。他认为没有意志训练的教育是不完整的教育。③ 穆勒把"美的教育"称为教育的第三个领域。他提示了绘画、雕塑、诗歌等艺术对人的情感的影响,尤其看重自然风景对人性的唤醒作用。穆勒在《自传》中详细回忆并反思了自己所受的教育。他认可和赞同他的父亲给他提供的某些教育,但他对自己所受的过度的理性主义教育也持怀疑态度。他在《自传》中评论说,这种教育差点使他变成"一部纯粹的推理机器"。④

(三) 教育的社会责任与社会的教育责任⑤

在"就任圣安德鲁斯大学名誉校长典礼上的演说"中,穆勒区分了广义和狭义两种

---

① 详见:[英]Curren.教育哲学指南[M].彭正梅,等,译.上海:华东师范大学出版社,2011:117.
② [英]密尔.密尔论大学[M].孙传钊,王晨,译.北京:商务印书馆,2013:20.穆勒的同时代人斯宾塞(H. Spencer, 1820~1903)给出了完全不同的答案。
③ [英]密尔.密尔论大学[M].孙传钊,王晨,译.北京:商务印书馆,2013:70.
④ 相关的讨论详见:[英]Curren.教育哲学指南[M].彭正梅,等,译.上海:华东师范大学出版社,2011:114.
⑤ 有关"教育的社会责任"与"社会的教育责任"的说法,来自叶澜先生的启发。

教育,相比之下,穆勒更看重广义的教育。他认为教育在更广泛的意义上包括法律、政府形式、工业方式、社会生活模式等对人的性格和能力产生的各种间接影响。① 穆勒在谈论学校教育时,随时会将教育扩展到家庭和社会,尤其在意志教育方面,穆勒更看重社会的教育责任。在穆勒看来,所有的机构都可以用来促成他启蒙自由主义的激进的进步、平等和民主目标。他甚至认为,民主的政治体制必然是"国家教育"的一个"代理人",判断一个政府好坏的重要标准就是看"它在多大程度上在其被管理者中提高集体的和个体的善的品质"。② 为了落实社会的教育责任,他在他的经济学著作中提议建立参与性的、民主的工厂学校,让工厂承担教育的责任。

第2节 先验论

一般而言,先验论主要指笛卡尔、斯宾诺莎(B. Spinoza,1632～1677年,与洛克同年出生)和莱布尼兹(G. Leibniz,1646～1716)等人的理性主义哲学。由于此三人较少关注教育问题,因而这里重点讨论康德、黑格尔和胡塞尔等人的教育哲学。康德、黑格尔和胡塞尔都有调和经验论与先验论的倾向,但总体上依然接近先验论。他们不仅没有调停经验论与先验论之争,反而推进了德国观念论的传统。康德自信他在哲学领域引发了"哥白尼式的革命"。"哥白尼式的革命"这个说法本身就意味着主体与客体的关系、经验论与先验论的关系发生"颠倒"。"颠倒"之后,康德哲学倾向于先验哲学。

一、康德的纯粹理性

康德(I. Kant,1724～1804)哲学显示出对经验哲学与先验哲学的调和但仍然倾向于先验论或观念论。康德借助笛卡尔的先验论传统来回应"休谟问题"。或者说,休谟为康德提出问题,笛卡尔为康德提供答案。康德比休谟小13岁,属同时代人。"休谟问题"直接影响了康德哲学。有人甚至将康德视为"德国的休谟"③。康德的"纯粹理性批判"和"实践理性批判"可以视为对休谟的"因—果"推理的有效性问题和"是—应"推理的有效性问题的回应。

(一)范畴与纯粹理性批判

康德延续了柏拉图和笛卡尔等人的二分法(可感世界和理智世界)。康德并不否认感觉经验对知识的刺激作用,但他认为仅仅只有感觉经验并不产生知识。"知性无内容则空,直观无概念则盲。"④康德的总体思路是:"尽管我们的一切知识都是以经验开始的,它们却并不因此就都是从经验中发源的。"⑤在康德那里,感觉经验只是用来"过河

---

① [英]Curren. 教育哲学指南[M].彭正梅,等,译.上海:华东师范大学出版社,2011:117. 另参见:[英]密尔.密尔论大学[M].孙传钊,王晨,译.北京:商务印书馆,2013:14.

② 详见:[英]Curren. 教育哲学指南[M].彭正梅,等,译.上海:华东师范大学出版社,2011:118.

③ 有关康德是"德国的休谟"的说法,详见:[美]库恩.康德传[M].黄添盛,译.上海:三联书店,2008:296.

④ 这里取蓝公武先生的译法.详见[德]康德.纯粹理性批判[M].蓝公武,译.北京:商务印书馆,1960:71. 也有人译为:"思维无内容是空的,直观无概念是盲的。"详见:[德]康德.纯粹理性批判[M].邓晓芒,译.北京:人民出版社,2004:52.

⑤ [德]康德.纯粹理性批判[M].邓晓芒,译.北京:人民出版社,2004:1.

拆桥"的一个跳板,真正重要的知识来源于先验范畴或先验观念。康德借用了亚里士多德的范畴理论。正是凭借"范畴"理论,康德发展出一整套"人为自然立法"的知识哲学与道德哲学。康德在知识论领域和道德领域发起了"哥白尼式的革命"。康德将立足于先天的范畴与后天的经验的判断称为"先天综合判断"①。康德由此在其知识哲学和道德哲学领域发起了一场主体主义哲学运动。它重新定义了自我与他者(人与世界)的关系。在康德看来,人不必围着客体转,相反,应该让客体围着人转。

在康德那里,道德的行为就是立足于自由意志或善良意志的行为。善良意志几乎等同于自由意志或自律意志。自由意志虽然并非由康德首次提出,但康德为人的自由意志增加了不同的内涵。在康德这里,人可能因自由意志而作恶,人更可能因自由意志而坚守道德义务,成为纯粹的坚毅卓绝的"义人"。就此而言,康德先于胡塞尔开创了"意志现象学"。而康德的"意志现象学"依然奠基于他的"纯粹理性批判"及其"哥白尼式的革命"。

(二)康德的道德哲学与政治哲学

康德借用了笛卡尔的天赋观念展开他的"纯粹理性批判",而在考虑"实践理性批判"时,康德延续了笛卡尔的心物二元论(包括身心二元论)和自由意志。笛卡尔不仅认为人有天赋观念,而且进一步认为人有自由意志。他将世界分为自然世界(物质世界)和精神世界。自然世界(物质世界)像一部机器,它是有客观规律的,自然受客观规律的制约。人的身体或肉体是自然的一个部分,因而人的身体也是一部机器。② 但是,人的精神(心)却不受自然规律的约束,人拥有自由意志。康德将笛卡尔的心物关系转换为现象与物自体的关系(或自然与自由、自然与自我的关系)。现象界(自然)受因果律的支配③,而本体界(物自体)是自由的,不受因果律的支配。这两个世界在各自的界限内相安无事,但是,一旦越界,就会出现矛盾或"二律背反"。康德在《纯粹理性批判》中提出四个二律背反,其中有关"必然与自由"(或自然与自由)的第三个二律背反在康德哲学中占有最重要的位置。有关自然与自由的关系的正题是:世界上有出于自由的原因;反题是:没有自由,只有自然。④ 在康德看来,人的意志是自由的,它不受自然现象的约束。如果说,康德的"纯粹理性批判"讨论的重点是"先天综合判断何以可能",那么,康德的"实践理性批判"讨论的重点就是人的纯粹的"自由意志何以可能"。

---

① [德]康德.未来形而上学导论[M].庞景仁,译.北京:商务印书馆,1997:31.
② 笛卡尔只认为人的身体是机器,拉·梅特里进一步提出"人是机器",甚至提出人与动物没有什么区别。即便有区别,人在有些方面反而不如动物:"把人和动物列入一类对人是一种荣誉。未到一定年龄以前,人实在比动物更是一个动物,因为他生而具有的本能还不及动物。"详见:[法]拉·梅特里.人是机器[M].顾寿观,译.北京:商务印书馆,1959:40.
③ 谢林的早期哲学也延续了康德的这个观点,而谢林的晚期哲学提出,自然虽受因果律的支配,具有合目的性,但自然也有足够的自由,比如自然具有模糊性、非线性。反之,自我虽然是自由(意志自由)的,但也必因现实条件而产生心理退缩或心理障碍。唯有艺术才达成自由与必然的统一(艺术或幽默类似麻醉物品,它让人苦中求乐)。详见:王树人.西方哲学史·学术版(第六卷)[M].南京:江苏人民出版社,2005:357—360.
④ 详见:[德]康德.未来形而上学导论[M].庞景仁,译.北京:商务印书馆,1978:121.康德在《纯粹理性批判》中对二律背反的表述略有不同。详见:[德]康德.纯粹理性批判[M].邓晓芒.北京:人民出版社,2004:374.后来康德有一个更简洁的表述:"人有自由;以及相反地:没有任何自由,在人那里,一切都是自然的必然性。"详见:[德]康德.彼岸星空:康德书信选[M].李秋零,译.北京:经济日报出版社,2001:342.

在康德那里,道德的行为就是立足于自由意志或善良意志的行为。善良意志几乎等同于自由意志或自律意志。康德对自由与道德关系的解释与卢梭保持了一致。卢梭在《社会契约论》中说:"唯有道德的自由才使人类真正成为自己的主人;因为仅只有嗜欲的冲动便是奴隶状态,而唯有服从人们自己为自己所规定的法律,才是自由。"①卢梭这个说法在当时算是一个异类,因为18世纪普遍将法则视为对自由的限制。康德接受了卢梭的这个思路,并作了微调:"自由公民通过法律自治的学说深入到了康德的道德和形而上学的学说之中。"②在这里,卢梭式的政治哲学被转换为康德式的道德哲学。

自由意志虽然并非由康德首次提出,但康德为人的自由意志增加了不同的内涵。奥古斯丁较早地讨论了人的"自由意志"问题,却主要是在消极意义上讨论的。自由意志被视为人类原罪的祸首。在康德这里,人可能因自由意志而作恶,人更可能因自由意志而坚守道德义务,成为纯粹的坚毅卓绝的"义人"。

不过,在奥古斯丁和康德之间,笛卡尔已经预演了康德式的自由意志。康德所做的,只是从哲学上为自由意志提供了系统的解释和辩护。或者说,在自由意志这个问题上,笛卡尔是奥古斯丁和康德之间的承上启下的关键人物。人们一般只关注笛卡尔的先验哲学或纯粹理性主义哲学,其实,笛卡尔的纯粹理性主义并不局限于知识论(或认识论),真正重要的是以自由意志为标志的精神领域的纯粹理性。而后者正是康德哲学的核心。笛卡尔开创了近代理性主义的新传统。康德的先天观念、自由意志、知性与道德的划界等,都可以在笛卡尔那里找到类似的说法。③

(三) 康德的教育哲学

康德知识哲学与实践哲学直接派生出康德教育哲学。康德集中讨论教育的著作是《论教育学》。1774年,哥尼斯堡大学里首次开设教育学这门课程。康德先后曾四次主讲教育学。④ 康德采用巴泽多(Basedow,1723~1790)⑤编写的《初等教育指南》和夸美纽斯(J. Comenius,1592~1670)的著作作为教材。他在书中写下了自己的看法和补充意见。这些笔记由其学生整理成《论教育学》,在康德逝世的前一年出版。根据自然与自由的二律背反的思路,康德将教育分为自然教育和道德教育。⑥ 康德强调必须把自然和自由区分开。

第一,自然教育。在讨论有关自然教育的问题时,康德主要关注了保育、规训和灵魂的培养。在有关教育的具体方法上康德主要受洛克和卢梭的影响。康德有时直接采纳了洛克或卢梭的观点,比如,儿童应该睡硬床,洗冷水澡,不要穿得太暖、裹得太紧,对孩子哭闹不要纵容等;有时对他们的观点作了修正。康德与洛克的教育观念上的主要

---

① [法]卢梭.社会契约论[M].何兆武,译.北京:商务印书馆,2003:26.
② [美]贝克.《实践理性批判》通释[M].黄涛,译.上海:华东师范大学出版社,2011:246.
③ 更多有关笛卡尔的自由意志的讨论,详见:[法]刘易斯.笛卡尔和理性主义[M].管震湖,译.北京:商务印书馆,1996:55—57.
④ See Kant. The Educational Theory of Immanuel Kant [M]. tr. by Buchner. London: J. B. Lippincott Company, 1908:16. 在康德之后,赫尔巴特接替讲席,并中止了轮流讲课的做法,由赫尔巴特一人主讲该课程.
⑤ 巴泽多于1774年曾创办"泛爱学校",康德对"泛爱学校"的教育改革极为热衷.详见:[美]库恩.康德传[M].黄添盛,译.上海:上海人民出版社,2008:265—266.
⑥ [德]康德.论教育学[M].赵鹏,何兆武,译.上海:上海人民出版社,2005:15.

差异显示为对"游戏"和"医疗"的不同看法。康德相信他的"精神现象学"（坚定的决心和意志）比一般的养生学（量的研究）以及洛克式的医学能够更有效地治疗疾病。洛克立足于经验论而强调生理调养，康德立足于先验论而重视"精神治疗"。① 他们各自坚持的认识论（经验论和先验论）在他们对待儿童"游戏"的态度上再次显示出差异。洛克认为游戏是一种美好的教育方式。② 康德则认为，必须训练儿童的意志力，让儿童面对真实的生活；要严格区分游戏与劳动，不要让儿童把一切都看成游戏。③ 由于康德重视观念论，他特别提示了"注意力"和"想象力"的培养，但并不认为讲故事或看小说对想象力有什么帮助。相反，他认为故事和小说会误导想象力，减弱记忆力。在他看来，培养儿童想象力的最佳途径是让孩子看地图和制作地图。"地图能激发各种人的兴趣，连最小的孩子也不例外。"④

第二，道德教育。当一个少年到了性觉醒的时候，就进入接受教育尤其是道德教育的关键期。与卢梭一样，康德也认为性的成熟是一个重要事件（卢梭视之为人的"第二次出生"）。性发育的成熟貌似属于自然教育的问题，实际上，它提示了道德教育的关键期的到来。康德把"义务"视为道德教育的重点，包括对自己的义务和对他人的义务。对他人的义务则是指要懂得敬畏和尊重他人的权利。康德强调道德"义务"已经接近宗教。反之，康德的宗教哲学也是一种道德哲学。在他看来，宗教就是我们心中的法官所颁布的法则。康德所谓的"上帝"就是人的良心或"内心的法则"。这样看来，康德的"上帝"就是披着宗教外衣的"自由意志"。也因此，康德反对宗教仪式中的敬拜。他认为虔敬而屈膝和跪拜是"违反人类尊严"的。⑤ 康德的"神"离传统神学很远，离斯宾诺莎主义的"自然"很近。康德曾在《纯粹理性批判》的"第二版序"中写道，"我不得不悬置知识，以便给信仰腾出位置。"⑥然而，这并不意味着他悬置所有知识，这里"知识"仅仅是指有关经验的知识。而这里的"信仰"也并非一般意义上的宗教信仰，而是与自由意志相关的纯粹理性和道德实践。康德始终不变的追求是斯多葛主义式的纯粹的理性和纯然的善良意志。

第三，理性及其启蒙教育。康德直接讨论"启蒙教育"的著作是《回答这个问题：什么是启蒙》（其实康德的整个批判哲学几乎都在讨论这个问题）。在这篇文章中，康德开篇就提出：启蒙就是人从"受监护状态"走出。人之所以不愿意走出受监护状态甚至喜欢受监护状态，主要因为人的懒惰和怯懦，不愿意承担自由的责任。康德呼吁：在可以公开运用理性的地方，"要有勇气使用你自己的理智！"⑦不过，康德的"启蒙"很快就受到他的朋友哈曼（J. Hamann，1730～1788）的反驳。哈曼认为，在康德那里，这么多人没有成为"成年人"，这么多人需要"他人"引导，这本身就说明现实生活中的大多数人生

① 详见：[德]康德.论教育学[M].赵鹏，何兆武，译.上海：上海人民出版社，2005：126—140.
② [英]洛克.教育漫话[M].徐诚，杨汉麟，译.石家庄：河北人民出版社，1998：42.
③ [德]康德.论教育学[M].赵鹏，何兆武，译.上海：上海人民出版社，2005：28.
④ [德]康德.论教育学[M].赵鹏，何兆武，译.上海：上海人民出版社，2005：30—33.
⑤ [苏联]古留加.康德传[M].贾泽林，等，译.北京：商务印书馆，1992：225.
⑥ [德]康德.纯粹理性批判[M].邓晓芒，译.北京：人民出版社，2004：22（第二版序）.
⑦ [德]康德.回答这个问题：什么是启蒙[C]//[德]康德.康德著作全集（第8卷）.北京：中国人民大学出版社，2010：40.

活在安然无恙之中,原本不需要启蒙。而且,康德一边指控"监护人"导致了人的未成年状态,而康德本人却不知不觉地担任了大多数人的"监护人"。这说明康德的启蒙哲学是一个悖论。[①]

康德使笛卡尔以来的先验哲学几乎达到顶峰,不过,这个哲学的顶峰后来受到两股相反力量的冲击。比较奇妙的是,冲击康德哲学的这两股力量在康德哲学内部都可以找到各自的源头。或者说,康德哲学本身就可以派生出这两个哲学的方向。在冲击康德哲学的两股力量中,一方以哈曼、赫尔德(J. Herder,1744~1803)、费希特、谢林等人为代表。他们以浪漫主义的方式重点发挥康德哲学中的自由意志。康德哲学所隐含的主体主义已经孕育了浪漫主义的种子。费希特和谢林等人所做的只是"把他的思想往这个方向推进。"[②]与浪漫主义相反,以黑格尔为代表的另一方并不认为康德的理性不好,而是嫌其做得不够,黑格尔借助谢林的"绝对自我"将康德的"先验范畴"推向更彻底的理性主义("绝对精神")。

二、黑格尔的辩证法

康德 46 岁那年,黑格尔(G. Hegel,1770~1831)出生。黑格尔出生那年正好是康德哲学出现转向的关键期。黑格尔哲学大量地采纳了康德的先验论哲学,但黑格尔总体上倾向于亚里士多德哲学而康德倾向于柏拉图哲学。有人认为,康德与黑格尔哲学延续了古代柏拉图和亚里士多德哲学的对立。[③] 在对感性、知性和理性的解释上,黑格尔延续了康德的某些思路,在超越经验论与先验论对立的道路上,黑格尔倾向先验论。黑格尔说:"密涅瓦的猫头鹰总在黄昏之后起飞。"[④]此类说法意味着,哲学不是视觉思维及其归纳思维,哲学是"心的沉思"及其先验思维、演绎思维或先验综合思维(夜晚没有光,适合沉思)。

(一) 认识的辩证法

在黑格尔看来,康德哲学的问题在于它的不彻底性。"在任何二元论体系里,尤其是在康德的体系里,我们都可以通过它的不彻底性……暴露出它的根本缺陷。"[⑤]二者在知识论方面的差异主要在于以下三个方面。

康德认为,感性不能思维,只有被动的接受性。但黑格尔认为,思维是一种贯穿感性、知性、理性认识过程全程的活动。"在人的一切直观中都有思维。"[⑥]

康德的知性凭借概念和范畴而具有为自然立法的能力,康德尤其重视"健全知性"。[⑦] 黑格尔也承认知性的重要性,但是,黑格尔特别强调知性的有限性、抽象性和片

---

① 详见:[德]盖尔.康德的世界[M].黄文前,张红山,译.北京:中央编译出版社,2012:204.

② [美]斯特龙伯格.西方现代思想史[M].刘北成,赵国新,译.北京:中央编译出版社,2005:220.

③ [英]斯密.康德的《纯粹理性批判》解义[M].韦卓民,译.武汉:华中师范大学出版社,2000:28.

④ [德]黑格尔.法哲学原理[M].范扬,张企泰,译.北京:商务印书馆,1961:14.引用时对引文略有调整。

⑤ [德]黑格尔.逻辑学[M].梁志学,译.北京:人民出版社,2002:129.该书全称为"哲学全书纲要·第一部分·逻辑学"。另参见[德]黑格尔.小逻辑[M].贺麟,译.北京:商务印书馆,1980:147.这里引用黑格尔的"逻辑学"时,主要采用梁志学的译本。下同。

⑥ [德]黑格尔.逻辑学[M].梁志学,译.北京:人民出版社,2002:69.

⑦ 康德对"健全知性"的理解:"正确的知性有了普通知识的概念就足够了,这叫做健全的(日常够用的)知性。"详见:[德]康德.实用人类学[M].邓晓芒,译.上海:上海人民出版社,2005:91.

面性。在理性(理念)与知性之间,黑格尔明显厚此薄彼:"理念根本是具体的、精神的统一,而知性则在于仅仅理解抽象的、因而片面的和有限的概念规定,所以,那种统一就被当作抽象的、没有精神的同一,因而在这种同一中不存在差别,反而一切都是同一的,尤其是善和恶也是一样的东西。"①

康德认为,只有一种理性,即纯粹理性,但有两种不同的运用:理论的运用和实践的运用,简称理论理性和实践理性②。黑格尔也认为只有一种理性,但他将理性分为否定性理性(辩证法)和肯定性理性(思辨理性),不过这不是理性的两种不同类型的运用,而是理性认识的两个前后相继的"环节"。"逻辑的东西就其形式而言有三个方面:抽象的或知性的方面;辩证的或否定性理性的方面;思辨的或肯定性理性的方面。"③知性、否定性理性、肯定性理性(或抽象、辩证法、思辨理性)这三个环节相当于对立、扬弃、统一这三个发展阶段。它所表达的正是黑格尔的"正反合"或"对立统一"的思想。

在黑格尔那里,辩证法就是事物向自身的对立面的转化,它是自己对自己的否定。这种否定是事物固有的本性,它是一种内在的超越。"辩证的环节是这些有限规定固有的自我扬弃,是它们向它们的对立面的转化。"④他甚至认为,辩证法就是现实世界中一切运动、一切生命和一切活动的总原则。辩证法也是一切真正科学认识的灵魂。有限的事物不单纯从外面受到限制,而且因自己固有本性而扬弃自己,并通过自身的活动过渡到自己的反面(自否定)。⑤正因为事物内部就隐含了自我否定的因素,万事万物都沿着正、反、合的路径发展。⑥思维也同样显示出三个环节:"从抽象的一般的概念开始(正),这个概念引起矛盾(反),矛盾的概念调和于第三个概念中,因而这个概念是其他两个概念的结合(合)。"⑦

(二) 主奴辩证法

"主奴辩证法"是黑格尔的《精神现象学》(尤其是该书第四章)的核心主题,尽管也有人认为《精神现象学》的中心是知识问题而不是政治哲学问题。⑧而且,正是在这里,黑格尔哲学显示出与康德哲学的重要差异。康德哲学主要显示为意识哲学或观念论,即便康德谈论"实践理性",他也依然只限于从意识哲学或观念论的视角来看待道德以及善良意志的问题。而黑格尔哲学的核心问题不再是意识哲学或观念论而是为承认而斗争的政治哲学和历史哲学。黑格尔将他的承认理论称为"主奴辩证法"。

最初,承认总是单向的承认。主人是对奴隶的征服,奴隶的失败成全了主人的胜利。那个能够彻底满足自己"虚荣"的人,就是那个不畏死的人。"只有通过冒生命的危

---

① [德]黑格尔.逻辑学[M].梁志学,译.北京:人民出版社,2002:6(第二版序言).
② 参见:[德]康德.道德形而上学原理[M].苗力田,译.上海:上海人民出版社,2012:5.
③ [德]黑格尔.逻辑学[M].梁志学,译.北京:人民出版社,2002:151—152.
④ [德]黑格尔.逻辑学[M].梁志学,译.北京:人民出版社,2002:155.
⑤ 有人甚至认为,在黑格尔那里,否定的辩证法尤其是"自否定"是贯穿一切的最重要的原则.详见:邓晓芒.思辨的张力:黑格尔辩证法新探[M].长沙:湖南人民出版社,1992:230.
⑥ 但也有人认为正题、反题、合题三位一体的思路主要是费希特而不是黑格尔的哲学特征.详见:芬德莱.黑格尔的辩证法及其与知性、理性的关系[A].朱亮,译.朱亮,等.国外学者论黑格尔哲学[C].南京:南京大学出版社,1986:268.
⑦ [美]梯利.西方哲学史(增补修订版)[M].伍德,增补,葛力,译.北京:商务印书馆,1995:510—511.
⑧ 详见:[美]皮平.黑格尔的观念论[M].陈虎平,译.北京:华夏出版社,2006:201—217.

险"才有可能成为主人。①

可是,主奴辩证法的"狡计"就在于,历史的发展将出现颠倒:主人必败,奴隶必胜。② 主人虽然获得了对奴隶的统治,满足了被奴隶的承认的虚荣并获得了不劳而获的享乐的权利。但是,主人的不劳而获的享乐也带来一个严重的后果:他失去了与物的直接联系,主人与物的中间横亘着奴隶并因此而失去了自己的独立性。③ 主人之所以成为主人,就因为他不怕死,并因此而可以不劳动。奴隶之所以成为奴隶,也因为他怕死,并因此而必须劳动。正是因为主人的无忧无虑和不劳动而使自己逐步走向堕落和衰败。相反,正是奴隶的恐惧以及他所必须承担的劳动,反过来却成全了奴隶的逐渐的强大和最后的解放。

奴隶逐渐强大的第一个原因是奴隶对死亡的恐惧、对主人的恐惧以及相关的"苦恼意识"而带来了坚实的屈辱感、焦虑感和存在感。"死的恐惧在他的经验中曾经浸透进他的内在灵魂,曾经震撼过他整个躯体,并且一切固定规章命令都使得他发抖。"④正是这种对死亡的恐惧,奴隶获得了自我意识和存在感。恐惧是智慧的开始。

奴隶逐渐强大的第二个原因是奴隶的劳动带来了强健的身体和精神。主人的不劳而获虽然是一种享受,但它是消费和消耗性的,它转瞬即逝,缺乏"持久的实质的一面"。相反,奴隶的劳动使奴隶找回了他的自我意识。劳动不仅"陶冶事物",而且给人带来独立性,"开始意识到他本身是自在自为地存在着的"。奴隶在对主人的恐惧中丢失了自己,而通过自己的劳动"再重新发现自己"。奴隶的劳动过程,就是一个改造外物、摧毁异己者并因此而成为一个否定者的过程。"在持久的状态下把自己建立为一个否定者,由此它自己本身便成为一个自为存在着的东西。"⑤在这个意义上,"劳动不再被看成圣经中对亚当的诅咒,而是被看作历史形成或进步的基础"⑥。

也就是说,在黑格尔那里,虽然每个人都为承认而斗争并在殊死搏斗的主奴之争中一决高下,但是,主人和奴隶之间的根本区别是暂时的,时间将取消和改变人的主奴身份。⑦ 最初,主人自己为自己争取了主人的身份,因为主人愿意冒生命危险而坚持斗争到底,随时准备付出生命的代价。而奴隶怕死,自愿服从和承认主人。但是,在接下来的交往过程中,主奴关系必发生改变,因为,主人通过斗争而获得承认之后,他就闲下来,不劳而获;而奴隶在主人的命令下不得不劳动。表面看来,奴隶的劳动显示了奴隶的身份低微。实际上,正是在劳动的过程中,奴隶迟早会成为新主人。不仅因为劳动具有"培养和教育"的力量,而且因为不劳动必导致身体的衰败和精神的萎缩。

黑格尔的主奴辩证法已经预演了马克思的"无产阶级是资产阶级的掘墓人"、"教育与生产劳动相结合"(准确的说法是"生产劳动与教育相结合")的这两个观念。

① [德]黑格尔.精神现象学(上卷)[M].贺麟,王玖兴,译.北京:商务印书馆,1983:126.
② 详见:[法]科耶夫.黑格尔导读[M].姜志辉,译.南京:译林出版社,2005:591.
③ [德]黑格尔.精神现象学(上卷)[M].贺麟,王玖兴,译.北京:商务印书馆,1983:128.
④ [德]黑格尔.精神现象学(上卷)[M].贺麟,王玖兴,译.北京:商务印书馆,1983:130.
⑤ [德]黑格尔.精神现象学(上卷)[M].贺麟,王玖兴,译.北京:商务印书馆,1983:131.
⑥ [美]斯密什.阅读施特劳斯[M].高艳芳,高翔,译.北京:华夏出版社,2012:218—219.
⑦ [法]科耶夫.黑格尔导读[M].姜志辉,译.南京:译林出版社,2005:31.

（三）黑格尔的教育哲学

黑格尔并没有专门讨论教育问题,他的教育哲学隐含在其哲学著作尤其是《法哲学原理》之中。① 与康德一样,黑格尔认为人既是自然的,也是自由的。正是自由使人不同于动物。教育的目的就是使人实现从自然到自由的转变。黑格尔区分了两种自由:自在的自由和自为的自由。自为状态是真正的自由。自在状态是一种被动的自由。人都有自在的自由,但不一定都有自为的自由。② 要完成从自在的自由向自为的自由的过渡,就需要一定的强制、训练和教育。在卢梭看来,自然状态是纯洁的,未开化民族的风俗是醇厚质朴的。黑格尔不赞成卢梭式的自由。在他看来,"教育就是要把特殊性加以琢磨,使它的行径合乎事物的本性"③。

黑格尔区分了有教养的人和没有教养的人,他强调教育在提高人的教养方面的作用。"有教养的人首先是指能做别人做的事而不表示自己特异性的人,至于没有教养的人正要表示这种特异性,因为他们的举止行动是不遵循事物的普遍特性的。在对其他人的关系上,没有教养的人还容易得罪别人,因为这些人只顾自己直冲,而不想到别人如何感觉。诚然,他们并非有意得罪别人,但是他们的行动却跟他们的本意并不一致。"④教育学就是使人们合乎伦理的一种艺术,只有符合伦理精神的教育才能使人克服任性的想法。

为了实现从自然到自由的教育目的,需要家庭、社会和国家组成教育共同体。以人伦和血缘为基础的家庭实体;以人际交往形式存在的市民社会的实体以及以人伦的最高形式存在的国家。黑格尔的教育思路是,把"家庭成员"提升为"社会公民",再由"社会公民"发展为"国家公民",实现个体与社会的统一。

三、胡塞尔的现象学

胡塞尔(E. Husserl,1859~1938)将自己的哲学称为超越论现象学。超越论的现象学意味着它貌似对现象(经验事实)的描述或研究,其实直指事物的内在本质。西方人之所以把这种事关本质之思冠以现象学之名,乃因为希腊语和德语的"现象"意味着"显现"、"显示自身"。"现象实际上叫做显现者。"⑤就此而言,现象学就是探寻事物本质的显现学。胡塞尔本人的说法是:"现象学并不是作为'事实'科学而是作为本质科学而建立起来。"⑥现象学让事物的本质显现自身的方式有三种:一是唯我论或唯意志论的主体主义现象学;二是整体论或同情论的非主体主义现象学(或主体间性、非对象性现象学);三是由前两者派生出来的作为理解方法的解释学现象学或描述现象学。

---

① 也有人认为黑格尔的《法哲学原理》由黑格尔的学生根据听课笔记整理因而不能认定其为"真品","不能以它们为基础解释黑格尔思想之整体"。详见:[法]科耶夫.黑格尔、马克思和基督教[A].刘小枫.驯服欲望[C].贺志刚,等,译.华夏出版社 2002:13.
② [德]黑格尔.法哲学原理[M].范扬,张企泰,译.北京:商务印书馆,1961:11—12.
③ [德]黑格尔.法哲学原理[M].范扬,张企泰,译.北京:商务印书馆,1961:203.
④ [德]黑格尔.法哲学原理[M].范扬,张企泰,译.北京:商务印书馆,1961:203.
⑤ [德]胡塞尔.现象学的观念[M].倪梁康,译.北京:人民出版社,2007:15.
⑥ [德]胡塞尔.文章与讲演(1911~1921 年)[M].倪梁康,译.北京:人民出版社,2009:115.

(一) 主体主义现象学: 唯我论或唯意志论现象学

主体主义现象学的基本思路是"唯我论"或"唯意志论"。胡塞尔本人承认:"作为现象学家,我必然是唯我论者。"①或者说:"全部现象学不过是对先验主体性(意向性)进行的科学的自我深思。"②

现象学也正因其唯我论、唯意志论、先验论的精神而与实证研究或实证主义分道扬镳。现象学对实证哲学持批判的态度。"无论如何首先需要对经验明证性的有效性和范围进行批判。"③批判的方式是停止对客观世界进行经验研究,对之加括弧,实行"现象学悬隔"。④

现象学反对科学中的实证主义方法但并不反对科学本身。现象学甚至自称"真正的科学"。这种真正的科学的基本精神是"面向事情本身",追求事物的"自身被给予性"或"本质被给予性"。⑤通过对经验事实的悬隔,现象学获得的是有关事物的整体观念和整体意向。这种整体观念和整体意向始于经验观察却又凭借其整体观念超越经验的细节。

现象学原本是一种认识世界的先验哲学。这种认识论哲学所隐含的主体主义精神可以顺势发展为生活交往中的意志哲学或唯意志论哲学。

也就是说,现象学所隐含的"唯我论"既显示为以自我为中心的认识论(让世界围着我的观念、意向转而不是相反),也使一种"受纯粹理性规范支配"的唯意志论的伦理生活和宗教生活成为可能。⑥胡塞尔不仅在认识论领域坚持了康德的"哥白尼式的革命",而且由此引发了后来的存在论领域的"唯我论"及其"自由意志"(可称之为意志现象学)。⑦

正因为如此,现象学在20世纪60年代一度成为捷克的显学。⑧捷克民众从这种主体主义式的意向现象学这里获得了存在的勇气和抵抗的决心。现象学为他们提供了宗教般的信念和信仰。在捷克民众那里,现象学几乎成为"唯意志论"哲学。这种唯意志论哲学为他们提供了几条可选择的坚守自由意志的道路:宁死不屈,士可杀,不可辱,而且不到万不得已,绝不自杀。保持永不放弃的希望和梦想。要么沉默不语,以沉默表达对压迫者的蔑视;要么以卵击石,知其不可为而为之,抗争到底。此种意向,接近海明威所言:"人可以被消灭,但不可以被打败。"⑨

(二) 非主体主义现象学: 生活世界现象学或同情论现象学

主体主义与非主体主义相互对立,但是,现象学右右逢源,好处均沾,集哲学之恩宠于一身。

---

① [德]胡塞尔.第一哲学(下卷)[M].王炳文,译.北京:商务印书馆,2010:244.
② [德]胡塞尔.形式逻辑与先验逻辑[M].李幼蒸,译.北京:中国人民大学出版社,2012:231.
③ [德]胡塞尔.笛卡尔沉思与巴黎讲演[M].张宪,译.北京:人民出版社,2008:5.
④ [德]胡塞尔.笛卡尔沉思与巴黎讲演[M].张宪,译.北京:人民出版社,2008:6.
⑤ [德]胡塞尔.现象学的观念[M].倪梁康,译.北京:人民出版社,2007:52—56.
⑥ 详见:[德]胡塞尔.哲学作为严格的科学[M].倪梁康,译.北京:商务印书馆,1999:1.
⑦ 有关"意志现象学"或"教育现象学的观念"更多讨论,详见:刘良华.教育现象学的观念[J].教育研究,2011(5):19—24.
⑧ 详见:徐贲.人以什么理由来记忆[M].长春:吉林出版集团有限责任公司,2008:203.
⑨ [美]海明威.老人与海[M].吴劳,译.上海:上海译文出版社,2004:122.引用时对译文有调整.

作为主体主义的现象学推崇唯我论和意志主义,而这种唯我论和意志主义一旦遭遇"他者",就成为问题。也因此,阿多诺(T. Adorno,1903~1969)在《否定的辩证法》中对主体提出批判,指证主体的无能与无用。①

现象学如何考虑自我与他人、自我与世界的关系？这正是现象学从主体主义走向非主体主义的原因,现象学一度将这种非主体主义称为"主体间性"(也可译为"共主体性")。"从顺序上看,各个哲学学科中自在第一的学科是在唯我论上有限的自我学,在扩展之后才是交互主体性的现象学。"②胡塞尔本人多次讨论了有关主体间性的问题,努力让自己"走出我的意识之岛",承认超越论现象学只是最底层的。"也就是说,它还不是完善的。一门完善的超越论现象学还包含着由先验唯我论通向先验交互主体性的进一步途径"。③

但是,胡塞尔对自己的交互主体性或主体间性的研究"并不感到十分满意"。④ 他多次意识到"阐明主体间的关系时会遇到巨大困难"。⑤ 后来,梅洛·庞蒂(M. Merleau-Ponty,1908~1961)等人正是从这个难题出发,使胡塞尔式的主体主义现象学转向非主体主义的身体现象学。

也就是说,胡塞尔现象学原本就蕴含了两个相反的方向:一是主体主义现象学。这是胡塞尔早期现象学的倾向;二是非主体主义现象学,这是胡塞尔后期现象学的方向。⑥ 如果说主体主义现象学的核心精神是认识论上的唯我论和伦理学上的意志主义,那么,非主体主义现象学的核心精神是认识论上的符合论(接近谢林和黑格尔的同一哲学)和伦理学上的同情论哲学(也可称为情感主义现象学、体验现象学或爱的哲学)。

推崇主体主义的意志现象学其实是一种内心强大的意志主义。在面对仇敌时,这种意志主义显示为永不妥协、不可屈服的"恨的现象学"或对抗、抵抗的现象学,包括暴力的不合作的抵抗与"非暴力不合作"的抵抗。而在面对亲人、友人和爱人以及可能发生交往关系的种种陌生人时,唯我论或唯意志论现象学就不若"生活世界现象学"或"同情现象学"显得风景宜人。

比较有趣的是,在教育学研究领域,现象学几乎一致地被理解为非主体主义式的"生活世界现象学"或"同情现象学",荷兰学者兰格威尔德(M. Langeveld,1905~1989)所持的教育现象学如此⑦,受之影响的加拿大学者范梅南(M. van Manen,1942~至今)

---

① 详见:[德]阿多诺.否定的辩证法[M].张峰,译.重庆:重庆出版社,1993:177—179.
② [德]胡塞尔.笛卡尔沉思与巴黎讲演[M].张宪,译.北京:人民出版社,2008:36.
③ [德]胡塞尔.笛卡尔沉思与巴黎讲演[M].张宪,译.北京:人民出版社,2008:1.引用时对译文略有调整.
④ [德]胡塞尔.笛卡尔沉思与巴黎讲演[M].张宪,译.北京:人民出版社,2008:238.
⑤ [德]胡塞尔.形式逻辑与先验逻辑[M].李幼蒸,译.北京:中国人民大学出版社,2012:202.这使胡塞尔在"得意洋洋的优越感"和"阵发性的意气沮丧"两种相反的情绪中起伏不定.详见:[美]施皮格伯格.现象学运动[M].王炳文,张金言,译.北京:商务印书馆,1995:140.
⑥ 非主体主义现象学与杜威的"参与者知识观"以及波兰尼的"个人知识"是类似的思路.
⑦ 兰格威尔德曾师从胡塞尔。在荷兰,现象学首先是由胡塞尔本人通过他1928年的阿姆斯特丹演讲介绍进来的。兰格威尔德发表《儿童生活的隐秘世界》、《儿童世界的事物》和《学习现象学》等著作,通过关注儿童和成人生活中具体的和共同的境遇及事件来分析儿童的体验。详见:[美]施皮格伯格.现象学运动[M].北京:商务印书馆,1995:888.

所理解的现象学教育学亦如是。① 此类教育现象学皆强调以爱的方式去展开师生的交往关系以及人与世界的交往关系。此类教育现象学的基本精神就是在人与人之间、人与世界之间建立亲密关系。一言以蔽之,曰:"不要有恨,要爱。"②

持有"不要有恨,要爱"的信念当然美好,可是,人生偶尔也会遭遇爱或同情的方法解决不了的困境,比如大敌压境,比如自然灾害。在爱或同情的方法无法化解苦难的时刻,意志甚至恨意就成为必要。在面临暴力的情境中,即便不走以暴制暴或以暴易暴的方法,至少可以考虑"非暴力不合作"的方向。

由此看来,非主体主义现象学虽然拥有温情脉脉的爱意,但它仅仅适用于其乐融融的日常生活世界,而在大敌压境或自然灾害的"非常时期",唯我论或唯意志论倾向的主体主义现象学就会被召唤入场。爱与意志,两者一起构成现象学的核心精神。

或者说,唯我论或唯意志论的主体主义现象学原本就是合理的,它只需要内部调整而不需要整体转换。内部调整的思路大体有三种可能:一是内方外圆,像马基雅维利哲学那样,让精英保持主体主义状态并在必要的时刻在大众面前显示出(佯装)非主体主义的亲民精神。二是主体之间的较量,像黑格尔哲学那样,将主体精神及其被承认的欲望视为人的本性,由主奴之争而决出胜负,各安其位。三是因人而异,像尼采哲学或海德格尔哲学那样,区分精英与大众。在精英与大众之间,前者坚持主体主义哲学而后者选择非主体的服从与信奉状态。

(三) 作为方法的现象学:解释学现象学或描述现象学

教育现象学既是一种哲学,也是一种方法。作为哲学的现象学分裂为主体主义与非主体主义现象学,作为方法的现象学亦如是。作为方法的主体主义现象学常以解释学现象学的名义,强调阅读中的"前见"甚至"偏见"的价值。作为方法的非主体主义现象学主要显示为主体间性(或非对象性现象学)与"描述现象学"。

主体间性现象学(或发生现象学)意味着在认识过程或调查研究过程中,认识者不是以主体的姿态拷问、凝视、审查、征服某个认识的对象,而是把认识的对象当作自己的交往者,使自己与他者(对象)相互关联或融为一体。主体间性现象学所强调的构成性或互主体性意味着认识者由对象性思维转向非对象性思维,把某个对象还原为有背景的主题或有边缘的焦点。让对象在背景中,让焦点在边缘中。有学者甚至认为这种主体间性现象学(或发生现象学)及其"构成性"是胡塞尔现象学的精华,"现象学的精华在于其构成思想,特别是彻底的存在论意义上的构成洞见。"③其重要意义不仅显示为非对象性的认识论,更重要的意义在于非对象性的生存方式(存在论)。比如,不把他人当作一个命令、追求或占有的对象,而是通过友善的交往、仪式的烘托或荣誉的光环而使他人被感染、被感动或被吸引。

除了作为主体间性或非对象性,作为方法的非主体主义现象学也可能采用整体描述的方法。传统的方法是讲逻辑并进而讲道理,而"现象学描述"或"描述现象学"是通

---

① 详见范梅南的《教学机智——教育智慧的意蕴》《生活体验研究——人文科学视野中的教育学》《儿童的秘密——秘密、隐私和自我的重新认识》等相关著作。
② "不要有恨,要爱"是我个人 2017 年在华东师范大学做教育现象学专题讲座时提出的论题。
③ 有关发生现象学的更多讨论,详见:张祥龙.从现象学到孔夫子[M].北京:商务印书馆,2001:191.

过整体描述事件或讲述故事的方式呈现道理,以此揭示事物的整体形象并由此而凸显事物的本质。现象学描述与小说家或画家的"叙事"或"叙事学"方法比较接近。① 就此而言,现象学研究方法既不是实证的,也不是哲学思辨的,它更接近艺术创作。

现象学描述倾向于以艺术化的语言和"象"思维而不是以习俗的概念化的语言和"抽象"思维去描述当事人的体验。为了让当事人说出自己的体验或描述当事人的体验,体验现象学的研究需要依靠当事人的个性化的语言和艺术化的语言。也因此,现象学式的体验研究需要研究者在制作"研究报告"时具有某种"艺术家"的气质和技艺。艺术家是那些有关人生体验的卓越的倾听者。小说家小心谨慎地用同情的心态讲述自己或他人的体验;诗人用简单的词语让"人"或"物"自己说话。让事物自己说话或让事情自己显露自身,原本是胡塞尔现象学的核心追求。艺术的描写是一种非对象性的思与言。现象学的方法甚至就是"艺术的方法"。就此而言,现象学的发明者并非胡塞尔,而是所有"艺术家"。而在种种艺术之中,小说的叙事比论文的抽象概括更容易接近当事人的体验。② 也正因为如此,捷克小说家昆德拉(M. Kundera,1929～至今)断言:"小说在弗洛伊德之前就知道了无意识。在马克思之前就知道了阶级斗争。它在现象学家之前就实践了现象学(对人类处境本质的探寻)。在不认识任何现象学家的普鲁斯特那里,有着多么美妙的'现象学描写'。"③

第 3 节　超越论

几乎所有哲人都希望超越经验论与先验论之争。倾向于经验论的休谟、洛克和穆勒如此,康德、黑格尔和胡塞尔也如此。不过,在众多试图超越经验论与先验论之争而走向"超越论"哲学的哲人之中,赫尔巴特、杜威和波兰尼等人的工作显得更有成效。④

一、赫尔巴特的统觉

赫尔巴特(J. Herbart,1776～1841)自称是康德的追随者。⑤ 与康德一样,赫尔巴特也试图超越经验论与先验论之争。他认为经验论和先验论都只说对了一半的真理。"没有前者后者便没有存在的根基,没有后者前者便不完整,甚至会有矛盾。所以两者必然是相互需要的。"⑥但是,在经验论与先验论之间,赫尔巴特比康德更倾向于经验论。这并不意味着他们否认经验。相反,康德相信认识始于经验,赫尔巴特则认为"在

---

① 有关教育研究领域的"现象学的方法"的更多讨论,详见:刘良华.何为"现象学的方法"[J].全球教育展望,2013(8):43—50.
② 因此,现象学式的体验研究在表述方式上往往呈现为叙事研究。有关现象学与叙事研究的关系的更多的讨论,详见:刘良华.从"现象学"到"叙事研究"[J].全球教育展望,2006(7):40—43.
③ [捷克]昆德拉.小说的艺术[M].董强,译.上海:上海译文出版社,2004:41.
④ 1859 年,杜威与胡塞尔、柏格森(H. Bergson,1859～1941)等人出生。该年达尔文的《物种起源》正式出版。
⑤ 详见:[美]梯利.西方哲学史(增补修订版)[M].伍德,增补,葛力,译.北京:商务印书馆,1995:522.另参见:黄怀华.西洋哲学史纲[M].北京:东方出版社,2007:244.
⑥ [德]赫尔巴特.形而上学的要点[A].冯亚琳,译.[德]赫尔巴特.赫尔巴特文集(哲学卷一)[C].杭州:浙江教育出版社,2002:16.

经验的范围以外,认识没有进展的希望"①并由此建立其"科学教育学"的体系。

赫尔巴特教育学盛极一时,但也一直受到非议。杜威虽然对赫尔巴特教育学给予不低的评价,但总体上视之为保守、落后的教育学。② 更严重的问题是,赫尔巴特教育学的论证方式及其写作方式受到质疑。有人认为赫尔巴特的教育学著作仅仅提出了一些意见和建议,并没有提供系统的论证,其语言故作深沉实际上却是一堆完全站不住脚的大白话,不断出现"随心所欲的、矛盾的、毫无根据的见解"。③ 尽管如此,赫尔巴特在教育学史上享有"科学教育学之父"和"美育主义"④的美誉。其教育思想后来甚至发展为盛大的"赫尔巴特学派"。

(一) 从康德的"纯粹理性批判"到赫尔巴特的"心理学"

赫尔巴特将教育分为三个部分:一是管理,二是教育性教学;三是训育(相当于德育)。赫尔巴特的"管理"理论接近康德的"启蒙"哲学。赫尔巴特的教学以其统觉心理学为基础,接近康德的"纯粹理性批判"。赫尔巴特的德育接近康德的实践哲学。赫尔巴特自己认为其教育学的主要贡献就是将教育学建立在心理学和实践哲学的基础之上。"教育学作为一种科学,是以实践哲学和心理学为基础的。前者说明教育的目的,后者说明教育的途径、手段与障碍。"⑤

问题是,赫尔巴特教育学的"心理学"和"实践哲学"从何而来? 这两个基础究竟是对康德哲学的延续还是源自赫尔巴特本人创造?

按照德国学者本纳(Dietrich Benner)的说法,赫尔巴特教育学的这两个基础明显受到康德批判哲学的影响。赫尔巴特的心理学受到康德的"纯粹理性批判"的影响。赫尔巴特的"实践哲学"受到康德"实践理性批判"的影响。而康德的"判断力批判"对赫尔巴特的心理学和实践哲学两者都产生影响。⑥

如果说赫尔巴特的心理学受到了康德的"纯粹理性批判"的影响,那么,这种影响主要显示为赫尔巴特在教学理论上所呈现出来的"先验论"或"观念论"特色。也有人认为赫尔巴特哲学是"当时德国先验论哲学占统治地位的大背景下的一个不显眼的支流"。⑦ 赫尔巴特的教学理论及其"统觉"理论明显倾向于康德在《纯粹理性批判》中所强调的"主体主义"、"观念论"或"先验范畴论"以及与之相关的"哥白尼式的革命"。

赫尔巴特心理学的核心概念是"统觉"。统觉理论贯穿于赫尔巴特所设计的"明了—联想—系统—方法"的教学形式及其教学过程之中。赫尔巴特的教学形式貌似经验论思路,其实却是一种与"统觉"相关的观念论或先验论传统。在"明了—联想—系

---

① [美]梯利.西方哲学史(增补修订版)[M].伍德,增补,葛力,译.北京:商务印书馆,1995:522.
② 详见:[美]杜威.民主主义与教育[M].王承绪,译.北京:人民教育出版社,1990:76.
③ 详见:[德]雅赫曼.关于赫尔巴特《普通教育学》的书评[A].李其龙,译.[德]赫尔巴特.普通教育学·教育学讲授纲要[C].杭州:浙江教育出版社,2002:428—459.
④ 蔡元培认为,赫尔巴特的教育思想为"美育主义"。详见:蔡元培.对于教育方针之意见[A].蔡元培.蔡孑民先生言行录[C].济南:山东人民出版社,1998:111.
⑤ [德]赫尔巴特.普通教育学·教育学讲授纲要[M].李其龙,译.杭州:浙江教育出版社,2002:207.
⑥ 详见:Benner, D. Johann Friedrich Herbart Systematische Pädagogik. Band 2: Intepretation. Weinheim: Deutscher Studien Verlag, 1997: 39.彭韬先生为此处的注释提供了相应的译文。谨此致谢。
⑦ 李其龙.前言[A].[德]赫尔巴特.[德]赫尔巴特.赫尔巴特文集(哲学卷一)[C].杭州:浙江教育出版社,2002:22—23.引用时对译文略有改写。

统一方法"四个要素之中,"联想"是其核心和关键环节。赫尔巴特的"联想"接近康德的"统觉"或"先验范畴"、"观念论"。

(二) 从康德的"实践理性批判"到赫尔巴特的"道德教育"

如果说康德的"实践理性批判"影响了赫尔巴特的"实践哲学"及其"道德教育",那么,赫尔巴特的道德教育必然强调以建立纯粹善良意志为核心的教育目标。纯粹善良意志意味着慎重地作出道德判断并义无反顾地、无条件地执行某些道德律令,且在其贯彻执行过程中拒绝亚里士多德式的"中庸智慧"或孟子式的"经权智慧"。

赫尔巴特将自己的实践哲学称为"普通实践哲学"(general practical philosophy,也翻译为"一般实践哲学")。在他看来,实践哲学的重点是有关善恶的判断。实践哲学的本职就是对善恶作出判断或纠正。哲学的使命就是教人学会正确地判断。"实践哲学应该提供给读者的无非是对某些意志的某些描绘,以便激起旁观者对某些意志发自内心的赞成,对另一些意志发自内心的反对。"①

赫尔巴特有时也将道德判断称为"意志"。他认为实践哲学的批判应该直接对准"意志"而不必关心其他事情。这种意志也就是道德观念。赫尔巴特概括了内心自由、完美性、友善、法和公正等五种道德观念(一般称之为"五道念")。② 前三者(内心自由、完美性、友善)是积极道德,这是意志的至善理想。后两者(法律和公正)是消极道德,这是意志的底线与规则。与康德一样,赫尔巴特也将自由作为道德的终极目标。内心自由是所有观念被实现之后的最后状态。但是,由于"儿童并未带着他们的意志来到世界"③,人的内心自由以及善良意志需要经由教育而获得发展。在他看来,教育学的唯一任务和全部任务就是让人成为有道德的人。"道德普遍地被认为是人类的最高目标,因此也是教育的最高目标。"④为了实现这个目标,赫尔巴特强调教育的艺术及其中间环节。

(三) 从康德的"判断力批判"到赫尔巴特的"中间环节"

赫尔巴特将人的经验(或艺术)分为两种:一是"经验丰富的艺术";二是具体实施的艺术。前者能够因时制宜、当机立断地解决问题;而后者只能利用随意的、偶发性的个人经验去解决问题。一个实践者是否能够形成"经验丰富的艺术",关键就在于他是否形成了自己的观念(或理论)。好的实践总是既来自个人的经验技巧,又来自理论的支持,"用基本原理把自己武装起来"。问题是,"对实践者来说,总是不是学得太多了就是学得太少了。也正因为如此,所有实践者在他们的艺术范围里都很不愿意参与到如是的彻底研究过的理论中来,他们更愿意把他们获得的经验和观察与那种理论一争

① [德]赫尔巴特.一般实践哲学[A].郭官义,李黎,译.[德]赫尔巴特.赫尔巴特文集(哲学卷一)[C].杭州:浙江教育出版社,2002:86—88.
② [德]赫尔巴特.一般实践哲学[A].郭官义,李黎,译.[德]赫尔巴特.赫尔巴特文集(哲学卷一)[C].杭州:浙江教育出版社,2002:146.
③ [德]赫尔巴特.普通教育学.教育学讲授纲要[M].李其龙,译.杭州:浙江教育出版社,2002:26.
④ [德]赫尔巴特.论对世界之审美描述是教育的首要工作[A].朱刘华,译.[德]赫尔巴特.赫尔巴特文集(教育学卷二)[C].杭州:浙江教育出版社,2002:177.

高低。"①

赫尔巴特提醒,实践者如果过于偏重个人狭隘的经验,如果仅仅了解自己或周围人的经验,就很可能导致实践的失败。而且,实践者失败之后还不知道失败的根本原因。即便实践者偶尔尝试某个方法获得成功,也不知道还有更好的方法去获得更大的成功。结果,一代又一代实践者只能在相同的轨道上重复,不可能有更大的进步。

赫尔巴特由此得出结论,实践者之所以拒绝理论而满足于个人经验,并非他们不懂得理论的价值,而是因为他们缺少了从理论到经验的"中间环节"。由于缺乏中间环节,实践者既想学理论又觉得学理论没有实际的用处,"不是学得太多了就是学得太少了"。赫尔巴特将理论和具体技艺之间的"中间环节"称为"机智"(也有人译为"机敏"②)。这种"机智"接近康德的"判断力"。按照赫尔巴特的说法,"机智"显示为某种"得体的行为、技能、机智和灵活"。③ 理论、机智、经验三者一起构成完整的行动。其中,理论就是观念或原理。它是普遍的、超越的、科学的,它忽略所有的具体事例。而经验(或艺术、技巧)是具体的、可观察的。机智则居于二者之间,显示为实践智慧或行动智慧。

问题是,实践者究竟如何获得这种"得体的行为"或"实践机智"?赫尔巴特认为它既不来自对理论的认识,也不来自个人经验的探索,甚至也不来自人的"直觉"。赫尔巴特看重的是"当机立断"(迅速的判断和决定)以及"当机立断"中"情感"和"审美"因素。情感或审美因素决定实践者是否愿意接近或接受某个理论或信念,它也决定实践者在多大程度上能够将理论机智地应用于自己的实践。

这样看来,如果说理论和经验之间需要有一个"中间环节",那么,这个"中间环节"虽然呈现为教育机智,实际上却是人的情感或审美。它是人的情感判断和审美判断。"情感"在赫尔巴特哲学中占有重要的位置,后来波兰尼(M. Polanyi, 1891~1976)称之为"求知热情"。它推动理论转化为解决具体问题的行为方式并形成习惯。实践者是否能够调节自己的行为习惯,取决于他的"兴趣"和"道德意愿"。一旦当事人有了兴趣和意愿而又能够"用基本原理把自己武装了起来",那么,"他的经验会变得更清晰。会时时刻刻地告诉他在什么时候做什么事情。"④

赫尔巴特所强调的"教育机智"以及相关的"情感"和"兴趣"在他的"普通教育学"中成为重要主题。无论教师的教学还是学生的学习,情感、意愿或兴趣成为首要原则。教师的首要责任就是激发学生的"兴趣","而且是多方面的兴趣"。以往的教育理论虽然也谈论兴趣,但只是把兴趣作为知识学习的"手段"。赫尔巴特决心把这种关系"颠倒过来"。他认为知识学习应该服务于兴趣,而不是相反。"学习终究会结束,而兴趣会终生

① [德]赫尔巴特.关于教育学的两个讲座[A].朱刘华,李张林,译.[德]赫尔巴特.赫尔巴特文集(教育学卷二)[C].杭州:浙江教育出版社,2002:197.
② 彭正梅博士译为"教育机缘"。详见:彭正梅.大道泛兮:赫尔巴特教育学思考的辩证特性及其与杜威的比较[J].全球教育展望,2013(7):33—42.
③ [德]赫尔巴特.关于教育学的两个讲座[A].朱刘华,李张林,译.[德]赫尔巴特.赫尔巴特文集(教育学卷二)[C].杭州:浙江教育出版社,2002:200.
④ [德]赫尔巴特.关于教育学的两个讲座[A].朱刘华,李张林,译.[德]赫尔巴特.赫尔巴特文集(教育学卷二)[C].杭州:浙江教育出版社,2002:200.

保持。"①

　　激发学生的兴趣并不要求教师发明种种激发学生学习"兴趣"的技巧。激发学生兴趣的关键在于教师是否已经成为一个有理论信念、有交往情感和有修养的人。"教师越成为日常的交往者,那他也就越要竭尽全力使这种交往成为教育的源泉,特别是要成为任何善和美的新的力量。一句话,教师不应只是成为一本书和许多书的化身,而应成为一个有修养的人。"②同时,赫尔巴特提示,不可能要求所有人都成为"有修养的人",教育的责任,就是通过少数有修养的人引领和影响更多的他人。"不管人们如何竭力反对,世界取决于少数人,少数受过正确教养的人可以正确地操纵世界。"③

　　赫尔巴特的"中间环节"("机智"以及情感、审美)延续了康德的"判断力"的思路。不过,赫尔巴特对这个问题的解释显得比较模糊。真正把这个"中间环节"说得比较透彻的人是席勒(J. Schiller,1759～1805)。席勒将这个"中间环节"直接称为"审美"或"游戏"。席勒的"审美"或审美游戏"为康德的"判断力"提供了具体的路径,也使赫尔巴特的"中间环节"及其情感和审美获得更透彻的说明。

　　由此可见,赫尔巴特教育学并非后来杜威所批判的那样不重视学生的经验和主动性。表面看来,赫尔巴特似乎不那么看重学生的经验而更看重统觉或观念论、先验范畴。实际上,赫尔巴特是以康德式的统觉或观念论、先验范畴并凭借其"主体主义"及其"哥白尼式的革命"的方式来激发和增进学生的主动性。

　　这正是赫尔巴特与杜威的不同之处,也是赫尔巴特矗立在教育学史上的过人之处。赫尔巴特教育理论虽然显示某种经验论的"科学教育学"的气质,但其经验论的背后却是康德式的先验观念论。

　　正因为赫尔巴特的"经验论"的背后隐含了复杂而丰富的"先验论",杜威站在彻底的经验论的立场对赫尔巴特的教育理论提出批评和有所保留的赞赏。但是,在谈到赫尔巴特的教学观念时,杜威认为赫尔巴特的教学法只停留在处理"教材"的方法上,只重视了"教材"而忘记了教育中的"人",忽视了人的"主动性"。④

　　杜威对赫尔巴特的赞赏和批评皆事出有因,但似乎都不准确。两者的真实分歧或许只在于:杜威倾向于经验论,赫尔巴特倾向于先验论。经验论与先验论向来势不两立,道不同,不相与谋。

二、杜威的互动论

　　杜威(J. Dewey,1859～1952)哲学的关键词是民主和科学。民主是目标,科学是实现民主的方法。民主有多种类形式,杜威强调大众普遍参与政治的"参与式民主"并以此化解大众与精英的冲突。杜威在知识哲学、政治哲学和教育哲学领域提出了一系列

① [德]赫尔巴特.根据行政专区参议格拉夫先生的构想对学校年级及其改革的教育学鉴定[A].朱更生,译.[德]赫尔巴特.赫尔巴特文集(教育学卷二)[C].杭州:浙江教育出版社,2002:300.
② [德]赫尔巴特.关于教育学的两个讲座[A].朱刘华,李张林,译.[德]赫尔巴特.赫尔巴特文集(教育学卷二)[C].杭州:浙江教育出版社,2002:32.
③ [德]赫尔巴特.普通教育学·教育学讲授纲要[M].李其龙,译.北京:人民教育出版社,1989:20.
④ [美]杜威.民主主义与教育[M].王承绪,译.北京:人民教育出版社,1990:76.

新的方案。这些新方案来自他对传统的二元论哲学的批判,他称之为"哲学的改造"。

(一)互动论对经验论与先验论的超越

受他的老师莫里斯(G. Morris,1840～1889)的启发,杜威一度对黑格尔哲学产生兴趣。杜威坚守黑格尔理论十年,后来发表了告别演说式的自传:"从绝对主义到实验主义"①。杜威以实验主义的方法及其"互动"(interaction)思维和"关系思维"去改造传统的二元论哲学。在杜威之前,反对二元论的人并不少见。杜威的创见在于,他不仅反对二元论思维,而且拿出了"哲学的改造"的具体方案。杜威在知识哲学上提出了"参与者知识观"并使之与"旁观者知识观"相对应;在政治哲学上提出了"新个人主义"并使之与"旧个人主义"相对应;在教育哲学上提出了"儿童中心"并使之与"社会中心"相对应。但是,对应并不意味着对立。杜威用"连续性"、"互动性"、"主动性"和"参与者"等概念来实现他的"哲学的改造"及其"关系思维"。也因此,杜威似乎既不赞成"儿童中心"也不主张"社会中心"或"环境中心",他追求的是儿童的主动参与以及由此出现的儿童与社会、儿童与环境的互动关系。

互动意味着变化、不确定。从先验论哲学的视角来看,变化和"不确定性"是某种危险的、不真实的现象。杜威注意到科学的发展史和实验应用领域已经为"变化"恢复了名声。"变化"不再被人们看作是美德的衰落或实在的缺损。相反,求知活动正是人与环境之间的相互作用并由此带来双方的变化。② 求知意味着人与充满变化的环境之间"互动"。"心灵不再是从外边静观世界和在自足观照的快乐中得到至上满足的旁观者。"③

"互动"是杜威从达尔文生物学那里所获得的一个重要启示。杜威注意到有机体与其环境之间的"互动"在生物进化中的重要意义,"互动是自然存在的普遍特性"④。在所有的生命活动中,生命要维持其存在就不得不既适应环境又主动地改造环境。生命个体与环境之间相互影响的状态,也就是"互动"。在《确定性的寻求》中,杜威将传统的知识观称为"旁观者知识观",他建议以新的知识观即"参与者知识观"取而代之。认识的过程就是一个当事人与认识的对象交互发生作用的过程。康德曾经将自己的哲学变革视为"哥白尼式的革命",杜威再次将自己的哲学的改造视为"哥白尼式的革命"。

(二)"民主主义"与杜威的三次论战

杜威的参与者知识观在政治哲学上显示为鼓励民众广泛参与政治的"大众民主"并以此反对"精英民主"。杜威的思想大致呈现出三个阶段:杜威早期倾向于个人主义,重视个人参与和个人"冲动"。他在晚年发表的《从绝对主义到经验主义》中对早期思想做了回顾。杜威中期偏向苏联的集体主义,其标志性事件是 1919～1929 年期间访问日本、中国、苏联等东方国家。此前杜威鼓励人们以"冲动"对抗和打破"习性",但在 1922

---

① 详见:[美]杜威.从绝对主义到实验主义[A].[美]杜威.杜威文选[C].涂纪亮,编译.北京:社会科学文献出版社,2006:22—34.
② [美]杜威.哲学的改造[M].许崇清,译.北京:商务印书馆,1997:62.
③ [美]杜威.确定性的寻求[M].傅统先,译.上海:上海世纪出版集团,2005:220.
④ 互动(interaction)也译为"交互作用"。详见:[美]杜威.确定性的寻求[M].傅统先,译.上海:上海世纪出版集团,2005:185.

年发表的《人性与行为》中杜威对"冲动与习性"的关系以及与之相关的"个人与社会"的关系作了完全不同的解释。他强调社会"习性"对个人"冲动"的控制。① 杜威晚期则由集体主义重新转向个人主义，坚持个人冲动与社会习性之间的互动关系而不是让个人简单地顺从社会习俗。杜威后期思想的标志性事件是参与"托洛茨基案件"的调查并因此招致苏联的怨恨。如果要在美国寻找一个能够反映杜威"社会改造"的实际案例，那么，罗斯福"新政"似乎大体符合杜威的期待。事实上，杜威提出的不少社会改造的建议已经在罗斯福"新政"中被不同程度地采纳。②

杜威思想虽然总体上呈现出早期、中期和晚期的变化，不过，杜威总体上坚持了"民主主义"，并由此引发了三次重要的争论："李杜之争"、"白杜之争"和"普杜之争"。

1. 李杜之争。1922 年，李普曼（W. Lippmann，1889~1974）发表《公众舆论》，三年后发表《幻影大众》。这两本书集中讨论公众容易受舆论的误导以及公众对政治的无助与无能。在《公众舆论》中，李普曼认为由于世界的复杂以及认识能力的有限与偏见，公众往往无法认清真相因而无法做出正确的判断。而且，作为少数的领袖总是操纵舆论并制造民主的假象。政治总是少数人决策，由作为精英的少数人代表大多数人的意见。既然个人无法做出理性的判断，政治就只能由精英负责，公众不具备参与政治决策的能力。③《幻影公众》被认为是《公众舆论》的续篇。李普曼在《幻影公众》中承认公众舆论对政治监督是有意义的。"公众舆论是一种力量储备，在公共事务演化为危机时，采取行动。"④ 不过，公众舆论的作用也仅限于此。总体而言，李普曼认为政治是精英的事，与大众无干。"民主政治理论的基本前提是公众引领公共事务的发展，而我认为，这样的公众纯粹是一个幻影，是个抽象概念。"⑤ 如果公众过于主动地参与政治，旁观者所采取的任何主动行为，都是添乱而不是帮忙。"公众的职责就是保持开放的思维，并耐心等待结果。"⑥

1927 年，杜威发表《公众及其问题》，坚持认为普通大众不仅应该参与政治而且具备参与政治的能力。杜威采用的著名比喻是："只有穿鞋的人，才最清楚鞋是否夹脚和哪里夹脚。"⑦ 在《公众及其问题》中，杜威提倡以大众自治的参与式民主代替精英民主。

2. 普杜之争。"普杜之争"是以普洛瑟（A. Prosser，1871~1952）为代表的普职分离派与以杜威为代表的普职融合派之争。普洛瑟被誉为"美国职业教育之父"，师从社会效率主义者斯尼登（D. Snedden，1868~1951）。受斯尼登和凯兴斯坦纳（G. Kerschensteiner，1854~1932）等人的影响，普洛瑟主张普通教育与职业教育分离的双

---

① 有人对"20 世纪初杜威教育思想的转变"作了比较详细的考察。详见：帕瓦特，雷静. 杜威：习性与冲动[M].北京大学教育评论，2003(2).
② 杜威提出的国家调控经济、增加低收入者的福利和对高收入者增加税收等具体主张以及相关讨论，详见：涂诗万. 杜威教育思想的形成[M].杭州：浙江教育出版社，2014：166—167.
③《公众舆论》第十五章的标题是"领袖与平民"。两年后，白璧德发表《民主与领袖》。两者在标题上几乎如出一辙。
④ [美]李普曼. 幻影公众[M]. 林牧茵，译. 上海：复旦大学出版社，2013：43—46.
⑤ [美]李普曼. 幻影公众[M]. 林牧茵，译. 上海：复旦大学出版社，2013：51.
⑥ [美]李普曼. 幻影公众[M]. 林牧茵，译. 上海：复旦大学出版社，2013：102.
⑦ 杜威. 公众及其问题[A]. 杜威. 杜威全集·晚期著作·第二卷(1925—1927)[C].张奇峰，王巧贞，译.上海：华东师范大学出版社，2015：292.

轨制。与之相对,杜威主张普通教育与职业教育融合的单轨制而反对普职分离的双轨制。① 由于普职融合接近人人平等的民主观念,而普职分离容易强化社会等级与分层,所以,"普杜之争"的背后隐含了"民主主义"与"效率主义"之争。就此而言,"普杜之争"是"李杜之争"的延续。杜威与普洛瑟都承认职业教育的重要作用。但是,在"普职分离还是"普职融合"的问题上,杜威与普洛瑟出现分歧。普洛瑟主张普职分离并为之呼吁、奔波。杜威则站在民主主义这边,主张普通教育与职业教育的融合,反对"普职分离"的双轨制。如果说 1917 年颁布的《史密斯休斯方案》标志着普洛瑟在"普杜之争"中获得体制上认可而略胜一筹,那么,1963 年颁布的《职业教育法》以及美国后来普遍推行的体现普职融合的"综合高中"制度,意味着杜威在"普杜之争"中最终获胜。

3. 白杜之争。白璧德(I. Babbitt,1865～1933)认为他所代表的人文主义及其理性主义与杜威、卢梭等人的人道主义及其浪漫主义势不两立,两者已经到了最后决战的关键时刻。② "白杜之争"主要显示为三个方面的分歧。第一,精英教育与大众教育的分歧。杜威看重大众教育,强调每个人都有权利享受平等的教育机会。而在白璧德看来,无论卢梭还是杜威,皆属于有害的浪漫主义。白璧德强调精英教育,鼓励精英以身垂范,成为大众的领袖。文明的希望不在普通人而在精英身上。③ 也因此,杜威重视中小学教育,而白璧德更重视大学教育。杜威的著作主要针对中小学教育,而白璧德直接以《文学与美国大学》、《民主与领袖》作为自己的研究课题和书名。白璧德关注的重点是"大学"和"领袖"。第二,科学教育与文艺教育的分歧。杜威强调科学课程,旨在普及科学意识以及科学的思维方式。杜威重视以科学的方法解决社会问题,甚至以《我们怎样思维》的专著来讨论科学的思维方法。而白璧德更重视古希腊"知识即美德"(不要学习别的知识,应该学习美德知识)和"谦卑"传统。白璧德并不反科学,但他同时强调"科学本有其范围"且科学必须受道德的节制。不讲道德的科学,"乃人间最大之恶魔,横行无忌,而为人患者也"。④ 或者说,"不道德的科学或许是人类释放出来的最凶恶的野兽。"⑤在白璧德看来,科学主义教育的危险在于过于看重知识而忽视了美德,而且因为对理性不加节制而背离了"谦卑"的传统。⑥"科学一直在进行着一个又一个征服。现代人的过分自信在很大程度上似乎就是这种科学发现的稳定进步的结果。"⑦为了恢复美德与谦卑的传统,白璧德强调博雅教育与道德教育的古典课程,通过古典文学培养精英的道德修养。第三,理性主义与情感主义的分歧。杜威对自然主义、情感主义与浪漫主义持同情的态度,明确反对华而不实的古典式的博雅教育与理性主义。⑧ 在儿童观

---

① 更多讨论详见:路宝利.美国中等职业教育发展的职业主义与民主主义之争:"普杜之辩"研究[M].北京:中国社会科学出版社,2015:83—149.
② 白璧德.中西人文教育谈[A].胡先骕,译.段怀清.新人文主义思潮[C].南昌:江西高校出版社,2009:24.
③ 详见:[美]白璧德.民主与领袖[M].张源,张沛,译.北京:北京大学出版社,2011:199.
④ 详见:[法]马西尔.白璧德之人文主义[A].吴宓,译.段怀清.新人文主义思潮[C].南昌:江西高校出版社,2009:36—45.
⑤ [美]白璧德.卢梭与浪漫主义[M].孙宜学,译.北京:商务印书馆,2016:356.
⑥ 详见:[美]白璧德.民主与领袖[M].张源,张沛,译.北京:北京大学出版社,2011:137.
⑦ [美]白璧德.卢梭与浪漫主义[M].孙宜学,译.北京:商务印书馆,2016:123.
⑧ 有人总结:"浪漫主义重情感,人文主义重理性。"详见:梁实秋.白璧德及其人文主义[A].段怀清.新人文主义思潮[C].南昌:江西高校出版社,2009:98.

和人性问题上,杜威坚持一元论,反对任何形式的二元论。杜威认为并无抽象的人性,人性在人与社会互动的过程中显示出来。在这点上,杜威的思路与卢梭的说法比较接近。在卢梭看来,人性本来是好的,社会导致了人性的堕落。"出自造物主之手的东西,都是好的,而一到了人的手里,就全变坏了。"①但是,白璧德认为卢梭、杜威式的一元论只是思维的懒汉。这样的一元论容易把个人本该承担的责任"推卸给社会"②。白璧德认为人性存在善与恶两种对立的本性。人需要保持"中庸"(moderation)的思维方式和生活方式,通过自身的理性去克制过度的欲望。白璧德推崇古典主义与理性主义道德(以理性克制欲望),公开斥责卢梭式的自然主义、情感主义和浪漫主义,并对杜威及其进步主义提出指名道姓或指桑骂槐的批评。在白璧德看来,进步主义容易抛弃传统和秩序而导致纵欲。"现在更常见的是那些进步主义者。他们斥拒过往,却纵容现在,并轻松自如地想象着未来。"③

(三) 杜威的教育哲学

杜威教育哲学的关键概念是语言、民主与职业。这三个概念及其关联构成了杜威教育哲学的基本观念。

第一,关于人的主动性、语言及其与教育的关系。杜威在《民主主义与教育》的开篇中讨论"生物与非生物的区别",并由此提示:人类即延续了生物的主动性这一根本特性,同时又因发明和使用语言而区别于其他生物。杜威尤其警惕语言在教育中的用途与滥用。当杜威强调语言对于教育的重要意义时,他一开始就对语言(书面语言或文字符号)保持了深度的怀疑和警惕。杜威先提出语言对于教育的重要作用:正规教育可以为年轻人提供书本知识,年轻人可以凭借系统的书本知识丰富自己的个人化的狭隘的经验。紧接着杜威就发出警告:从非正规教育转到正规教育,"有着明显的危险"。在杜威看来,儿童主动参与活动时总是亲切的、有生气的。相反,正规的教学容易变得"冷漠和死板",变得"抽象和书生气"。在正规的学校教育中,儿童所要学习的东西都储存在语言符号里。这种语言材料貌似高级,实际上却是肤浅的。④ 杜威提出的解决办法是在非正规的和正规的、偶然的教育和有意识的教育之间保持"恰当的平衡"。否则,正规的学校教育就会培养出没有活力的书呆子或自私自利的专家,杜威称之为"学习上的骗子"。杜威对语言文字在教育中的重要意义以及教育过度依赖语言可能导致的灾难性的后果的认识,类似卢梭在《论科学与艺术》中对普罗米修斯及其所带来的技术的警惕态度,也类似《老子》和《庄子》对语言所持的紧张态度。⑤

杜威对语言既倚重又警惕的看法在《民主主义与教育》以及杜威整个教育哲学体系中占据重要的位置。杜威教育哲学几乎是对语言的教育价值的既爱又恨的反复解释。杜威教育哲学,一言以蔽之,曰:从"书中学"(语言中学)到"做中学"。

第二,关于语言与民主的关系。杜威的《民主主义与教育》这本书的核心思想貌似

① [法]卢梭.爱弥儿——论教育(上)[M].李平沤,译.北京:商务印书馆,1978:5.
② [美]白璧德.卢梭与浪漫主义[M].孙宜学,译.北京:商务印书馆,2016:131.
③ [美]白璧德.民主与领袖[M].张源,张沛,译.北京:北京大学出版社,2011:58.
④ [美]杜威.民主主义与教育[M].王承绪,译.北京:人民教育出版社,2001:13—14.
⑤ 详见:[汉]高诱.淮南子注[M].上海:上海书店出版社,1986:116—117.

"经验",其实是"语言"及其与"民主"和"职业"的关系。语言导致了民主,任何人都必须借助语言以便"共同交流经验"。有效的教育是保持语言与做事的平衡。教育不能过度依赖语言。教育的重要途径是做事而不在于读书。

在"语言、民主和职业"三者之中,民主是其核心。在杜威那里,民主几乎成为贯穿其所有著作的思想灵魂。民主观念之于杜威,几乎成为一种宗教和学派。有人认为,《民主主义与教育》应该译为《民主与教育》。[1] 但是,民主之于本书以及民主之于杜威,已经接近学派与宗教的程度。因此,本书中译本翻译为"民主主义与教育"可谓正合本书以及杜威教育哲学的核心精神。[2]

杜威在讨论民主与语言的关系时,并不像哈贝马斯等人那样强调"商谈民主",也不像现代民主制度那样使民主过度依赖语言并使民主政治几乎等同于"演说政治"、"辩论政治"。在杜威看来,语言虽然在民主交流中发挥了重要的作用,但民主的关键不是语言而是"利益共享"。正如杜威不赞成教育过度依赖语言一样,杜威对语言在民主中的作用也保持了某种警惕。在《公众及其问题》中,杜威提倡以大众自治的参与式民主代替精英民主,并由此激发出著名的"李杜之争"。

第三,关于语言与做中学或职业课程的关系。《民主主义与教育》的后半部分重点讨论"做中学"、"主动学习"、"通过职业的教育"以及教育中貌似冲突实则统一的各种矛盾关系。第三篇中反复出现有关"做"、"活动"、"工作"、"劳动"、"职业"等词语。《民主主义与教育》第一篇的主题是"主动性"、"主动参与"。与之相关的著作是《确定性的寻求》以及"白杜之争"。第二篇的主题是"民主"、"参与式民主"。与之相关的著作是《公众及其问题》以及"李杜之争"。第三篇的主题"做中学"、"通过职业的教育"(education through opccupations)。与之相关的著作是《职业教育》。杜威虽然强调"做中学"、"通过职业的教育",但并不赞成当时普洛瑟等人的"普职分离"的双轨制,从而引发著名的"普杜之争"。[3]

总体而言,杜威教育哲学强调三个重要观点:一是主动(主动参与、主动生长);二是民主(民主参与或参与式民主);三是职业以及做中学(也称为"做中学"或"通过职业的教育")。三者皆得益于语言,但也因语言而受困。成也萧何,败也萧何。

三、波兰尼的"个人知识"

波兰尼(M. Polanyi,1891～1976)是有影响的物理化学家、科学哲学家。[4] 波兰尼与杜威在各自的研究中提出了大致相同的新的知识观,并一致地强调"整体学习"。波兰尼将自己的新知识观称为"个人知识"和"默会知识"。为了解释他的新知识观的运作方式,波兰尼区分了"焦点意识"和"边缘意识"。

① 详见:丁永为.工业社会、民主与教师专业精神——纪念杜威名著《民主与教育》出版一百周年[J].教育学报(教育科学版),2016(2):94—103.
② 从杜威对"实验"、"科学"的重视来看,杜威的《民主主义与教育》也可以理解为"实验主义与教育"。而中国教育界也的确一度出现过类似的文献。详见:朱兆萃.实验主义与教育[M].上海:商务印书馆,1929.
③ 详见第7章第2节有关"普杜之争"的讨论。
④ 他的哥哥卡尔·波兰尼(K. Polanyi,1886～1964)是有影响的经济史家、社会思想家、经济人类学家。他的儿子约翰·波兰尼(J. Polanyi,1929～至今)于1986年获得诺贝尔化学奖。

波兰尼将他的知识理想称为"个人知识"。这种"个人知识"的一个重要维度是"默会知识"。人类知识有两种：一是可言说的显性知识（explicit knowledge）；二是心领神会但尚未被言说或不可言说的默会知识（tacit knowledge）。① "默会知识"是知识的躯干，而显性知识只是冰山一角。默会知识是超越言传知识的更深层次的知识。默会知识虽然不可言说，沉默不语，但它一直在推动那些可言说、可传播的知识的发展。"所有的知识不是默会知识就是植根于默会知识。一种完全明确的知识是不可思议的。"②有人因此而将波兰尼视为现代认识论中的弗洛伊德。③

为了解释默会知识和默会认知的逻辑结构，波兰尼提出了两种意识的理论："默会知识包括两种意识，边缘意识（subsidiary awareness）与焦点意识（focal awareness）"。④边缘意识是认识者对于认识对象及其周边环境或来龙去脉的整体感觉，而焦点意识只是认识者对认识对象的聚焦。以用锤子钉钉子为例：我们既留意钉子，又留意锤子以及锤子与钉子的关系。前者是焦点意识，后者是边缘意识。知识操作或技能操作是否能够成功地完成，取决于操作者的焦点意识与边缘意识是否保持了某种整体操作状态。⑤

波兰尼的教育哲学与杜威的教育哲学比较接近。杜威比波兰尼年长 32 岁，大体属于同时代人。杜威本人把自己提出的参与者知识观视为对传统的旁观者知识观的一个翻转和颠倒，他将自己的努力称为"哥白尼式的革命"。与杜威的思路类似，波兰尼也将传统的知识观与"哥白尼革命"挂钩，他在《个人知识》这本"大书"中开篇就讨论"哥白尼革命的教训"。⑥ 后来，在解释和研究波兰尼的"个人知识"以及"默会知识"理论时，人们开始重新发现波兰尼思想的冲击力："一些学者惊呼，波兰尼的意会知识论是继笛卡尔、康德以后，认识论发展史上的'第三次哥白尼式的革命'，它将导致全部认识论的'大翻转'。"⑦

波兰尼的"边缘意识"接近杜威的"意识的边缘"。杜威借用了詹姆斯的意识"边缘"和"中心"两个术语来解释心灵和意识的关系。杜威认为心理学传统思想的错误就是过于关注中心和焦点，而忽视了从这个焦点向四周逐渐暗淡下去的边缘场地。人们倾向于把清晰的部分区别开来而使之突出，却忽视和否认每一个清晰思想所具有的这个暗淡的全面的意识背景。学习必定是在这个暗淡的意识背景之下学习清晰的焦点知识，焦点表现可能与边缘事物发生联系形成因果链。杜威认为，"一个有机体，在它动作时，是把一连串在时间上延续的事情，或一系列的事情，当作一个单元而予以反应，正如它对于一个统一的在空间上的多样性所作的反应一样。因此，在当前的行为中就立即意味着有一个广延的和持续的环境，从活动的功能方面来讲，遥远的和过去的东西都在

① Polanyi. The Study of Man [M]. Chicago：The University of Chicago Press，1959：12. 另参见[英]波兰尼. 科学、信仰与社会[M]. 王靖华，译. 南京：南京大学出版社，2004：111.

② Polanyi. Knowing and Being [M]. Chicago：The University of Chicago Press，1969：144.

③ 钱振华. 科学：人性、信念与价值—波兰尼人文性科学观研究[D]. 复旦大学博士学位论文，2005：41.

④ Polanyi. Knowing and Being [M]. Chicago：The University of Chicago Press，1969：144.

⑤ [英]波兰尼. 个人知识[M]. 许泽民，译. 贵阳：贵州人民出版社，2000：86.

⑥ [英]波兰尼. 个人知识[M]. 许泽民，译. 贵阳：贵州人民出版社，2000：3—7.

⑦ [英]波兰尼. 科学、信仰与社会[M]. 王靖华，译. 南京：南京大学出版社，2004：代译序：5.

行为'之中',构成了行为当前的状况。"①

　　正因为如此,杜威与波兰尼一致强调整体学习而反对细节学习。杜威强调经验是一个连续的整体,因此他反对教师把教材分为独立的片段进行教学。而波兰尼则从具体学习方式的角度阐述学习应该是超越细节的过程,他比杜威更具体地论述了超越细节学习的表现和方式。波兰尼认为,为了有效地完成整个活动,各种"细节"知识和技能是"不能"、"不允许"言传的,但它总是处于被人言说出来的危险之中。"如果我们把注意力聚集在这些细节上,我们的行为就会崩溃。"②在教育过程中,如果教育者对"细节"过度关注,将引发学习者的焦虑。问题恰恰在于,在学校教育中,教师把原本不可言传的、作为线索或工具的细节引入繁琐的讲解中,却忽视了学习者对整体的把握。在学习文学、历史等科目时,如果教学者对一段文章进行过度的分解,就会破坏学习者对它的欣赏。传统的语文教学恰恰关注文本本身,教学者对字、词的意义仔细分析占去了课堂的大部分时间;历史教学也同样如此:教师对年代、人物等细节知识非常关注,并要求学习者花大量时间去记忆这些细节知识。③ 也正因为看到了细节学习的危害,杜威和波兰尼不仅重视"学徒制"或"做中学",而且强调学习中的意向性(情感意志)。他们一致肯定个人情感在认知过程中的作用并主张"热情求知"。

第 9 章

西方现代政治
哲学及其
教育哲学

现代政治哲学领域分化为两个阵营：一是以费希特、尼采和海德格尔等人为代表的精英主义政治哲学。二是以卢梭、马克思和杜威等人为代表的民主主义政治哲学。在这两者之间，马基雅维利、霍布斯、施特劳斯等人则显示出共和主义的倾向。

第 1 节　精英主义或自由主义

精英主义倾向于自由主义和个人主义。精英主义政治哲学及其教育哲学并不见得反大众，也不见得不重视大众教育。精英主义政治哲学及其教育哲学的基本观念是：必须严格区分精英道德与大众道德，以及必须严格区分精英教育与大众教育。精英主义、精英政治在世界各国都是一个强大的传统。相比之下，欧洲大陆尤其是德国传统对精英主义情有独钟。惟欧有才，于斯为盛。

一、费希特的自我学

费希特上承康德哲学和赫尔德的民族主义思想，下启浪漫主义运动、黑格尔现象学和胡塞尔现象学。费希特对康德执弟子礼。他的哲学被视为"康德哲学的完成"，黑格尔甚至认为费希特的哲学克服了康德哲学缺乏思辨的统一性的缺憾。[①]

康德哲学以"哥白尼式的革命"正式建立主体主义先验哲学(此前笛卡尔、莱布尼兹等人已经开始筹建主体主义先验哲学)。费希特延续了康德的主体主义先验哲学，他的《知识学》被视为康德的《纯粹理性批判》的续篇，但他在先验论的道路上比康德走得更远。有人以漫画讥讽费希特：有一只费希特式的鹅，它有一个肥大的鹅肝。肝大到使这只鹅自己都不知道它究竟是一只鹅还是一个鹅肝。在它的肚子上写着：我＝我。[②]

康德曾抱怨亚里士多德的范畴来自经验而不那么纯粹，费希特则批评康德仍然有经验的痕迹。费希特秉承康德开辟的"主体主义哲学"及其"哥白尼式的革命"，义无反顾地走向先验哲学(可称之为"自我学"或"唯我论")。康德的先验哲学的中介是先验范畴，自我凭借范畴而成为世界的中心。而费希特直接从"自我"出发：第一，自我设定自身(正题)；第二，自我设定非我并使之与自己对立(反题)；第三，自我与非我在意识中相互限制、相互关联，这是自我与非我的对立统一(合题)。[③] 康德提出了由正题和反题构成的二律背反，而费希特的辩证法在正题、反题之后再以"合题"使二者统一。黑格尔认为费希特的这个思路比康德前进了一步，"这是他的大功绩"。[④] 黑格尔正是从费希特这里借用了正、反、合的思路，以至于后人误以为这一原理是黑格尔的发明。[⑤]

出版《全部知识学的基础》后，费希特对知识学进行了多次修改和重新解释。他最初重视"本原行动"和"自我"，后来将"绝对"视为最高原理而将"自我"置于从属地位。他把柏拉图的"理念"而不再把康德的"自我"作为基础。胡塞尔甚至认为费希特的哲学

① 详见：[德]黑格尔. 哲学史讲演录(第四卷)[M]. 贺麟，王太庆，译. 北京：商务印书馆，1960：308—309.
② 详见：[德]海涅. 论德国宗教和哲学的历史[M]. 海安，译. 北京：商务印书馆，1974：118.
③ 详见：[德]费希特. 全部知识学的基础[M]. 王玖兴，译. 北京：商务印书馆，1986：6—27.
④ [德]黑格尔. 哲学史讲演录(第四卷)[M]. 贺麟，王太庆，译. 北京：商务印书馆，1960：314.
⑤ 详见：[美]斯特龙伯格. 西方现代思想史[M]. 刘北成，赵国新，译. 北京：中央编译出版社，2005：225.

理路"完全类似于以往的其他哲学伟人,如柏拉图"。① 后来,谢林立足于"先验唯心论"
(其实为客观唯心论)将费希特的知识学直接发展为主观与客观统一的同一性哲学。②
黑格尔在比较"费希特与谢林哲学体系的差别"的基础上拒绝费希特的主观唯心论而偏
向谢林的客观唯心论③,并进一步提出"实体即主体"的哲学方案。④

费希特的知识学以"绝对自我"、"绝对精神"作为一切知识和行动的起点。康德哲
学中的经验论痕迹被清洗,康德的物自体也被视为多余。自我及其意志或意识被视为
宇宙的中心。小施莱格尔甚至认为"康德处处停留在中途"而"费希特则用斯巴达式的
步子"。他将费希特的知识学、歌德的《迈斯特》与法国革命相提并论,将这三者视为"这
个时代最伟大的倾向"。⑤

在费希特的自我学与精英主义政治哲学相呼应,费希特强调精英主义教育。他将
教育分为两种不同的类型:一是大众教育;二是学者教育。他认为以往的德意志的进
步都是从民众开始的,但为实现德意志民族的根本改造,需要从"有教养的阶层"的教育
开始,然后,由这些有教养的阶层去引领整个德意志的大众。

费希特认为"有教养的阶层"是社会的精英。他们能够走在整个民族的前列,引领
整个德意志民族走向独立与复兴。在费希特那里,"有教养的阶层"几乎可以等同于"学
者"。他多次做有关"学者的使命"的系列讲座。"学者的使命"主要在于:(1)应该走在
其他领域的前头,为他们开辟道路,引领他们前进。"他应当尽力而为,发展他的学科;
他不应当休息,在他未能使自己的学科有所进展以前,他不应当认为他已经完成了自己
的职责。"⑥(2)充分发展他的社会才能、敏感性和传授技能。敏感性是建立在对自己学
科已有知识的掌握的基础之上的,并且需要通过不断研究新东西才能得以保持。学者
"要尽力防止那种对别人的意见和叙述方法完全闭塞的倾向,这种倾向是经常出现的,
有时还出现在卓越的独立思想家那里"⑦。(3)提高整个人类的道德风尚。学者应当代
表他的时代可能达到的道德发展的最高水平。但是,由于"社会是基于自由概念的",每
个社会成员都是自由的,所以,学者只能用道德的手段影响社会而不能采用强制手段去
强迫别人接受他的信念。⑧

为了实现"学者的使命",学者自身需要接受教育:既接受普通教育,也接受特别的
教育。学者教育与大众教育最大的不同就在于,大众教育的重点指向机械劳动,而学者
教育强调的是孤独思考。接受普通教育的人注定要成为劳动阶层,应该让他们养成勤
劳的习惯,让他们能够做到自食其力,不为生计担忧。而学者为了完成引领他人的使

① 详见:[德]胡塞尔.费希特的人类理想[A].倪梁康,译.[德]胡塞尔.文章与讲演(1911—1921 年)[C].北
　京:人民出版社,2009:299—300.
② 详见:[德]谢林.先验唯心论体系[M].梁志学,石泉,译.北京:商务印书馆,1983:14.其实,康德的目的论
　已经提示了同一性哲学或"实体即主体"的思路.
③ 详见:[德]黑格尔.费希特与谢林哲学体系的差别[M].宋祖良,程志民,译.北京:商务印书馆,1994:66—83.
④ 详见:[德]黑格尔.精神现象学(上卷)[M].贺麟,王玖兴,译.北京:商务印书馆,1983:10.
⑤ [德]施勒格尔.浪漫派风格[M].李伯杰,译.上海:华东师范大学出版社,2005:78.另参见:陈恕林.论德
　国浪漫派[M].上海:上海社会科学院出版社,2016:173.
⑥ [德]费希特.论学者的使命·人的使命[M].梁志学,沈真,译.北京:商务印书馆,1984:42—43.
⑦ [德]费希特.论学者的使命·人的使命[M].梁志学,沈真,译.北京:商务印书馆,1984:43.
⑧ [德]费希特.论学者的使命·人的使命[M].梁志学,沈真,译.北京:商务印书馆,1984:44.

命,他必须进行孤独的思考。

总体而言,费希特的哲学与教育观念带有比较厚重的民族主义甚至种族主义倾向。费希特也因此成为希特勒(A. Hitler,1889~1945)熟悉的哲学家之一。纳粹党的精神核心以及原初的动力都可以在费希特这里找到理论资源。他开创了德国优等民族观念。他坚持认为德语属于日耳曼语系而并非起源于拉丁语,应该用纯正的德语来表达纯正的德国思想。费希特也是反犹主义者。费希特、叔本华、尼采、海德格尔是国家社会主义的哲学领袖,但是,"为纳粹分子提供哲学基础的人无疑是费希特"。①

二、尼采的超人

尼采(F. Nietzsche,1844~1900)以权力意志的强弱为标准"把人类分割成两半"。② 权力意志强大的人属于社会的精英,权力意志弱小的人则沦为大众。尼采设计了精英教育和大众教育两种不同类型的教育。尼采的确更重视精英教育以及与之相关的新道德教育。尼采并不因此而仇视大众,尼采依然承认大众以及大众教育的必要。大众教育的主要任务是通过宗教、奴隶道德、"求假意志"来使大众学会"服从"。奴隶道德本身并不坏,它是大众的需要。尼采只是不赞成用大众的奴隶道德来使精英束手就擒。

(一) 尼采的天才论

尼采教育哲学的关键文本至少有三个:一是《悲剧的诞生》;二是《查拉图斯特拉如是说》;三是《权力意志》。三者之中,《悲剧的诞生》最有原创性和学术性。这本书看似粗糙,尼采本人后来对之也不太满意,但它依然算得上尼采所有著作中最重要的一本书。尼采的中后期的著作都可以视为《悲剧的诞生》这本书的拓展本或脚本。

尼采在28岁那年(1872年)出版了他的第一本书《悲剧的诞生》③。《悲剧的诞生》是尼采少有的有"学术感"的作品。在后来所有作品中,只有《不合时宜的沉思》(1873年开始陆续出版)接近它的学术风格。

尼采的《悲剧的诞生》始于对古希腊文化的重新评估。一般人认为古希腊文化的核心精神是"明朗",显示出"高贵的单纯,静穆的伟大"。④ 但尼采看到的古希腊文化是阿波罗(太阳神精神)与狄奥尼索斯(酒神精神)的对立、冲突与统一。"对立统一"的研究视角虽然显得老套和俗气,但这个视角为尼采重新理解希腊文化并由此而重新理解"人的本性"提供了强大的支持。阿波罗的造型艺术和狄奥尼索斯的音乐艺术的"对立"和"统一"贯通整篇论文(该书其实是一篇较长的学术论文)。

尼采所谓的"悲剧"精神,其实就是"男子汉气概"(或血性、激情、力量之美)。他批判基督教,也是因为基督教贬低激情、使人变成温顺的羔羊。这样看来,该书的标题似乎在暗示"男子汉的诞生"或"血气之美的诞生"、"主人道德的诞生"。

---

① 详见:[美]赖贝克.希特勒的私人图书馆[M].孙韬,译.北京:金城出版社,2012:145—146.
② 大概在40岁那年(1884年),尼采给朋友写信时说:"可能是第一次,我有了这么个把人类分割成两半的思想"。详见:[德]萨福兰斯基.尼采思想传记[M].卫茂平,译.上海:华东师范大学出版社,2007:433.
③ 后来该书的副标题改为"希腊文化和悲观主义"。
④ [德]尼采.悲剧的诞生[M].孙周兴,译.北京:商务印书馆,2012:185.

尼采的这本青年时代的小本子为他本人后来所有的作品定下了基调。后来的超人、主人道德、权力意志、永恒轮回等概念几乎都与早期著作《悲剧的诞生》一脉相承。如果说尼采的第一部作品是"悲剧的诞生",尼采此后的所有其他作品乃是与之相关的"超人的诞生"。

1872 年,尼采在巴塞尔大学做了 5 次以教育为主题的讲演。在发表第 5 次讲演的前一天,尼采写信给出版商,打算把系列讲演作为自己的第二部书,但几周以后,尼采又写信给出版商,声称自己要"花上几年时间"再对文稿进行修改,"使之更好一些"。但这本书在尼采生前一直没有出版。他曾把这些讲演稿打印出来,分发给自己的朋友。后来这本书以《论我们教育机构的未来》为书名在尼采去世后出版。该书(讲演)的核心主题是,把教育教化集中于少数人乃是自然的必然法则。这是普遍的真理。在他看来,大众是精英生长的土壤,教育机构的真正目标是少数天才的教育。大众(土壤)若接受过度的教育就会受到惊扰和破坏。[①] 如果说《悲剧的诞生》显示了尼采作为文化医生的诊断,那么《我们教育机构的未来》则是在"揭出病苦"后,去寻求"疗救"的药方。尼采此后的创作则往返于更深刻的诊断和"疗救"之间。

(二) 大众道德与大众教育

尼采以"权力意志"的强弱作为区分大众和精英的标准。大众身上存在的权力意志是比较弱小的、基本的权力意志。尼采称之为"虚无意志"、"基本的精神意志"。虽然尼采对叔本华的"生存意志"并不全然赞同,但尼采不反对将自我保存视为"权力意志"的一种类型。大众所追求的恰恰是如何能够生存,他们意愿成为一个"末人",然后去寻找他们所谓的幸福。

尼采认为大众只具有自我保存的生存意志而没有更强大的权力意志。这种弱小的权力意志使大众逐渐制造了有关"恶"和"善"的道德价值和道德判断。大众"把不图报仇的无能吹捧为'善良',把怯懦的卑贱吹捧为'恭顺',把屈服于所仇恨的对象的行为吹捧为'服从'。弱者的非侵略性、绰绰有余的胆怯、倚门而立和无法改变的消极等待,在这里还获得了'忍耐'的好名声,它或许还被称为品德;没有报仇的能力叫做没有报仇的意愿,或许还美其名曰为宽恕……他们还说'爱自己的敌人'。"[②]在大众这里,同情、宽容、和平、无害等只有他们自己身上才有的特性都成为了"善"。

奴隶道德的核心是耻感(内疚)、罪感(罪孽)和同情。同情是卢梭道德的重要主题,也是尼采反卢梭的重要原因。尼采认为卢梭是典型的"现代人",是一个"怪胎","理性主义者与流氓无赖集于一身,而且是因为后者之故而成为前者的。"[③]在尼采看来,自然人的本性是残忍而不是同情心,而且,人恰恰因为残忍而雄壮、高贵。他认为"同情心是一种情感挥霍,一条危害道德健康的寄生虫。"[④]他甚至认为卢梭式的同情是一种传染疾病,是现代人的三大恶习之一(另外两个恶习是过度劳累和好奇)。[⑤] 卢梭式的同情

---

① 正因为大众是精英的土壤,精英应该感激和善待大众,尊重大众的生活方式和道德情感。
② [德]尼采.论道德的谱系·善恶的彼岸[M].谢地坤,等,译.桂林:漓江出版社,2007:28.
③ 详见:[德]尼采.权力意志:重估一切价值的尝试(上卷)[M].孙周兴,译.北京:商务印书馆,2007:461.
④ [德]尼采.权力意志:重估一切价值的尝试(上卷)[M].孙周兴,译.北京:商务印书馆,2007:310.
⑤ 详见:[德]尼采.权力意志:重估一切价值的尝试(上卷)[M].孙周兴,译.北京:商务印书馆,2007:477.

以及建立在同情基础之上的道德否定生命,敌视主人。①

尼采并不否认大众的存在价值。大众为社会创造了普遍的利益,他们为社会提供了一种"舒适感"。"常规的持续存在乃是特殊者价值的前提。"②大众又犹如基座一般,让精英在其上立身。"他(精英)需要群众的对抗,需要'被拉平者'的对抗……他站在他们上面,依赖他们生活。"③既然大众是必要的,就需要为大众提供相应的教育。大众教育的核心是服从,服从教育的基本途径是谎言,一种是宗教(立足于"同情"的奴隶道德)的谎言,另一种是哲学的谎言(求假意志)。

(三) 精英道德与意志教育

启蒙运动甚至推动了"上帝之死",导致了"消极的虚无主义"的流行。针对这种消极的虚无主义的流行,尼采发动了一场"积极的虚无主义"——重新评估一切价值,推行精英教育,重建主人道德。

尼采以自然人和古希腊人为范本,以不同于卢梭的方式,还原精英的形象。尼采心目中的精英虽然也需要受教育,但首先不是教育而是遗传的结果。尼采认为现代教育用一个谎言欺骗了受教育者。"这个谎言就是:根本没有什么可以遗传,一切重要的东西都可以通过教育改变。"④

尼采沿着卢梭的自然主义的方向继续往前走,但尼采嫌卢梭把自然人想象得太"人道",尼采主张更彻底的自然主义。除了以"自然人"作为精英的范例,尼采也以"古希腊人"作为精英的模本。尼采认为古希腊人是迄今为止最高等的人。古希腊人拥有狄奥尼索斯式的诸种美好的品质。⑤ 尼采渴望从未来精英的身上发现古希腊人的身影,发现狄奥尼索斯的精神。在尼采看来,如今的人类已经在出发,处在前往未来的途中,这条道路是一个悬挂在深渊上的绳索。精英是应运而生的更强大更高级的类型。尼采把这样的精英的新生称为经历三次变形的"超人"。尼采以骆驼、狮子和孩子比喻这三次变形。⑥

主人道德的核心就是追求权力意志。权力意志强大的人成为精英,权力意志弱小的人成为大众。大众耗其一生追求如何更好地自我保存,而精英的权力意志则显示为生命本能的勃发。狂野的生命需要与其相配的主人,而唯有精英才与这生命相得益彰。精英的生机勃勃,活力十足。"首先重视的是身体的优先性。"⑦权力意志不仅使精英超越大众道德,而且使精英不拘泥于实证主义式的经验事实。就认识论而言,每个权力意志强大的人都是一个视角主义者或透视主义者。衰弱的实证主义者拘泥于事实。实证主义"总是停留在现象上",认为"只有事实"。而尼采却坚持,认识的唯一可能是"解释"

---

① 即便卢梭重视立法家式的天才教育,卢梭对天才的理解与尼采对天才的理解也完全不同。

② [德]尼采.权力意志:重估一切价值的尝试(上卷)[M].孙周兴,译.北京:商务印书馆,2007:490.

③ [美]沃林.政治与构想:西方政治思想的延续与创新[M].辛亨复,译.上海:上海人民出版社,2009:591.

④ [德]尼采.超善恶:未来哲学序曲[M].张念东,凌素心,译.北京:中央编译出版社,2000:214.此处的译文参考[美]朗佩特.尼采的使命——《善恶的彼岸》绎读[M].李致远,李小均,译.北京:华夏出版社,2009:333.

⑤ 莫利."非历史的希腊人":神话、历史与古代之利用[A].[美]保罗·彼肖普.尼采与古代——尼采对古典传统的反应和回答[C].田立年,译.上海:华东师范大学出版社,2011:39.

⑥ [德]尼采.查拉图斯特拉如是说[M].孙周兴,译.上海:上海人民出版社,2009:23—24.

⑦ [德]尼采.权力意志:重估一切价值的尝试(上卷)[M].孙周兴,译.北京:商务印书馆,2007:553、568.

而不是"说明"。① "没有事实，而只有阐释。"②这种视角主义的解释既来自人的权力意志又增强人的权力意志，并因此而增强生命感。

尼采将精英视为不愿服从习俗的强壮形态。在与习俗的较量中，精英宁愿选择"疯狂"和"自愿受苦"。他们选择了"自愿受苦"作为代价，力图成为自己的"主人"。③ 主人道德意味着"强壮有力的体魄，情感豪放的健康"④，"每一个不曾起舞的日子，都是对生命的辜负。"⑤主人道德显示为生命的自我认可、自我崇拜，将自己当作道德的判定者。"主人道德是身体强健的象征，是升华生命的象征，是作为重要原则的权力意志的象征。"⑥也正是在这点上，尼采明确反对卢梭。卢梭宣扬平等，尼采宣讲贵族；卢梭讲同情，尼采强调残忍。尼采呼吁人拿出足够强大的权力意志以肯定生命中随时发生的悲剧。

尼采认为，大众教育是对个性、特立独行的反对和反攻。与之相反，精英教育恰恰是对个性和特立独行的鼓励和保护。尼采把意志力教育视为教育的第一课程。在尼采看来，对意志力教育的轻视和遗忘导致了现代教育的衰败。"我们荒唐的教育界相信有了'课程'、有了脑力训练就足够了；他们甚至理解不了，首先必须有另一种东西——意志力的教育。"⑦意志力教育意味着对苦难的超越和自我肯定。在大众寻找"末人"的幸福之时，精英却把"超越北方、冰冻、冷酷、死亡"当作了自己的生命和幸福。"在别人发现是毁灭的地方发现了幸福……他们的快乐乃是自我征服，苦行源于他们自己的天性。"⑧

总之，尼采区分了两种不同的教育，一是大众教育，通过宗教、"求假意志"来使大众学会"服从"。二是精英教育，包括"牧人"式领导者的教育和"孤独者"哲人教育。尼采虽然重视精英以及精英政治，但他并不抛弃大众。

三、海德格尔的大在

海德格尔（M. Heidegger, 1889～1976）认为过去的哲学家要么忽略了存在，要么仅仅谈论"小存在"（being）或"存在者"（beings）。严重的问题是，有关存在、大在（Being 或 Dasein）以及大在和大众的关系，"如今已久被遗忘"。⑨ 海德格尔执意谈论的是尼采的"超人"式的"大在"。

与尼采一样，海德格尔强调"大在"（领袖或元首）对大众的引领以及大众对"大在"的倾听、信任和服从。与尼采不同的是，海德格尔赋予德国大众双重身份：德国大众在德国元首面前是倾听者和服从者，德国大众在其他民族（尤其是犹太民族）和国家面前

---

① ［德］尼采.权力意志：重估一切价值的尝试（上卷）［M］.孙周兴，译.北京：商务印书馆,2007：124.
② ［德］尼采.权力意志：重估一切价值的尝试（上卷）［M］.孙周兴，译.北京：商务印书馆,2007：362—363.
③ 在黑格尔看来，成为主人的前提条件是"不畏死"。
④ ［德］尼采.论道德的谱系·善恶的彼岸［M］.谢地坤，等，译.桂林：漓江出版社,2007：18.
⑤ ［德］尼采.查拉图斯特拉如是说［M］.黄明嘉，娄林，译.上海：华东师范大学出版社,2009：348.引用时对译文有调整.
⑥ ［德］尼采.尼采反对瓦格纳［M］.陈燕茹，赵秀芬，译.济南：山东画报出版社,2002：63—64.
⑦ ［德］尼采.权力意志：重估一切价值的尝试（上卷）［M］.孙周兴，译.北京：商务印书馆,2007：635—636.
⑧ ［德］尼采.反基督：尼采论宗教文选［M］.陈君华，译.石家庄：河北教育出版社,2003：159.
⑨ 详见：［德］海德格尔.存在与时间［M］.陈嘉映，王庆节，译.北京：生活·读书·新知三联书店,2006：3.

却是领导者和拯救者。海德格尔延续并发展了费希特和戈宾诺(J. Gobineau，1816～1882)等人的民族主义和种族主义，强化了德国优等民族观念。"种族主义之父"戈宾诺在19世纪中期发表《论人种不平等的起源》，宣称"雅利安人这个最纯粹的白种人种是最有创造力的"。戈宾诺的人种学思想影响了斯宾格勒(O. Spengler，1880～1936)、瓦格纳(W. Wagner，1813～1883)、尼采和希特勒①，也由此间接地影响了海德格尔。海德格尔在其学术生涯中一开始就显示出种族主义倾向，这种倾向明显存在于其处女作《克拉拉》之中。②

海德格尔现象学从胡塞尔现象学而来，但他认为胡塞尔现象学仅仅满足于认识论而遗忘了存在。而存在问题恰恰是最紧要的问题。在海德格尔看来，青年胡塞尔对存在的问题无动于衷，尽管胡塞尔晚年提出了"生活世界"，海德格尔还是觉得胡塞尔的生活世界依然无助于问题的解决。③为了表达他的独特的政治哲学的追求，海德格尔选择了康德、尼采等人曾经使用过的Dasein这个特别的词语。海德格尔的Dasein哲学既显示了某种尼采的"主人"(超人)式的主体主义(或对象性思维)政治哲学，也隐含了与之相对的"奴隶"(大众)式的非主体主义(或非对象性思维)政治哲学。

Dasein可以理解(翻译)为"此在"，也可理解为"亲在"或"缘在"。④但从海德格尔的政治哲学的视角来看，最好将Dasein理解为"大在"："大人"状态、大丈夫状态的存在。

海德格尔的哲学思路是：首先，从存在的被遗忘、此在的沉沦及其"常人"状态的描述开始。其次，以解释学的方式返回历史(时间性)，在历史意识中建立德国人的民族使命感(种族主义)。最后，既呼唤德国人的苏醒并承担民族的使命感，又呼吁德国"大众"信任和服从"大人"(元首、天才领袖)的领导。

海德格尔既认可人的"共处"和"常人"状态，认为"此在"首先是"常人"而且通常一直是"常人"，但他同时又提示，必须对这种"共处"和"常人"状态又保持警惕。"共处"的危险在于它包含了"庸庸碌碌"。此在作为日常"共处"的存在就不可避免地被他人发号施令。他不能自由自在，因为"常人"取消了他的自由。海德格尔的"常人"类似处于尼采式的"奴隶道德"："常人怎样享乐，我们就怎样享乐。常人对文学艺术怎样阅读怎样评判，我们就怎样阅读怎样评判；竟至常人怎样从'大众'抽身，我们也就怎样抽身；常人对什么东西愤怒，我们就对什么东西'愤怒'。"⑤人的"常人"状态意味着人的沉沦。此种生活陷于"怕"(恐惧)之中并只是满足于流言蜚语(闲言)、一惊一乍(好奇)、似是而非(两可)的日常情态。⑥

① 详见：[美]斯特龙伯格.西方现代思想史[M].刘北成，赵国新，译.北京：中央编译出版社，2005：312.
② 详见：[德]法利亚斯.海德格尔与纳粹主义[M].郑永慧，等，译.北京：时事出版社，2000：18—36.当时纳粹对犹太人的排斥与其说是出于血统或种族主义的考虑，不如说是因为犹太人尤其是罗斯柴尔德家族聚集财富招致德国人的怨恨.详见：[日]木田元.反哲学入门[M].路秀丽，译.北京：中信出版社，2011：207—208.
③ [德]海德格尔.时间概念史导论[M].欧东明，译.北京：商务印书馆，2009：148.
④ 详见：[德]海德格尔.存在与时间[M].陈嘉映，王庆节，译.北京：生活·读书·新知三联书店，2006：498—501.
⑤ [德]海德格尔.存在与时间[M].陈嘉映，王庆节，译.北京：生活·读书·新知三联书店，2006：147.
⑥ 详见：[德]海德格尔.存在与时间[M].陈嘉映，王庆节，译.北京：生活·读书·新知三联书店，2006：195—203.

　　海德格尔对"常人"和"常人状态"的批判隐含了他对"民主"的鄙视。海德格尔崇尚古希腊哲学,但是,他的崇尚是选择性的。有人认为,海德格尔接受了历史学家布克哈特(J. Burckhardt,1818～1897)的看法,他认为古代城邦的衰落的元凶正是当时的民主政制的结果。① 在他看来,古希腊的大众民主导致了古代城邦的衰落,而现代社会中的"常人状态"(被常人所操控)正在复演这种悲剧。

　　海德格尔的"大在"隐秘地呼应黑格尔的"主人"、尼采的"超人"以及更遥远的柏拉图的"哲人王"。在海德格尔看来,"哲人王"或"超人"是天才(或天子)、救世主(领袖或元首)。没有哲人王、救世主的引领,人类就被刨根挖底,成为无根的无灵魂的孤魂野鬼。没有了灵魂和方向,人人都成为自以为是的主体或持不同政见者,就会导致"对存在的遗忘"。为了重新赢得美好生活,人必须重新服从自然或自然之神(人类曾经凭借智慧果背叛了神),必须保持对"救世主"以及"命运"的服从、对"救世主"以及保持对"命运"之召唤的聆听与应答。海德格尔指责传统的哲学对"存在"的遗忘,既提示了每个人对自身存在的遗忘,也暗示了常人或大众对"大在"、超人的遗忘。

　　海德格尔一度将希特勒视为现世的"大在"或柏拉图式的"哲人王"。海德格尔本人也像柏拉图那样一直迷恋于"叙拉古的诱惑",希望成为柏拉图或马基雅维利式的"帝王师"。他坚信以当代"哲学王"的方式"引导元首"是他的责任。② 希特勒失势之后,海德格尔虽然有些失望,但依然不改其志,以"尼采研究"和"荷尔德林研究"为主题一以贯之地延续他的存在哲学和政治哲学的信念。希特勒推崇尼采与荷尔德林,海德格尔则研究尼采和荷尔德林。海德格尔并没有公开后悔对元首的效忠,他只是遗憾地认为他所效忠的元首没有充分实现他的哲学主张,或者,认为真正的"哲人王"尚待出现。海德格尔信任政治强人,始终不渝地坚信"只有一个上帝才能救赎我们"。③ 这里的"上帝"与此前的超人、此在或元首一脉相承。

　　大在和大众的区分既是一个群体的内部差异,也可能提示了不同种族之间的"人种"上的差异。精英主义的极端形式就是种族主义。

　　海德格尔的教育哲学主要通过他就任弗莱堡大学校长时发表的校长致辞《德国大学的自我宣言》、他所做的演讲《国家社会主义国家的高等院校》以及他本人任校长期间发起的教育改革显示出来。

　　1933 年 4 月 21 日,海德格尔当选弗莱堡大学校长。海德格尔被选为大学校长,属于拥护"我们的领袖"、"守规矩"运动以及反对"大学自治"的一个部分。④ 10 天之后(5月 1 日),海德格尔加入国家社会主义德国工人党。一个月之后(5 月 27 日),海德格尔发表校长致辞:《德国大学的自我宣言》。在校长致辞中,海德格尔站在国家社会主义

---

① 详见:[美]沃林.存在的政治——海德格尔的政治思想[M].周宪,王志宏,译.北京:商务印书馆,2000:112.

② 详见:[美]沃林.存在的政治——海德格尔的政治思想[M].周宪,王志宏,译.北京:商务印书馆,2000:111.

③ [美]沃林.存在的政治——海德格尔的政治思想[M].周宪,王志宏,译.北京:商务印书馆,2000:23.

④ 当时流行的说法是:"一个民族的伟大,并不源于理性,而是来自感情,理性局限于分门别类……英雄人物是人上人,他们给人民指明前面的路。"详见:[德]法利亚斯.海德格尔与纳粹主义[M].郑永慧,等,译.北京:时事出版社,2000:81.

的立场鼓励大学生参加"劳动",加入"男子汉之家",捍卫"热血"与"土地"。① 希腊哲学当年统治了整个欧洲和整个世界,现在德国人要必须延续这个严峻的精神使命,"要坚定服从这个遥远的命令",要在"追求伟大的意志"和"听任堕落"之间做出"决断"。而所谓"追求伟大的意志",既意味着成为其他民族的统治者,也意味着对本民族的天才或元首的绝对信任和服从。

在海德格尔那里,教育既要将所有德国人培养成世界的领导者,也要将德国大众培养成忠诚于领袖(或元首)的服从者和"守规矩"的人。元首或领袖乃天纵之才,他有先验的智慧和使命。元首的智慧并不在于他是否博览群书,恰恰相反,海德格尔甚至赞成当年的"焚书"运动。据说,雅斯贝尔斯(K. Jaspers,1883~1969)问海德格尔,"像希特勒这么个没文化修养的人,即将能够统治德国,您有什么想法?"海德格尔回答:"文化无关紧要。您留意一下,他那双令人赞叹的手!"②为此,海德格尔强调,德国大学将摒弃那种备受赞颂的"学术自由"。他强调德国大学生的"义务和服务"并详细列举了劳动服务、国防服务和知识服务三项义务。为此,他以柏拉图的《理想国》中的一句话作为演讲的结语:所有伟大的事物都矗立在暴风雨中。

1933年11月30日,海德格尔作为弗莱堡大学校长发表《国家社会主义国家的高等院校》的演讲。海德格尔以"非常时期"为理由,强调大学的改造或革命。新型大学生不再是去"上学"的人,他先从事"体力劳动",他是"冲锋队队员"或是"党卫队队员",他进行"越野体育锻炼",并因此而获得"身心全面发展"。

海德格尔所规划的大学教育的革命是对"洪堡传统"的彻底转换。当时有人主张以"军人—政治的教育体系"代替"洪堡的审美—道德人性"。海德格尔的教育理想与之保持了一致。他沉迷于"尚武"与"英勇"的传统。③

海德格尔的"大在"与精英主义后来受到各种批判和抵制。但是,海德格尔式的精英主义并非横空出世。前有古人,后有来者。阿伦特即便对其师有诸多不满,她所倡导的新共和主义及其所强调的"权威"、"勇气"、"判断"、"委员会"、"政治精英"等罗马精神仍然延续了精英主义的传统。④

第2节　平民主义或民主主义

平民主义倾向于民主主义、平等主义和社会主义。卢梭开启了现代平民主义教育哲学,尽管他同时强调类似"爱弥儿"的立法者的教育。卢梭之后,马克思不仅使无产者与有产者平等,而且使无产者成为类似黑格尔"主奴之争"的起义者和掘墓人。萨特虽然推崇个人的自由选择,与"法共"关系也时好时坏,但在反精英及其对大众的压迫上,

① 详见:[德]法利亚斯.海德格尔与纳粹主义[M].郑永慧,等,译.北京:时事出版社,2000:96—99.
② 详见:[德]法利亚斯.海德格尔与纳粹主义[M].郑永慧,等,译.北京:时事出版社,2000:107—109.
③ 详见:巴姆巴赫.海德格尔的根[M].张志和,译.上海:上海书店出版社,2007:60—74.
④ 有关阿伦特精英主义政治哲学的讨论,详见:Hinchman L. and Hinchman S. Hanah Arendt: Critical Essay. Albany: State University of New York Press, 1994: 289-299. 阿伦特频繁从罗马精神来解释美国革命的成功,赞赏古罗马式的"权力在民但权威在元老院"共和精神。详见:[美]阿伦特.论革命[M].陈周旺,译.南京:译林出版社,2011:185—188.

萨特与马克思一脉相承。除此之外,杜威似乎也属于平民主义者。不过,与其将杜威哲学视为平民主义,不如称之为共和主义。

一、卢梭的爱弥儿

卢梭(J. Rousseau,1712~1778)①的哲学一直困扰着后来的解释者。卢梭的不同著作尤其是《论科学与艺术》与《社会契约论》②之间似乎存在某种自我矛盾和紧张关系。卢梭的《论科学与艺术》和《论人类不平等的起源和基础》是对平等而自由的"自然状态"及"自然人"的甜美想象,而《社会契约论》否定了人的"自然状态"。《爱弥儿》则是前两者的混合。这导致后来出现"一个卢梭,还是两个卢梭"的争论。③ 总体而言,卢梭是典型的共和主义者。但是,从其理论所产生的结果来看,卢梭所提倡的自然状态以及"社会契约论"显示了是平民主义精神气质。

(一) 卢梭论人性及其"自然状态"

卢梭追溯人类的"自然状态"并从"自然人"那里来解释"人性",但他并不认为人类学家或博物学家对某个偏僻荒岛上的野蛮人的考察就能够获得有关自然人的真实特性。在他看来,博物学家所采用的那种"经验论"的方法并不适合用来研究"自然人"或人的"自然状态"。卢梭决定"把一切事实撇开"④,放弃博物学家的经验论方法,更多地从野生动物那里寻找自然人的自然状态⑤,并由此他转向笛卡尔式的先验论方法。卢梭重新为法国伸张先验论传统,以此对抗伏尔泰(Voltaire,1694~1778)等人对英国经验论哲学的引进。⑥ 借助先验论的方法,卢梭对人的"自然状态"以及"自然人"的本质提出与众不同的理解。

自然状态中的自然人也被称为"野蛮人"或"原始人"。自然人保留了动物的野蛮、野性,也因此保持了动物化的生存状态和动物化的生活习性。"人与禽兽不过是程度之差。某些哲学家甚至进一步主张,这一个人和那一个人之间的差别,比这一个人和那一个禽兽之间的差别还要大。"⑦

卢梭认为自然人过着"无知、淳朴和贫穷"的生活。正是这种"无知、淳朴和贫穷"保证了自然人的平等和自由。人类的一切进步始于技术和思考(理性)。人类的一切堕落也始于技术和思考(理性)。卢梭甚至认为思考是一种疾病。"思考状态是违反自然的一种状态,而沉思的人乃是一种变了质的动物。"⑧卢梭认为只有少数天才儿童才适合

---

① 卢梭比马克思大 106 岁。这两个人把自由作为自己的终身追求,但他们都是现代自由主义的对手。

② 学术界一般把《论科学与艺术》称为卢梭的"一论",把《论人类不平等的起源和基础》称为卢梭的"二论",把《社会契约论》称为卢梭的"三论"。1762 年(卢梭 50 岁)同时发表两部重要著作《社会契约论》(学术界一般称之为卢梭的"三论")和《爱弥儿》。其实,更合理的分类是:《论科学与艺术》与《论人类不平等的起源和基础》一起为卢梭的"一论",《社会契约论》为"二论"。《爱弥儿》与《新爱洛伊丝》为"三论"。

③ 详见:[德]卡西勒.卢梭问题[M].王春华,译.南京:译林出版社,2009:47.

④ [法]卢梭.论人类不平等的起源和基础[M].李常山,译.北京:商务印书馆,1962:71.

⑤ [美]约瑟夫.作为想象动物的自然人[A].肖涧,译.刘小枫,陈少明.卢梭的苏格拉底主义[C].北京:华夏出版社,2005:123—151.

⑥ 伏尔泰的原名弗朗索瓦玛利·阿鲁埃(François-Marie Arouet),伏尔泰是他的笔名。

⑦ [法]卢梭.论人类不平等的起源和基础[M].李常山,译.北京:商务印书馆,1962:83.

⑧ [法]卢梭.论人类不平等的起源和基础[M].李常山,译.北京:商务印书馆,1962:79.

自然教育,而就大众教育而言,更重要的是法治教育而不是自然教育或教育即生长。在这点上,卢梭被误解最多,即便杜威讨论卢梭,也未能免俗。① 完整理解卢梭的教育思想的前提是:以"道法自然"(建立"第二自然"②)的视角理解卢梭的《论人类不平等的起源和基础》与《社会契约论》的关系,并由此从"立法家的教育"的视角进一步解读《爱弥儿》。

(二)"社会契约论"及其大众教育

卢梭的"社会契约论"表面看来是对"自然状态"的否定,其实是对自然状态的模仿。卢梭不仅在社会契约上强调"道法自然",而且主张通过大众教育来实现他的"第二自然"。卢梭在《人类不平等的起源和基础》中回忆了人的美好的自然状态。"自然让人曾经是多么幸福和良善,而社会却使人那么堕落而悲惨。"③但是,他在《社会契约论》中恰恰提倡人们建立"社会"。卢梭之所以对自然状态和自然人发出赞叹,并非号召人们回到过去,而是以自然状态作为一种理想的参照物来反衬文明社会所缺乏的自由与平等,并从自然状态那里寻找新方法的灵感。卢梭找到的灵感就是"道法自然":模仿自然秩序建立社会秩序。

卢梭本人在他的《忏悔录》中一再强调他的著作是一以贯之的,坚称自己的思想是一个整体,有一个"大原则"贯穿于他的所有著作。④ 卢梭著作中隐含的"大原则"就是他所理解的自然与自由的关系:在《论科学与艺术》和《论人类不平等的起源和基础》中,卢梭谈论的是"自然"(自然人)的美好生活,而在《社会契约论》中,卢梭谈论的是"自由"(社会人)的美好生活。表面上看,二者是矛盾的。实际上,二者之间有一条"一以贯之"的原理:"自然人"受个人不可控制的"自然意志"(天意)的制约,而自由人(社会人)则受个人不可控制的"社会意志"(法意)的制约。自然人和自由人都受某种约束,只不过转换了约束的形式而已。

由于人的自然本性缺乏道德,完全放任人的自然本性的发展将不可避免地导致暴政或无政府状态。"既然道德对人而言不是自然的,他就必须创造它"。⑤ 创造的办法有两个:一是立法。立法之后,"公意"就转化为"法意"。二是教育。完成了"立法"的任务之后,立法者的首要职责就是教育,通过教育的方式让民众接受法律或公意。在卢梭那里,好的政制就是对人性的改造,而对人性的改造或教育原本就是政治的责任。⑥ 在从独立个人到共同体的一部分的转变过程中,教育就成为一个重要的政治措施。政治的主要责任是教育民众,好的政治就是承担起"政教合一"的责任。除了世俗的教育

---

① 杜威认为卢梭将教育仅仅视为"一个自然发展的过程"。详见:[美]杜威.民主主义与教育[M].王承绪,译.人民教育出版社,2001:124—130.杜威认为,只有后来的裴斯泰洛齐才认识到"人的自然发展就是一种社会发展"。详见:[美]杜威.学校与社会·明日之学校[M].赵祥麟,任钟印,吴志宏,译.北京:人民教育出版社,2005:246.
② 后来谢林直接提出"第二自然"(法律制度)的说法。详见:[德]谢林.先验唯心主义体系[M].梁志学,石泉,译.北京:商务印书馆,1997:264.
③ [法]卢梭.卢梭评判让—雅克:对话录[M].袁树仁,译.上海:上海人民出版社,2007:257.
④ [德]卡西勒.卢梭问题[M].王春华,译.南京:译林出版社,2009:1—2.
⑤ [美]施特劳斯,[美]克罗波西.政治哲学史[M].李洪润,等,译.北京:法律出版社,2009:568.另参见:[美]施特劳斯,[美]克罗波西.政治哲学史(下)[M].李天然,等,译.石家庄:河北人民出版社,1993:655.
⑥ [法]卢梭.爱弥儿:论教育(上卷)[M].李平沤,译.北京:商务印书馆,2010:10.

之外，还有一种更重要的教育，即公民宗教。与世俗的教育相比，卢梭更重视公民宗教。在他看来，"从没有一个国家是不以宗教为基础便能建立起来的。"①卢梭的公民宗教是没有神学内容的"新宗教"。继霍布斯之后，卢梭再次使政治高于宗教。

（三）"爱弥儿"及其精英教育

卢梭的《爱弥儿》可以视为《社会契约论》的续篇。卢梭在《社会契约论》中强调了"公意"的重要。但是，他同时也承认，这并不意味着民众的意见总是正确的。"人们总是愿意自己幸福，但人们并不总是能看清楚幸福。人民是决不会被腐蚀的，但人民却往往会受欺骗，而且唯有这个时候，人民才好像会愿意要不好的东西。"②于是，卢梭把目光转向了"立法家"。卢梭的爱弥儿正是这样的立法家。

如果说卢梭在《社会契约论》中采用的是显白教诲，直接面向大众喊话，那么，他的《爱弥儿》提供的是隐微教诲或隐微写作，卢梭在《论科学与艺术》的序言中将他的读者分为两类：一是智者，一是公众。③ 也有人认为，卢梭对哲学读者和通俗读者的区分，表现在他对注脚的使用。注脚针对的是哲学读者。"一般读者既无时间，也没有耐心在注脚上花工夫。"④

卢梭的《爱弥儿》往往被视为教育著作。然而，卢梭多次强调《爱弥儿》在其思想体系中的核心位置，他在致友人马勒塞尔伯的信中提到，"我的全部精神智慧分散于前两篇论文和《论教育》（即《爱弥儿》）中，三部著作不可分割，构成一个整体"。⑤ 他还指出，《社会契约论》是其《爱弥儿》的附录，这意味着《爱弥儿》的重要性高于《社会契约论》。⑥

卢梭强调人类意识有两个先于理性而存在的情感：一是自爱心，二是同情心。不过，卢梭所说的同情心并非一般人所理解的同病相怜。恰恰相反，卢梭所重视的同情心是一种"立法家"或"统治者"对"民间疾苦"的同情。卢梭所强调的怜悯、同情心、友谊、博爱、意志力等情感已经远远超出了个人情感，它更多地显示为某种政治责任感和公共精神。如果不从立法家或政治哲学的角度来阅读卢梭对爱弥儿所提供的情感教育，那么，卢梭的种种建议就会变得不可理解。比如，卢梭说"你要大声宣称你是不幸的人的保护者。你为人要公正和善良。你不要光是布施，而必须同时以仁爱之心待人。"⑦这显然已经不是一般民众所需要的姿态。

也正因为卢梭的教育对象并非一般民众而是立法家，卢梭才希望爱弥儿由自爱心转向同情心，由自爱走向博爱，由恋爱（爱情）走向友爱（友情）。但是，卢梭遇到的问题

① ［法］卢梭.社会契约论［M］.何兆武，译.北京：商务印书馆，2003：173.
② ［法］卢梭.社会契约论［M］.何兆武，译.北京：商务印书馆，2003：35.
③ ［法］卢梭.论科学与艺术［M］.何兆武，译.上海：上海人民出版社，2007：15.
④ ［英］皮尔逊.尼采反卢梭——尼采的道德—政治思想研究［M］.宗成河，孙磊，熊文驰，译.北京：华夏出版社，2005：62.《爱弥儿》篇幅巨大，而且没有细分章节，甚至连标题也没有，卢梭在此书中采用小说的叙述笔法，论述缺乏条理，让人难以领会要领。有人认为这样的篇章外观和叙述方式是作者刻意所为。因为，卢梭写作《爱弥儿》并不是给所有人看的，而是给特别的读者看的。详见：刘小枫.《爱弥儿》如何"论教育"［J］.北京大学教育评论，2013（1）：126—146.
⑤ ［法］卢梭.卢梭自选书信集［M］.刘阳，译.南京：译林出版社，1997：65.
⑥ 详见：埃利斯.卢梭的苏格拉底式爱弥儿神话［C］//罗朗，黄群，译.刘小枫.卢梭的苏格拉底主义.北京：华夏出版社，2005：45.
⑦ ［法］卢梭.爱弥儿：论教育（上卷）［M］.李平沤，译.北京：商务印书馆，2010：99.

是：自爱心如何转化为同情心？私人情感如何转化为公共情感？为此，卢梭特别强调了"自然宗教"。在《爱弥儿》第四卷的中间，卢梭突然插入了一段看起来相当突兀并且在主题上相对独立的文字：萨瓦牧师的信仰告白。萨瓦神父在"告白"中所倡导的"自然宗教"与其说是一种宗教，不如说是一种道德哲学或马基雅维利式的"公民宗教"。①

总之，卢梭既讨论了一般公民的教育，也讨论了立法家的教育。前者是《社会契约论》的任务，后者由《爱弥儿》完成。比较而言，卢梭更看重的是立法家和立法家的教育。

二、马克思的无产阶级

马克思(K. Marx, 1818~1883)与恩格斯一般被视为"合著者"，但也有学者认为，二者的哲学观点不仅有差异，而且明显对立。② 在知识哲学上，马克思重视实践与经验，立足于经验论而强调经验(感性认识)与先验(理性认识)的辩证运动。在政治哲学上，马克思延续了黑格尔的主奴辩证法，重视平民主义(全世界无产者联合起来)的政治运动。在教育哲学上，马克思从空想社会主义者那里接受启发，强调"生产劳动与教育"相结合。这个观念后来发展为波澜壮阔的"教育与生产劳动相结合"运动。

(一)知识哲学

马克思的政治哲学几乎就是他的知识哲学尤其是唯物论及其辩证法在政治或社会、历史领域的运用。在重视个人的主观性或主体性这点上，马克思延续了康德的"哥白尼式的革命"的观念论传统并以此改造过去的经验主义或唯物主义。"从前的一切唯物主义——包括费尔巴哈的唯物主义——的主要缺点是：对事物、现实、感性，只是从客体的或者直观的形式去理解，而不是把它们当作人的感性活动，当作实践去理解，不是从主观方面去理解。所以，结果竟是这样，和唯物主义相反，能动的方面却被唯心主义发展了，但只是抽象地发展了，因为唯心主义当然是不知道真正现实的、感性的活动的。"③这说明，马克思的认识论既非唯心主义，也不是传统的唯物主义，而是重视个人主体性的"新唯物主义"或"新主体主义"。在马克思看来，"人的本质不是单个人所固有的抽象物，在其现实性上，它是一切社会关系的总和。"④这意味着马克思的人性论不同于传统哲学所谈论的抽象的人性论，马克思虽然也谈论人性和人的本质，但马克思更重视从政治和经济的角度来观察人性并从中寻找"人的解放"的新途径。马克思的结论是："哲学家们只是在用不同的方式解释世界，而问题在于改变世界。"⑤这并不意味着马克思不重视"解释世界"的哲学使命。

---

① 吴增定.利维坦的道德困境[M].北京：生活·读书·新知三联书店,2012：365.
② 有人认为，虽然马克思和恩格斯的政治观点是吻合的，但他们的哲学观点很不相同，甚至明显对立。马克思属于德国观念论传统，恩格斯属于实证主义者的阵营。详见：[美]洛克摩尔.在康德的唤醒下：20世纪西方哲学[M].徐向东,译.北京：北京大学出版社,2010：67—68.
③ [德]马克思,[德]恩格斯.马克思恩格斯全集(第3卷)[M].中央编译局,译.北京：人民出版社,2010：3.
④ [德]马克思,[德]恩格斯.马克思恩格斯全集(第3卷)[M].中央编译局,译.北京：人民出版社,2010：5.
⑤ [德]马克思,[德]恩格斯.马克思恩格斯全集(第3卷)[M].中央编译局,译.北京：人民出版社,2010：6.马克思在《关于费尔巴哈的提纲》中的原话是"哲学家只是用不同的方式解释世界，问题在于改变世界"。马克思死后，一八八八年，恩格斯发表这篇短文时，加上了"但是"，中译本把"但是"译成了"而"："而问题在于改变世界。"于是，马克思的"解释世界"与"改变世界"并重变为了侧重"改变世界"。相关讨论详见：陈家琪.我们如何讲述过去[J].读书,2014(2)：62—70.

（二）政治哲学

为了实现人的解放,马克思重视两种批判:一是哲学的批判,他称之为"批判的武器";二是政治行动,他称之为"武器的批判"。虽然马克思肯定了哲学观念启蒙的优先性①,但是,马克思同时强调"批判的武器当然不能代替武器的批判。"②在理论与实践之间,马克思特别强调了实践与理论的相互转化。"在马克思所说的理论与实践的关系中,所要强调的是理论对实践的屈从。"③

马克思的政治哲学的核心是阶级斗争。这个思路明显受黑格尔的"主奴辩证法"的影响并做了改造。④ 马克思关注的重点只有两个问题:一是"人的本质"是什么? 二是"人的本质"是怎样被压制的,以及在什么历史条件下才能得到解放? 为了回答这两个问题,马克思借鉴黑格尔的"主奴辩证法"并做了三个改造。

第一,从"承认"转向"劳动"。受黑格尔的影响,马克思也将"承认"视为人的重要欲望和本质。但是,与黑格尔不同,马克思认为自我和他人之间的平等的"承认"是可能的,并且人与人之间的平等的"承认"主要通过劳动和劳动产品的交换得以实现。也就是说,黑格尔的主奴辩证法提示了"承认"(为此而不惜冒生命危险)和劳动(对奴隶的惩罚)两个要素并强调"承认";而马克思虽然也肯定了"承认"的欲望及其意义,但他更看重"劳动"以及自由劳动给人带来的你我之间的相互承认。在马克思看来,你在享受我创造的劳动产品时,我本人就感受到我的本质和我的存在意义。⑤

第二,劳动的"异化"与"阶级斗争"。马克思认为,人的本质就是自由劳动并在自由劳动中显示自己的精神本质,但是,由于私有制导致人的本质以及人的自由劳动被压制、被异化。有私有财产的人成为主人,无产者成为奴隶。这种新型的主奴关系使黑格尔式的主奴关系(人对人的依附关系)转换为人对物的依附关系。黑格尔式的主奴关系虽然是对人(奴隶)的自由本质的压迫和取消,但是,比主奴关系更严重的是人对物的依附。人对物的依附关系之所以发生,主要原因就是私有制。私有制使人的劳动显示为"异化劳动",人被他自己生产出来的劳动产品控制、奴役。为了恢复人的本质,人需要恢复人的自由劳动的权利,为此,无产阶级必须联合起来,重新成为自己支配自己的劳动产品的主人。事实上,历史的发展已经让无产阶级成为资产阶级的"掘墓人"。

第三,从劳动分工到全面发展。马克思借用分工理论来改造黑格尔的主奴辩证法。黑格尔的主奴辩证法主要是从思辨哲学的角度来讨论人的受奴役和人的发展问题,马克思更重视从经济学以及劳动分工的角度来分析人的受奴役和"人的全面发展"问题。

在马克思之前,亚当·斯密(A. Smith,1723～1790)、蒲鲁东(P. Proudhon,

① "思想的闪电一旦彻底击中这块朴素的人民园地,德国人就会解放成为人。"[德]马克思,[德]恩格斯. 马克思恩格斯全集(第3卷)[M]. 中央编译局,译. 北京:人民出版社,2010:214.
② [德]马克思,[德]恩格斯. 马克思恩格斯全集(第3卷)[M]. 中央编译局,译. 北京:人民出版社,2010:228.
③ [美]洛克摩尔. 在康德的唤醒下:20世纪西方哲学[M]. 徐向东,译. 北京:北京大学出版社,2010:103.
④ 泰勒认为,"奴隶改造的重要起源在于对死亡的恐惧和惩罚性劳动。黑格尔用简短的3页篇幅讨论了这个问题。这是《精神现象学》的最重要段落。因为这些论题不仅对黑格尔来说是至关重要的,而且在马克思主义那里以不同形式变成了一项漫长的视野。"详见:泰勒. 黑格尔[M]. 张国清,朱进东,译. 南京:译林出版社,2002:237.
⑤ [德]马克思. 1844年经济学哲学手稿[M]. 中央编译局,译. 北京:人民出版社,2000:183—184.

1809~1865)等人已经讨论了分工导致人的"片面发展"以及教育与生产劳动相结合的问题。亚当·斯密肯定了分工的进步意义,不过他同时也提醒,劳动分工容易使劳动者"变成最愚钝无知的人"。① 蒲鲁东在他的《贫困的哲学》中更系统地提出了有关"分工"以及"技术"的进步导致人的堕落的问题。蒲鲁东总结了当时已经出现的有关解决分工问题的多种方案。第一,寄希望于"机器"的进步。蒲鲁东承认机器对劳动解放有一定的意义,但同时认为"机器的最后结果就是使人不必劳动便能致富享福"是一个错误的结论。机器的进步不仅不会带来人的解放反而会导致人的全面退化。第二,变换工种。"以一种所谓多样性的分工来代替单调的分工,即每一个人都可以在同一天里任意 10 次、15 次乃至 20 次调换工种。"② 但是,蒲鲁东认为这样频繁变换工作不仅不可能而且也实现不了"劳动综合化"的效果。这些方案的共同问题是,都承认"等级制"以及"私有制"(财富的不平等)是劳动组织的必要条件。蒲鲁东的方案是,彻底废除导致不平等的"私有制"或"所有权"(蒲鲁东著名的口号是"所有权就是盗窃"③)。

马克思借鉴了蒲鲁东等人的思路,但是,马克思同时关注两个主题:一是阶级斗争;二是教育与生产劳动相结合。这两个主题分别构成了马克思的政治哲学和教育哲学,最终指向"人的解放"以及每个人的自由而全面的发展。自由而全面发展的隐喻形式是:"任何人都没有特定的活动范围,每个人都可以在任何部门内发展,社会调节着整个生产,因而使我有可能随我自己的心愿今天干这事,明天干那事,上午打猎,下午捕鱼,傍晚从事畜牧,晚饭后从事批判,但并不因此就使我成为一个猎人、渔夫、牧人或批判者。"④

(三) 教育哲学

彻底废除私有制的确可望带来社会的整体转型。借助社会革命而实现了对私有制的废除之后,无产阶级成为资产阶级的掘墓人,奴隶翻身得解放而成为新时代的主人。问题在于,无产阶级成为主人之后,如何避免作为"新主人"的无产阶级再次堕落而重复黑格尔式的"主奴之争"? 为了避免无产阶级作为主人之后再次堕落,马克思从空想社会主义那里借鉴了"生产劳动与教育相结合"(革命成功之后转化为"教育与生产劳动相结合")的思路。

马克思的"教育与生产劳动相结合"理论既来自空想社会主义者傅立叶(C. Fourier,1772~1837)、欧文(R. Owen,1771~1858)等人的启发,也来自对黑格尔"主奴辩证法"的改造。

马克思从空想社会主义者那里借鉴了"生产劳动与教育相结合"的思路:生产劳动同智育和体育相结合不仅是提高社会生产力的一种方法,而且是造就全面发展的人的唯一方法。⑤

---

① [英]斯密.国民财富的性质和原因的研究(下卷)[M].郭大力,王亚南,译.北京:商务印书馆,1974:339.
② [法]蒲鲁东.贫困的哲学(上卷)[M].余叔通,王雪华,译.北京:商务印书馆,2010:141.
③ [法]蒲鲁东.什么是所有权[M].孙署冰,译.北京:商务印书馆,1963:38.
④ [德]马克思,[德]恩格斯.德意志意识形态[M].中央编译局,译.北京:人民出版社,1961:27.
⑤ [德]马克思,[德]恩格斯.马克思恩格斯全集(第 23 卷)[M].中央编译局,译.北京:人民出版社,1972:530.

　　但是,相比之下,马克思更看重黑格尔的"主奴之争"中所隐含的"教育与生产劳动相结合"的积极因素。正是从黑格尔的"主奴之争"中,马克思看到了"劳动"的力量。如果说,马克思从欧文等人那里接受的启发是"生产劳动与教育相结合",那么马克思从黑格尔的"主奴辩证法"那里接受的启发是"教育与生产劳动相结合"。前者把教育当做改进劳动者生活质量的手段,它把教育当做劳动者的福利(尤其是童工的福利),它关注的重点是教育;而后者却更看重劳动本身所蕴含的解放人的力量,它把劳动当做受教育者的福利,它关注的重点是劳动本身。鉴于劳动者已经失去了自由支配自己劳动的权力,马克思主张必须采取阶级斗争和暴力革命,以便重新赢得人的劳动权力。只有赢得了自由劳动的权力,才有可能实现自己的自由本质。自由的本质并不需要教室里的自由教育或博雅教育,因为自由劳动本身就是最佳的自由教育,只有自由劳动才能给人带来解放并显示人的自由本质。

　　黑格尔"主奴辩证法"是一种无休止的战争,任何主人都不会长久。按照黑格尔的思路,主人凭借自己的奋斗而使自己成为主人,使某些他人成为自己的奴隶。但是,接下来的问题是,主人表面上享受了奴隶的服务,事实上,主人反过来又会受到奴隶的控制。更严重的问题是,长期的"不劳而获"将使主人的身体和智力都渐趋衰落,而长期的劳动将使奴隶的身体和智力渐趋发达。主人表面上摆脱了繁重的劳动而获得了自由而全面发展的条件。事实上,主人必然会走向全面衰落,因为主人不劳动。真正能够全面发展的是奴隶,因为奴隶总是让自己处于劳动状态之中(暂不讨论机器大工业的劳动是如何导致人片面发展的)。这种力量的变化迟早会导致奴隶革命的发生,迟早会导致主奴换位。

　　正因为如此,"教育与生产劳动相结合"才显得至关重要,它是克服无休止的主奴之争以及劳动异化的唯一道路。也只有当所有人都成为劳动者,所有的劳动者都接受教育,才能保证无产阶级赢得解放之后,不再重复新一轮的主奴之争。

　　在马克思看来,所有的劳动者之所以有足够的时间接受教育,是因为科学技术的发展将为劳动者提供解放的条件。在卢梭看来,科学技术也容易导致劳动的异化。人在享受科学技术的便利的同时,也使人受到科学技术的控制。也正因为如此,卢梭曾发出科学和艺术使人(民众)堕落的警告。按照他的思路,科学技术非但不能够给人类带来解放或全面发展,相反,科学和技术只会给人类(民众)带来全面的灾难:不仅身体衰败,而且精神萎缩。但是,马克思并非绝对的科学主义者。他既看到了机器大工业的产生方式及其分工制度所导致的人的片面和畸形发展,同时他也预见了科学的发达将给人类带来更大的自由和解放。马克思只是提醒:不要指望回到原始的自然状态(除非像柏拉图所想象的那样因天灾而重新开始历史的循环①)。马克思的思路是:人将借助科学技术而彻底摆脱繁杂劳动的束缚。科学技术的最高形态是自动化机器。自动化机器将全面接管人类的劳动。如果将来有了更多的自动化的机器人,那么人类的很多繁杂的劳动就可以由机器人来代替,那时,人类就有了新式的"亚里士多德的奴隶"。人类

---

① 有关柏拉图的"循环的历史"的讨论,详见:[法]内莫.民主与城邦的衰落——古希腊政治思想史讲稿[M].张竝,译.北京:华东师范大学出版社,2011:172—173.

就可以由此而获得自由发展的时间和精力。亚里士多德倡导"自由教育"时,他的自由教育是"自由人"的教育,而他的"自由人"之所以能够拥有闲暇,那是因为古希腊社会中有大量的奴隶的帮助和支持。"自由人"正是因为有大量的奴隶的存在,他们才有接受自由教育(或闲暇教育、博雅教育)的条件。就此而言,亚里士多德的自由教育预演了马克思的自由而全面发展的教育理想。

取消了奴隶制之后,如果没有高度发达的科学技术作为支持条件,所有人就不得不从事繁杂的体力和脑力劳动,甚至不得不陷入劳动分工的困境之中而导致人的片面发展或畸形发展。为此,马克思对"自动化机器"寄予厚望。马克思本人并没有也不太可能描述自动化机器的具体形态,但现代"机器人"的诞生,使马克思的机器自动化的想象和预言有了现实的可能。

不过,马克思面临的问题是,有了自动化机器或其他形式的高科技,人凭借自动化机器不仅实现了"社会财富的极大丰富"而且拥有了足够数量的自由时间之后,人如何能够因此而获得自由发展和全面发展? 或者说,取消了私有制,人人都占有生产资料和生活财富(凭借发达的高科技)之后,人如何走向全面发展? 由于全人类获得自由和解放是一个只可想象而暂时无法看见的未来状态,因此可以将这个问题作一个转换:那些已经拥有极大丰富的社会财富又拥有足够数量的自由时间的富家子弟或权贵子弟,他们是否一定会获得自由发展或全面发展? 拥有足够自由的富家子弟或权贵子弟是否愿意"今天干这事,明天干那事,上午打猎,下午捕鱼,傍晚从事畜牧,晚饭后从事批判"? 如何避免富家子弟或权贵子弟因财富极大丰富、时间足够自由却不但不会全面发展反而成为最慵懒、最衰败、最堕落的尼采式的"末人"或黑格尔式的"主奴之争"中新一轮的堕落者?

马克思曾设想,以政治革命的破坏方法让人获得解放、获得自由(劳动者当家做主),以技术发达的建设方法让人享受物质资料的极大丰富,于是人就可以获得"自由而全面发展"。但是,人获得"解放"(政治解放和劳动解放)并因此而获得自由之后,人如何由此避免走向堕落(包括身体堕落和智力的堕落)? 如何避免成为尼采所厌恶的"末人"或福山所谓的"最后的人"? 这是一个问题。

三、萨特的存在主义与马克思主义

萨特(J. Sartre, 1905~1980)有多重身份:学者、文学家、哲学家和政治评论家。他自称既要当斯宾诺莎,也要当司汤达。① 萨特的一生由多个传奇故事构成:在政治立场上接近"左派",反对美国侵越战争,反对苏联侵入阿富汗,反对法国出兵阿尔及利亚,支持1968年学生造反运动(五月风暴),拒绝接受诺贝尔文学奖等。

(一) 鸡尾酒现象学

萨特的第一批作品集中发表于1936年至1940年。1936年发表《想象》,1937年发表《自我的超越性》,1939年发表《情绪理论初探》,同年发表《胡塞尔现象学的一个基本概念:意向性》,1940年发表《想象物》。② 这五部作品连同短篇小说《墙》(1937年发表)

---

① [法]列维.萨特的世纪——哲学研究[M].闫素伟,译.北京:商务印书馆,2005:95.
② 《想象物》是《论想象》的姊妹篇,其完整标题是"想象的现象学心理学",也因此有人将之译为"想象心理学"。

和长篇小说《恶心》(1938 年发表)是萨特学习和练习现象学的早期尝试。

《想象》不仅是萨特早期现象学的重要主题,而且在萨特所有著作中占有重要的位置。萨特的《存在与虚无》似乎更著名,但是从现象学方法和论证的技巧来看,《想象》比《存在与虚无》更胜一筹。胡塞尔费尽周折解释现象学的"意向性"和"现象学的观念",萨特则直接将现象学的意向性或现象学的观念称为"想象"或"影像"①。

萨特 1933 年赴德留学,从胡塞尔和海德格尔那里接受现象学哲学训练,这对他构成了终身的影响。《论想象》等哲学作品所采用的现象学的方法只是他在现象学领域初试锋芒。他后来发表的小说和戏剧以及哲学几乎都采用了现象学的方法。《存在与虚无》则直接以"现象学的本体论"为副标题,公开擎起现象学的旗帜。萨特介入政治行动以及对自由意志的桀骜不驯的追求,也依然是对"意向现象学"及其"意向性"的坚守。

(二) 萨特的政治哲学

1948 年,萨特发表戏剧《肮脏的手》。正是在有关"干净的手"和"肮脏的手"的问题上,萨特与加缪(A. Camus,1913~1960)在政治哲学上出现分歧。加缪坚持,不到生命受到直接威胁时,不得使用暴力。他认为,二战期间法国之所以最初败于德国,就是因为"法国人痛恨战争"并且始终在思考"我们是否有杀人的权利"。就在法国人思考真理时,德国人得到了战争的先机。但是,当法国人被逼迫进行反抗并最终战胜德国,是因为正义的"干净的手"一定会战胜非正义的"脏手"。加缪的信念是"不当受害者,也不当刽子手"。

但是,萨特把暴力视为实现正义的必要手段,积极支持左派的暴力革命以及阿尔及利亚解放运动,主张"造反有理"。萨特反驳说:"非暴力的信徒们也在说,既不当受害者,也不当刽子手。很好。当你们投票选出的政府和你们的兄弟无怨无悔地参加军队,进行种族屠杀的时候,如果你不是受害者,那么你一定毫无疑问是一个刽子手。"也正因为如此,萨特在 1960 年成为世界范围内的"激进政治大使","他是卡斯特罗、铁托、赫鲁晓夫等特邀的客人,是当时反帝反殖民知识分子政治的代言人。"②

在政治哲学上,萨特接近海德格尔。海德格尔著《存在与时间》,萨特著《存在与虚无》,不仅主题一致,而且内容和思路也类似。海德格尔谈自我在世界中的"烦心",萨特谈自我面对他人时的"恶心"。两人都坚守了胡塞尔现象学所倡导的"意向"哲学或"意志"哲学,但也在意向或意志哲学这个地方,他们之间出现了关键的差异。

当海德格尔倡导意向或意志时,他站在精英(和领袖)一边,像柏拉图那样,接受叙拉古的诱惑,向政治领袖或统治者谏言,呼吁政治领袖或统治者守住本真的存在,守护"大在"。同时又向大众(或常人)呼吁把自己交出去。把自己交给元首,元首的话就是真理,听元首的话就是顺应真理。海德格尔的《存在与时间》几乎是在发起一场宗教改革,海德格尔看重的是"决心"。这里的"决心"相当于一个人对是否愿意加入他所发布的"新教"做出"表态"(表决心)。

---

① 有人翻译为"影像",但译为"意象"或许比"想象"和"影像"更接近现象学。
② 有关加缪和萨特的分歧,详见:徐贲. 人以什么理由来记忆[M]. 长春:吉林出版集团有限责任公司,2008:135—159.

与海德格尔不同,萨特虽然也谈论意向和意志,并由此呼吁自由选择,以自己的选择实现人的本质,但是萨特一直站在大众("常人"或"无产阶级")这边。萨特代表弱势群体并鼓励弱势群体以肮脏的手(暴力)来抵抗一切暴力统治。海德格尔和萨特晚年都以接受采访的方式发表了自己的告别演说。海德格尔的主题是"只有一个上帝能够救赎我们",而萨特的主题是"今天的希望",希望恢复人与人之间的"兄弟关系"(博爱)。①

(三) 自我与他人的关系:萨特的教育哲学

萨特讨论自我与他人的关键文本是《存在与虚无》。萨特发表的以《想象》为代表的早期作品主要关注知识问题,属知识现象学,但萨特很快转向以《存在与虚无》为标志的存在论现象学,重点讨论自我与他人的关系,尤其关注个人的自由意志及其自由选择。后期的关键作品是《辩证理性批判》,对自我与他人关系的思路有所调整。

1943 年,萨特发表《存在与虚无》。②《存在与虚无》重点讨论自我(第二卷的主题)和他人(第三卷的主题)及其关系问题。萨特提示,虽然他人以及整个世界对自我构成了压制,但人可以通过"虚无"的现象学精神(首卷的主题)来实现人的"自由"(尾卷的主题)。萨特中期作品的关键文本当然是 1943 年发表的《存在与虚无》。不过,《存在与虚无》所讨论的两个命题("他人即地狱"和"存在先于本质")完整地隐含在两年后(1945年)发表的戏剧《禁闭》和此前发表的戏剧《苍蝇》之中。

关于"存在与虚无"的关系以及"存在先于本质"的问题,萨特在《存在与虚无》的首尾两卷中做了长篇解说。他借用黑格尔的自在与自为的框架区分了两种存在。一是自在存在;二是自为存在。"自在存在"是独立于人的意识之外的存在,它"是其所是",接近康德的物自体。与之相反,"自为存在"是自我对"自在存在"的否定化、虚无化并因此使自我显示为自由的存在。它是"不是其所是和是其所不是的存在"。③ 自在存在构成人的"处境",自为存在显示人的"自由"。人的本质并不是事先被决定的,也不是命中注定的。自己的选择决定人的本质。自我虽然受制于"自在"的他人和世界,但人依然可以通过自己的自由选择而使他人和世界的阻隔虚无化、否定化。人的本质由人的选择派生出来。这样看来,"存在先于本质"的说法并不准确,准确的说法是:"自为的存在先于本质"(或选择先于本质)。从这个思路来看,萨特的书名"存在与虚无"也可以置换为"自在存在与自为存在"、"处境与自由"、"他人与自我"或"社会与个人"。

关于"他人即地狱"以及相关的自我与他人的关系问题,萨特在《存在与虚无》的第二卷和第三卷中提供了分析,并在紧随之后发表的戏剧《禁闭》中首次喊出了"他人即地狱"(也译为"地狱即他人")的口号。④ 萨特意识到,胡塞尔已经讨论了自我与他人的关系及其"唯我论"的难题,萨特借用了胡塞尔的思路,但他认为胡塞尔并没有成功地解决"唯我论"这个难题,"胡塞尔的失败"在于只提供了认识论的讨论而没有进入存在论的

---

① [法]萨特.存在主义是一种人道主义[M].周煦良,汤永宽,译.上海:上海译文出版社,2005:73—74.
② 1943 年前后是萨特的创作高峰期,形成一系列中期作品。1939 年萨特应征入伍,第二年被俘,关在德军的集中营,"赤裸裸地在别人的目光中生活"。这次经历为他后来的"他人即地狱"的他者哲学提供了真实的体验。
③ [法]萨特.存在与虚无[M].陈宣良,等,译.北京:生活·读书·新知三联书店,2007:756.
④ 萨特在讨论自我与他人的关系时,尝试性地提出两种情感关系:一是爱与受虐色情狂;二是情欲与性虐待狂。详见:[法]萨特.存在与虚无[M].陈宣良,等,译.北京:生活·读书·新知三联书店,2007:493.

思考。① 由此，萨特转向存在论分析，强调自我不仅需要通过对他人的承认来解决"唯我论"的难题，而且需要通过对他人的虚无化、否定化的处理来实现个人的自由。这也正是萨特后期发表的《辩证理性批判》、《存在主义与马克思主义》和《家庭白痴》所关注的问题。

在自我与他人的关系上，萨特坚持以克尔凯郭尔式的"个人"改造马克思主义的"社会"，希望以存在主义填补马克思主义的"人学的空场"。萨特认为马克思不仅忽略了个人，而且忽略了成人之前的儿童。萨特引入了弗洛伊德的"精神分析法"，重视童年的经历对人的影响。② 对"精神分析法"的兴趣推动了萨特后来开始关注他本人和福楼拜的童年生活，先后发表《词语》和《家庭白痴》。

第 3 节　共和主义

世上原本就没有纯粹的精英主义或平民主义政治哲学。精英主义与平民主义都只是表象，其背后都是共和主义。如果不以共和主义作为基本前提，无论精英主义还是平民主义，都会呈现自我矛盾（无法自圆其说）甚至灭顶之灾。精英主义者遇到的最大的问题是：当一伙人把其他人视为大众并鄙视大众时，这一伙人内部也会因其区分等级的精英主义信念而二次区分，相互伤害。精英主义的必然后果是搬起石头砸自己的脚。或者说，"精英的石头"是所有精英主义的宿命。正因为如此，几乎所有的精英主义者在称颂英雄、超人或元首的同时，也会意识到"共在"、"共和"的必要。费希特如此，尼采、海德格尔也如此。真正的精英总是敬畏大众，将大众视为自己的兄弟姐妹或衣食父母。与之类似，平民主义者虽然总体上称颂平民或无产者并提倡造反、革命（王侯将相，宁有种乎），但是，平民造反或无产者革命依然需要领导者。某个平民（比如农民的儿子）或无产者一旦"黄袍加身"，他就会成为平民中的"新贵"、"新君"。当启蒙主义哲人以启蒙者自居时，已经将自己视为精英。这是康德曾经遇到的尴尬，也是所有倡导平民主义的政治哲人的尴尬。如果平民出身的"新贵"、"新君"不信奉共和主义、不推行共和政策，这个平民出身的"新贵"、"新君"就有可能会遭受堕落或腐化的指责甚至被视为叛徒而再次被镇压、推翻。正因为如此，卢梭、马克思、萨特等人虽然总体上倾向于平民主义，骨子里依然流淌着共和主义的激情。

也就是说，精英主义和平民主义的区分只有暂时的意义，两者各自以不同的方式指向共和主义。真诚构想"哲人王"的柏拉图如此，提倡"民主"的亚里士多德、洛克、卢梭和马克思亦如此。甚至，期待在君主耳边私语的马基雅维利、霍布斯、施特劳斯，一旦脱下精英主义的外衣，便露出共和主义的赤子之心。

---

① ［法］萨特. 存在与虚无［M］. 陈宣良，等，译. 北京：生活·读书·新知三联书店，2007：309.
② 详见：［法］萨特. 辩证理性批判［M］. 林骧华，等，译. 合肥：安徽文艺出版社，1998：52—56. 萨特只从弗洛伊德那里借用了精神分析的方法，但他并不愿意从弗洛伊德的自我、本我和超我的人格理论那里借鉴"唯我论"的解释方案，萨特似乎觉得弗洛伊德的解释过于简单而更信任斯多葛主义的"自由意志"。

一、马基雅维利的美德

马基雅维利(N. Machiavelli，1469~1527)的名声来自他的"君主论"。马基雅维利的"君主论"使他在哲学史上存在两种极端对立的评价。早些时候马基雅维利的名声不佳，被视为公开倡导邪恶的给哲学蒙羞的奸邪之徒，但后来逐渐获得哲学荣誉，被视为"卓越无比"的政治哲人[①]或"现代性的三次浪潮"中的领袖人物。[②] 值得关注的问题是：何谓马基雅维利式的"美德"？他如何谈论道德教育？马基雅维利的教育对象究竟是谁(在位的君主或在野的民众)？马基雅维利如何对待宗教？作为现代性的第一次浪潮的领袖人物，他对后来的身处第二次、第三次浪潮的卢梭和尼采构成了何种影响？

表面上看，马基雅维利的《君主论》和《论李维》的教育对象是君主，实际上，马基雅维利的教育对象主要还不是在位的君主，而是教导优秀青年以及哲人如何参政。[③] 这样说的理由是，马基雅维利在《君主论》中对君主提出了一系列冷酷无情、惊心动魄的忠告，但这些忠告对那些真正在位的君主来说并没有意义，因为他们对这些所谓的忠告早已心知肚明、了如指掌。而且，这些正是他们正在使用的、熟知并熟练的技艺。[④] 真正需要了解和掌握这些技艺的唯一的读者是刚刚获得王位的"新君主"或由布衣一跃成为君主的优秀青年以及在君主耳旁低语的哲人。马基雅维利最感兴趣的是哲人参政(在这点上，他与柏拉图有同样的"叙拉古情结")。他甚至劝导哲人在投身政治的过程中不能像苏格拉底那样"为了自己更高尚的生活"而回避现实政治，而应该像布鲁图斯(M. Brutus，公元前85~前42)一样适时装疯卖傻，与统治者友善相处。[⑤] 哲人的使命就是创立新的制度和秩序并以"著书立说"的方式使自己创立的制度一代又一代地延续。哲人是隐蔽在君主幕后的"间接统治者"，是不显山不露水的"在君主耳旁低语者"。

马基雅维利自己的定位就是这样的间接统治者。他在君主耳旁低语的核心建议共有三条：一是重视德性，主张强者之德而反对妇孺之德；二是重视军事武装；三是重视公民宗教，控制和利用宗教。[⑥] 三者之中，德性是中心，后两者是德性的辅助，可分别称为武装之德和宗教之德。[⑦]

德性(virtue)是马基雅维利思想中一个重要的概念。[⑧]《君主论》共 26 章，其中有11 章(第 15 至 25 章)直接或间接地涉及德性问题。但是，马基雅维利的德性并非传统美德。它可理解为"政治才干"、"幸运"、"命运"，也可以表示最广义的道德上的美德和凶德。马基雅维利认为适当地使用残酷的手段也是德性的一种。而且，德性要产生效

① [英]罗素.西方哲学史(下卷)[M].马元德，译.北京：商务印书馆，1976：17.
② 详见：[美]施特劳斯.现代性的三次浪潮[A].丁耘，译.刘小枫.苏格拉底问题与现代性[C].北京：华夏出版社，2008：32—46.
③ 马基雅维利作为"新君主"的教育者，其《君主论》和《论李维》可能意在成为跟《理想国》一样成为培养伟大政治家的教育读本。马基雅维利亲切地称呼自己的读者为"年轻人"，跟苏格拉底一样"勾引"资质卓越的青年并进行教育。
④ [意]马基雅维利.君主论[M].潘汉典，译.北京：商务印书馆，1985：4.
⑤ [美]曼斯菲尔德.新的方式与制度[M].贺志刚，译.北京：华夏出版社，2009：415—417，589.
⑥ 三者之中，军事教育和德性教育是《君主论》讨论的重点，而有关宗教教育的讨论是《论李维》的主题之一。
⑦ 李翠婷参与了本节有关马基雅维利的政治哲学和教育哲学的撰写并提供了相关的资料，谨此致谢。
⑧ 详见：戴智恒.机运、政治与德性：马基雅维利《曼陀罗》的三重世界[A].林国华，王恒.古代世界的自由与和平[C].上海：上海人民出版社，2010：280.

果,就必须使人们看到它的对立面。在吝啬、残忍和畏惧的对比下,慷慨、仁慈和爱戴才能给人以深刻印象。这种对比可以使美德昭彰,使君主获得有德的名声。①

这样,德性既不是古典哲人所追求的勇敢、智慧、节制、正义,也不是宗教意义上的信仰、希望和恩典,而是一种充满血气、男子气概的,在必然性的驱动下依靠自己的武装和残酷手段达到目的的品性。在种种德性之中,马基雅维利最看重的是"善的外衣"、"才干"和"男性气概"。

第一,virtue 即男性气概。马基雅维利的德性是一种基于"西塞罗的 virtus 概念"的男子汉式的德性。男性气概是灵魂的某种性质。它大体可归结为"阳刚勇武"和"宏大的才智"两种品质。马基雅维利厌恶基督教造成的赢弱的世界。他认为正是基督教导致了男子气概的堕落。人们已经被教育得如此娘娘腔,整个城邦都"被熏陶得柔弱不堪",缺少罗马军队的德性——男子气概。② 男子气概的重建意味着恢复人在命运女神(比如先天的出身差异)面前的男性形象。马基雅维利坚信命运女神倾心于具有男子气概之人,甚至能被他所征服。马基雅维利笔下的福尔图娜(fortuna,也译为机运或命运)是一个女性,因此,君主可以运用力量加以控制。③ 马基雅维利在《君主论》中声称,有能力的男人能够像控制女人那样控制命运:必须鞭挞她,她才会顺从强健男人,即君主的意志。他授以君主征服女人的"房中术":迅猛胆大而非小心谨慎、毕恭毕敬。有男子气概的君主对于自己的所知有着强烈的自信。这样的君主在行动上迅猛胆大才能"压倒"福尔图娜。④

第二,virtue 就是才干,而才干就是像狐狸一样狡诈且像狮子一样凶狠。马基雅维利的 virtue 很多时候是指政治上的才干。这种才干的首要特征是人性与兽性的配合。在马基雅维利看来,运用残暴无耻的手段,往往可以获得用正常手段无法获得的东西。⑤ 必须学会"向下"(低级的动物)而不是"向上"看。⑥ 马基雅维利从西塞罗那里借用了狮子和狐狸的案例。在西塞罗那里,这两种动物所象征的统治方式是谴责的对象。人应践行美德,不可像狮子与狐狸一般,全靠强力和欺诈。但马基雅维利反其道而用之,他认为君主恰恰应该保持"狐狸一样狡诈"以便识破陷阱,同时又必须保持"狮子一样凶狠"以使豺狼惊骇。⑦ 马基雅维利直言,色诺芬在其《居鲁士的教育》中表明了行骗的必要,将居鲁士的成功归于欺诈。不过,为了显得有美德而披上善的外衣,君主必须知道如何掩饰兽性,做一个伟大的伪装者和假好人。⑧ 其次,要有不择手段的权谋或阴

① H. Mansfield. Introduction [A]. Machiavelli. The Prince [C]. Chicago:The University of Chicago Press,1998:xix.
② [意]马基雅维利.论李维[M].冯克利,译.上海:上海人民出版社,2005:418—419.
③ [美]施特劳斯.现代性的三次浪潮[A].刘小枫.苏格拉底问题与现代性——施特劳斯讲演与论文集:卷二[C].北京:华夏出版社,2008:35.并参阅[美]曼斯菲尔德.新的方式与制度——马基雅维利的《论李维》研究——马基雅维利的《论李维》研究[M].贺志刚,译.北京:华夏出版社,2009:378.
④ 傅乾.马基雅维利的 virtue[A].韩潮.谁是马基雅维利[C].上海:上海人民出版社,2010:121,132.
⑤ 详见:[意]马基雅维利.论李维[M].冯克利,译.上海:上海人民出版社,2005:434—435.
⑥ [美]阿尔瓦热兹.马基雅维利的事业——《君主论》疏证[M].贺志刚,译.上海:华东师范大学出版社,2009:146.在有关"兽性"和"向下"看的思路上,马基雅维利再次预演了后来尼采的"主人道德"与"奴隶道德"的差异。
⑦ [意]马基雅维利.君主论[M].潘汉典,译.北京:商务印书馆,1985:84.
⑧ [意]马基雅维利.君主论[M].潘汉典,译.北京:商务印书馆,1985:83—86.

谋。阴谋是一切政治的基础。无论是在《君主论》还是《论李维》中,有关"阴谋"的讨论都占据书中最长的篇幅。损害的行为应该一下干完,这样民众的积怨会少些;而恩惠应该一点一点地赐予,民众才能更好地记住恩惠的滋味。① 此外,君主应避免自己为民众所憎恨,"谨记不要染指民众的财产及妻女"。② 权谋和阴谋需要"审慎"。君主在统治过程中就需要审时度势、因时制宜。审慎还意味着能够"鉴别"并"使用"有才干的大臣。凭借才华横溢的大臣的辅助,君主可以做一个"只具备第二流德行才干"的君主。但是,君主在获得大臣的帮助的同时,必须保持自己的独立性,不让任何大臣感觉到君主对他的依赖。

第三,virtue 就是"善的外衣"。"善的外衣"是马基雅维利的"教学目的"③,它也是马基雅维利的《君主论》引起最多不良反应的关键。马基雅维利认为民众所依赖的"善"是卑微的,君主并不需要这样的善,君主需要的是 virtue。君主的 virtue 意味着君主应该随机应变,根据具体的环境对善和恶加以运用以达成自己的目的。君主的德性同时包括了凶德和美德。在《君主论》的第 8 章中,马基雅维利讨论了"以邪恶之道获得君权的人们"。④ 他教导新君主应顺应时事,保留那些使自己不会亡国的"恶行"。君主不得不作恶,恶是君主必要的德性。"君主在可能的情况下,不要背离善良之道,但如果处于迫不得已的情况下,他要懂得如何作恶"。⑤ 君主的德性并不关乎其灵魂的完善,而是关乎君主如何赢得其臣民与朋友的好感。君主只需要披着善的外衣而不需要具有民众所认可的德性。

马基雅维利所强调的"善的外衣"也包括君主对宗教"显得"虔信。马基雅维利认为整个世界被基督教搞得羸弱不堪,"这个世界已被搞得女人气十足,天堂也被解除武装"。⑥ 但他同时也强调,基督教与所有宗教一样,是人类统治的一个重要工具。基督教的外观可以继续维持,但它必须服从于尘世的政治。这意味着将基督教改造、转化为公民宗教。为了利用和控制宗教,君主必须显得"虔敬"。君主既不需要虔信宗教,也不应该虔信宗教。他只需要做到"显得"虔信。君主在民众面前"显得"虔敬,这本身就是君主的重要德性。

二、霍布斯的自然权利

霍布斯(T. Hobbes,1588～1679)⑦留给后世的哲学遗产是:人并非像亚里士多德所说的那样天生就是政治动物,恰恰相反,人类在自然状态中过着一种纯粹的追求欲望满足的生活。为了避免战争和暴死,人放弃部分自然权利而建立国家。但是,人在放弃部分自然权利时依然保留了自我保全和舒适生活这个基本的自然权利。霍布斯留下的

① [意]马基雅维利.君主论[M].潘汉典,译.北京:商务印书馆,1985:43—44.
② [意]马基雅维利.君主论[M].潘汉典,译.北京:商务印书馆,1985:80.
③ [美]施特劳斯.关于马基雅维里的思考[M].申彤,译.南京:译林出版社,2003:110.
④ [意]马基雅维利.君主论[M].潘汉典,译.北京:商务印书馆,1985:39—44.
⑤ [意]马基雅维利.君主论[M].潘汉典,译.北京:商务印书馆,1985:74.
⑥ [意]马基雅维利.论李维[M].冯克利,译.上海:上海人民出版社,2005:214—215.
⑦ 霍布斯与培根、伽利略、笛卡尔是同时代人。霍布斯曾做过培根的秘书,曾与伽利略会面,与笛卡尔通信。
　　详见:施特劳斯.霍布斯的政治哲学[M].申彤,译.南京:译林出版社,2012:93.

这份哲学遗产虽然简单,但它既颠覆了古典政治哲学的正义论,也使马基雅维利掀起的现代性浪潮有了更明确的方向(这个方向就是:国家的目的乃是保证公民的生命安全和舒适生活)。

霍布斯一直希望在道德哲学中找到类似物理学和几何学那样的逻辑起点。为此,他在《论公民》中提出两条人性假设:一是贪婪,贪婪必导致战争和暴死;二是对暴死的恐惧。这两者使立约和守信成为必要,并因此导致国家的诞生。霍布斯视之为"美德与公民义务的基本原理"。① 这两条人性假设后来在《利维坦》中被转换为虚荣与恐惧。人类的这两个激情与人类的理性一起促成了契约社会并最终导致国家的诞生。

虚荣心就是希望胜过他人的欲望。与"虚荣"直接相关的激情是权势欲。权势欲由虚荣心派生且比一般的虚荣心更强烈。霍布斯把权势欲视为"全人类共有的普遍倾向"。② 但是,权势欲与虚荣心在希望胜过他人的同时,必导致人与人之间的战争。于是,霍布斯得出一个惊人的结论:在自然状态中,人与人之间的关系显示为战争状态,显示为"一切人反对一切人的战争"。③ 战争必导致暴死。虚荣心或权势欲与对暴死的恐惧推动人类建立契约社会并最终导致国家的诞生。④

国家诞生之后,需要通过公民教育来维护国家的稳定。⑤ 霍布斯尤其重视宗教改革:将启示宗教改造成公民宗教。

对霍布斯来说,政治的首要问题是政治与宗教的关系问题。而且,这个问题早已经有了答案:像马基雅维利所主张的那样,让政治与宗教彻底分离。宗教必须为世俗的政治服务。"政教分离"并非完全抛弃宗教,相反,政治需要控制和利用宗教,使启示宗教转化为驯化民众的公民宗教。

在霍布斯的政治哲学思考中,宗教占有重要的位置。他在《利维坦》中花费了将近一半的篇幅来讨论宗教问题。为了避免信徒只服从教会而不服从世俗主权者,霍布斯直接面向《圣经》文本本身,以此证明教会与世俗政治的关系。霍布斯考察文本之后得出的结论是,宗教权威和政治权威最初是统一的,但自从扫罗为王之后,宗教权威就要接受世俗政治权威的领导。霍布斯甚至认为基督降世的重要目的之一就是为了教导信徒服从世俗统治者的命令。上帝之国(基督的国)不在此世而在来世,"我的国不属于这个世界。"⑥也因此,教会只有说服教导信徒的权利而没有政治上的统治权。世俗政治的统治权属于主权者,主权者是上帝的代治者,并因此而拥有对《圣经》的解释权。教徒唯一需要服从的也只是世俗主权者而不是教会,教会及其教皇本人也应该服从世俗君

---

① [英]霍布斯.论公民[M].应星,冯克利,译.贵阳:贵州人民出版社,2003:4—5(献辞).
② 霍布斯有关"持续地胜过任何他人"、"没有别的目标,只有位居最前"的说法在尼采的"权力意志"那里得到完整的延续。
③ [英]霍布斯.利维坦[M].黎思复,黎廷弼,译.北京:商务印书馆,1985:94.引用时对译文略有调整,原译文为"每一个人对每一个人的战争"。
④ 这个主题后来在黑格尔和尼采等人那里获得更深入的讨论。尼采将霍布斯的"权势欲"转换为"权力意志"。黑格尔的"主奴之争"、"为承认而斗争"等明显接近霍布斯的思路。
⑤ 王利在《国家与正义:利维坦释义》中将霍布斯的保卫利维坦的措施分为三个方面:一是制度;二是把启示宗教改造成公民宗教;三是对主权者和臣民进行政治教育。详见:王利.国家与正义:利维坦释义[M].上海:上海人民出版社,2008:147—156.
⑥ [英]霍布斯.利维坦[M].黎思复,黎廷弼,译.北京:商务印书馆,1985:370.

主的统治。为此,霍布斯不厌其烦地劝告世俗主权者警惕那些"误解《圣经》"以及"外邦人的魔鬼学"、"神怪的传说"所造成的"黑暗王国"。因为,黑暗王国将导致国家的解体。

为了有效教育臣民,霍布斯特意将基督教的"十诫"政治化和世俗化,以此达到一箭双雕的教育效应:既教育宗教信徒服从世俗的统治,又借助"神法"教育一般臣民将服从世俗的统治视为神圣责任。比如,根据第一诫,霍布斯建议,"应当教导人民不要爱好自己在邻邦中所见到的任何政府形式更甚于自己的政府形式。同时也不要因为看到统治形式和自己不同的国家目前繁荣昌盛,因而见异思迁……上帝在诫命中说,不可奉其他国家的神为神。在另一个谈到君主的地方则说君主就是神。"

为了国家的稳定,霍布斯明确贬低"智慧"和"勇气"在品德中的地位,对"节制"则保持沉默。古典哲人把智慧和勇敢作为高贵的美德,而霍布斯认为有智慧的人往往会对政治秩序说三道四、横加指责,因而智慧反而是利维坦必须警惕和克服的对象。

既然国家诞生于契约,国家稳定的关键要素就是对契约的维护。霍布斯在《利维坦》(第14章和第15章)中提出19条"自然权力"。其中,第1条与第9条尤其重要。霍布斯提出的第1条"自然权力"是:"每一个人只要有获得和平的希望时,就应当力求和平;在不能得到和平时,他就可以寻求并利用战争的一切有利条件和助力。"[①]所有契约的目标是为了寻求和平而避免暴死、保全生命。第9条自然权力是第1条的前提:"每一个人都应当承认他人与自己生而平等,违反这一准则的就是自傲。"[②]承认人人平等,它既是建立契约的前提,也是建立契约社会之后的结果。

霍布斯提出的19条自然法使"自我保全"(生命权)作为一种不可剥夺不可转让的"自然权利"成为现代政治哲学的一个重要主题。这对后来的洛克、卢梭等政治哲人产生了直接的影响。洛克等人在霍布斯的"生命权"的基础上加上了"财产权"和"自由权"以及当这些权利受人侵犯时享受的惩罚权和赔偿权。[③]

三、施特劳斯的自然正确

施特劳斯(L. Strauss, 1899~1973)曾"师从"胡塞尔和海德格尔。23岁那年(1922年)他参与胡塞尔的研讨课,听过海德格尔的讲座课程。施特劳斯认为海德格尔胜过胡塞尔。[④] 受海德格尔的影响,施特劳斯把解释学的重点由知识哲学转向了政治哲学,而且一致地将虚无主义作为自己批判的对象,追求"哲人王"式的政治形式。他们的不同之处仅仅在于,海德格尔一度认为希特勒是拯救虚无主义的哲人王,施特劳斯则认为拯救虚无主义的唯一道路是追随柏拉图式的哲人王。

分歧背后的原因在于他们对"时间"和"历史"有不同的理解:海德格尔认为存在(真理)是时间性的而不是永恒的,他以《存在与时间》公布自己的政治哲学;施特劳斯模

---

① ［英］霍布斯.利维坦[M].黎思复,黎廷弼,译.北京:商务印书馆,1985:98.后人由霍布斯的自我保全的自然权利推导出废除死刑的必然性.详见:施特劳斯.自然权利与历史[M].彭刚,译.北京:生活·读书·新知三联书店,2006:201.

② ［英］霍布斯.利维坦[M].黎思复,黎廷弼,译.北京:商务印书馆,1985:117.

③ 详见:［英］洛克.政府论(下)[M].叶启芳,瞿菊农,译.北京:商务印书馆,1996:9.

④ ［美］施特劳斯.剖白[A].何子健,译.刘小枫.苏格拉底问题与现代性[C].北京:华夏出版社,2008:271.

仿海德格尔的主题,发表《自然权力与历史》。但施特劳斯反其道而行之,认为自然权力
(或自然正当)有其永恒不变的标准(比如柏拉图式的古典理性主义政治哲学)。在他看
来,海德格尔式的"时间哲学"(历史主义)不仅不能拯救现代性的虚无主义反而会加剧
虚无主义。他将海德格尔与尼采的政治哲学视为继马基雅维利和卢梭政治哲学之后的
现代性的第三次浪潮。

在解释学的方法上,施特劳斯重新发现了"隐微写作"的古典传统,并从"隐微写作"
的视角重新解释政治哲学的经典文本。施特劳斯主要通过他对色诺芬、马基雅维利、柏
拉图等人的作品来展示他的隐微解释学。与传统的解释学相比,施特劳斯的隐微解释
学更重视文本的言外之意和微言大义。

隐微写作(或"隐微教诲"、"写作艺术")并非由施特劳斯首创,相反,这种写作方式
是典型的古典哲人的惯用技艺。从隐微写作的视角来解读古典哲学的解释学(可称之
为"隐微解释学")也不由施特劳斯首创。但是,现代意义上的"隐微解释学"却由施特劳
斯率先提出来。在施特劳斯看来,哲学与社会总是存在冲突,哲人因思想癫狂触犯政治
统治而遭迫害,因此,哲人不得不采用"隐微教诲"的办法,当哲人著书时,便需要一种写
作的技艺,使得在同一个文本中存在两种教诲:哲学教诲(隐微教诲,esoteric teachings)
和大众教诲(显白教诲,exoteric teachings)。通过这种写作技艺,真理只向其中一小部
分力所能及的人敞开,而对大多数人隐身。①

也就是说,哲人之所以将真实的意图隐没在文字的背后,既可能因为哲学与神学的
冲突而不得不隐藏自己的宗教观;也可能因为哲学与统治者、哲人与大众的冲突而不得
不采用写作的艺术而使自己避免苏格拉底式的杀身之祸。于是,古典哲人不得不采取
"隐微写作"的方式。隐微写作的方式主要包括沉默(缺位)、布局谋篇以及特殊词语(比
如使用"似乎"、"显得"、"看起来"等不确定性的词语)或文不对题、故意啰嗦、突然转换
话题、一词多义、前后矛盾或不同文本之间的冲突。此外,施特劳斯还提醒读者或解释
者留意作者看似不经意的加括弧、加脚注、使用神秘的数字等。正因为隐微写作是精英
为了避免哲学与统治者、哲人与大众的冲突,所以施特劳斯的新解释学的基本技巧就是
区分古典作家写作的对象。比如,洛克的《教育漫话》与卢梭的《爱弥儿》貌似关注一般
大众的教育,实际上,洛克与卢梭所讨论的教育对象皆为精英。

为了化解或缓解现代性的危机,施特劳斯主张重返"柏拉图式的政治哲学",从中汲
取"古典政治理性主义"的经验和智慧。近代政治哲学(其实是政治科学)一度将 natural
right 转换为"自然权利"(也翻译为天赋人权)。施特劳斯借助柏拉图式的政治哲学,将
natural right 重新还原为"自然正确",他坚持"自然正确"高于和优先于"自然权利",并
以此抵制波普尔(K. Popper,1902~1994)的误解和伯林(I. Berlin,1909~1997)的"相
对主义"②。

---

① [美]施特劳斯.注意一种被遗忘的写作艺术[A].林志猛,译.刘小枫.苏格拉底问题与现代性[C].北京:华
夏出版社,2008:157.
② 详见:[英]伯林.自由论(《自由四论》扩充版)[M].胡传胜,译.南京:译林出版社,2003:186—246.[美]施
特劳斯.古典政治理性主义的重生[M].郭振华,等,译.北京:华夏出版社,2011:59—60.刘小枫.施特劳斯
的路标[M].北京:华夏出版社,2011:12—13.

施特劳斯并不反对自由民主制,他反对的是抹平一切差异的平等主义式的大众民主。施特劳斯所推崇的古典政治理性主义属于典型的柏拉图式的政治哲学。这种政治哲学和教育哲学以区分精英教育和大众教育为其根本前提。在施特劳斯看来,古典民主制的实质是一种贵族制民主,是一种关注德性的民主制;而现代民主制按照现代思想家的标榜只能是一种由多数人实施统治的集体平庸的代议制民主制。这是一种关注自我保存、个人自由权利而不是人的卓越与德性的民主制。为了恢复古典民主制,施特劳斯强调"自由教育"。

施特劳斯将自由教育视为"一架阶梯",通过这架阶梯从平等主义式的大众民主上升到理性主义的民主。自由教育被视为"大众文化的解毒剂",自由教育是在民主大众社会中建立一种"贵族制",向他们呼唤"人的卓越"。这种自由教育的关键是返回柏拉图式的古典哲人并从古典哲人那里接受教诲。在施特劳斯那里,民主无非就是古代希腊人的道德精英。施特劳斯并不忽视大众教育,但是,相比之下,他更重视精英教育并称之为"自由教育"。在他看来,"我们一定不能期望自由教育会成为普遍教育,它将总是一小部分人的义务和特权"。①

自由教育以培养心灵优异的人为目的,以古典政治哲学为内容,以倾听最伟大心灵之间的交谈为方式。自由教育的内容和方法是通过阅读古典名著而接近最伟大的心灵。由于那些最伟大的心灵常常在重要问题上不得不采用"隐微教诲",后人就务必以"特有的小心,研读最伟大心灵所留下的最伟大的书"②。他将这种倾听和研读称为"字里行间阅读法"(reading between the lines)。

施特劳斯所提倡的自由教育是典型精英教育,而非大众教育。他并非不重视大众教育,而是说,精英教育以及精英的德性显得更紧迫。大众值得敬重,但是,大众更需要精英的守护。

---

① [美]施特劳斯.什么是自由教育[A].一行,译.刘小枫,陈少明.古典传统与自由教育[C].北京:华夏出版社,2005:3—24.
② [美]施特劳斯.什么是自由教育[A].一行,译.刘小枫,陈少明.古典传统与自由教育[C].北京:华夏出版社,2005:2—3.

熊明安先生创建的"生存教育学派"所强调的三世说、自然法以及对中国传统教育哲学的重视,构成了本书写作的基本思路。

叶澜先生创建的"生命·实践"教育学及其倡导的关系思维、历史思维和度的思维,为本书的写作提供了重要的理论视角。

陈家琪先生就书稿中的现象学问题提出了修改意见。贡华南教授、郭美华教授就老子哲学的解读提出了修改建议。彭正梅教授让我分享了他对"建构主义"的理解并提供了相关资料。梁君参与了"四书课程哲学"的写作。冯嘉慧参与了"杜威的三次论战"的写作。张卉参与了"法家教育哲学"的写作。张震参与了"春秋公羊学"的写作。李阳参与了有关"信仰教育"的写作。柯雅梅参与了有关"先验教学"的写作。

珠海的严杏老师和广州的林秋玉校长、吴朝晖校长参与了"兴发教学"、"新六艺教育"的实验研究。

崔允漷博士、胡惠闵博士、吴刚平博士、高慎英博士和刘可欣同学以多种方式推动了本书的写作。华东师范大学出版社李恒平先生和吴海红女士一直关注和推进本书的写作和修改。一并感谢!

学术界流行"不发表则消失"(publish or perish)的说法。本书系"叙事的行动研究与教师教育课程改革"(课题批准号:13JJD880016)的阶段研究成果。

莎翁言,"凡是过去,皆为序章"(What's past is prologue)。本书是对本人过去学术的总结,也是本人学术转向的一个开端。

刘良华

2017 年 10 月 1 日上海·丽娃小区

　　本书于 2017 年 11 月以精装本的形式第一次出版。随后，华东师范大学出版社计划做成平装本。我趁此机会，调整和修改了书稿中的部分内容，作为第二版。

　　本书第二版重点修改了五个地方：(1)第一章有关社会变迁与教育目的和课程改革的关系。(2)第二章有关自然法与体育改革、德育改革、课堂教学改革的基本原理与具体策略与途径。(3)第四章和第五章有关《论语》、《孟子》、《老子》、《庄子》的解说。本书将《论语》、《孟子》、《老子》、《庄子》视为"新四书"并以此作为"中华经典"的重点阅读书目。(4)第八章有关康德哲学和胡塞尔现象学的评介。本书主要立足于陆王心学与康德-胡塞尔主体主义哲学提出相应的教育原理，因而第二版增加了有关陆王心学尤其是"《孟子》的心学"的解说，并对康德-胡塞尔哲学尤其是胡塞尔现象学的解释作了较大的改写。

　　在本书的写作过程中，躬逢华东师范大学课程与教学研究所引进新人，开创新局面，形成蒸蒸日上的学术团队。我个人从中获得多种形式的帮助。

　　根据高德胜博士的建议，本书第二版特别将自由主义伦理学从情感主义伦理学的阵营中分离出来，使之成为超越情感主义和理性主义伦理学的第三条道路。

　　本书第一版(精装本)在 2017 年 11 月出版之后，得到不少同事、朋友和中小学校长、老师的关注和推广。首印 3 千册在 3 个月之内售罄，出版社随之多次加印。感谢各位朋友和中小学校长、老师的厚爱。

　　华东师范大学出版社赵建军、李恒平先生一直关注本书第二版的进展。谨此感谢！

刘良华

2018 年 9 月 10 日

上海·苏州河畔·文沁苑